高等院校网络教育系列教材

营销管理

陆　军　主编

U0952035

华东理工大学出版社
EAST CHINA UNIVERSITY OF SCIENCE AND TECHNOLOGY PRESS
·上海·

图书在版编目(CIP)数据

营销管理 / 陆军主编. —上海:华东理工大学出版社,2017.8(2022.2重印)
高等院校网络教育系列教材
ISBN 978-7-5628-5140-0

Ⅰ.①营… Ⅱ.①陆… Ⅲ.①营销管理-高等学校-教材
Ⅳ.①F713.50

中国版本图书馆CIP数据核字(2017)第187244号

项目统筹 / 周 颖
责任编辑 / 周 颖 牟小林
装帧设计 / 戚亮轩
出版发行 / 华东理工大学出版社有限公司
地 址:上海市梅陇路130号,200237
电 话:021-64250306
网 址:www.ecustpress.cn
邮 箱:zongbianban@ecustpress.cn
印 刷 / 广东虎彩云印刷有限公司
开 本 / 787 mm×1092 mm 1/16
印 张 / 21
字 数 / 427千字
版 次 / 2017年8月第1版
印 次 / 2022年2月第3次
定 价 / 49.00元

版权所有 侵权必究

序

网络教育是依托现代信息技术进行教育资源传播、组织教学的一种崭新形式，它突破了传统教育传递媒介上的局限性，实现了时空有限分离条件下的教与学，拓展了教育活动发生的时空范围。从1998年9月教育部正式批准清华大学等4所高校为国家现代远程教育第一批试点学校以来，我国网络教育历经了若干年发展期，目前全国已有68所普通高等学校和中央广播电视大学开展现代远程教育。网络教育的实施大大加快了我国高等教育的大众化进程，使之成为高等教育的一个重要组成部分。随着它的不断发展，也必将对我国终身教育体系的形成和学习型社会的构建起到极其重要的作用。

华东理工大学是国家“211工程”重点建设高校，是教育部批准成立的现代远程教育试点院校之一。华东理工大学网络教育学院自创建以来，凭借着自身的优质教育教学资源、良好的师资条件和社会声望，得到了迅速发展。但网络教育作为一种不同于传统教育的新型教育组织形式，如何有效地实现教育资源的传递，进一步提高教育教学效果，认真探索其内在的规律，是摆在我们面前的一个新的、亟待解决的课题。为此，我们与华东理工大学出版社合作，组织了一批多年来从事网络教育课程教学的教师，结合网络教育学习方式，陆续编撰出版了一批包括图书、课件光盘等在内的远程教育系列教材，以期逐步建立以学科为先导的、适合网络教育学生使用的教材结构体系。

掌握学科领域的基本知识和技能，把握学科的基本知识结构，培养学生在实践中独立发现问题和解决问题的能力，是我们组织教材编写的一个主要目的。该系列教材包括了计算机应用基础、大学英语等全国统考科目，也涉及管理、法学、国际贸易、机械、化工等多学科领域。

根据网络教育学习方式的特点编写教材，既是网络教育得以持续健康发展的基础，也是一次全新的尝试。本套教材的编写凝聚了华东理工大学众多在学科研究和网络教育领域中具有丰富实践经验的教师、教学策划人员的心血，希望它的出版能对广大网络教育学习者进一步提高学习效率予以帮助和启迪。

华东理工大学

涂善东

前　言

当前中国经济的发展已为世人共识，这使得所有参与这轮发展的企业都收获了自己为之努力而应该得到的红利。与此同时，所有企业都切身感觉到不断迫近的竞争压力。企业管理者越来越想找到能帮助自己赢得竞争的利器，越来越对“赢得市场就赢得发展空间”的道理深有体会，于是就出现“人人讲营销”的社会现象。营销方法、营销策略到营销战略也成了日常话题。可是，究竟什么才是营销？却很少听到人们说起。本教材的编著目的之一就是想为初学者提供一个掌握营销管理基本理论、方法的有效途径。

本教材是旨在为各种管理类专业学生学习营销管理课程而编撰的教科书。考虑到国内当前同名教科书不可胜数，本教科书专门针对成人教育学员有丰富的实际工作经验，而缺乏专业理论知识的了解，参加的是业余学习等特征，本着完整、精炼、通俗易懂的理念编著。在编著过程中根据掌握的营销管理理论与实际运用方法的发展趋势，采用独特的风格，力求做到将营销管理的基本理论与成功的实践经验完美地整合进本教材之中。这也是本教材与同名教材的差别之处。

本教材主要适用于成人教育市场营销课程的教学，例如网络教育学院和继续教育学院中的工商管理、市场营销和人力资源管理等企业管理类专业的教学。

由于种种原因，本教材依然可能存在一些瑕疵，希望专家和学员不吝赐教。

编者

2017 年 8 月

目 录

第一章 营销概论 1

第一节 营销的含义 / 3
第二节 营销与营销管理的产生与发展 / 10
第三节 企业营销观念的演变 / 13
第四节 顾客价值与顾客满意 / 16

第二章 营销战略规划和营销管理过程 27

第一节 企业营销战略规划 / 29
第二节 制订企业的营销战略 / 32
第三节 战略业务单位营销战略的制订 / 36
第四节 市场竞争地位与市场竞争策略 / 40
第五节 营销管理过程 / 48

第三章 营销环境分析 59

第一节 营销的微观环境 / 61
第二节 营销的宏观环境 / 67
第三节 营销的竞争环境 / 72
第四节 营销环境的机会与威胁分析 / 80
第五节 营销信息分析系统与信息收集方法 / 83

第四章 购买者行为分析 94

第一节 消费者市场及消费者购买行为分析 / 96
第二节 组织市场的类型及购买行为分析 / 110

第五章　目标市场营销　130

第一节　市场细分 / 134
第二节　目标市场选择 / 141
第三节　目标市场营销策略 / 145
第四节　市场定位策略 / 150

第六章　产品策略　157

第一节　产品的概念及类型 / 159
第二节　产品组合与产品组合策略 / 162
第三节　产品市场生命周期与各生命周期阶段的营销策略 / 167
第四节　新产品与新产品开发策略 / 174
第五节　服务及其营销策略 / 180

第七章　品牌、商标和包装策略　198

第一节　品牌与商标的基本概念 / 200
第二节　品牌和商标策略 / 206
第三节　包装与包装策略 / 214

第八章　价格策略　224

第一节　企业制定价格的过程 / 226
第二节　企业定价策略 / 237
第三节　各种价格变动策略 / 245

第九章　分销渠道策略　255

第一节　分销渠道概述 / 257
第二节　中间商 / 264
第三节　分销渠道的设计 / 268
第四节　渠道管理决策 / 274
第五节　分销渠道管理的发展 / 277

第十章　营销传播与促销策略　289

第一节　营销传播与促销概述 / 291

第二节 营销传播与促销组合 / 297
第三节 广告策划 / 300
第四节 营业推广策划 / 304
第五节 人员推销策划 / 307
第六节 公共关系策划 / 311
第七节 营销传播的新发展 / 315

参考文献 324

第一章
营销概论

□ 学习目标

- 理解营销及其核心概念,掌握营销管理的任务
- 了解营销理论产生与各发展阶段的特征
- 了解营销观念的内容及演变过程
- 了解顾客让渡价值的内涵,掌握衡量顾客满意度的步骤和方法

□ 开章案例

中小企业巧做精准营销同样可以博得一席之地

在世界制造业转移的经济变革背景下,会出现许多商业机会。一家名为"001 厂房网"的企业,在地产巨头云集的工业地产领域开拓出了一片属于自己的天地。是什么原因使它做出这样骄人的成绩呢?

001 厂房网公司经理贾向平说,在市场竞争中,是公司借助百度推广实施的"精准营销"取得今天的市场份额。在信息化时代做地产,与做其他任何事情一样,最离不开的就是获取准确的市场信息。作为一家原先以地产中介为公司定位的企业,通过什么途径向客户即投资办厂的公司提供市场信息呢?

001 厂房网长时间从事地产中介业务,通过这些业务,公司发现:一个企业发展的第一步是投资办厂。当公司发现这样一个特征或者说规律后往往为寻找想要建厂的客户群而束手无策。公司最初也曾试图通过电话销售、上门拜访等传统方式来寻找有建厂需求的客户,但是效果都不理想。直到接触百度推广,001 厂房网才确信找到了一条快速发展的途径,这使得 001 厂房网与普通的房产中介这一角色定位分道扬镳,转型为投资咨询行业。

贾向平说,以前公司一直不清楚自己的目标客户在哪里,他们会有哪些具体需求。自从使用百度推广,不仅是本地的企业前来咨询,而且很多湖北、广东深圳的企业也找上门来。这些买方与卖方都通过百度推广找到了 001 厂房网。

现在,001 厂房网总共在百度推广投入了 300 个关键词,公司咨询电话数量每天都有

五六十个，网站点击率与成交量也提高很多。贾向平认为这个数量在地产行业非常可观。

001厂房网通过百度推广找到了客户群之后，逐渐开始建立自己的商业模式，对公司的运营团队和服务加强管理。由于主要客户来自百度推广，业务员的工作重点也从寻找客户转变为对潜在客户进行跟单和服务，成单周期和效率得到了很大的提升。目前，001厂房网80%以上的新客户都来自百度推广，加上每个客户都有相应的业务员为其提供更加到位的服务，使得001厂房网成为国内知名的值得信赖的地产咨询专家。

在利用百度推广寻求到适合自己发展的新空间后，001厂房网商业模式的转变让其迅速成长起来，公司又开始将精力关注到业务成交的质量上。贾向平认为，虽然自己的企业发展红红火火，但是公司依然还是中小型企业，没有与大型企业竞争的优势，在竞争激烈的地产市场想要获得稳定的发展空间，关键在于提高服务品质与特质，推动业务的成交率增长。同时不断提高自身的服务能力，并将这种服务能力运用到潜在客户身上。

借助百度推广，001厂房网通过选择不同的关键词、设置不同数量的关键词、选定投放地域和时间段等来实现自己的推广目标。例如，与工业行业相关的“厂房出租”“厂房租赁”等关键词，都是企业用户或者工业园区才会关注的词语，借助百度推广，就能把001厂房网上的信息和目标客户搜索的关键词进行更加精准的匹配。

事实证明，正是使用百度推广，001厂房网才出奇制胜。依靠此模式，不久前，001厂房网赢得一家世界500强企业客户的订单，在江苏昆山为他们寻找到了超过100亩的工业用地。001厂房网将这一营销模式称之为“精准营销”。虽然这一概念还未被市场营销管理学界认可。

目前，我国有4 000万家中小型企业，绝大部分企业仍然困惑于营销传播、客户需求了解、市场销售。业内已经有不少专家推断：像001厂房网利用百度推广来实现自己与客户开展有效的“精准营销”的创新营销方式，将切实化解中小型企业转型发展难题，促进产业创新、提升市场经济效率，构建基于“互联网+”的新商业体系。

□ 案例引导

市场营销也就是我们耳熟能详的营销，它不仅是人们茶余饭后的谈资，也是企业高管越来越注重的管理内容或方面，此点只需从中国几乎所有大中型企业都设有“营销部”可见一斑。大家都有这样的体会，营销是一种利器，但只有准确使用才能确保克敌制胜。对于小型企业能否击败大公司，就要看你的营销活动是否能够做到本案例中所说的“精准”。本案例只是为学生提出两方面的思考：什么是营销和精准营销？如何做好营销和精准营销？案例受篇幅限制不能过于全面，只是想起到窥一斑而见全豹的目的。

与其他科学的方法、理论一样，营销管理也有一整套基本理论、概念和方法。营销管理有哪些理论或方法呢？营销或者营销管理应该有经济学、管理学的基本理论与方法，而且还含有社会学、心理学和行为科学等学科的基本理论与方法。随着营销管理的不断延伸与拓展，营销管理还将国际经济与贸易和网络科学的一部分基本理论与方法包含进来。本章试图讲解一二。

第一节　营销的含义

一、营销的概念

(一) 营销

营销是人们对现实社会中发生的某种群体活动与行为的称呼。由于这种活动或行为只存在于市场之中，也就将营销称为“市场营销”。本书中若无特定含义，就用“营销”一词。那么营销是什么？

1. 营销是一种以实现各方需要为目标的特殊社会行为。营销不仅要求营销者寻找已存在的某种需要并设法满足它，而且还要激发各类被营销者即顾客没有提出的某些需要，使顾客关注并响应企业的营销行为。任何生产经营或销售活动都是为了满足某个或某些需要。能否满足和满足的程度往往取决于各方的营销能力。

2. 营销是一种加速交换活动开展并顺利完成的推进剂。营销只能在各方自愿交换的过程中进行和完成。同时，也只有各方都持有营销观念时，营销活动才会具有更高的效率。而通常人们会将这种交换和交换过程称为“市场”。营销的最终成果是交换是否能更快、更好地满足各方的需要。

3. 营销的客体可以是有形的产品和无形的服务。一般情况下，一方以自己拥有对方想要的商品或服务，来换取自己想要的对方手中的某些东西。营销就是要将自己所拥有的东西，可能是商品或服务，也可能是商品与服务的综合，最好地满足对方的需要。

4. 营销的核心是使参与营销的各方都能取得令自己满意的结果。营销就是一个参与营销的各方都必须尽量准确地理解对方满意的完整含义并设法尽量予以满足的过程。因此，完整的营销都不是“一次性、短期”的行为，而是“长期、永久”的行为。

(二) 营销与营销管理

1. 参与各种营销活动的各方，可以是一个组织、群体，也可以是某个个人，如消费者。

2. 营销活动过程中存在多个环节，所有的环节都直接关系到此次活动的成败与效果。

3. 营销活动在进展过程中还会受到环境变化的影响，随时要调整既定的方案和对策。

这一切都需要有一个重要的管理活动随时伴随，这种管理活动就是“营销管理”。

从本质上说，营销管理不是管理市场，也不是管理营销，而是管理需求，因为只有了解、把握对方需求，才可能满足对方并使之满意。这才是营销行为的目标，也是营销管理的目标。

二、营销的核心概念

营销的含义是建立在很多概念的基础之上，这些基本概念存在一定的相互关系。正确了解营销和营销管理，还必须弄清需要、欲望、需求、产品、价值、满意、质量、交换、交易、关系、市场、市场营销者等核心概念。

(一) 需要、欲望和需求

人们的各种需要是企业开展营销活动的出发点。人们的需要、欲望和需求是有差别的，因此，有必要对它们加以区分。

1. 需要。需要是指没有得到某些基本满足的心理感受状态。人类有许多不同的需要，包括衣、食、住、行、安全等生理需要；归属感、情爱、影响力等社会需要；知识、自我表现等个性需要。需要不是营销者所能创造的，而是人类本身所固有的。例如，当人们感到饥饿时，就会产生对食物的需要；在年龄增长到一定阶段时，会产生相应的情感需要和对知识的需要。

2. 欲望。欲望是指人们想得到能满足其某种需要的具体物质的愿望。欲望往往由人们所处的特定社会文化和个人特性所决定。例如，当人们有了对食物的需要后，就会进一步明确什么具体食品能够满足此刻的需要，一碗面条？或者有更加明确的指向，一碗兰州拉面？一碗刀削面？这就更多地由其社会文化或个性特征决定。如果他是广东人，可能根本不会想到用吃一碗兰州拉面来解决此刻的饥肠辘辘。

3. 需求。需求是指有购买能力并有购买某个产品的欲望，即欲望＋购买力＝需求。人类的欲望是无限的，而人们的购买力则是有限的，这就决定对能够满足自己此刻某种最为强烈的需要的东西必须有理性标准。需求不是愿望、希望或者是理想，而这也决定了作为想要满足对方要求的营销者，应该是以对方需求为标的，提供自己拥有的某一种东西，从而更好地满足对方的需求。

(二) 商品与服务

能够满足人类某种需求的东西可以是有形产品，也可以是无形服务。

1. 商品。对于需求方或是供给方，商品都是具体存在的，对于供给方有明确的外观形式，对于需求方在购买前可以看得到摸得着的某个具体物质。例如，某人有了代步工具的需求，提供方可以汽车、自行车等具体的物质来予以满足。而对于需求方在做出购买决定时可以清楚地知道自己购买的是什么具体的东西。轿车？其外形或内部的配置，品牌，乃至效用等一目了然。

2. 服务。无论对于供给方还是需求方，服务都是无形的。例如，同样是需求方有了代步工具的需求，根据具体环境，供给方提供的是出租车服务，对于需求方付钱得到的是出租车公司和司机为其提供的客运服务。与商品相比，乘客在乘上出租车时无法“看到”自己最终得到的是否是自己所想要的和出租车公司及司机允诺提供的东西。

就当前社会经济发展到的特定阶段而言，无论是提供方还是需求方都不能将商品与服务完全划分开来，因为购买者即需求方最终的满意度不仅取决于对提供方提供的商品的满意程度的评判，还应该包括对其提供服务的满意程度的评判。例如，消费者购买一部智能手机，这部智能手机的质量、功能与款式等都令购买者满意，但这绝不应该是购买者的全部满意内涵，因为他还关注到智能手机的销售方是否能够保证自己的各项服务承诺其履行状况。所以，营销者必须更加完整地知道自己顾客“满意”的全部内容，确保自己所提供的商品和服务“完美无瑕”。

受到各种条件，例如成本和资源等因素的制约，提供方不可能无条件地为所有消费者提供自己承诺的服务，于是为购买自己商品的顾客提供承诺的各类服务，就成为一种常态。4S 店只为在自己商店购买的品牌轿车客户提供各种服务。可见，商品成了提供方为特定顾客提供服务的载体。

(三) 价值与顾客满意

1. 价值。价值是顾客从拥有和使用某种产品后获得的各种利益总和与其为了获得这些利益所付出的各种成本总和之间的差。通俗地说，就是作为一位理性的顾客购买某一商品与服务时，必然会进行的“所得”与“所付”之差的比较。

2. 顾客满意。顾客满意取决于他们对以上价值在感知水平与期望水平上的比较结果。如果消费者对产品的感知价值低于期望价值，顾客就会不满意。反之，则购买者就会满意。

(四) 交换、交易及关系

1. 交换。交换简单地说就是“互换有无”，即以自己拥有他人想要的东西换取他人拥有而自己想要的东西。交换是人们获得产品的四种基本途径中最为公平合理的一种，另外三种则是自行生产、强行取得及乞讨。

交换从发生到完成必须具备下列六个条件：

(1) 至少有两方。人们无法自己与自己完成交换。

(2) 每一方都有被对方认为有价值的东西。各方对彼此拥有可用于交换的东西的了解。

(3) 每一方都能沟通信息。各方都应该彼此提供与对方开展有效信息沟通的条件。

(4) 每一方都可以自由接受或拒绝对方进行交换。自愿是交换是否令双方满意的重要条件。

(5) 每方都认为进行交换是适当的或称心如意的。交换的各方都有长期、稳定地保持这种令人满意的交换关系的意愿。

(6) 至少一方有传送产品的能力。商品或服务都存在从供应方向需求方转移的过程。这就决定由谁来完成这一转移活动，由供应方提供被称为“送货”，由需求方完成则被称为“提货”。

这六个条件缺一不可，只有这些条件同时具备，才有发生交换的可能。只有这些条件被所有参与交换的各方认可，交换方能更快地进行和完成。

2. 交易。交易是交换活动最终完成的结束环节，通常人们将完成交换行为称为完成了一项交易。而一次交易都需要有一个完整的文件来显示，这就是所谓的交易协议。交易协议包括三个可以度量的实质内容：第一，至少有两个有价值的东西；第二，具有买卖双方所同意的条件；第三，有完成协议的时间和地点。

3. 关系。中国有句俗语：买卖不成仁义在。可见买卖双方都将彼此关系的维持放在买卖成功之上。因为买卖双方如能建立并保持良好的关系，无疑会对参与交易的各方在降低交易成本和提高交易成功的机会方面提供更大的成功可能。由此创造了新的营销分支——关系营销。

（五）市场

市场是指具有特定需求，而且愿意并能够通过交换来完成的全部现实与潜在顾客。因为通过交换一些人已经实现需求，而有些人还在交换中没有实现需求，这部分人就是潜在顾客。市场大小即市场规模可能受到许多因素的制约，加以归纳不难发现，市场规模由人口数、人均购买力水平和购买欲望三要素构成，三者缺一不可。市场规模就是上述三个因素的统一。其表达式如下：

市场规模＝人口数×人均购买力水平×对某种商品或服务的购买欲望

营销管理理论更多地是侧重作为提供方的生产和销售企业如何开展并完成营销活动。而若想达到这一目标，企业必须研究自己所面对的市场，研究这个市场的规模以及市场的变化趋势。

1. 人口数。具有某种需求的人数。这里指具有相同的希望通过获得某种特定商品或服务来完成自己欲望的人数。例如，一家面馆需要准确掌握中午来自己店里吃拉面的顾客数量。一位出租车司机应该了解在某一时间段内扬招的乘客数量。这些在很大程度上会影响营销者的营销策划结果。

2. 人均购买力水平。欲望只是影响购买者的选择方向，决定购买与否和购买什么的决定因素是其购买力水平。购买力水平与购买者的收入水平有直接关系，收入增加了可以让购买者考虑购买更多和更好的东西。这些也会对营销者考虑是否改变自己商品或服务的结构以及提升质量产生重大影响。

3. 购买欲望。购买欲望是指购买者购买某种具体商品或服务欲望的迫切程度。这一因素会对营销者与购买者双方的博弈产生重大影响，购买者越迫切对营销者越有利。

（六）营销者

在交换双方中如果一方比另一方更主动、更积极地寻求交换，则为营销者，另一方则为被营销者。营销者是指寻找一个或更多的能与其交换的人或企业。而被营销者是指营销者所确定的具有购买欲望和能力且又愿意与其进行交换的人或企业。这个被营销者就是顾客。

可见，营销者可以是一个卖者，也可以是一个买者。就一般情况而言，当供大于求时也叫买方市场，提供方就是营销者；而当供小于求时也叫卖方市场，需求方就是营销者。

同样是购买火车票,春节时一票难求,不着急的铁路公司就成了顾客,而购买车票的乘客就成了营销者,要满足售票处提出的各项条件。春节一过,铁路公司就成了营销者,必须了解和迎合在淡季外出乘车的乘客要求,并设法予以满足。此时,乘客成了顾客。

三、营销管理的任务

营销管理的任务是指在企业的某项营销活动过程中,通过自己的管理实践影响需求水平、需求时间和需求构成,实现企业预期的营销目标。可见营销管理的实质是需求管理。

在某一市场凝聚了一定的需求,与此同时,作为营销主体的企业也已经具有了提供相应数量的商品或服务的能力,此时提供方所能提供给市场满足顾客需求的商品与服务是否与市场需求做到完全平衡?这应该是所有营销者与顾客都应该关注的问题。

根据需求所表现的具体特征,作为营销主体的企业,其营销管理也应该予以对应,可以归纳为八种不同的类型。

(一)负需求与企业的转换性营销

负需求是指顾客对某个产品或服务有厌恶情绪,不但没有购买欲望,甚至愿意付出代价予以回避。负需求的出现可分为两类:第一类是某些产品和服务从根本上来说对顾客有益,但也存在一定的副作用。如淀粉和糖在供给人体营养的同时也可能导致肥胖,使减肥者唯恐避之不及而产生负需求。第二类是某些产品或服务对顾客有益无害,但是由于顾客对这些商品和服务缺乏了解,同时持有某种偏见或偏信某些谣传而产生负需求。如超声波检查对人体基本无害(胎儿除外),有人却误认为它与X射线相同而产生负需求。在某些新产品或新服务项目刚开始做市场推广时,容易因其市场误解而往往被顾客拒绝。

对于负需求,企业应该采用转换性营销。所谓转换性营销就是企业的营销人员要做好调查研究,分析顾客对企业提供的产品或服务为何加以拒绝而表现出负需求的原因,进一步制订合理的计划和采取适当的措施使负需求转换成现实需求。

(二)无需求与企业的刺激性营销

无需求是指顾客对某些产品或服务毫无兴趣或不关注,也就不会产生购买行为。导致顾客产生无需求的原因有以下几种:

(1)产品或服务方面的原因。某款产品或服务在设计上存在某些缺陷,未能达到顾客要求而导致的无需求。

(2)顾客方面的原因。顾客尚未认识到某产品的功能和性能或某项服务的具体内容对自己的价值而导致的无需求。

(3)使用条件方面的原因。某款产品或是某项服务在使用和消费的过程中需要具备一些具体的条件,当顾客感到某些条件不具备而导致无需求。例如,老年人不会操作智能手机的许多功能,从而导致老年人群对智能手机所表现出来的无需求。还如某些地区缺乏完整的信号传播网络，导致顾客对高清彩电表现出来的无需求。

(4) 宏观环境方面的原因，例如旅游热点地区因政治、法律、社会、文化、经济和环境等的改变导致游客表现出对到该处旅游的无需求。比如由于日本福岛核污染控制不利，中国国家旅游局发出警示通告，从而使得到日本一些地方旅游出现无需求。

(5) 企业的产品价格、渠道规划和促销方式等营销策略不当造成的无需求。例如，产品提价，销售方式改变(只提供线上交易方式)或是由电视广告转向移动通信设备的广告，使得顾客买不起，买不到，不知晓而表现出“被”无需求。

在无需求状况下，企业应该采用刺激性营销。所谓刺激性营销就是让企业的营销人员做好对无需求产生原因的调查分析，从而制订出相应的刺激性营销措施，设法引起顾客的兴趣，进而使无需求转变为现实需求。

(三) 潜在需求与企业的开发性营销

潜在需求是指顾客对当前市场上的商品或服务在某些方面还不令人满意，从而导致对更好的产品或服务出现的潜在需求。例如，旅游爱好者对旅行社推出的旅游线路不尽满意，或者希望旅行社能够提供速度更快和更舒适的交通工具，而对旅行社现在推出的旅游项目不愿签约购买而表现的潜在需求。潜在需求产生的另一个原因是顾客对市场上的某款产品在质量、款式等特征上感到与自己的理想目标尚有距离，从而没有产生购买的冲动所表现出的那种需求状态。例如，智能手机购买者对市场上现有的粉色、浅黄色、白色和浅灰色四款手机都感到不甚满意，而等待更可心的那款智能手机的出现时的需求状态。

与潜在需求相对应，企业应该采用开发性营销，即企业的营销人员应该设法了解顾客对产品与服务可接受的或令其满意的特征等具体信息，然后研发、生产提供可使其满意的产品和服务，使潜在需求转化为现实需求。

(四) 减少需求与企业的再生性营销

减少需求是指某种产品或服务的需求低于正常水平，出现衰退趋势。出现减少需求的原因有：一是营销不力，这种原因造成的减少需求几乎存在于所有的市场，原因是在所有市场上企业在其营销活动的每一环节上都难以做到完美；二是消费趋势发生了变化，对于家电、服饰等时尚产品市场来说此种减少需求现象出现得更多；三是科技进步、社会发展和产品更新换代，这种原因导致的减少需求在各种科技含量较大的，诸如智能手机产品市场表现得更为常见。

与减少需求相对应的是企业应该更多地选择再生性营销，即企业营销人员应该通过自己的营销活动努力使产品重新获得生命力。再生性营销的主要工作是：

(1) 对于营销不力而出现的减少需求要重新进行营销规划；

(2) 对于出现新产品而导致旧产品的减少需求，可以通过发掘产品的优越性和新用途而赋予其新的生命力；

(3) 对于科技进步和产品更新而出现的不可逆转的减少需求，可以通过转移市场、开发新市场来调整。

(五) 不规则需求与企业的协调性营销

不规则需求是指需求与供应在时间上存在差异性，供不应求与供过于求交替发生。例如，五一、十一小长假及暑假时，著名风景区的旅馆顾客很多，而在冬天则顾客较少，设施闲置。在这种不规则需求情况下，企业应该采用协调性营销，即通过价格和促销等措施来调节某种产品或服务的市场需求，使这种产品或服务的供应与需求在时间上趋于同步。

这里要弄清楚不规则需求与减少需求、潜在需求的差别。如果将需求通过购买而实现为基础来看上述三者的差别，潜在需求是没有购买而需求依旧存在，减少需求是通过购买而实现了的需求，与此前的购买相比有明显的下降趋势，从某种角度说，市场的某种需求正在转移。不规则需求则是市场通过购买而实现的需求在一定程度上出现增减的波动。市场的某种需求延迟或提前实现。

(六) 充分需求与维持性营销

充分需求是指需求的现行水平和时间符合供应者期望的水平和时间，通俗地说是企业为满足市场需求而提供的产品或服务在数量上和时间上都与所形成的需求一致，企业的所有产品或服务都被顾客购买，顾客的所有需求都被满足。这是一种企业和顾客都感到满意的理想状态。所以在充分需求状态的企业应该采用维持性营销，即分析影响需求的各种因素，对减少需求的因素保持警惕性，保证营销活动的正确性和有效性，使市场这种供求均衡发展的态势能更长久地保持。

(七) 过度需求与限制性营销

过度需求是指某类需求超过了供给者的供给能力或所愿供给的水平。原因可能是生产能力不足、原料短缺、企业有效资源配置结构不合理等，或是产品或服务在各个方面具有明显的竞争优势而引来原来购买竞争对手产品或服务的顾客，而导致供不应求。解决过度需求问题，从长远看，积极的办法是扩大生产、增加供应。从眼前看可用的办法是采用限制性营销，就是暂时性限制市场对某种产品或服务的需求，具体可以采取的主要办法有提高价格、凭票供应和削减促销努力等。

(八) 有害需求与抵制性营销

有害需求是指对社会、公众、消费者或供应者有害的需求。如市场存在极少的对黄、赌、毒、迷信、污染环境产品、假酒、假药等的需求。在这种需求下，企业应该采用反向营销或抵制性营销，即企业营销人员通过宣传向顾客说明这种需求的危害，以使他们抵制和取消这种需求。抵制性营销与限制性营销不同，限制性营销是限制过多的需求，而不是否定产品或服务本身；抵制性营销则是强调产品或服务本身的有害性，可以通过立法、执法从根本上抑制各种有害需求的产生。从营销管理的角度出发，企业可以通过提高获得和使用成本来抵制某些有害需求的产生。例如，从 2016 年春节开始，上海市开始严禁在外环线内燃放烟花爆竹。燃放烟花爆竹被界定为有害需求。对于购买和销售烟花爆竹的双方都有严格的限制，无疑提高了这种需求满足的代价。使得“禁放”被上海市民接受。

通过以上研究可以看到：

第一，市场需求确实存在于企业营销活动之前。企业必须准确判定当前市场需求的特征和这种特征的变化趋势，从而使自己的营销管理手段更加有效。

第二，企业通过各种手段，从各个途径了解市场需求特征的变化，以提高自己营销管理手段的效果。所以，营销管理应该向前延伸，即收集市场需求变化趋势的信息也属于企业营销管理的重要组成部分。

第二节　营销与营销管理的产生与发展

营销和营销管理是适应现代市场经济高度发展而产生和发展起来的一门关于企业如何开展市场运作的科学，主要研究发现、开拓、占领市场，开展市场竞争和提高经济效益的专业理论、方法和技巧。它是建立在哲学、经济学、数学、管理学、心理学、社会学等学科基础上的一门应用型学科。营销理论认为，企业能否生存与发展取决于顾客是否购买企业产品；而顾客是否购买企业的产品又取决于其产品能否满足顾客的需要。因此，营销理论的主要内容都是围绕如何满足顾客需要这一核心而展开的。

一、营销理论在国外的产生和发展

营销学的产生是以市场经济的一定发展为基础的，同时还必须具备买方市场出现、法制健全、企业间存在激烈的市场竞争和企业的行为目标是获取最大利润等条件。从对营销学研究的历史过程来看，到目前为止，大体上可分为以下四个阶段：

（一）形成阶段

19 世纪末 20 世纪初是营销理论的形成阶段。历史的发展使得美国首先具备了上述条件，营销学作为一门新的学科便在美国产生了。它的产生是美国社会经济环境发展变化的产物。市场日益扩大，人们对市场的态度也开始发生变化，这些变化因素都为思想创新提供了良好的机会，并最终促进了市场营销思想的产生。1910 年，美国威斯康星大学教授拉尔夫·斯达·巴特勒首先采用了“市场营销（Marketing）”这个词。他打算开设一门课程专门探讨要推销产品的企业在使用推销员和做广告之前必须做的所有事情，决定使用“市场营销方法（Marketing Method）”这个词，并出版《市场营销方法》一书，首先使用“市场营销”作为学科名称。“Marketing”这个词由此被广泛应用，成为课程和教科书的名称。1912 年，美国哈佛大学的赫杰特齐（J. E. Hegertg）通过走访大企业，写出了第一本以“市场营销学”命名的教科书，但它的主要内容只是分销学与广告学，其原理、概念和范围与现代营销学有很大不同。1918 年，弗莱德·克拉克教授编写了《市场营销原理》讲义，被多所大学用作教材并于 1922 年出版。

（二）应用阶段

20 世纪 30 年代到第二次世界大战结束这一时期，营销学从大学走向社会，是营销理论的应用阶段。当时企业生死攸关的问题不仅仅是如何降低成本、扩大产量，还要关注“如何把产品卖出去”。为了帮助企业打开销路，争夺市场，增加销售，营销学家提出了“创造需求”的理论，开始进行市场调查、分析、预测，并运用大量的实际资料，形成了许多新的原理。与此同时，各种营销理论开始相继进入应用领域，即市场营销作为一种指导思想来帮助企业解决日益严重的销售实践，市场营销学的理论体系也由此开始逐步建立。营销学得到长足的发展，并在企业经营实践中广泛应用。

（三）“革命”阶段

20 世纪 50 年代以后，营销理论进入全新的“革命”时期。战后科学技术的迅猛发展，西方各国的劳动生产率大大提高，经济迅速增长，市场形势发生了革命性的变化。在这种背景下，企业之间的竞争日趋激烈，其突出的影响就表现在传统的营销理论不再能满足企业当时营销活动的需要。由此，形成了“以消费者为中心”的现代营销观念，实现了营销理论的一次重大的突破。营销理论在这一时期开始形成，营销已被明确为是满足人类需要的行为，营销调研也在现实经济生活中受到了越来越广泛的重视，甚至连市场营销的社会效益也开始受到人们的重视。

这一时期，梅纳德和贝克曼在《市场营销原理》一书中提出了研究市场营销的五种方法：一是产品研究法，即按产品类别向纵深方向对营销活动进行分析；二是机构研究法，即对参与市场活动的各个机构进行研究，如批发机构、零售机构；三是历史研究法，即从历史发展的角度分析营销职能及其执行职能的机构，寻找其产生、发展和消亡的原因；四是成本研究法，即从成本对价格的影响出发，研究成本对营销活动及对顾客购买行为的影响；五是职能研究法，即从市场营销职能的角度，来比较各类中间商在各种产品的营销活动中所执行的职能，以便于实现各种机构的最佳组合。市场营销原理是对一般规律的阐述，当市场营销原理组合在一起时就形成了市场营销理论。

进入 20 世纪 60 年代至 70 年代，市场营销学与经济学、心理学、行为科学、社会学、统计学等应用科学相结合，开始发展成为一个新兴的独立综合型学科。

1967 年，菲利普·科特勒所著的《市场营销管理》一书出版，继而该书成为美国管理学院最受欢迎的教材。菲利普·科特勒指出，营销管理就是通过创造、建立和保持与目标市场之间的有益交换和联系，以实现组织的各种目标而进行分析、计划、执行和控制的过程。其管理体系包括：分析市场营销机会，确定营销战略，制定营销战术，组织营销活动，执行和控制营销努力。

（四）分化和扩展时期：20 世纪 80 年代至今

20 世纪 80 年代至今是营销理论的分化和扩展时期。最具代表性的是 1986 年，菲利普·科特勒基于原来的4P提出的“大市场营销”的概念，即在原来4P的基础上增加两个P：“政治力量”(Political Power)、“公共关系(Public Relations)”。这一时期是市场营销学理论化、系统化的大发展时期，也是市场营销学在国际范围内迅速扩散和广为采纳的时期。这一时期的市场销营销观念不断深化、营销对象内涵和外延不断扩大、市场营销学理论不断创新。到目前为止，营销学已逐步建立起以“满足需求”“顾客满意”为核心内容的框架和体系。

二、营销理论在中国的发展

经过十几年的时间，我国对于营销理论的研究、应用和发展已取得了可喜的成绩。从整个发展过程来看，大致经历了以下几个阶段：

(一) 营销理论的引进时期

1978—1982年为我国营销理论的引进时期。尽管在这之前，国内对营销学有过传播，新中国建立之前，我国虽曾对营销学有过一些研究(当时称为“销售学”)，但也仅限于几所设有商科或管理专业的高等院校。1978年，北京、上海、广州的部分学者和专家开始着手市场营销学的引进研究工作。虽然当时还局限在很小的范围内，而且在名称上还称为“外国商业概论”或“销售学原理”，在此期间主要的研究工作是对国外营销学著作、杂志和国外学者讲课的内容进行翻译介绍。

(二) 营销理论的传播时期

1983—1985年是营销理论的传播时期，典型表现是各种营销研究团体的成立。在引进的基础上成立各种营销研究团体，不断提升和扩大营销理论的影响，推动我国营销理论的可持续发展。在此期间，营销学在高校教学中也开始受到重视，有关营销学的著作、教材、论文在数量上和质量上都有很大的提高。

(三) 营销理论的应用时期

1985—1988年，我国经济体制改革步伐进一步加快，市场环境的改善，为企业应用营销原理指导经营管理提供了有利条件，是营销理论的应用时期。在此期间，多数企业应用营销原理时，偏重于分销渠道、促销、市场细分和市场营销调研部分。

(四) 营销理论的扩展时期

1989—1994年是营销理论的扩展期，无论是营销教学研究队伍，还是营销教学、研究和应用的内容，都有了极大的扩展。全国各地的营销学学术团体改变了过去只有学术界、教育界人士参加的状况，开始吸收企业界人士参加。其研究重点也由过去的纯教学研究，改为结合企业的营销实践进行研究。在此期间，营销理论的国际研讨活动进一步发展，这极大地开阔了学者们的眼界。

(五) 营销理论的国际化时期

1995年至今，中国的营销理论研究进入了国际化阶段。国内营销学者开始全方位、大团队地登上国际舞台，与国际学术界、企业界的合作进一步加强。

第三节　企业营销观念的演变

企业的营销活动是在特定的营销观念(或称市场营销思想或营销管理哲学)指导下进行的。营销观念,是企业营销思想(哲学)的反映,企业营销思想(哲学)是企业进行营销管理和开展营销活动的指导思想和行为准则,是企业如何看待顾客和社会利益,在如何处理企业、顾客和社会三者利益时的态度、思想和意识,它的正确与否对企业经营的成败兴衰有着至关重要的影响。

营销观念不是固定不变的,是随着经济发展、科技进步和市场环境的变化而不断变化的。营销观念大致划分为以生产为导向的生产观念、以产品为导向的产品观念和推销观念以及以市场为导向的营销观念和社会营销观念。其中,前三种观念被统称为传统营销观念,营销观念和社会营销观念被称为现代营销观念,具体如表 1－1 所示。

表 1－1　营销观念的五种基本类型

	营销观念	出发点	手段	目标
传统营销观念	生产观念	生产	改善生产管理手段,提高劳动生产率水平; 降低生产成本,增加产量和销售量	当前利益
	产品观念	生产	提高产品研发能力和产品质量,增加产品功能和款式	当前利益
	推销观念	产品	加大促销力度,改进推销技能	当前利益
现代营销观念	营销观念	需求	设计营销组合,协调营销组合各要素	长远利益
	社会营销观念	社会利益	整合营销,关系营销	长远利益

一、生产观念

生产观念是指导经营者行为的最古老的观念之一。这种观念产生于生产力水平较为低下的社会,此刻大多数市场属于求大于供的卖方市场,产品的价值实现相对容易。因而,企业的营销观念不是从顾客需求出发,而是从企业生产出发,即将“企业能够生产什么”作为自己开展营销活动的出发点。企业经营管理者的所谓营销观念就是他们认为的顾客喜欢那些价格低廉而且可随处买得到的产品,具体表现为“我们生产的是顾客能够买得起的产品,而且还要做到顾客随时随地只要有需求就能买得到”,类似于通常所说的“以产定销”。在这种观念指导下的企业经营管理也可以视作为他们营销管理的主要内容就是千方百计地改善生产技术,提高劳动生产率,增加产量实现降低单位产品生产成本的目标,在此基础上取得更大的降低产品销售价格的空间而获得刺激顾客需求,增加产品销售量的目标。显然,生产观念是一种重生产、轻市场的商业哲学。

特别需要说明的是，除了物资短缺、产品供不应求的情况之外，有些企业在开拓出一个新市场后的一段时期内，出于扩大市场份额、提高自身竞争能力等目的，也会更多地借用生产观念作为自己在这一段时期营销管理的指导思想。

但是，必须指出生产观念的逻辑推论中存在的谬误：提高劳动生产率，确实可以达到增加产品产量并降低生产成本的目的。降低生产成本也就可以降低产品的销售价格。但是，降低产品销售价格对于刺激需求的增加其有效性是值得讨论的。试想：一位顾客购买了企业的空调机，其“四季如春的居家环境”的需求被满足了，此时企业的空调机销售价格下跌10%，他是否会决定，再去买一台空调机？如果不会，可见降价仅对刺激潜在需求才会有效。所以，企业经营者在采用生产观念来指导自己的营销管理实践时，一定要考虑通过前期销售，已经满足了多少顾客的需求，剩下期盼企业降价的“潜在需求”有多少，再进一步确定企业的营销方略。

二、产品观念

产品观念是指企业不是通过市场分析开发相应的产品和品种，而是把提高质量、增加新的功能或者改进产品的外观特征等作为一切活动的中心，以此扩大产品销售、取得利润的一种经营指导思想。产品观念认为，顾客最喜欢高质量、多功能和具有某种特色的产品。以这种观念作为指导思想的企业致力于研发和销售高质量产品。最容易滋生产品观念的场合，莫过于当企业发明一款新产品时，过多地把注意力放在产品质量提高上，而不是放在顾客需求上，即企业对所谓购买者对产品质量的提高的认知判断其实与购买者对所需产品质量之间相距甚远。例如，汽车制造商认为买车者对高质量汽车的要求是速度，而许多买车者心中对高质量车的要求是省油和安全。此种营销者与购买者在对所谓高品质产品的认知上存在的差异，随着科技与经济水平的更快发展会越来越大。因为一种高科技新产品往往具有更多的功能，可以满足顾客更多的需求，但是，这款新产品的许多功能是此消彼长的，这就使企业研发者在确定提升哪些功能时更加“纠结”，他们还需准确把握那些功能提升的新产品是否是顾客所需要的。

与生产观念相比，两者的相同之处在于它们都以生产为中心，忽视市场需求。不同之处在于，产品观念不仅强调生产成本的降低，劳动生产率的提高，而且还更加注重产品质量的高低。之所以将产品观念也归结到“以生产为中心”的营销观念范畴，原因有二。

其一，企业不是在对需求开展仔细调研后作出需求发生了本质变化的判断，从而由生产观念转变为产品观念，而是从社会经济发展与顾客收入的增加，以及随之可能引发的消费理念的改变作出如此判断：在顾客购买决策时，价格不再是唯一或最重要的影响因素，质量、功能和款式等成为首要的决定因素。

其二，企业并没有准确了解此刻顾客的真实需求，而更多的是“我们对顾客需求的判断”即站在生产者立场上做出的主观判断。

三、推销观念

推销观念，又称销售观念。这种观念认为：购买者通常表现出一种购买惰性，即购买者即使在有明确需求时也不会积极地足量购买某一产品。因此，经营者就会在此种情况下制订一套自认为有效的推销计划，并增加销售人员，扩大销售机构，讲究销售技术，充分利用宣传工具以刺激购买者大量购买本产品，确保企业在该市场的优势地位。

在推销观念指导下，企业相信产品是“卖出去的”，而不是“被买去的”。企业过分重视推销工作，急于推销企业已经大量生产的产品，对购买者进行无孔不入的促销攻势，诱惑人们购买。在这种情况下，往往会使购买者购买了许多自己暂时不会使用或消费的产品。这不仅损害了购买者利益，又破坏了企业形象。

与前两种观念一样，推销观念也是建立在以企业为中心之上，“以产定销”，而不是满足消费者真正需要的基础上的。因为，所有的推销计划都是建立在企业已经生产出来的产品怎样才能最快出售并实现预期盈利目标的基础之上。

四、营销观念

营销观念认为，实现企业各项目标的关键在于准确理解目标市场的需要，并且比竞争者更有效地提供目标市场所期望的产品或服务，进而比竞争者更有效地满足目标市场的需要。“顾客需要什么，我们就生产什么”就是这种观念的通俗解释。

营销观念与推销观念相比有很大的差异。从两种观念确立的基本维度不同来看：

营销观念的四个维度是：

(1) 以目标市场为出发点；

(2) 以顾客需求为导向；

(3) 以设计更加完整的营销组合和协调营销组合要素的关系为手段；

(4) 以通过顾客满意而获取利润为目的。

推销观念的四个维度是：

(1) 以工厂为出发点；

(2) 以产品为导向；

(3) 以加大促销力度和提高推销技能为手段；

(4) 以通过销售而获取利润为目的。

可见，营销观念本质是一种以顾客需要的实现和满足为导向的指导思想。这种观念形成的主要原因是社会经济高速发展，购买者的购买力得到充分发展，选择权也不断提高。企业经营者必须以顾客需要的满足作为企业的发展方向。营销观念成为经营管理的基本理念。

五、社会营销观念

社会营销观念是对营销观念的修改和补充，营销观念回避了企业盈利、购买者需要与利益、社会公众根本利益的维护三者之间隐含的多种随时可能发生的冲突的现实。在营销观念指导下，社会经济取得了良好的发展。一方面给社会和企业带来了更大的利益——市场和利润，以及满足了顾客的不断增加的需求；另一方面造成了环境污染，破坏了社会生态平衡，从而引起更大范围处于交换关系外的社会公众的不满，引发了保护消费者权益运动及保护生态平衡运动的产生和不断高涨。此时，营销观念的局限日趋凸显，社会方方面面都认识到改进或建立更加完整的营销观念的重要性与迫切性。社会营销观念的出现就成为历史发展的必然。

社会营销观念认为，企业的任务是确定各个目标市场顾客和企业的需求，并以保护和提高社会公众利益的方式，比竞争者更有效地向目标市场提供能够满足其需求的产品或服务。社会营销观念要求营销者在制订自己的营销方案时，要统筹兼顾企业利润、顾客需求和社会公众利益三个方面的诉求，并确保上述各方的诉求得以最大程度的满足。社会营销观念还强调企业在进行营销活动时，要努力把经济效益与环境效益结合起来，尽量保持人与环境的和谐，不断改善人类的生存环境以达到经济效益、社会效益、环境效益的三个统一。

这里有一个具有明显功效的实际案例。在上海苏州河流经的河段，开发商完成了一个高档住宅小区的建设，这个小区符合一群高收入者的居住理念。于是，入住者、开发商以及物业管理机构各方的需求都得以满足，营销理念圆满完成。但是由于小区是一个封闭区域，原来常来河滨游玩观赏的市民无法像以往那样自由进出小区，导致该居住小区外的市民的不满，开放小区成为市民的共同诉求。这时如果能够找到一个既能使小区住户感到安全、宁静，小区开发商获得既定利益，又能使小区外的市民能够继续观赏河滨景色的社会和谐方案就好了。这就是社会开始注意到营销观念存在的不足，而自觉地向社会营销观念转变，社会也必定会因此而更加美好。

实际操作中，可能会经常为哪类营销观念正确和更有效，企业或管理者应该具有哪种营销观念而争论不休。我们给出的标准是：每种观念是否正确或有效，是否应该具有或遭到摒弃，只能看它是否适应企业此刻所面对的市场环境和条件。

第四节　顾客价值和顾客满意

营销的根本目的就是要比竞争对手更有效地为顾客提供有价值的产品或服务，从而满足顾客需要并使顾客满意。

在顾客满意的前提下销售产品并获取利润是现代营销观念的核心。传统的理论认为，只要企业提供的产品或服务质优价廉，顾客就会满意，相应企业的任务就是千方百计地提高产品或服务质量，降低产品或服务价格。在营销观念指导下，企业不仅应考虑产品或服务的价值，并且应提供更高的"顾客让渡价值"，以使顾客满意。

一、顾客让渡价值

顾客的购买是一个选择比较的过程，顾客在这一过程中，运用自己已有的知识、经验、收入等，依照价值最大化的理念从众多产品中选择自己需要的产品。所谓顾客让渡价值就是指顾客总价值与顾客总成本之间的差额。其中，顾客总价值是指顾客购买某一产品或服务时所获得的一系列利益的总和。顾客总成本是指顾客在评估、获得和使用某一产品时所耗费的时间、精神、体力以及所支付的货币资金等项目的总和。顾客可以从总价值和总成本两个方面进行比较，把总价值最高、总成本最低的产品作为优先选购的对象。而企业只有提高顾客让渡价值才能吸引顾客、战胜竞争者。因此，提高顾客让渡价值的途径有两种：一是提高顾客总价值，二是降低顾客总成本。

(一) 提高顾客总价值

提高顾客总价值是提高顾客让渡价值的途径之一。顾客总价值由产品价值、服务价值、人员价值和形象价值构成。

1. 产品价值。产品价值是由产品的品质、功能、规格、特色、款式等因素所产生的价值。它是顾客需要的核心内容和顾客选购产品时需要考虑的首要因素。

(1) 产品品质。产品的品质是产品价值的首要特征。如果产品品质低劣，就不能正常发挥产品应有的功能和特性，那么产品就不具有任何价值。

(2) 产品功能。产品功能是指产品能帮助顾客解决哪些问题或满足哪些需要。产品的功能越多，帮助顾客解决的问题就越多，产品价值就越高。

(3) 产品特色。所谓产品特色是指本企业产品所具有而竞争者产品不具有的某些优势特征，如性能优势、用途优势、款式优势、服务优势等。产品特色越鲜明，其价值就越高。

(4) 产品款式。产品款式是影响顾客购买行为的重要因素之一。产品款式体现了人们审美意识的变化，被淘汰的款式就意味着失去了全部价值。

2. 服务价值。服务价值是指伴随产品实体的出售而向顾客提供的各种附加服务所产生的价值。服务可分为售前、售中和售后服务。售前服务是产品销售之前为顾客提供的服务，包括调查顾客需要、设计产品、提供咨询等。售中服务是产品销售过程中为顾客提供的服务，包括产品展示、说明或示范使用方法、帮助挑选商品、包装商品等。售后服务指产品销售之后为顾客提供的服务，包括送货、安装、调试、维修、技术培训和各种保证等。

现代科学技术和社会化大生产的发展使不同品牌产品之间的差别越来越小，即产品出现同质化，企业要吸引顾客唯有提供优质服务，与竞争对手拉开差距，保证产品整体功效得到良好的发挥。产品的技术越复杂，对服务的依赖性就越大，对服务质量和效用的要求就越高。

3. 人员价值。人员价值是指企业员工尤其是营销人员的经营思想、经营作风、业务能力、知识水平、工作效率与质量对顾客形成的综合影响所产生的价值。一个综合素质高且具备顾客至上思想的员工，能够准确地了解顾客的需求，提供所需产品和及时周到的服务，妥善解决产品销售和使用过程中出现的问题，消除顾客可能产生的疑虑和不满情绪，与顾客保持长久而稳定的良好关系，增加顾客的满意感，从而提高顾客总价值。

4. 形象价值。产品形象是指本企业产品在公众心目中的位置或特色，如产品是高档、中档还是低档，产品是质量优异还是功能齐全，是富于时代气息还是维护传统，等等。不同的产品会产生不同的形象价值，企业应当重视从各个构成因素方面提升企业形象和产品形象。

构成顾客总价值的虽然只有四个方面，但是同一个人对不同行业提供的产品或服务，上述四个方面的价值在总价值中构成的比例则不同：购买房子时，产品价值与形象价值的重要性比服务价值与人员价值要大；而在医院，服务价值与人员价值的重要性比产品价值与形象价值要大。更何况不同顾客在购买同一种产品或服务时，上述四部分价值对他们在购买决策时的影响作用的差别就更大，比如，同样是购买轿车，有的购车者以产品价值大小为最重要，而有的则以形象价值为最重要的选择意向。

这里还要说明的是，将顾客总价值划分为四个方面，仅是为了让大家理解而已。在现实社会中，无论是企业还是顾客其实很难分清楚它们之间的具体界限，因为四种价值往往是“你中有我，我中有你”。在形象价值中就能看到产品价值的影子，因为大多数人对某种产品的产品价值有相同的理解，使用这个产品时有共同的评价结果。

(二) 降低顾客总成本

提高顾客让渡价值的又一途径是降低顾客总成本。因为作为一个理性顾客，顾客总价值的大小会对其购买行为造成巨大的推动，他必须继续考虑需要为此付出的代价有多大。这个代价就是顾客总成本。顾客总成本是由货币成本、时间成本、精神成本和体力成本构成。其中，时间成本、精神成本和体力成本又被统称为非货币成本。

1. 货币成本。货币成本是指顾客购买和使用产品所付出的直接成本和间接成本。直接成本是指支付给产品销售单位的费用，如按产品价格支付的购买费、包装费等。间接成本是指顾客为购买和使用产品而耗费的相关费用，如交通费、商品运费、安装费、维修费等。货币成本是顾客总成本的主体，是顾客购买时必须了解的直接因素。在其他因素相同或差别不大的条件下，顾客首先会选择价格低、相关费用少的商品。是否便宜，能否打折，都是营销者可以给购买者“货币成本”降低多少的最常见的现象。

2. 时间成本。时间成本是指顾客为得到和使用所需产品而耗费的时间代价。不同的购买者其所考虑的时间成本的组成有所不同。消费者购买和使用产品所付出的时间成本有：为购买产品而影响了做家务和正常生活、放弃了娱乐活动、等待交货或等待提供售后服务而错过了其他需求满足的最佳时间等而造成不应有的损失。组织购买者购买和使用产品所付出的时间成本有：生产企业等待机器设备、原材料与零配件到货或等待维修服务，延误了正常的生产等都会使其各种损失增加；商业企业等待商品到货，错过了畅销时机等而导致各项费用增加。电商为顾客提供网购，其初衷包括减少顾客到实体店选择、购买所付出的时间，“打开电脑，登录网站，确定购买，点击就一切OK”只要短短数十秒。但是，等到快递送到则要好多天，这些是企业和顾客选择在“双11在线抢购”所必须面对的问题。

时间越长，顾客付出的代价就越大，满意感就越低，所感受到的顾客让渡价值就越低。企业对此应有充分的认识，逐项分析顾客购买和使用产品的时间耗费，有针对性地采取有效措施减少顾客的时间成本，提高顾客让渡价值。

3. 精力和体力成本。顾客购买和使用产品时在精力和体力方面的耗费称为精力成本和体力成本。此类成本所包含的具体项目多至无法数尽，主要包括如下七个方面：

(1) 信息收集耗费的精力和体力。当顾客产生某种需求以后，就要投入一定的精力和体力收集相关的商品信息，顾客投入得越多，耗费越高，满意感就越低。企业应当通过多种途径向目标顾客及时提供全面、准确的信息。尽量减少或降低顾客的投入，以此提高顾客的满意感。

(2) 谈判耗费的精力和体力。组织购买活动都有谈判过程，谈判过程越艰难，耗费越大。企业应当尽可能地明晰交易条件，简化谈判过程，以增加顾客的满意感。

(3) 购买路途上耗费的精力和体力。顾客为到达产品销售地点在路途上也需要耗费一定的精力和体力，路途越远，耗费越大。企业应合理地设置销售网点，在可能条件下提供交通服务。

(4) 产品安装耗费的精力和体力。许多产品需要安装后才能使用，大多数顾客不具备专业知识和技术，没有专用工具和设备，自行安装困难重重，甚至因此而不愿购买产品。因此企业应提供相应的安装调试服务。

(5) 产品使用耗费的精力和体力。耐用消费品和工业用品的性能和使用技术比较复杂，顾客为学会使用方法要耗费许多精力和体力。企业应尽可能简化产品结构和使用技术，并对买方进行技术培训或使用指导。

(6) 产品维修耗费的精力和体力。产品损坏以后，要耗费一定的精力和体力寻求维修。因此，企业应当在生产过程中提高产品质量的同时，还要做好售后服务工作。

(7) 不同顾客或者同一顾客购买不同行业产品或服务时，顾客总成本的四个组成部分的重要性也不一样。在购买日常生活用品时一般都会对货币成本更多地关注，而技术含量高的电子产品，非货币成本的关注权重就会凸显。营销管理者只有从多数顾客在购买决策时哪项成本才是最为或更为重要的出发，制订和调整营销策略。

二、顾客满意

顾客满意是对需求是否满足的一种界定，就是企业向顾客提供的产品或服务达到或超过顾客的期望，才能令顾客满意，反之则不满意。在现实生活中，每个顾客都将会体验到三种主要的不同满意水平状态中的一种。假如企业提供的产品或服务达不到期望，顾客则会不满意；假如达到了期望，顾客则会满意；假如这种感受超过了期望，顾客则会十分满意。

(一) 顾客满意的重要性

营销管理的核心就是提供令顾客满意的产品或服务。令顾客某项特定的需求得以满足，属于企业营销的基本目标，营销管理的最高目标应该是令顾客满意。因为令顾客满意对企业来说具有许多重要意义：

1. 提升企业的市场形象。从心理学理论看，顾客对自己所购买的产品或服务感到满意，就会对自己的行为感到自豪，这将促使他将这种感受告诉他人，与他人分享。这会使得企业在市场上的形象获得提升。同时，企业、企业的产品和品牌的知名度也会提升。

2. 扩大企业产品的销售量。顾客会对某些需求产生重复出现的情况。吃了一碗拉面后饥饿的感觉消失，吃东西的需求被满足，可是饥饿感还会出现，前一次购买行为给自己带来的感受会促使他在再次产生饥饿感时最先想到这种感受，推动他再次到原来的面馆购买原来的拉面。通俗地说，这位顾客就是面馆的“回头客”，回头客是企业令顾客满意后顾客给予企业的回报，企业的销售量因此会增长。“回头客”是企业的忠诚顾客，忠诚顾客对企业来说是不需要再付出更多的促销努力的特殊顾客。

3. 获得更大的利益和利润。企业形象的提升和市场销售水平的增加都会使企业获得的利益增加，例如提高企业和企业品牌的知名度，使得企业产品在定价上有更大的上升空间而创造更大的利润机会。

(二) 顾客满意度的衡量

1. 顾客满意度是一种个人感知。这种个人感知包括：顾客想要得到的是什么？他们为什么会有这种需要？又是什么原因促使他们更换了产品或服务的提供者？他们可接受的产品或服务质量标准是什么？哪些是顾客可以接受的最低标准？

2. 企业认为的顾客满意期望和实际的顾客满意期望不一定是一样的，也就是说顾客对企业的要求和企业认为的顾客要求之间可能存在差异。为了弥合这个缺口，企业通常应该考虑下面六个问题：

(1) 企业是否经常开展顾客对产品或服务的调查；

(2) 企业是否向顾客承诺将向他们提供更优质的产品或服务；

(3) 企业是否能够正确地理解顾客对产品或服务的质量和满意度评定标准；

(4) 企业的顾客是不是认为企业能满足其需要和期望；

(5) 企业是否有一个能准确识别顾客需求和期望的系统；

(6) 企业是否有改变顾客态度的措施。

3. 顾客满意度的衡量。衡量顾客满意度首先需要掌握足够的信息，从而进行必要的调研。其次，确定顾客满意度水平指标，通过与调研所得的数据进行对比。最后，提出提高顾客满意度的措施。

(1) 顾客满意度调研。在这一阶段需要完成的工作是:顾客界定、确定顾客满意度调研目标与调研的内容、选择合适的调研机构、确定调研成本、实施顾客满意度调研计划。

(2) 对比顾客满意度标准。确定顾客满意度综合指数。因为,全面反映顾客对企业产品的满意度需要有一组衡量指标,各项指标的重要性不同因而权重也不同,所以需要加权平均。

(3) 提出提高顾客满意度的建议。只有充分掌握实际数据,才能准确做出改进顾客满意度的决策,进而制订具体措施。

最直接的办法就是用顾客让渡价值的大小来衡量顾客对自己企业提供的产品或服务的满意度。顾客让渡价值越大,则顾客满意度越高,反之,则顾客满意度越小。

三、顾客让渡价值最后形成的途径

由于顾客让渡价值的大小与顾客满意度有直接关系,从一定意义上说,提高顾客让渡价值也是企业营销的根本目标。企业的顾客让渡价值是由各利益相关方对顾客让渡价值的总和。

(一) 供应链顾客让渡价值的形成分析

1. 供应链企业的组成部门关系

在社会化大生产环境下,任何一家企业都是一个供应链中的一环。如图 1-1 所示,由牛仔裤零售商、牛仔裤生产商、面料生产商、棉纱生产商和棉花生产者等组成上下游企业的供应链系统,为了完成对市场提出的某个需求——舒适、时尚的服装,共同努力彼此协作才能实现。在供应链系统中,各家企业可能是彼此独立的供应商与顾客的关系。作为下游企业是其上游企业的顾客,所以会向上游企业提出自己要求得到的顾客让渡价值最大化的要求。

棉花生产者	棉纱生产商	面料生产商	牛仔裤生产商	牛仔裤零售商	牛仔裤消费者

图 1-1　牛仔裤供应链示意图

2. 供应链顾客让渡价值的形成

这样环环相扣的供应链构成顾客与营销者的关系,使得处于企业供应链终端的牛仔裤零售商向消费者提供的顾客让渡价值,其实是整个供应链系统提供的顾客让渡价值的总和。我们看到这样的结果:第一,零售商因为与消费者直接联系,向消费者提供的顾客让渡价值,也就是整个供应链可能向消费者提供的最大顾客让渡价值,也是整个供应链在市场上是否有竞争力的重要标志;第二,提高对顾客满意度的提升应该是整个供应链系统所有企业的共同努力的结果,一荣俱荣。可见,原本发生在企业之间的竞争已经转变成不同供应链系统之间的角力。

（二）企业顾客让渡价值的形成分析

1. 企业内部的部门关系

在当前社会发展背景下，图 1－1 所描绘的供应链系统可能就是一家被称为“总公司”的企业，供应链中原本是独立运作的单位，现在成了一家大公司下属的子公司。在一家现代企业中完成一项经营和服务需要依靠这样一些关键部门，如图 1－2 所示：市场调研部，负责收集顾客需求的相关信息；产品研发部，根据市场调研部提供的信息，开发和设计出能满足市场需求的产品；生产资料采购部，负责按照产品研发部要求采购相应的原材料或零配件；生产部，负责将产品研发部提供的图纸并从生产资料采购部获取生产所需的原材料或零配件，生产出具体的产品；销售或配送部，将生产出的产品及时送达顾客手中。

市场调研部	产品研发部	订单接收部	生产资料采购部	生产部	销售或配送部	消费者或购买者

图 1－2　企业内部组织构成示意图

2. 企业内部各部门的顾客让渡价值的形成

通过观察图 1－2，就不难发现：为了最终完成自己对消费者或者顾客某种特定需求满足的承诺（一般是由订单接收部门作出的，而由销售部完成）需要企业各部门的努力与协作。其次，也正是各部门以及全体员工对上述有一致的认识才会最有效地实现企业对顾客的承诺，从而产生上游部门向下游部门提供最大顾客让渡价值的自觉。

本章小结

- 营销的含义。营销管理的含义。
- 营销是通过提供产品和价值，从而使个人或群体的欲望和需要得以满足的社会和管理过程。营销学的核心概念有：需要、欲望、需求、提供物、价值、满意、质量、交换、交易、关系、市场、市场营销者等。
- 营销学一个多世纪前诞生于美国，是市场经济高度发展的必然产物。改革开放后，营销学在我国得以传播并逐步受得重视。如今，市场营销不仅作为高校的经济、管理类专业已经把市场营销作为重要课程，而且受到企业的重视。
- 营销哲学是企业在开展营销活动的过程中，在处理企业、顾客和社会三者利益方面所持的态度、思想及观念。营销哲学的正确与否对企业经营的成败兴衰至关重要。营销哲学随着经济发展、科技进步和市场环境的变化而不断进步。营销哲学大致经历了生产观念、产品观念、推销观念、营销观念和社会营销观念等阶段。生产观念、产品观念和推销观念被称为传统营销观念，营销观念和社会营销观念被称为现代营销观念。
- 顾客让渡价值是指顾客总价值与顾客总成本之间的差额。顾客总价值是指顾客购买某一产品或服务时所期望获得的一系列利益，包括产品价值、服务价值、人员价值、形象价值等。顾客总成本是指顾客为购买某一产品所耗费的时间、精神、体力、货币资金以及沉没成本等，包括时间成本、精神成本、体力成本和货币成本等。企业只有提高顾客让渡价值才能吸引顾客，战胜竞争者。提高顾客让渡价值的途径有两种：一是提高顾客总价值，即提高产品价值、服务价值、人员价值和形象价值；二是降低顾客总成本，即减少顾客在货币、购买时间、精力和体力方面的耗费。

我们都听说过这样一句格言："我为人人，人人为我。"这句话用这一章学到的内容来解释就是，在当今社会的芸芸众生都扮演着两种角色：营销者，希望了解他人的需要，并设法努力予以满足；顾客，希望能够得到他人的帮助，实现自己的某种欲望。从营销学的角度来说，你在作为营销者时努力设法满足别人需求的同时，别人也在设法满足你的某些需求。如果人人都具有营销学所提倡的这种精神，社会将会多么美好！

但是有时我们会碰到这样的问题：不是当自己成为有了某种需求的顾客时，找不到能够帮助我们找到能满足需求的营销者，就是当我们作为营销者时不知道谁是我们的顾客。听上去有点难以理解吧？对生产、销售和服务型的组织——企业和提供医疗卫生、文化教育、公共事业等组织——事业组织和在企事业组织工作的从业人员来说，应该对自己的顾客有明确的理解。但是，政府职能部门，如各级行政管理、税务、财政、司法类组织和从业人员，他们是否也能时时处处理解自己的顾客是谁？是否真的清楚此刻他们认为的顾客会有哪些需求请他们来满足？

当我们用"社会营销观念"来解释中国的一些医院为啥总被"医患矛盾"所困时，就很容易得出答案：因为医院和医生常常都持有"营销观念"：作为医生我仔细询问病情，认真进行诊断，解除患者病痛，让患者满意，患者病痛解除后称我是"华佗再生"，我也高兴。这就是医院营销的全部内容。可是，医院和医生应该明白，他们不仅要为患者解除病痛，还要为患者家属解除心理的恐惧压力，还要解除社会公众因各种原因对医疗行业的各种误解。即医生不仅要解除患者的痛苦，还要为社会公众提供更多的帮助，最起码要为改变医疗环境做出贡献。

章末案例

三星公司的营销实践

最近，三星电子公司深陷手机"爆炸"困扰，同时又遇洗衣机在美国多地"爆炸"的事件打击，三星是否会从此走上"一蹶不振"的道路？有待于三星公司的反应和市场对其反应的接受。但是无论如何，三星电子公司的辉煌一时还不会消逝。这家市值超 2 000 亿美元的韩国跨国企业集团之所以成功，市场专业人士和三星的高管都认为是三星对供应链、人才和技术的巨大投入所致。但是更多的有识之士认为三星的成功是得其营销成功之利。

企业欲做好市场营销，必须首先站在最大限度地满足目标顾客的需求的立场之上。

在此基础上，企业要随时留心市场环境和竞争对手的变化和动向。

三星是如何关注自己竞争对手的一举一动的？2012年9月中旬，苹果CEO蒂姆·库克（Tim Cook）在旧金山举行的一个活动上，推出最新款手机iPhone 5。此时，洛杉矶沃尔夫冈—帕克（Wolfgang Puck）餐厅，三星营销部门的高管们正密切关注、监控博客和社交媒体网站上有关iPhone 5的任何一个新功能的最新评论，试图从中找出有用信息，从营销传播方面找到有利于自己的宣传内容。

关注自己竞争对手的举动其实是大多数企业的一种“本能”，三星在掌握苹果的举动后，随即制订了多份涉及印刷、数字和电视等媒体的广告文案。随着iPhone 5开始上市销售，三星在接下来的一周时间里，将自己制订好的各类广告文案向社会广泛传播，与此同时通过电视广告对苹果粉丝排队购买iPhone 5这一行为大加嘲讽。这段时长90秒钟的商业广告，最终成为2012年最热门的科技广告，在线观看人数突破7 000万。

广告再好也只能暂时引起市场的关注，三星必须在实际行动上做出相应的表现。在iPhone 5发布后的几个星期里，三星新一代旗舰智能手机Galaxy SIII创造了新的销售纪录。三星美国移动部门首席营销官托德·彭德尔顿（Todd Pendleton）说，我们很清楚，这定会成为科技行业的一个重要时刻，消费者会高度关注。我们希望充分利用这一机遇，将它变成三星的时刻。

2012年，三星取代诺基亚，成为世界第一大手机厂商，全球市场份额达29%。此外，三星还是全球最大的智能手机厂商，在美国市场与苹果的竞争趋于白热化。

不少人认为，苹果在美国本土智能手机市场的竞争稍占上风，但一家市场研究机构ABI Research则提供自己的调查结果说，三星在美国智能手机的市场占有率已经达到33%，超越了苹果的30%。美国移动运营商T－Mobile USA的CEO约翰·莱杰尔（John Legere）说，三星真是太火了。

谈到三星成功的原因，不外乎是出色的市场推广、超强创新力和运营能力，以及用户对iPhone替代品的渴望。尽管三星并不是第一家开发Android手机的厂商，但却迅速从Android硬件厂商阵营中脱颖而出，推出了一款机身超薄、屏幕较大的Android手机产品，它具有令人眼前一亮的创新功能，如能发送照片。

在2011年《财富》杂志全球五百强企业榜单上，三星以1 490亿美元的营收排名第二十位，但有谁会想到，这家创建于1938年的跨国企业集团，竟然是以销售鱼干、蔬菜和水果起家。在创始人李秉哲（Byung-Chull Lee）的领导下，三星最终将总部迁往韩国首都首尔，开始涉足新的市场领域。20世纪60年代末期，三星正式进军电子行业。最初主要生产廉价电视机和空调。1995年，李秉哲之子、时任三星董事长的李健熙（Kun-Hee Lee）参观了位于庆尚北道龟尾市的一家工厂。据说，李健熙将公司最新手机作为新年礼物送给员工，但在听说这些手机存在多种问题时，他将三星库存的数万部手机堆放在龟尾工厂的广场，付之一炬。

经过这次深刻教训，三星开始增加研发投入，并推出一系列顶尖产品，如全球第一部

MP3手机、最高像素的照相手机，以及其他可运行于韩国超高速无线网络的高端设备。但在世界手机市场尤其是美国，三星手机品牌还没有太大的市场，主要原因是它让移动运营商主导了产品的推广与营销活动。直到三星美国移动业务总裁戴尔·索恩(Dale Sohn)后来找到了一条让三星掌握自己命运的道路，而不是像以前那样，依赖于合作伙伴向消费者进行推广。

只有得力的营销管理者才能制订出最准确的营销战略并领导企业准确地实施这一战略。2011年6月，索恩挖来了耐克全球品牌公关主管彭德尔顿。当时虽然三星已经推出了第二代Galaxy SII智能手机。这款智能手机配置4.3英寸显示屏，内置近场通信技术，同时还有一项独特的功能：一旦将它的屏幕朝下放置，就能变成静音设置。但是彭德尔顿认为，这款在主要功能方面优于市场同类的手机，其所拥有的这些特征却没有被顾客感知。于是，彭德尔顿立即作出调整，在短短一年半的时间内，组建了一支强大的营销团队。彭德尔顿新提拔的零售与渠道营销副总裁科特莉娜·杜纳甘(Ketrina Dunagan)，设立了Galaxy Studios，让消费者不必再去百思买或运营商零售店，就可以体验到三星Galaxy SII手机带来的全新感受。

另一位高管布莱恩·华莱士(Brian Wallace)则一手主导了三星在美国的数字营销活动。根据华莱士的建议，三星与数字分析公司Networked Insights建立了合作关系，让其帮助发掘和利用社交媒体上的三星手机的各种用户之间的交流信息，建立起三星与消费者沟通联系的新途径。

三星的高管深知一体化营销战略对自己在美国以及世界市场赢得更大发展空间的意义，这就是控制和自主生产手机产品的许多基本元件。三星有能力快速增加元件的产能，这令三星成为其他手机厂商包括苹果公司的重要元件供应商。对此战略给三星带来的好处，用市场研究机构HIS的半导体产业分析师莱恩·杰利内克(Len Jelinek)的话来说或许是最恰当的：若想完成同样的任务，三星所有竞争对手都必须依赖于第三方。而正是由于自己控制了所有运营活动，三星在与竞争对手的竞争中就占据了明显的优势。

三星电子公司虽然取得了斐然成绩，但是公司高管已经意识到，在消费电子产品领域，成功往往很短暂。如果三星不能保持创新步伐，打造出令用户趋之若鹜的新产品，有可能步那些消失在历史尘埃里的企业的后尘，沦为消费者闲暇笑谈的谈资。

今天三星因为自己的"不慎"而开始品尝自己造成的苦果。可是三星辉煌的过去是凭什么而获得的？这些成功经验还是值得我们回味的。

案例分析

1. 三星在卖水果时与卖手机时所采用的营销理念有什么不一样？
2. 营销理念是否必须与公司的经营规模、结构相符？为什么？

3. 与时俱进是一条铁律，那么对一家公司而言，营销方式是否也应该遵循这条铁律？为什么？

本章复习思考题

1. 营销及其核心概念的定义。

2. 营销将面临哪些需求？需要营销管理者采取哪些相应的对策？

3. 营销观念有哪些类型？各种营销观念存在哪些差别？

4. 在社会不断发展的条件下，推销观念、产品观念和生产观念将会被彻底淘汰，是这样吗？

5. 顾客让渡价值的含义与理解顾客让渡价值对于开展营销管理有何意义？

6. 顾客总价值与顾客总成本各由哪些要素组成？

本章问题与应用

1. 一家公司在注册成功后马上开始运作，你认为该公司整体发展规划与营销战略设想之间应该是一个什么关系？

2. 请帮助一家有巨大库存的公司，譬如一家房地产开发商面对大量的未出售楼盘，分析一下问题产生的原因会有哪些？

3. 有人说，房地产行业叫嚷着“去库存”，可现实却是房价不断上涨，这与其他商品生产商为了去库存而采用降价的措施相悖。分析一下两者差异的原因是什么？

4. 每年的 11 月 11 日电商开展线上销售已经成为常态，试分析一下：电商此刻接受的是哪种营销观念？能使顾客让渡价值最大化吗？说说你的理由。

5. 以顾客让渡价值最大化为出发点，将“双十一”的网络销售潮与“双十二”实体零售店销售潮相比，你是否可以发现“各有各的高招”？分别是什么？

第二章 营销战略规划和营销管理过程

□ 学习目标

- 了解营销战略及战略规划的含义、必要性，掌握制订营销战略的方法
- 掌握规划公司层战略、业务单位战略规划方法
- 理解企业的市场竞争地位是通过哪些标准确定的
- 理解处于不同竞争地位的企业可以选择哪些不同的竞争战略
- 理解营销管理过程包括哪些具体环节
- 理解企业在国际营销与国内营销中有哪些相同与相异的地方
- 理解网络营销与传统营销相比有哪些利弊

□ 开卷案例

同根兄弟相煎何急——一场现代商战

俗话说“市场如战场”，可是还有一句俗话“打虎亲兄弟，上阵父子兵”。谁见过亲兄弟在战场上相互为敌杀得你死我活不共戴天？即使有还有“相见一笑泯恩怨”一说，可是现在的市场竞争让人觉得与战场相比有过之而无不及。为了争夺“怕上火喝凉茶”的市场销售遥遥领先的荣誉，王老吉与加多宝从供应到销售渠道，从电视广告到对簿公堂，凉茶两强在这一市场竞争中铆足了劲。竞争结果用王老吉董事长吴长海的话来说“伤敌一千，自损八百”。

二十多年前，对于凉茶是什么，大多数国人知之甚少。凉茶也就是在中国南方的一些地方存在的土特产。根本无法与国人心目中的绿茶、红茶、普洱茶比肩，更不敢与可口可乐和百事可乐来一争高下。可是现在，它已是年销售额超过300亿元的大市场。就是因为有如此诱惑，导致群狼纷至沓来。经过一番厮杀。凉茶就剩王老吉与加多宝了。按照适者生存的铁律，王老吉和加多宝都有自己相对明显的优势：王老吉的优势在于品牌和技术资源；加多宝的优势则在于营销能力和分销渠道。

追溯历史就会发现，王老吉与加多宝还颇具渊源。当年加多宝把王老吉凉茶打造成功能性饮料的整个过程不失为成功营销经典：加多宝发现了凉茶消费者具有“预防上火”

的需求后，从 2004 年开始，通过各种媒体开展对王老吉品牌凉茶的宣传，于是“怕上火，喝王老吉”被国人广泛知晓，红罐王老吉一路扶摇直上，为中国凉茶打开了一个大市场。在国人眼里“王老吉＝凉茶”。可是，这段王老吉与加多宝的“蜜月期”没有存在多久，2010 年王老吉商标使用权被广药收回，王老吉和加多宝之间的恩怨情仇便呈现在世人面前。在王老吉商标被收回之后，加多宝迅速应对，加多宝认为消除消费者面对新品牌的陌生感和不安全感是自己必须尽快做好的第一件事，就是要让市场知道，加多宝凉茶等于过去的王老吉凉茶，接受“怕上火喝加多宝”这一事实。为了达到这一目标，加多宝投放了大量的资金，在最短时间里更换了成千上万家销售店铺与街头巷尾的广告，同时还在全国各家主流媒体的关键位置上，做好、做足“全国领先的红罐凉茶——加多宝”的广告宣传。例如，加多宝独家冠名《中国好声音》后，该档节目成为加多宝建立知名度和美誉度的有效助推器。加多宝集团品牌管理部副总经理王月贵说，2012 年加多宝以 6 000 万元冠名赞助该节目，2013 年这个数字变成了 2 亿元。对王老吉而言，最致命的一击是加多宝请王老吉的传人公开发表支持加多宝的声明。

广药收回王老吉商标时，其经营的绿盒王老吉的年销售收入只有 19 亿元，与此同时王老吉在上下游供应链关系管理与营销策划等方面都表现出缺乏经验和正确、可行的管理理念，这些都给加多宝迅速逆转，创造奇迹留出了更多的机会。

深晓自己短板的王老吉，也开始调整自己的策略。王老吉充分利用自己国企的身份积极争取与大型国企、药企以及地方政府合作，比如，中国食品包装有限公司开始为王老吉做红罐凉茶包装罐；借助广州市新闻中心召开媒体沟通会，广州市检察院有关人员在会上表示，仍在依法追捕行贿潜逃的加多宝母公司香港鸿道（集团）董事长陈鸿道；更加重要的是王老吉的市场投入将达到 30 亿元。

在日益激烈的市场竞争下，王老吉和加多宝都一致认为凉茶市场依然存在巨大的发展空间。王月贵预计，未来凉茶将占领中国饮料市场 8%的份额，这与日渐衰落的碳酸饮料形成了鲜明对比。吴长海则把凉茶纳入健康饮料的范畴，他觉得中国的健康饮料消费不到 5%，离国际市场的 10%还有巨大的上升空间。

从分销模式看，加多宝实行多渠道策略确保其占领各种终端的最好位置，完成自己所称的“十罐卖出了七罐”，成为凉茶市场的领导者。王老吉选择“农村包围城市”的策略，加上加油站、连锁药店乃至未来的直销等特殊渠道，逐渐蚕食加多宝占领优势的销售市场。

随着王老吉逐步在全国各地生产和销售渠道的形成，王老吉的销售目标已经从 100 亿元调整到 150 亿元。在消费者心里有了这样的共识：“不是加多宝，就是王老吉。”

凉茶市场的王老吉与加多宝两强相争，使得同业中的弱势对手成为最大受害者。例如对于和其正凉茶来说，原来王老吉排第一，和其正排第二。现在和其正排第三，甚至可能还要靠后，由原先强劲的第二品牌，跌落成艰难的跟随者。

在高度同质化的凉茶市场里，挤出效应非常显著，凉茶业唯有走差异化方能出现“柳暗花明又一村”的局面。例如，邓老凉茶采用“凉茶铺＋罐装饮料”销售模式，打出“现代凉茶”的旗号,并在一些高端会所销售。

在广药集团2017年实现“大健康产业300亿规模”的目标之下,王老吉一直试图进行品牌扩张,除了无糖凉茶等新产品,还把品牌延伸到公司旗下的其他产品上。而加多宝一边强调自己的清晰定位,一边逐渐开发出盒装产品,反攻王老吉的主要市场。

学者们都认为,目前凉茶企业已经到了建立品牌内涵的时候。加多宝除了强调“正宗”这个核心,还有年轻、活跃、创新、激情等品牌形象,而王老吉缺乏独特又明确的市场定位。

对此,吴长海则认为,王老吉已经有了市场定位,比如,王老吉赞助《开门大吉》这类中央电视台的综艺节目,以吸引24～45岁之间相对成熟的人群。那种被专家们视为几近于原始社会的市场竞争,给广大消费者带来的只会是“我不太清楚它们之间的故事,它们的广告把我搞糊涂了。”

□ 案例引导:

企业高管应该是有长远战略眼光的统帅,营销决不能逞一时之强,得一时之利,而有这种认知的企业家真是极少。如何将营销活动提升到战略层次来对待,远非企业家自认为的自己正在做的营销战略那样简单。本案例就是告诉大家营销战略应该怎样做和怎样做好。

战略规划制订过程是一个思考分析过程,在对外部环境开展调查获得各种资料后认识各种机会和威胁,与此同时结合对企业所拥有的各种资源的分析,了解企业内部存在的优势与劣势。企业决策机构就能够制订出一系列相关的战略规划,使得优势可以在机会出现时,充分地加以利用以获取最大的成功。同时尽量缩减自己的劣势和规避各种威胁,减少可能的损失。制订战略规划是任何一家企业都必须认真开展的工作。

第一节 企业营销战略规划

企业在正确的营销观念指导下开展营销活动的一个重要步骤,就是制订切实可行的营销计划与战略。而营销计划又受到企业战略规划的制约。

一、企业营销战略规划

企业营销战略规划是企业根据外部环境和内部资源条件而制订的涉及企业营销管理各方面的带有全局性的重大计划。它强调企业组织的整体性,而不仅限于营销一个方面。营销部门在企业战略计划中起着重要的作用,规划一般要定出5～10年甚至更长的发展方向,而且也不是一次完成后就固定不变,它是随着企业内部和外部环境的变化而不断修正的一种管理过程。为了与管理学案例中的战略规划有所不同,这里更多地偏向于运用企业的营销活动来阐述企业战略规划的制订。

企业营销战略是企业营销活动的灵魂。群策群力地制订科学、严密、可行的战略规划,并认真实施,最终可使企业增加盈利,树立更好的企业形象,使企业得以发展,并在市场严峻的情况下确保企业的生存和发展。企业战略规划的主要内容和步骤包括:首先,在整体层次上规定企业的基本任务;其次,根据基本任务确定企业的发展目标;然后,安排企业的业务组合(或产品组合),并确定企业的资源在各业务单位(或产品)之间的分配比例;最后,制订新业务计划,考虑未来的业务发展方向。

二、影响企业营销战略规划制订的因素

企业营销战略规划的一个核心思想是使企业目标与市场机会相匹配,使企业的营销活动与市场环境的变化相协调。因此,制订企业营销战略就必须从实际出发,认真研究制约或影响企业营销活动、企业利润的各种因素。

(一)制约、影响企业营销活动的因素

制约、影响企业营销活动的因素,从企业能否控制的角度来划分有两大类。

1. 企业可控制因素。这是指影响企业营销活动,并为企业本身所能控制和运用的各种营销手段,即企业营销的4P组合所包括的产品、价格、地点与促销。企业通过运用这些因素来实现自己的营销目标。简单地说,企业根据自己对顾客需求的了解,开发出相应的产品或服务,但若是想让顾客在诸多竞争者提供的同类产品或服务中购买自己的产品或服务,还需要制订出更具有吸引力的价格,更具有便利性的购买地点和做好市场促销。当这些活动都真正落实到位,顾客就更有可能购买自己的产品或服务,企业为之所做的营销活动的目标也就实现了。可见,4P组合只有相互协调,营销活动才能取得预期效果。企业营销战略规划在很大程度上都是对4P营销组合的设计、规划和执行。

2. 企业不可控因素。这是指影响企业营销活动,却为企业所不能控制的各种外部环境因素。主要包括经济发展、技术进步、法律法规、国家政策、人口状况、居民收入、消费心理、社会文化、风俗民情、市场竞争,等等。对于企业营销来说,这些外部环境因素的变化,既会给企业带来市场机会,也会形成环境威胁,企业不可能改变它们,只能适应它们。很明显,企业能否取得经营上的成功,不仅取决于能否有效地运用上述各种可控制的营销手段,还取决于能否成功地适应这些不可控制的外部环境因素。

(二)制约、影响企业利润的因素

一般说来,企业所在行业进入的难易程度,竞争对手的状况,产品供求状况,产品是否存在代用品,以及原材料、劳动力资源的供给状况等,决定着企业盈利的多少。凡是在需要大量投资、原材料短缺、政府限制等原因而使其他企业难以进入的行业中已经占有一席之地的企业,在没有竞争对手或竞争对手弱小的行业中的企业,经营供不应求产品的企业,经营的产品尚无替代用品的企业,原材料、劳动力供应充裕而使产品能够保持合理成本的企业,企业的利润潜量一般都比较大。相反,利润潜量就比较小。但是即使在这些外部条件决定下,企业的利润潜量比较大,也不等于实际利润大。因为,实际利润的

多少还取决于企业本身的资源状况和工作水平。

显然，企业应当在利润潜量较大、自己又有能力、有条件进入的业务范围内开展营销活动。即使外部条件已定，利润潜量较小，也有一个如何通过自己的努力去实现一定的利润水平的问题。因此，从影响企业利润的角度考虑上述内外各种主客观因素，是企业制订发展战略时必须考虑的更为根本性的问题。

制约或影响企业营销活动和企业利润的这两类因素（这两类因素有交叉）的客观存在，决定了企业的发展战略实际上应当包括企业发展总方向和每一项营销活动方向的决策。

三、企业制订营销战略规划的步骤

（一）识别和鉴定企业现行的营销战略

首先必须识别企业现行的营销战略是否适应新的市场形势，这是制订新的营销战略规划的前提，只有在认清现行营销战略存在的缺陷基础上，才能制订出适宜的更加完善的营销战略规划方案。如果看不到现行营销战略存在的哪怕是很小的缺陷，就很难指望自己能够制订出一个好的营销战略。

（二）分析企业外部环境

调查、分析和预测企业外部环境，是企业制订营销战略的基础。只有通过分析环境，认清企业面临的主要机会和威胁，觉察和了解现有竞争对手的图谋和未来动向，了解未来政治、经济、军事、文化等发展动向，以及企业面临的机遇和挑战，才能确信新的营销战略有了一个稳固、扎实的基础。

（三）测定和评估企业自己拥有的资源

企业通过测定和评估自己的各项资源状况，从而明确企业本身的优势与劣势。常用的企业优劣势分析是将其与企业面临的特殊环境对企业是否有更多的可以把控的机遇或是日趋变化的风险分析相结合，也就是 SWOT 分析，S（Strengths）代表企业内部资源的优势，W（Weakness）代表企业内部资源的劣势，O（Opportunities）代表企业外部环境的机遇，T（Threats）代表企业外部环境的威胁。

（四）准备营销战略规划方案

根据企业营销发展的要求和营销战略目标，依据企业所面临的机遇和机会，企业列出所有可能达到的营销战略目标和战略方案。

（五）评价和比较营销战略方案

企业根据股东、管理人员以及其他利益相关团体的价值观和期望目标，确定营销战略方案的评价标准，并依照标准对各项备选方案加以评价和比较。

（六）确定战略规划方案

在评价和比较的基础上，企业选择一个最满意的营销战略方案。

（七）实施选定的营销战略方案

（八）评估方案实施效果

第二节　制订企业的营销战略

一、企业营销战略规划的必要准备

所有企业最高管理层在设计营销战略时，必须着手做的准备工作包括：确定企业使命，成立相应的战略业务单位，为每个战略业务单位做好资源配置。

(一) 确定企业使命

企业使命就是明确这样几项根本性问题：企业是干什么的？顾客是谁？顾客的价值是什么？企业现在的业务是什么？将来应该开展的业务是什么？这些都是企业必须立即做出答复的最为重要的问题。

企业确定使命是为了让企业的所有管理人员、员工和利益相关者共同负有使命感。使命还将向上述人员明确地阐明有关目标、方向和机会。使命引导他们朝着同一个既定目标而努力工作。为了企业的所有成员对企业使命有统一的认识，企业会制订一份企业使命说明书。

好的使命说明书有三个明显特点。第一，有明确的目标。使得企业管理层在做出各项决策时，能提供明确的指导。第二，使命强调企业想要遵守的主要政策和价值观。政策表明了企业如何处理股东、雇员、顾客、供应商、分销商和其他利益相关者的关系。政策将个人自主的范围加以限制，以便员工能对主要的目标行动保持协调统一。第三，它们应明确公司要参与的主要竞争范围。

企业最高管理层如何确定企业使命，对于企业发展影响巨大。例如一家生产手机的企业，可以在企业使命中明确自己是专业手机制造企业，也可以是移动设备制造企业，更可以是智能产品制造企业。但是企业使命过大将导致边界不甚明确，可能会使企业投身于力不能支的虚幻事业上，对企业也是不利的。在确定企业使命时，必须在太广阔和太狭窄之间斟酌。应站在市场导向的角度上，综合考虑企业的外部环境和内部资源，以便做出最恰当的选择。

企业使命不需要每隔几年因经济环境的变化而修改。当然，如果使命对企业失去发展方向的指引作用时，企业就必须重新确定自己的使命。

(二) 成立战略业务单位并为其配置资源

在确定的企业使命基础上，企业的最高管理层要对它经营的几项业务进行分析和安排。大企业一般管理着众多不同的业务，它的每项业务都要有相应的实施单位，即战略业务单位，每一个战略业务单位都应该有自己的战略。

(三) 运用窄化战略手段确定实际的营销战略

每一个积极进取的企业总是在不断寻找商机，一旦发现了机会，就会对其进行仔细研究评估。一个企业无法把握住所有可能的商机，所以企业必须尽量使这些机会与自己所拥有的资源和既定的战略目标的实现相一致。管理层必须迅速分辨出那些明显不符合企业既定发展战略目标的机会，将其排除在自己的视线之外，这样才能更有针对性地分析余下的机会，使得这些机会能够成为实际成果，这就是通常所说的窄化战略手段。

二、三种可供选择的营销战略

（一）稳定的营销发展战略

稳定的营销发展战略最基本的特征是企业满足于过去和现在达到的主要营销目标，决定继续追求相同或者相似的目标，每年企业所期望的市场拓展和增长比率也大体相同。同时，企业继续提供与以前相似或相同的产品或服务。采用这种营销战略的主要原因是这类营销战略的风险相对较小，对于那些行业发展稳定和目前经营业绩较好的企业来说，选择这种营销战略更能够使它们保持原有的市场份额。

（二）营销增长战略

营销增长战略是指企业在现有市场基础上，再开发新的产品或业务，或者开发新的目标市场的营销战略。

此类营销战略的主要特征是：企业提供的产品或服务不断增加；企业的销售收入和利润不断增加，不断开发新产品、新市场。通过创造新产品或新服务，主动适应外部环境变化，避开环境威胁，更好地满足新的市场需求。

企业可选择的营销增长战略大体有三种类型：密集型营销增长战略、一体化营销增长战略和多角化营销增长战略。

1．密集型营销增长战略。密集型营销增长战略是指企业以现有产品与市场为基础，通过充分的市场研究与分析，确信企业在现有产品或新产品和现有市场或新市场相结合时仍具有发展潜力，可采取这一种增长战略。

将此类营销增长战略的两个主要因素产品和市场组合，大体有三种形式，见图2－1。

P/M现有市场	新市场	
市场渗透	市场开发	原有产品
产品开发	多角化	新产品

图2－1　产品/市场矩阵图

（1）市场渗透。通过研究确信企业的现有产品在现有市场依然存在可观的潜在需求，就会选择市场渗透战略。实施市场渗透战略有三种方式：通过采取各种促销手段，使原来不知道企业产品或服务的顾客知晓进而购买；降低价格，刺激对价格变化较为敏感的顾客产生需求促进其购买行为的发生；改进销售模式，提供更多的便利条件促进顾客购买行为的发生。

(2) 市场开发,指企业将其现有产品推向新市场,满足一些新的需求。根据经济发展在不同区域的发展差异,企业在经济发达区域的现有产品若逐渐呈现需求退减趋势时,就应该及时考虑将该产品转移到经济发展稍欠落后的区域,利用新市场存在的需求增加现有产品的销售额。例如,从区域市场扩展到全国市场,从国内市场扩展到国际市场等。

(3) 产品开发,指企业通过对现有产品进行改进,如改进产品性能,增加花色品种、规格、型号,增加用途、新功能等满足顾客需要,达到增加企业销售额、扩大占有率的目的。当企业采用市场开发战略时,往往会在现有市场出现“产品真空”的情况,即没有能力满足现有市场出现的新需求,此刻,选择产品开发将是最佳方案。

密集型营销增长战略的实质是企业在原有的生产经营范围内以求有所发展,当企业尚未具有开发新产品和新的业务的情况下,采用密集型营销增长战略是较为合适的选择。

2. 一体化营销增长战略。一体化营销增长战略是指企业将其营销业务拓展到产、供、销等多个不同环节,以求得不断向深度和广度发展的空间。这种战略有三种方式:前向一体化、后向一体化、横向一体化。

(1) 前向一体化,指上游企业通过收购、兼并下游企业等形式,达到拥有或控制产销系统的目的,实行产销一体化。这类战略可使企业获得产品销售渠道,又可以使企业通过销售渠道获得可观利润。具体形式有:第一种,原材料供应商通过自营、收购或兼并等形式与加工制造企业结合,实行供、产前向一体化。如,油田自己开办炼油厂或与炼油厂联合,成立新的石油生产联合企业。第二种,生产企业通过自营、收购或兼并等形式与销售企业结合,实行产、销前向一体化。如,石油生产企业与成品油销售企业联合组成新的石油工业企业。第三种,批发企业增设零售业务或兼并零售企业,以达到直接与终端顾客——消费者接触的目的。

(2) 后向一体化,指下游企业通过收购、兼并上游企业等形式,达到拥有和控制货源供应系统的目的,实行供产一体化。这类战略可使企业有稳定的货源供应保证,又可获得货源供应商过去攫取到的高额利润。如,家具生产企业过去用买来的板材做家具,后来,改为自己加工板材,制作家具。既保证质量,又能节约成本。具体形式有:第一种,零售企业兼营批发;第二种,分销企业通过自办、联合或兼并等形式与生产企业结合,实行销、产后向一体化;第三种,生产企业自营、联合或兼并等形式,与原材料供应商相结合,实行产供一体化。

可见,上述两类一体化就是上下游企业之间的兼并,具体的区别也仅是上游企业兼并下游企业,或是相反。

(3) 横向一体化(水平一体化),指企业收购、兼并处于竞争地位的同类型企业。如,汽车制造企业,根据市场容量增加的情况,兼并或联合同一类型的汽车厂,实现在同一水平上经营业务的扩张。

当企业决策层认为自己的企业在现在的行业或者市场的发展前景很好,市场需求还有可观的发展空间，但是仅凭企业现在的能力或资源很难把握和利用这种市场机遇，于是，决策层就会更倾向选择一体化增长战略。企业在产、供、销等环节实行一体化，能大大提高企业经营规模与能力并提高经济效益，其实这类营销增长战略也就是人们常说的“企业兼并战略”。

与密集型营销增长战略是从产品和市场两个层面上选择适合企业发展之路不同，一体化营销增长战略则是通过扩大企业自身的规模，增加新的或更多的战略业务单位，在不改变产品与市场的情况下获得增长。

3. 多角化营销增长战略。多角化营销增长战略是指企业尽可能增加产品种类和品种，跨行业生产经营多种多样的产品和业务，扩大企业生产经营范围和市场范围，使企业人、财、物等各方面的资源得到充分利用的一种营销增长战略。这种战略也有三种形式：

（1）同心多角化，也称同轴多角化，指企业利用在原有设备、技术及其资源上的优势，发展与原来产品结构相似而用途不同的产品，向外扩大经营业务范围。例如，建工集团利用自己在厂房、机构办公用房等建筑活动中形成的先进经验和已有的设施装备，一旦发现原来所处的行业有不景气的先兆，就会选择进入仍有良好发展前景的居民住宅建筑行业。

（2）水平多角化，也称横向多角化，指企业利用原有市场，根据顾客需要采用新技术、新设备跨行业开发新产品。例如，房地产开发商利用居住小区设计、建设都由自己完成的有利条件，向购房者提供装修服务，在完成装修后再为小区住户提供物业管理服务，虽然对企业来说顾客没变，但企业的业务或所处的行业变化了。实施这种战略，意味着企业进入了一个新行业，有一定的风险，但由于目标顾客是一致的，因而能较好地发挥企业原有的形象优势，拓展企业的市场发展空间。

（3）集团多角化，指大企业通过收购兼并和投资等形式，把业务扩展到与现有技术、现有产品、现有市场毫无关联的其他行业，形成一个跨行业经营的企业集团。如，首都钢铁公司的经营范围超出了钢铁生产，扩展到电子、机械、建筑等行业。实行集团多角化经营，可增强企业对环境的适应性，获得更多的发展机会，分散经营风险，可更充分利用企业资源，但同时，实行集团多角化，需更多的资源投入，一般来说，它适用于实力雄厚的大企业。

运用多角化营销增长战略的条件：具有足够资金支持；有相应的技术保证；有迅速组建渠道的能力；较强的企业综合管理能力；企业有较高知名度。

（三）营销收缩战略

企业不仅需要开发新产品或新业务，而且也应该注意削减、放弃那些过时的、被市场淘汰的产品或业务，使自己拥有的有限资源能够充分发挥最大的作用。管理者应该把精力和资源集中在对企业来说更具成长性的机会上，而不应该浪费在挽救衰退的业务之中。因此营销收缩战略往往是在经济衰退期间或者企业财务困难期间使用，收缩的目的是渡过目前暂时的困难。这一战略包括转向、放弃和清算三种。

1. 转向战略就是企业将自己的资源从原有的那些衰退迹象明显的市场转移到增长迹象明显的市场,研发新产品或开拓新业务。例如,三星公司从电视机生产业务向手机和电脑等业务转移。

2. 放弃战略与转移战略相比更有“壮士断腕”的特征,即立即放弃那些对企业而言,没有再次重生机会的市场以及相关业务。例如一些研发能力强大的企业,将自己的生产与销售业务交给合作伙伴,使自己可以集中全力做好新产品研发业务。

3. 清算战略则是逐步淘汰业绩趋于下滑的业务,将准备放弃的业务上的前期投入逐渐清理出售,将损失降低至最小。例如,一家外资企业在退出中国市场时,会通过各种努力设法出售自己的技术、设备和厂房等,以图将损失降到最低。

第三节　战略业务单位营销战略的制订

一、界定企业战略业务单位

在规划公司战略时必须明确建立、扩大、维持、收缩和淘汰哪些业务,即规划企业业务组合。此时必须完成的一项工作是识别和区分企业的战略业务单位,并对所有战略业务单位的盈利潜力进行评价。一个战略业务单位可以是企业某一产品或某一业务的经营单位。战略业务单位应满足以下诸条件:

(1) 是一项业务或几项相关业务的集合;

(2) 有一个明确的任务;

(3) 有自己的竞争对手;

(4) 有一个专门负责的经理;

(5) 能够独立地制订自己的发展战略并从战略实施中获得利益。

通过设立战略业务单位,一家企业可以正式确立其所有的业务领域。由于每一项营销战略都涉及多个具体的业务,为了确保该项营销战略能够得以顺利实施,最后实现预期的目标,企业必须对所有的业务进行详尽的规划设计,并确定所有业务的实施者——战略业务单位。分析企业战略业务单位的目的,就是要赋予这些业务单位实施和欲实现的具体目标,并分配其实现相应目标所需要的各类资源。两种最著名的战略业务单位评估模型是波士顿咨询公司模型和通用电气公司模型。

二、波士顿咨询公司模型

波士顿咨询公司(Boston Consulting Group,BCG)是一家著名的美国管理咨询公司,该公司发明了市场增长-份额矩阵法(Growth-share Matrix),见图 2-2。

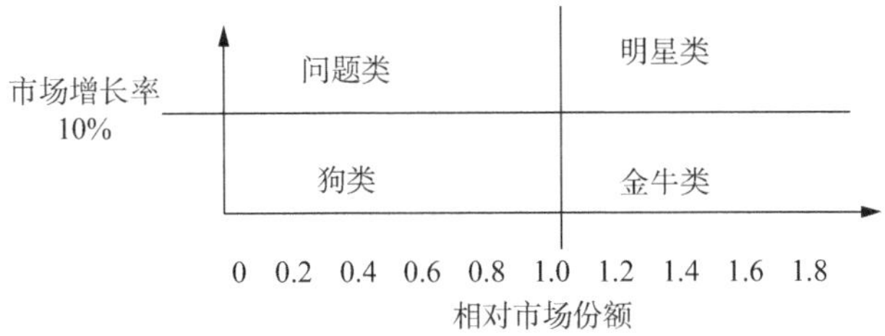

图 2-2　波士顿咨询公司市场增长-份额矩阵

具体地说，纵坐标上的市场增长率(Market Growth Rate)代表这项业务所在市场的年销售增长率水平。大于10%的增长率被认为是高的，即以市场增长率是否大于10%将企业所有的战略业务单位划分成在某一市场上销售业绩高或低的战略业务单位。横坐标上的相对市场份额(Relative Market Share)表示该战略业务单位的市场份额与该市场最大竞争者的市场份额之比。0.1的相对市场份额表示该企业某个战略业务单位的销售额仅占市场领导者销售额的10%；而1.0就表示该公司的某个战略业务单位是该市场的新领导者。以1.0为分界线，将企业的所有战略业务单位在某一市场的相对市场份额分为高份额和低份额。再将市场增长率划分的结果与相对市场份额划分的结果相结合，就能将自己企业在某个市场上的所有战略业务归结为以下四种类型：

(一) 问题类(Question Marks)

问题类业务是市场增长率高于10%，而相对市场份额低于1.0的企业战略业务单位，具体表现为企业刚研发的一款新产品，或者是刚开发的新业务。因此，从通常的意义上看，企业大多数业务都从问题类开始。对于适合完成此类业务的组织就是问题类战略业务单位。任何一家企业不能没有新的业务和完成此类业务的问题类战略业务单位，因为没有新产品或新业务的企业前景堪忧。但是，问题类业务要求投入、占用、消耗大量的各类资源才能完成新产品或新业务的开发。而投放的资源越大风险也越高。所以，对企业最高管理层来说，在制订问题类业务的营销战略时必须小心谨慎。决策者在规划和决策过程中，脑子里会不断呈现各种各样的问号，故此，也将问题类业务称为“问号类业务”。

(二) 明星类(Stars)

问题类业务如果经营成功，就变成明星类业务。明星类业务的销售增长率应该超过10%，同时其相对市场份额也将接近或是超过1.0。两种评判结果让人们看到具有这样特征的业务成为市场明星。而这类业务的实施与完成者就成为“明星类战略业务单位”。这时最高管理层务必清醒地看到，明星类业务不一定能给企业带来大量利益和利润，因为此时明星类战略业务单位面临各种竞争压力，为了帮助明星类战略业务单位最终赢得市场竞争，企业必须增加投入来维持此类业务的市场增长率和击退竞争者的各种进攻。虽然明星类业务因占有较大的市场份额而分得较多的市场利润，可迫于应对竞争者的挑战须追加资源投入,所谓赢得多,投(用)得也多,为企业所做的贡献不大。

(三) 金牛类(Cash Cow)

随着时间推移,明星类业务的销售增长率会呈现下滑的趋势,从大于10%逐渐降低到低于10%。与此同时,市场整体需求增长趋于缓和,竞争胜负已定。明星类业务在市场份额中的比率则在增加,高于1.0。此刻,明星类业务就成了金牛类业务。这类业务之所以被称为金牛是因为它为企业带来了大量的利益和利润。同时,因为此刻市场趋于饱和,竞争渐渐缓和,作为金牛类业务成为市场领导者已成定势,无须再为应付竞争者的挑战而在各个方向增加资源投入,使得企业可用金牛类业务取得的收入来支持问题类业务单位。从这点可以得出:金牛类业务是任何一家企业都不能缺失的业务,金牛类战略业务单位也是企业不可或缺的战略业务单位。

(四) 狗类(Dogs)

狗类业务是指市场增长率低于10%,而且还有继续下降的迹象,市场份额也小于1.0并呈现明确的继续下降趋势的企业业务,它们的利润很低,几乎没有。对狗类业务的继续经营,通常要占用企业较多的资源与时间,这可能是得不偿失。所以企业应该尽量减少狗类业务。

企业管理者把企业的所有业务逐一放在一个市场增长-份额矩阵图上定位后,企业可确定它的业务组合是否健康。一个失衡的业务组合就是有太多的狗类或问题类业务或太少的明星类和金牛类业务。

企业下一步的工作是为每个战略业务单位确定发展目标、制订营销战略,并做出预算计划。企业可以为各战略业务单位,选择以下四种不同的战略:

1. 发展战略。发展战略的目的是扩大战略业务单位的市场份额,甚至不惜放弃近期收入来达到这一目标。发展战略目标特别适用于有很大成功机会的问题类业务。大多数明星类业务也可以选择此类战略。

2. 维持战略。维持战略的目的是保持战略业务单位的市场份额。这一目标适用于金牛类业务,通过维持金牛类业务的生命周期可以为企业赢得更多的可用于新产品、新业务开发的资金。

3. 收获战略。收获战略的目的是减少对那些市场需求呈现下滑趋势的业务单位的资源投入,降低风险的影响。收获常常包括取消研究与开发费用,减少设备更新,不再扩大销售组织,减少广告费用,等等。其愿望是成本的减少快于销售额的下降。此类战略适用于发展前景不明了的问题类业务,以及前景黯淡的金牛类业务。

4. 放弃战略。放弃战略的目的在于出售或清算业务,以便把资源转移到更有利的领域。它适用于狗类业务。这类战略常常会拖企业盈利的后腿。

企业可能犯的最大错误就是要求所有的战略业务单位都要达到同样的增长率。或者是将各项资源平均地分配给各战略业务单位。所以,对战略业务单位的分析重点应是对每项业务的不同潜量与它自己目标进行全面分析。

三、通用电气公司模型

一家企业有许多机会存在，它通常要对这些机会进行比较，可以用图表的方法加以解决，如通用电气公司设计并被其他企业广泛采用的“九方格图”营销战略分析方法，这些格子能帮助企业对其战略投资组合进行评估。

通用电气公司模型（General Electric Model）参见图 2－3。它要求企业管理人员对现有的业务在业务发展方面的优势和市场吸引力两个维度分别做出三种判断（高、中、低）或（大、中、小）。这种方法可以帮助管理者对企业所有战略业务单位所处的营销环境信息与战略业务单位自身的资源条件信息进行交叉比较，最后将分析结果转化为对各战略业务单位制订战略的重要依据。

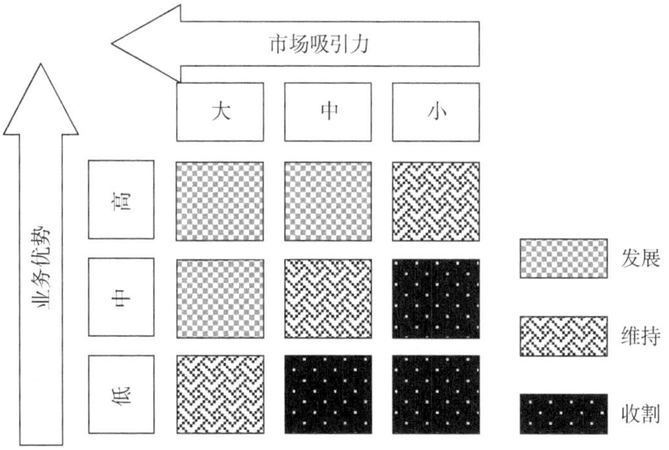

图 2－3　通用电气公司模型图

每项业务的评定，主要根据两个变量即市场吸引力（Market Attractiveness）和业务优势（Business Strength）。这两个变量对一项业务应该选择哪种战略具有重要意义。企业如果进入极有吸引力的市场，并拥有在这些市场中获得成功所需要的各种条件，它就可能成功；如若缺少其中一个条件，就很难得到显著的效果。一个实力雄厚的企业不会有在一个夕阳市场中大展宏图的意愿，同样，一个孱弱的企业也不可能在一个朝阳市场中大有作为。

市场吸引力是一个综合市场规模、市场销售增长率、市场竞争的性质、该市场在未来一个较长的阶段各种环境会发生变化以及变化出现的可能性等因素的复杂指标。而一个机会可能对某些企业具有吸引力，对另外一些企业却并不适合。这就是通用电气公司的模型要将业务优势作为一项重要标准考虑进去的理由。

业务优势部分侧重于企业有效寻求产品—市场计划的能力。企业是否掌握一定的业务优势可以通过各种途径来判断。这可以由这样一系列活动组成：管理者能否委派合适的人选去执行方案;该方案是否与企业的形象和利润目标相一致;在目前的技术能力、成本和规模条件下,企业是否能抢占足以盈利的市场份额等。

通用电气公司模型认为位于图左上角的机会都是对自己具有很高或较高的吸引力的机会。管理者很清楚要把握和利用好这些机会需要拥有哪些业务优势,管理者认为企业的战略业务单位已经拥有这些业务优势,接下来就需要为这些战略业务单位制订能够确保目标实现的具体营销战略方案。此刻,企业对这样的业务采用的战略多属于发展类战略。

与之相反,右下角的格子里的相应业务虽然还有机会但是对企业当前的实际能力而言,缺乏吸引力或者吸引力在迅速减少。这些格子内的业务可能会继续带来收入,但它们绝对不值得企业再进行大量投入。企业为这些业务确定的战略多为维持类战略。

中间格子里的业务代表边界业务,即它们存在的机会对企业而言,吸引力可能向两个方向发展。如果吸引力从小变大,则企业可以继续追加投入来支持这些业务。在现实营销战略管理中,这些业务通常是企业将处于右下角的业务转移出来,准备转到左上角的"过渡区域"。

第四节　市场竞争地位与市场竞争策略

现代企业制订营销战略,不仅要迎合目标顾客的需求,还要关注那些为相同目标顾客提供产品或服务的竞争对手的战略和措施的变化,这样才能使企业在竞争中立于不败之地。市场及各种战略就是企业为自身的生存与发展,为在竞争中保持或发展自己的实力地位而确定的企业目标和达到目标应采取的各种策略的有机结合体。

一、企业的竞争地位

营销基本理论告诉我们:具有相同需求的集合体就是市场。可见,市场是由具有相同需求的各色人等组合而成。虽然需求相同可是对满足相同需求的东西可能各不相同,于是就出现了在这个市场上以提供不同东西来满足相同需求的企业。这些企业很清楚,同时在市场上存在的所有其他企业都叫竞争对手。自己发展的好坏直接与竞争对手的发展状况有关。在某一市场中,根据每个企业的市场占有率的不同将它们划分成四种类型:市场领导者、市场挑战者、市场追随者和市场补缺者,见表 2-1。

表 2-1　假设的市场结构

竞争地位	市场领导者	市场挑战者	市场追随者	市场补缺者
假设市场份额	40%	30%	20%	10%

1. 市场领导者(Market Leader)。大多数市场都有一个公认的市场领导者,该企业总是在该市场占有最大的市场份额,它在价格变动、新产品开发、分销渠道和促销能力上一般具有绝对优势。例如汽车市场的美国通用汽车公司、软饮料市场的美国可口可乐公司、快餐市场的美国麦当劳公司和零售业的美国西尔斯公司等。市场领导者可能会受到其他企业赞赏、尊敬或是批评,但是其他企业都必须承认它的统治地位。市场领导者是竞争的一个导向点,其他企业可以向它挑战,也可以模仿或避免同它竞争。作为市场领导者的企业并不轻松,除非享有合法的市场独占权,不然他就要时刻保持警惕,因为其他企业会向它发起挑战或者利用它的弱点抢占它的领先地位。事实上,一项产品的革新和上市,往往会动摇当前市场领导者的地位。

2. 市场挑战者(Market Challenger)。市场挑战者一般指那些市场占有率排第二、第三位次的企业,它们与市场领导者在许多方面仅仅稍逊一筹,因此常常会在不同的场合向市场领导者发起挑战,故称市场挑战者。在它们自身的权力范围之内,某些企业可以是相当大的,如液晶电视机市场上三星与东芝,在手机市场的三星与苹果。而在上述两个产品的中国市场上小米成为新的挑战者。市场挑战者可以采取两种不同的方式实现目标——成为市场领导者:一种是在发现市场领导者在营销策略和营销战略上的“败招”或“瑕疵”而直接发起攻击,其竞争目标非常明显;另一种则相对含蓄,通过不断地兼并或联合弱小对手,壮大自己的实力,等到时机成熟自然就成市场领导者。

3. 市场追随者(Market Follower)。市场追随者在市场上的占有率较市场领导者或市场挑战者都低,但高于其他一些小企业。大多数企业喜欢追随市场领导者而不是向其挑战,从某种意义上说市场追随者与市场挑战者相比,根本差异可能不是市场占有率的高低之差,而是企业决策层的心理、心态,即是否对自己所处的现状和地位感到满意。市场追随者只图维持自己的市场份额,并不希望扰乱市场局面,它害怕在混乱中损失更大。在资本密集性高或者产品同质性高、产品形象差异不大、服务质量也相仿、价格敏感性却很高的市场中许多企业都愿意恪守由市场领导者推出的市场规则,或是仿效市场领导者的营销方式为顾客提供相似的产品和服务,导致各企业市场占有率十分稳定。

4. 市场补缺者(Market Nichers)。一些在市场上处于弱小地位的小企业,往往专门经营被大企业忽略的细分市场。这种拾遗补缺型的小企业被称为市场补缺者。几乎每个行业中都有许多小企业为市场的顾客提供专门服务,这些小企业因为缺少竞争实力而尽量避免与大企业冲突,往往占据着市场的小角落,通过专门化为那些被大企业忽略或放弃的顾客进行有效的服务。

二、市场领导者的竞争策略

作为市场领导者的企业拥有最大的市场份额,要想继续保持它的统治地位,必须时刻保持高度警惕,以各种策略来维持和发展自己的地位,以免丧失优势。其竞争策略包括以下三个方面:一是扩大总市场;二是保护现有市场份额;三是在总市场规模不变的前提下，进一步提高市场占有率。

1. 扩大总市场。总市场扩大，得益最大的将是处于统治地位的市场领导者，因为它在总市场中所占的份额最大。一般说来，市场领导者可以通过下列途径扩大总市场。

(1) 寻找新用户。每类产品总有其吸引购买者的潜力，市场上总有一些顾客从未使用甚至不了解某些产品，这些顾客就是潜在的购买者，是市场领导者的努力目标。

(2) 开辟新用途，对现有产品进行技术改进，这种改进以增加新功能为目标，从而使产品能满足更多的需要而拥有更多的使用者。

(3) 增加使用量，即说服使用者更多地使用产品。可以通过这样两种方式实现增加使用量的目的：一是劝说顾客增加每次的使用量，这对一些饮料有明显效果；二是劝说顾客提高使用频率，这对多数日常生活用品有明显效果。

2. 保护现有市场占有率。为了保持市场领先的位置，市场领导者必须通过有效的防御和进攻措施来保护自己现有的市场份额。在努力扩大总市场规模的同时，必须时刻注意自己的业务不被对方侵蚀。

(1) 进攻性防御。为保护自身的统治地位，企业必须不断创新，不能安于现状，要成为市场新产品开发、顾客服务、分销模式创新和成本降低方面的领先者。

(2) 阵地防御。企业在市场周围建立防线，包括及时完成商标注册，申请发明专利。

(3) 侧翼防御。市场领导者除了要保卫自己的市场之外，还必须设法建立某些辅助性市场。例如，空调产品生产企业在保护自己空调产品的市场份额的同时，应该注意空调维修市场提出的对自己品牌零部件的需求。

(4) 先发制人防御。这是一种比较积极的防御策略，是在竞争对手进攻以前，先发制人，以争取主动。这种策略常用于针对挑战意图明确的市场挑战者的某些进攻。

(5) 反击防御。大多数市场领导者遭到进攻后，会立即向对方作出反击以示回应。在反击防御中，市场领导者的战略选择可以是正面进攻，也可以采取侧翼包抄，或是开展钳形运动，对挑战者加以有利的反击。

(6) 运动防御。其办法是在自身经营领域扩张中防止竞争对手的攻击，一是采用市场拓宽方法(Market Broadening)来阻止竞争者的进攻，即要求企业将其注意力从现行产品转移到主要的基本需要和对该需要相关联的整套技术进行研究开发上。二是采用多角化经营方式，来保护企业增长与发展。

(7) 收缩防御。如果市场领导者发觉自己的战线过长，难以抵挡竞争者的进攻，还可以主动地收缩战线，集中力量，以增强防御能力。

3. 提高市场占有率。研究表明，企业的利润率与市场占有率一般存在着正相关的关系。所以如果企业能在每个市场中提高其市场份额，对企业的增长将起到推动作用。但在实行提高市场占有率的策略时，企业必须注意以下三点：

(1) 要避免引起反垄断行动。因为在许多行业，市场占有率达到一定程度时，就容易遭到其他企业甚至政府的指控，从而引起反垄断行动。这种风险的上升会削弱追求市场份额获利的吸引力。

(2) 要注意市场占有率增加的同时对成本的控制。市场份额如果在达到某个水平后还继续增长，盈利能力就会可能出现下降趋势。在激烈的市场竞争条件下，企业要提高市场占有率，就必须付出更多的营销费用及其他交易费用，故在实施提高市场占有率的策略时，必须控制成本。确保企业产品因市场占有率的提高而增加的利润明显高于为提高市场占有率而增加的成本。

(3) 要运用正确的营销组合策略。在提高市场占有率的同时，还必须保证利润水平的提高。一些企业在争取较高的市场份额时，可能执行了存在缺陷的营销组合策略，从而未能增加其利润。有研究结果表明，如果在提高市场占有率的同时，不注意产品开发，不重视产品质量的提高，不对分销方式进行调整都有可能导致利润的下降。

三、市场挑战者的竞争策略

1. 市场挑战者的进攻对象。市场挑战者的基本策略是进攻策略，其战略目标是扩大市场占有率，从而获得较高的盈利。在进攻对手的选择方面，存在着三种可供选择的攻击对象。

(1) 市场领导者。攻击市场领导者是一个既有高度风险又有高回报的方式。如果市场领导者是外强中干、缺乏有效营销战略的企业，那么市场挑战者攻击它就会产生很大意义。因此，市场挑战者必须千方百计地寻找市场领导者的弱点和缺陷，制订精准、有效的进攻方案。

(2) 地位相仿者。市场挑战者如果发现有一些与自己地位相当，但经营不佳，财务拮据、用户抱怨不断的企业，就可以设法对之发起进攻，以积蓄自己的力量，最终与市场领导者较量。

(3) 小企业。市场挑战者通过攻击、兼并一些财务状况不良的小企业，扩大自己的市场，积累力量，力图脱颖而出。

2. 市场挑战者的竞争策略。如果进攻的是市场追随者，那么市场挑战者的目标可以是夺取其一定的市场份额。如果进攻的是市场补缺者，那么市场挑战者的目标可以是把它击垮。就进攻本身的策略而言，市场挑战者可以在下列的进攻策略中进行选择。

(1) 正面进攻(Frontal Attack)。这是指市场挑战者集中其资源，对竞争对手的产品、促销活动、价格水平和销售渠道等方面展开攻击。如果市场领导者没有采取相应的措施使购买者相信，它的产品与挑战者相比具有更多的符合自己要求的特性，那么这种做法便可奏效，顾客会认为挑战者所提供的产品其性价比更高。

(2) 侧翼进攻(Flank Attack)。市场挑战者在对手的一些领域设点攻击竞争者，或者寻找未被市场领导者覆盖或重视的细分市场攻击竞争对手。

(3) 包围进攻(Encirclement Attack)。市场挑战者以突击、袭击的方式围追堵截，夺取对手大片市场的策略称包围进攻。这要求市场挑战者有比对手更大的资源优势，并相信能够在自己预期的时间范围内取得自己预期的效果。

(4) 迂回进攻(Bypass Attack)。市场挑战者避开对手的锋芒,通过多角化经营发展自己的市场,积聚自己的资源而对竞争者展开间接进攻的一种策略。其具体方式有三种:一是多样化地经营无关产品;二是使现有产品进入新市场以求多样化发展;三是引入新技术开发新产品或新业务。通俗地说就是开展"你无我有,你有我优、你优我特"的发展、突击模式。

(5) 游击进攻(Guerrilla Warfare)。主要指对竞争者的不同领域进行小规模的、断断续续的攻击,以骚扰对手,使其士气衰落,并最终获得永久的市场。该策略特别适合那些与市场领导者实力相差悬殊的市场挑战者,市场挑战者会发动针对市场领导者的一系列进攻,而攻击的领域则是市场领导者的任意一个细分市场或营销组合的某一部分,其目的是逐渐削弱对方的市场力量。例如可以实行选择性降价、特别的促销活动等。

除了以上五种进攻策略以外,市场挑战者还可以采用更具针对性的策略或方式,例如:价格折扣,即用较低的价格销售产品;廉价品,即市场挑战者用很低的价格向市场提供一般质量或低质量的产品;声望定价,即市场挑战者通过推出较高质量的产品提高销售价格获取比竞争者更高的利润;产品扩散,市场挑战者推出大量的产品品种以增加顾客的选择,以此与市场领导者竞争;产品创新,通过进行产品创新来攻击思想保守的市场领导者的市场地位;改进服务,即向顾客提供新的或更好的服务;分销创新,即发展新的分销渠道;降低制造成本;密集广告促销等都是市场挑战者可以选择的竞争策略。

四、市场追随者的竞争策略

并不是所有居次要地位的企业都愿意向市场领导者发起挑战。因为在缺乏把握的情况下,挑战往往意味着失败,或者两败俱伤。为此,选择追随策略有时往往以维持现有市场份额为基础,适当吸引一些新的顾客。但追随并不意味着被动地适应,追随者通常运用其特有的能力积极活动,维持自己一定的市场份额,并有所增长。它们可以紧紧追随,也可以保持一段距离追随,还可以有选择地追随,即选择某些适合于自己又属于领导者运用成功的营销方式加以仿效。追随者经常会成为挑战者的攻击目标,所以必须努力保持它的低成本和高质量服务。市场追随者可选择的追随策略有下列三类:

1. 紧密追随。这类追随策略是指市场追随者在多个目标市场,从营销组合的多个方面,近似地模仿市场领导者,所以也被称为"全方位模仿者"。这种策略极容易被市场领导者误解为是挑战,所以作为追随者不宜采取刺激性行动,以期与市场领导者和平共处、相安无事。

2. 有距离追随。市场追随者与市场领导者在某些方面保持一定的距离,例如,追随者在产品开发、价格水平和分销模式等方面与市场领导者保持一些差异,由此也被称为"有限模仿者"。由于这种差异不直接构成对市场领导者的威胁,故容易在市场上取得一定的市场份额。

3. 选择追随。持这种追随策略的企业只是在有些方面追随市场领导者，而在其他方面开展自己独特的改进、创新。因此，这些企业往往具有创新精神，成为潜在的市场挑战者。选择此类追随策略的企业有不断增加的趋势。

五、市场补缺者的竞争策略

1. 市场补缺者的市场(机会)选择。市场补缺者为避免与大企业竞争，必须在市场上寻找到适合自己发展的“空隙”。一个理想的市场“空隙”，必须具备下列条件：

(1) 该市场有足够的规模，使市场补缺者能够获得预期的利润；

(2) 该市场有一定的市场增长潜力；

(3) 该市场被大企业忽视，或不屑一顾；

(4) 企业有适合开发和经营该市场的各种资源和能力；

(5) 在该市场企业能有效地对付大企业的各种攻击。

2. 市场补缺者的补缺策略。市场补缺策略是有效地实施各种专业化，即在市场、顾客、产品和营销组合方面实行专业化。具体来说包括以下几种专业化策略：

(1) 最终顾客专业化。即企业专门为某一类型的最终顾客服务。例如强生公司的产品专为婴幼儿服务。

(2) 垂直专业化。即企业专业化于某种垂直水平的生产、销售和服务。例如，一家化妆品企业可专注于某种化妆品的生产、销售和相关使用方法指导。

(3) 地理区域专业化。企业只在某个地方或世界某一区域进行营销活动。

(4) 产品或产品线专业化。指企业只生产一种产品或一个产品线以满足市场的某种特别需要。例如，镜子生产商专门为各轿车生产企业提供各种后视镜。

(5) 服务专业化。即企业专门提供一种服务项目的策略。例如，专门为私家车司机提供导航服务。

(6) 渠道专业化。即企业专门通过某种分销渠道模式为顾客提供他们购买的产品。例如，各种电商向消费者提供的线上购物服务。

由于科技的飞速发展，加上信息传播速度日新月异，市场补缺者原先拥有的专业化可能会更快地丧失。为了保证企业经营风险的减少，市场补缺者必须不断地寻找新的市场机会，然后结合自己的资源特征确定相应的专业化经营方向。

六、企业的竞争战略

竞争战略的中心是建立企业长期稳定的竞争优势。通过对大量的企业成功选择自己竞争战略的案例分析研究，可以得出以下两项结论：第一，将企业未来战略方向的环境机会与风险的分析结果与企业在未来实现战略目标所需的各种资源是否存在一定的优势与劣势判断结果相结合，就能找到一种既与企业所在的环境相符又与企业的竞争能力相称且更适合企业的竞争战略。第二，不存在既能使企业可以满足所有顾客需求又能使企业永处领先地位的竞争战略。因而，选择合适的竞争战略非常重要，它就是战略规划和管理的重要组成部分。可供企业选择的竞争战略主要有以下三类：

1.总成本领先战略。总成本领先战略的基本思想是在某一产业中，企业致力于达到生产成本和销售成本最低化，这样，它就能以低于竞争对手的价格赢得较大的市场份额。成本领先要求企业拥有最先进的生产设施和更具效率的管理体制，在此基础上全力以赴降低成本，加强对成本与管理费用的控制，从而保证成本低于竞争对手。

2. 差别化战略。差别化战略就是企业通过对整个市场的评估找出某些自己有能力满足的又是重要的顾客利益层面，集中力量在这些层面完善经营。实现差别化战略可以有许多方式，例如企业可以努力在服务、质量、款式和技术等方面成为领先者。差别化战略是企业赢得竞争，获得更大发展的重要途径。

差别化战略的实施有时会与争取更大的市场份额相矛盾，对此企业必须有充分的思想准备。差别化战略总伴随着较高的成本代价，比如新产品研发、更好的产品要有更优质的原材料做支撑、提供个性化的全面服务等都要求企业增加研发、生产和服务成本。而因为不是所有的顾客都了解一个企业的产品具有哪些独特优点，不是所有了解企业产品具有各种独特优点的顾客都愿意以比较高的价格购买这些产品，因而提高这些具有独特优点的产品的市场占有率就显得十分困难。

3.集中化战略。集中化战略是指企业将营销活动完全集中针对满足某一特定顾客群的需求之上。这一特定顾客群可以是某一细分市场。例如特定性别、年龄、地区、经济收入的消费者群体。与总成本领先战略和差别化战略不同，集中化战略的目标是以更高的效率为某一狭窄的顾客群提供产品或服务以最大程度地满足这一顾客群的需求。企业通过集中化战略最大化地满足特定顾客群的需要而实现了差别化，企业通过集中化战略做到以更高效率地向特定顾客群提供其所需的产品或服务并令其满意，实现了低成本，或者是两者兼得。

集中化战略也常常限制企业获取更高的整体市场占有率，因为利润率与销售额之间必然存在着此消彼长的关系，所以，实行集中化战略也有可能以总成本优势的丧失作为代价。

这三种战略的实施，对企业来说，需要不同的资源和技能，同时也意味着组织安排、控制程序和体制创新方面的差异。这三种战略在实际运用中所需要的条件如表 2-2 所示。

表 2-2 三种竞争战略的运用条件

基本战略	通常需要的基本技能和资源	基本组织要求
总成本领先战略	• 熟练的工艺加工技能 • 对工人严格监督 • 所设计的产品易于制造 • 低成本的分销系统	• 结构分明的组织和责任 • 以满足严格的定量目标为基础的激励 • 严格的成本控制

续　表

基本战略	通常需要的基本技能和资源	基本组织要求
差别化战略	• 强大的市场营销能力 • 产品生产加工能力强 • 很强的基础研究能力 • 质量或技术上领先的企业形象 • 分销渠道的高度合作	• 研究与开发、产品开发和市场营销部门之间密切协作 • 有吸引高技能工人、科学家和创造性人才的体系
集中化战略	• 有相应的资源保障 • 有专业性强的企业形象	• 专业的员工团队 • 专业化的组织

企业必须明确，果断地选择一种竞争战略，而不能徘徊其间，犹豫不决。同时要坚定地实施，因为没有明确竞争战略的企业注定是低效率、低利润，难以成功的。

七、市场竞争的内容和相应的战略

市场竞争所涉及的内容主要包括以下五个方面：

1. 产品品质方面的竞争。包括产品的功能与性能、款式、品种、规格、包装等，可向购买者提供更多更好的使用价值。

产品品质的竞争往往是市场竞争的核心。具有相同用途的同类商品在市场销售过程中，质量好就可以获得较多的被购买和获利机会，劣质商品即便价格低廉也难以打开销路。可以说，产品的品质是与市场竞争能力成正比，产品品质越好、竞争能力越强。企业在激烈的市场竞争中坚持以优取胜的竞争战略，往往可以赢得信誉，取得较好的经济效益。

在消费需求千差万别、产品日新月异的市场上，竞争者向市场提供的产品花色、品种越多，规格越齐全，包装越新颖，就越能获得销售机会，消费者也因此获得更多的挑选余地。很难想象某种产品长期保持一种规格型号、形态和性能而不被淘汰或替代。因此，企业必须坚持靠创新取胜的竞争战略，不断采用新的科研成果和技术，用新品种、新设计、新款式、新装潢去开拓市场、占领市场，使自己在竞争中保持有利地位。

2. 产品价格方面的竞争。追求物美价廉是人之常情。在同等品质与销售条件下，价格低廉的产品在市场上可以获得更多的销售机会。这就要求企业在保证产品质量的前提下，努力降低产品的生产成本和销售成本，实行薄利多销，给消费者提供更多的实惠，从而扩大销售。对于那些提高自己产品品质方向上的难度远大于降低自己产品成本的困难的企业，采取以降低成本获取降低价格，实现廉价取胜的竞争战略更容易奏效。

3. 技术方面的竞争。离开了科学技术的发展，离开了科技发展的新成果，创新和产品开发就成了空话。国外许多成功的企业都是一手抓产品开发，一手抓产品的技术研究，及时迅速地把科技成果转化为批量生产，从而占领和扩大市场，在竞争中获得胜利。

4. 服务方面的竞争。服务质量的好坏，服务项目的多少，能直接影响企业的竞争能力。在市场销售过程中，凡能向顾客提供较多服务的，必然在竞争中处于相对有利地位。每个参与竞争的企业都必须力求通过优质服务赢得顾客的信任和支持。

5. 时间方面的竞争。顾客的任何需求都要求在一定的时间里得到满足。为了及时满足顾客需求，企业在生产经营中，必须突出一个“快”字，采取快速取胜的战略，做到适应市场快、投产快、销售快、信息反馈快，将“快”字贯穿于企业经营全过程，抓住有利时机，在市场竞争中争取主动。

企业的竞争能力主要也是由以上几方面的因素构成，企业必须根据自身的特点和竞争对手的条件，选定适合自己发挥优势的最优竞争战略。

第五节　营销管理过程

一、营销管理的定义

什么是营销管理，就是在确定企业的营销战略后，对全部营销活动实施有效的计划、组织、领导与控制，以期实现企业既定的营销目标的管理行为。营销是一个由一系列相关工作所组成的活动，每项工作往往由多个部门负责实施和由多个人员来完成，因此，明确工作目标、建立协调机制、确定考核标准，实行监督控制等一系列管理就非常必要。我们将为有效实现营销活动的目标的管理称为营销管理。

二、营销管理的过程

(一) 营销管理的决策过程

与企业的其他管理活动一样，营销管理同样也是由一系列决策活动组成的。营销管理的决策过程主要由以下内容组成：

1. 选择满足什么需求。由选择什么标准开展市场细分，选择哪些细分市场作为企业的目标市场，如何进行市场定位，确立什么样的竞争机制等管理决策活动所组成。

2. 选择怎样满足需求。由选择研发哪些具体的产品和服务，选择适宜的产品与服务的定价策略，选择合适的销售渠道策略等管理决策活动组成。

3. 选择更快的沟通形式。包含选择采用哪种信息传播方式与顾客开展沟通并达到最好的预期效果，即从众多企业可以使用的广告、营业推广、人员推销和公共关系宣传等传播方式中选择最合适的并加以实施。此外，还包括在传播的过程中选择运用什么媒体、达到什么效果等管理决策活动。

(二) 营销管理的环节

1. 分析市场机会。建立营销信息系统，开展包含营销环境分析、消费者购买行为分析、组织市场购买行为分析、竞争者分析等工作，为分辨环境机会和营销机会提供必需的信息。

环境机会是指市场上因受环境制约与影响而未满足的需要。

营销机会是对本企业营销活动具有吸引力，在此能获得竞争优势和差别利益的机会。

2. 选择目标市场。企业的目标市场，是未来一段时间中企业市场活动的具体领域，也是最终实现企业价值的场所，它是营销战略制订的基础。企业管理层在决定选定哪个市场乃至哪些目标市场以及每个市场上的定位时，需要对若干战略方案进行分析和评估，然后做出最后选择。

3. 确定营销组合。对于营销组合各要素的表述通常是指4Ps，即产品(Product)、价格(Price)、渠道(Place)和促销(Promotion)。营销策略组合处于战略和战术的交界线上，起着承上启下的枢纽作用。在营销管理实践中，企业的战略和战术并不总是很容易区分的。高层管理者们所制订的长期战略和目标被称为“战略”，由一线经理和员工操作的短期计划安排称为“战术”。在确定营销策略后，企业各职能部门和人员需加以实施。

4. 监控营销活动。营销计划的制订、实施与控制：营销战略实践中，需要定期开展各种营销调研活动，将收集到的信息与相关的目标进行对比，以便对正在实施的营销战略做出是否继续实施，还是进行调整与修正，在哪些具体方面开展调整和修改决定。营销控制环节的必要性在于任何营销战略在制订到实施的过程中都有一个“主观与客观”的结合过程，这一过程的吻合程度需要时间和实践的检验，这一检验是依赖于营销控制给予实现的，以衡量及监督战略规划的成效。

三、国际市场营销管理

(一) 国际市场营销

国际市场营销(International Marketing)是跨国经营企业专门研究如何将产品、服务等以有效、经济的方式从企业转移到海外购买者手中满足其需求的一门科学。它的核心是企业在开展国际贸易的过程中，若要实现长期利润的最大化，必须以海外市场为目标市场，组织和实施有效的营销活动。

如同在国内市场上组织营销活动一样，国际市场营销同样需要开展并完成市场调研、环境分析、市场细分、市场营销组合设计、营销活动实施和控制等一系列营销活动。国际市场营销与国内市场营销并无本质区别，只是特指企业超越国境的营销活动。

然而，并不能就此而将两者简单地等同起来，跨越国界本身决定了国际市场营销比国内市场营销具有更大的范围，更多的差异性、复杂性和风险性。

(二) 国际市场营销的特点

1. 环境更多的不可控性。与国内市场相比，国际市场的营销环境更加复杂多变。由于各国地理位置、自然条件、资源构成、人口状况、生产水平、传统文化、宗教信仰以及社会制度等方面都有很大差异，企业在进行国际市场营销的过程中会遇到各种意想不到的困难。尤其在国际社会、政治、经济动荡不定的时候，国际市场营销环境更难以准确把握和有效控制。从20世纪末延续至今的西方国家经济不景气，导致贸易保护主义盛行。这些对于我国企业实施“一带一路”的对外开放与自由贸易战略会带来各种阻力。

2. 市场竞争更加激烈 。国际市场营销涉及企业与企业之间、企业与消费者之间、企业与国家之间和国家与国家之间的各种利益联系与交织。国际贸易关系与国际政治、经济、外交关系相互制约和影响，当今世界各国为稳定国内市场、发展本国经济，贸易保护主义盛行；另一方面加强出口攻势，扩大本国商品出口，使企业想在国际市场上赢得竞争优势愈加困难。

3. 市场行情更加变化莫测。国际市场行情受到更多因素的影响而且这些因素变化快而剧烈，难以准确预测。国际市场营销人员要重视搜集国际市场信息并适时做出反应和决策。但是，因不同国家的社会、经济、文化差别很大，要在国际市场开展市场信息收集工作非常困难。

4. 国际营销组合规划与设计困难更大。国际市场有自己独特的价格体系，市场价格的形成受国际市场供求关系的制约和影响。销售模式也受到各国相应的技术、观念的制约和影响，在本国获得成功的销售模式在国外就不一定能够“移植”成功，在哪些模式的哪些方面应该做出多少修改，有时很难准确决策。在营销传播方面，由于各国文化的差异表现出的问题则更多。

5. 国际市场结构变化更多。国际市场结构日益发生着明显的变化：从国家构成来看，打破了少数几个国家在国际市场上一统天下的格局；从商品构成来看，新产品的比重越来越大，技术贸易和劳务贸易都在迅速发展，以许可证贸易为主要形式的知识产权贸易在国际市场上比例逐渐增加；从成员构成来看，集体贸易兴起，跨国公司的影响日益扩大，参与国际市场经营活动的大多数是各国的大型跨国企业或垄断组织，他们规模庞大、资金雄厚、经营范围宽广、市场垄断严重。

(三) 国际市场营销的发展变化

当前世界经济的一体化进程提高了生产的社会化程度，生产要素以空前速度和规模在全球范围内流动和组合，拓宽了市场的范围和领域，从而带来了国际营销观念、营销组织、营销方式和营销策略等方面的巨大变化，这些变化主要体现在以下几方面：

1. 营销观念由一般市场营销演进到社会营销。随着全球环保意识的不断加强，国际市场对各国企业提出了更高的环境标准要求。

2. 跨国公司成为国际营销的主体。由于各国生产力水平的多层次性和资源的差异性，更由于经济一体化进程中生产要素国际间流动的自由度增大，创造了范围更大的潜在市场和更多的目标顾客与营销机会。跨国公司凭借其雄厚的资金与快速的信息传播手段，迅速成为当代国际营销的主体。跨国公司在全球范围内通过各种营销战略的实施，占有了国际市场的大量份额，实现了产品的生产和销售，最大限度地分享了国际经济一体化的好处。

3. 互联网的发展为国际营销创造了更多的条件。原本处于异国的顾客即使具备某种需求，也难以了解外国供应商可以提供哪些产品，以及对自己需求的满足程度。即便异国顾客就是知道外国的供应商能够提供能满足自己需求的产品，购买、获取等相关活动的完成也有难以想象的困难。随着互联网技术的不断发展，身处不同国家的营销者与顾客有了了解对方需求的更多便利条件。通过手机就能在短短的时间内完成跨境购买已经成为常态。

4. 国际科技、文化传播与交流更趋深入、广泛，推动需求与供应的加快完成。科技与文化的快速发展，加快了新需求潮流在各国之间的传播速度，也加快新市场出现的速度。这些在电子产品、汽车、生活用品等方面的需求变化更加明显。与此同时，科技对生产与流通方式的改变也产生了同样的推动效果。例如更加便捷的电子用品的推出速度加快，新能源汽车的改进速度也在加快等。

四、网络营销管理

(一) 网络营销的定义

网络营销是指企业以现代营销理论为基础，利用互联网技术和功能，更加快速和有效地完成供需各方的信息交流，更快而准确地掌握市场需求，确保最大程度地满足客户需求以达到开拓市场、增加盈利目标的营销过程。网络营销是企业整体营销战略的一个组成部分，作为企业经营管理手段，是企业电子商务活动中最基本和最重要的网上商业活动。

(二) 网络营销的发展

网络营销的发展前景令人瞩目，虽然起步时间不长但网络营销取得成功已为大家共识。就以国内网络营销的发展过程为参照，可以看出以下方面的内容和特点。

1. 网络营销的优势。网络营销对于中国这样的人口众多、疆域广大的国家而言，有其特殊的优势。网络营销的主要优势有：

(1) 便利。即使在商业网点布局完善的城市，年轻消费者群体因工作压力仍感到购物具有种种不便，随着互联网技术的飞速发展，尤其是移动通信设备功能的多样化，使得年轻顾客可以随时随地选购自己想要的东西。

(2) 快捷。网络营销使得供应方(产品生产者、销售者、货物配送者)与顾客在信息上可以直接、快速对接，使顾客从选购商品到决定购买到支付购物款再到收到所购商品的时间大大减少。这使得各方都能通过商品周转与资金周转加速而获得好处。

(3) 交互。对于营销活动的各方，营销者非常想更加快而准确地了解顾客需求和需求的变化，顾客最想快速而准确地知晓营销者的营销组合策略(有哪些商品？售价是多少？在哪可以买到?)，有了互联网，这一切都成为现实。“让我知道你要什么？让你知道我有什么?”

(4) 持续。营销者的信誉、购买者的信誉、网络的信誉等都是随后产生并不断提升。“互联网+”的观念提出，物联网的不断完善都是网络营销发展的产物。

2. 网络营销应用的特点。网络营销在中国市场得以更快地应用主要有以下一些特点：

(1)网络使用者人数持续快速地增长。网络使用者由原先具有高学历和较强经济实力的年轻人，向普通老百姓发展，使得网络营销的购买者成为一个极具规模的购买群体。

(2)网络科技快速发展。随着互联网技术的发展，以及网络设备与工具的功能不断开发、拓展，消费者可以通过智能手机网购，这无疑极大地推动网络营销的发展。

(3)电子商务已成为重要的经营方式。由于网络上进行交易的成本远小于传统商务交易的成本，互联网上的电子商务市场已经形成规模。

(4)网络在商业、家庭与教育上的应用日趋普及。在网上的新兴虚拟社会将逐步形成，在这个虚拟社会中，使用界面将更生活化，现今社会所需处理的各项实际事务将可能超越时空距离，再瞬间平转移到网络上，使未来的社会更为方便、高效与多姿多彩。

3. 网络营销的发展趋势。根据互联网和电子商务技术发展的特点以及市场营销环境的变化，可以预测网络营销将会有以下几个发展趋势：

(1) 网络技术将更有利于商品的销售。网络的防火墙技术、信息加密技术将更加成熟，电子货币等安全的网上支付方式将得到进一步推行，网络系统在商品销售方面的效率将大大提高，令网络消费者感到不安的网上付款安全问题将会迎刃而解，电子商务的使用将更加多样化，在销售促进上发挥更大的作用。

(2) 营销决策趋于理性化。主要表现在：①企业服务的对象——网络消费者的购买与消费行为将更加理性化，头脑冷静、擅长理性分析是网络用户的显著特点。②市场调研效率的提高为理性决策奠定了基础。在网上进行市场调研比采用传统的调查方法具有巨大的优势，不论是在调查的宽度，还是在调查的深度上都为网络用户决策提供了有利条件。

(3) 网上的电子商场将兴旺发达。将商场或企业的商品以多媒体信息的方式通过互联网络供全球消费者浏览和选购，是国内外许多大商场和大企业正在使用的促销方式。对于企业来说，网络商场与传统的商场相比，具有不需店面租金，可以减少商品库存的压力，降低销售、管理、发货等环节的成本，经营规模不受场地的限制，便于收集顾客的信息等优点。其发展前景十分广阔。

(4) 网络广告将大有作为。与传统广告相比，网络广告所表现出来的优势是明显的：网络广告的空间几乎是无限的，其传播范围远远大于传统广告；网络广告成本低廉，大约仅相当于传统广告的1/10；网络广告可以实现即时互动，克服了传统广告强制性的缺点；网络广告促成消费者采取行动的机制主要是靠逻辑、理性的说服力，因此具有更高的效率。

随着网络营销的发展，所谓的“大数据时代”不断地为社会创造更多便利的同时也带来了巨大财富。试看在超市或便利店，顾客选好自己欲购买的商品后就拿着信用卡、贵宾卡在收银柜台迅速完成结算，与此同时，每位顾客的个人特征、购买什么、购买数量、购买价格等重要数据被商店收银柜台的电脑记录并存放好了，这些信息又同时传递给配送中心，让他们可以随时掌握各家商店的各种商品的销售与货架库存数据，做好准确配送的准备，与此同时各种商品的实时销售数据还可以很快地传递到相应生产企业，使得生产企业及时掌握自己产品的市场销售情况，制订或调整产品生产计划。企业之间无论是战略目标的对接，还是具体的供销计划的对接，因准确性、及时性的提高，差错率以及成本都极大地降低了。

本章小结

● 企业战略规划是企业根据外部环境和内部资源条件的分析，而制订的涉及企业管理各方面(包括生产管理、营销管理、财务管理、人力资源管理等)的带有全局性的重大计划。

● 战略规划是协调企业内部各种活动(资金筹措、资源配置、生产过程、销售过程等)的总体指导思想和基本手段，促使决策者从全局出发、高瞻远瞩地考虑问题，不仅要考虑顺境下，尤其要考虑逆境下应当采取什么行动，促使管理人员必须仔细观察、分析市场动向并对其未来的走向做出评价，从而有利于明确和决定企业未来的行动方向，大大减少盲目性，可以减轻甚至消除出乎预料的市场波动或事件对企业造成的问题，避免在此情况下可能出现的大的波动。

● 影响战略规划制定的因素包括制约、影响企业营销活动的因素和制约、影响企业利润的因素。

● 制订战略规划的步骤：1. 识别和鉴定企业现行的战略；2. 分析企业外部环境；3. 测定和评估企业自身素质；4. 准备战略规划方案；5. 评价和比较战略方案；6. 确定战略规划方案；7. 实施选定的战略方案；8. 评估方案。

● 公司战略规划前的准备：确定公司使命、建立战略业务单位和运用审核窄化战略。

● 公司层战略一般可分为三种：稳定发展战略、增长战略、收缩战略。

● 两种最著名的企业战略业务单位评估模型是波士顿咨询公司模型和通用电气公司模型。

● 一家企业要准备实施有效的营销战略就必须研究它的竞争者及其实际和潜在的顾客。企业需要辨认竞争者的战略、目标、优势、劣势和反应模式。

● 市场领导者在相关的产品市场中拥有最大的市场份额。该领导者为保持优势地位，可以选择的竞争策略有：扩大市场总需求，保护现有的市场份额，努力增加其市场份额。

● 市场挑战者向市场领导者和其他竞争者进攻，以夺取更多的市场份额。挑战者可选择五种进攻战略：正面、侧面、包围、迂回和游击战。

● 市场追随者是居于次要地位的公司，它希望维持其市场份额而选择各种追随策略。市场追随者所采取的策略可以是紧密追随、有距离追随和有选择追随。

- 市场补缺者选择没有大公司的小细分市场作为自己的市场范围。补缺的关键是专业化。
- 市场营销管理指的是生产者谋求创造、建立、保持与消费者之间互利交换的过程，是一种互利交换的关系。
- 市场营销管理由一系列具体的操作过程组成：1. 分析市场机会；2. 选择目标市场；3. 确定营销组合；4. 监控营销活动。
- 国际市场营销的定义与特点，国际营销与国内营销的关系与差异。
- 网络营销的发展。随着互联网技术的不断发展，电子商务被更多的消费者或组织顾客接受。
- 网店、电商在最近几年有了突飞猛进的发展，是否有替代实体商店的可能？

我们都知道战争中谋划的重要意义，如何打赢一场战争的关键是领导层的“谋略”。与战争中战略一样，营销战略规划必须考虑方方面面的情况：未来的环境、未来企业的发展目标、未来企业能拥有多少资源、未来企业会遇到哪些竞争者的挑战等。必须考虑到方方面面的利益，与供应商、中间商与顾客，同时还不应该忘记企业内部各部门的利益，这样真正做到“知己知彼，百战不殆”。

战略是营销者对未来客观世界的发展趋势做出的主观判断，其有效性和可行性都必须通过实践得以验证。所以为确保战略活动的顺利进展而最终实现企业的战略目标，企业需要认真制订自己的营销活动方案。各家企业的营销战略和战略目标可以不同，营销活动方案和营销策略组合也可以不同。但是为确保营销活动的有序开展，营销管理的步骤或是环节应该是非常相似的。这样，问题就到了企业如何设计好营销管理的每个环节。

章末案例

中国车市跨界营销逐渐流行

营销管理者发现：消费者存在对多种不同用途产品的需求，这被行业内称为“配套需求”。这一发现推动了不同行业的厂商产生“强强联手”的意愿或理念。当前，国内私家车市场的迅速发展，也促成汽车厂商与其他品牌之间的联合营销正在逐渐流行，也开始引起媒体的关注。最近，通过传媒披露的汽车品牌与其他品牌之间的联合营销，比较有影响的实例颇多。

例如在20世纪90年代，上汽销售总公司曾与沪上房产商组织过车房联销，与有关单位合作举行“买一赠一”销售活动（买桑塔纳轿车赠送折叠式自行车甚至送电脑等）。这种销售方式被称为组合销售，是汽车与房子、自行车、电脑一起促销的手段。所不同的是，“赠一”商品是由上汽销售总公司埋单赠送给客户。

如今，汽车行业提出一种被称为“跨界营销”的新的营销模式，在一定程度上沿用了以前的运作模式，但是随着汽车行业的发展和营销技巧的进步，也增加了许多新的内涵。目前受到市场较多关注的几个汽车品牌的跨界营销，其做法和表现方式各有千秋。

在东风日产汽车和中国石化签订的《全面战略合作协议》中规定，东风日产在新品开发、燃油排放等方面获得中国石化的技术支持，并借助其庞大的服务网络，为消费者提供更便捷的服务；中国石化借助雷诺-日产全球采购平台，帮助中国石化的产品参与全球竞争。可见，两者的跨界营销无论是在广度还是深度上，均不仅仅停留在产品单一的销售上面，而是基于合作各方在品牌资源上的实力来赢得更多的市场份额。

上海大众斯柯达汽车与红星美凯龙两大强势品牌联合，共同在全国15个大中城市举行营销活动。斯柯达两款车型进入红星美凯龙卖场展示，双方实现包括营业场所、服务体系和媒体资源等在内的众多资源共享。此类跨界营销是合作双方彼此为对方提供自己的营销资源实现共赢目标。对于任何一方来说，两种不同产品和不同品牌都实现了最大程度地呈现品牌特征的目的。

海马汽车与方正电脑，在品牌、渠道以及市场营销体系等方面，展开全方位的深度合作，购买海马汽车的消费者可获优惠购买方正电脑，海马4S店里提供方正产品的展示；海马提供8辆在售车型，购买方正电脑的消费者有机会赢得5年的使用权。此类跨界营销的策划和实施方都必须清楚他们面对的是同一购买群，差别仅仅是存在不同需求。

吉奥汽车和国美电器的联合营销，体现了特殊政策下的特色。消费者购买吉奥汽车，可以享受由吉奥汽车埋单的价值1 200元国美下乡家电，同时可以领取13%的政府补贴款；如果消费者购买吉奥生产的微车和属于下乡车型的皮卡，还可再领取汽车款10%、不超过5 000元的政府财政补贴。这样的联销和跨界组合，对农村消费者具有很强大的诱惑力。

实践证明，两个完全不同类型的产品，因为不构成竞争关系，才可以借助不同的产品功能和特性，满足消费者的多重需求。消费群体如果没有内在一定的联系，也难于跨界。通过联合与跨界，双方的品牌在市场上必须产生一个叠加效应，取得双赢，否则“跨界”毫无意义。

与一切创新营销模式一样，有成功得益，自然也有失败受损。所谓风险与机会共存。所以在正式推出或实施跨界营销行动方案前，一定要预设一个“检验时区”，检验的主要标准是：与过去相比采用这类跨界营销是否能为合作的各方形成一个更好的营销结果。

案例分析

1. 什么是跨界营销？归纳一下跨界营销至少应该具有哪些特征？

2. 两家或者多家经营不同商品但彼此有一定关联的企业建立一种独特的联盟，这样条件下开展的营销活动能否也叫跨界营销？

3. 选择实施跨界营销前，决策者应该注意哪些问题，以确保措施的顺利实施并实现既定目标？

本章复习思考题

1. 企业战略规划的含义以及影响企业战略规划的主要因素有哪些？
2. 制订企业营销战略有哪几个步骤？
3. 有哪几类增长战略可供企业选择？各种增长战略又由哪些具体战略类型组成？
4. 评价企业战略业务单位的方法有哪些？各种评价方法的标准是什么？
5. 四种竞争地位不同的企业各自有哪些具体的竞争策略可以选择？
6. 企业的竞争战略方式有哪几种？
7. 市场营销管理由哪些重要步骤组成？
8. 国际营销与国内营销是否仅是营销活动开展的空间不同？
9. 网络营销发展很快，是否它比实体店营销就一定有更多的优势？相比实体店营销，它有哪些优势？
10. 现在有许多大型连锁超市选择开设网店，同时也有不少网络商店在开设实体商店，这是为什么？

本章问题与应用

1. 在2016年3月召开的十二届全国人大四次会议上传出人大代表们对“老龄化社会到来我们应当怎么办”的讨论声。有资料表明截至2014年底，我国60岁以上老年人口已经达到2.12亿，占总人口的15.5%。据相关部门预测，到2020年我国65岁以上人口数将达到1.67亿。对于构成“老年人市场”的“人口数”信息已经明确，那么老年人市场的“购买力水平”这一指标的信息也可以通过养老金来推算。剩下“购买欲望”方面的信息，老年人的衣、食、住、行、娱、医都与其他年龄群不同。作为发现“老龄化社会降临”这一机会，同时又有想努力为之服务的企业，现在应该制订相应的营销战略了。你能试试帮着做做吗？

2. 2015年听到恒大到东北在白山黑水之间开发无污染、绿色食品。恒大可是以房地产界的大鳄而著称。开发食品具体说开发新型农产品，它有竞争优势吗？是否真的像坊间说的那样“有钱可以很任性”？若不是这样，你说恒大在战略转向前需做好哪些事？

3. 截至2016年3月10日创业板、中小板已经全部发布业绩快报，据同花顺iFinD统计，创业板497家公司2015年实现营业收入合计5 554.49亿元，与上年同比增长

30.2%。实现归属于母公司净利润总额合计618.88亿元，与上年同比增长28.38%。中小板779家公司2015年实现营业收入合计23 832.28亿元，同比增长13.6%，归属母公司净利润合计1 588.02亿元，同比增长20%。虽然主板还有不少公司没有公布年报，但石油、煤炭、钢铁等行业业绩大幅下滑甚至亏损也已经在预料之中。作为一家小微企业、创新企业它应该如何做出发展方向的战略选择和制定相应的规划？你能帮忙做些事吗？

4. 针对下面的一个案例谈谈你对下列问题的看法。

(1) 企业领导者与企业的发展两者之间究竟是什么关系？

(2) "想干什么与能干什么"到"干什么和干好了什么"之间到底应该怎样对比、联系，从而使它们对战略决策产生推动作用？

(3) 企业领导与他的合作者、合伙人到底应该建立或者保持什么形式的关系，才能保证企业更加有效地运转？

小米的营销战略

任何一家企业在长远发展方面都有自己的预期，有自己的战略发展设想，有自己明确的现在和未来的竞争对手，小米也同样。2014年估值450亿美元、开创只有四年多的小米，面对已经在市场上拓展了20多年，2015年全年销售额近3 900亿元人民币、全球企业排名200位的华为，小米一度领先的发展势头正被华为赶上，2015年"双11"当晚，智能手机类排名上，小米手机共销出103万台，华为销出94万台，其中荣耀占据绝大部分。从销售额来看，华为终端总销售额11.93亿元人民币，其中荣耀产品销售额达到11.23亿元，超过了小米手机的总销售额7.4亿元。其实，对于战略分析专家来说，一家企业的市场销售目标的实现程度不能成为衡量其战略发展目标是否正确的主要目标，更不能用于衡量企业领导者成功与否的唯一标准，那么用什么来作为其战略发展目标是否正确的标准？用企业的商业模式比较靠谱。

有专业人士对小米商业模式进行总结与归纳为：社群电商＋互联网平台战略＋生态链拓展。"社群电商"是指小米通过创建米粉社群，形成一个独自拥有的目标顾客群，这里有两个基点：第一，以最快的速度促使更多的关注者成为忠诚购买者；第二，通过群体意见领袖成为传播节点，使得各种有关自己营销战略的信息可以在特定范围内迅速发散。这是一种类似于C2B社群电商的全新商业模式，为小米随后全面铺开的多渠道销售打下基础。"社群电商"有三种典型购买场景：一是，因为社群领袖而追随购买；二是，因为身份象征而购买；三是，因为会员机制而购买。"互联网平台战略"是指小米构建区别于华为、三星等公司的互联网软件平台和生态平台，例如米聊应用、游戏生态对合作伙伴的利润贡献。"生态链拓展"是指小米围绕品牌影响进行的如电视、空气净化器、平衡车等一系列消费电子产品市场的拓展，这是小米不同于苹果的产品延伸策略。

现在小米的"社群电商"，即以社群化粉丝运营为主、经销商代理运营为辅的商业模式遇到极大的挑战。主要表现为精于社群营销的高手离开，同样也是智能手机的竞争对手如OPPO和VIVO利用线下经销大大缩小了与小米的差距。“生态链拓展”也随着消费电子产品如电视机、空气净化器以及小家电等产品市场的疲软而开始走下坡路。对于小米的衰退，业内人士认为最为关键的是小米高层管理者缺乏主动进攻的战略理念和思路，在外部环境发生变化时没有及时调整自己的战略和商业模式。

5. 老是有消息说中国企业在国外被人整得“灰头土脸”就是在国内也是被人挤压得不堪一击，尤其是那家叫苹果的企业让国人既恨又爱。现在有人治它了，看看是怎么回事？

中国手机市场不再是苹果的风水宝地

目前，在全球手机制造商销量排行榜前12家中有9家厂商的总部都位于中国，它们占据了全球智能手机销量的三分之一，其中最大一块是在中国。这也导致中国市场成为全球手机制造商争夺的首选市场。对于苹果公司而言更是如此，因为中国市场是苹果营收贡献第二大的地区，还是全球唯一收入保持增长的市场。然而，2016年，苹果营收和利润双双下滑，尤其大中华区的营收同比下滑超过三成。在销量方面，苹果第三财季内共售出4 039.9万部iPhone，比去年同期的4 573.4万部减少533.5万部，但略高于此前市场分析专家预期的4 002万部。而在截至3月底的2016财年第二财季业绩中，苹果营收其实就出现了自2003年以来的首次下滑，营收为505.57亿美元，比去年同期的580.10亿美元减少74.53亿美元(约为人民币496.21亿元)。苹果连续两个季度在中国市场遭遇滑铁卢，从侧面也反映了中国本土手机厂商的崛起。中国手机品牌之所以一路在中高端市场高歌挺进，源于其以更快的速度将大量创新带给市场。

Counterpoint的设备和生态研究总监尼尔·沙向美国CNBC表示，如果苹果不能够在硬件上加快创新速度，不能像中国的对手公司一样每一年甚至每六个月就推出新的功能，苹果就会落后。

随着国产手机不断向高端迈进，与之配套的中国供应链能力也在集体提升，有一些技术在苹果新品推出前，中国的供应链厂商便已经开始研发。近一年来，随着国产手机纷纷转向中高端市场，不少优秀的上游供应链企业开始与中国厂商加强合作。

华为消费者业务CEO余承东在2016上半年业绩分享会上也表示，丝毫不担心苹果的新品，华为已掌握了很多技术。

尽管库克仍在对中国市场的担忧轻描淡写，“我们现在必须要疯狂创新，为那里的用户提供最优秀的智能手机”，但苹果要再在中国市场“重拾辉煌”将面临越来越多的挑战。

第三章 营销环境分析

□ 学习目标

- 认识营销环境对于企业营销可能造成的影响
- 了解营销环境的概念和基本内容
- 营销宏观环境、微观环境与竞争环境分析的基本方法
- 掌握营销环境的SWOT分析方法
- 营销分析的信息收集与处理方法

□ 开章案例

百事可乐在中国的亲民形象工程

企业想要在目标市场有所作为，必先在目标市场开展一系列被称为公共关系营销的活动，以此达到在目标市场和在目标顾客心中树立自己特殊形象的目的。说来简单做起来却复杂，因为做什么事存在正确或错误的“事”之差异，即使做正确的事情也存在方法是否正确的问题，因而，企业都希望能够借助既有资源和自身的管理能力与社会公益完美结合，通过自己善于做的事情和擅长的方式来做对社会有益的事情，以形成独特高效的公益模式。百事公司同样以此为目标，寻找社会公益项目的切入点。

作为全球著名的食品和饮料企业，百事公司在水处理、能源、农业这些领域内拥有技术上的优势。因而，百事致力于把与自身业务密切相关的项目作为社会公共关系活动的方向。譬如，解决我国中西部贫困缺水地区用水难、饮用水水质恶劣等基本的民生问题；发展生态农业项目，建设以内蒙古达拉特旗土豆农场为代表的多个生态种植基地等。

在我国中西部地区，由于干旱少雨，可利用水源和地下水资源奇缺，农业生产和人畜饮水长时间内一直依赖天然降雨，很多村民为拉水都需要走几公里的山路。因为家庭中的青壮劳力大多外出务工，解决用水的重担就都落在家庭中母亲的身上。事实上，解决这个问题并不需要多大的投入，只要在各家用混凝土建造地下罐装容器，用以储蓄雨水，做简单净化处理后就可以解决一个家庭一年的生活基本用水，而每个水窖的成本也只有500元(如今是1 000元)。2000年，全国妇联下属中国妇女发展基金会开始组织实施大

型公益项目“母亲水窖”，旨在帮助那些干旱地区的母亲们。这个项目开始后，百事意识到可以借助自身在水处理方面的优势来帮助这些干旱地区的人们。2005年，百事公司首捐100万元人民币设立“百事可乐基金”，开始资助“母亲水窖”项目，并且提供专业净水药物。此后，百事公司始终坚持这一项目的推广。截至2008年11月，百事共捐建水窖1 500多口，惠及村民5万余人。

百事公司所捐助的水窖，分布在我国甘肃、内蒙古、广西、贵州等7个省区的28个村，但如果仅仅是修建水窖，而不顾后期的维护，那么对当地老百姓的帮助依然有限。百事公司为提高水窖的使用效率，在捐助之后，还培训当地农村妇女以进一步维护当地的水窖工程。并且，在长期对“母亲水窖”的关注中，百事开始逐渐将受助人群从缺水人群扩大到用水安全有问题的人群中来。对于我国地貌气候不同的省份，百事因地制宜地选择了不同的帮助手段。例如，在西部干旱少雨的地区，以水泥窖为主，而在陕西中部，当地降雨量并不少，但是地表水含氟量超标，而凭借村民的一己之力又没有能力建立深水井，于是百事公司建立了小型集中供水工程以解决当地居民饮用水的安全问题。在这个过程中，百事还投入了大量专家力量，将百事公司在水领域中的专业知识与技能带入这个项目。

多年来，百事公司对“母亲水窖”项目的投入不仅仅限于资金的支持，还更多地体现在对项目实施过程中的细节参与。为了保证百事“母亲水窖”项目长期保持一个可持续运转的良性发展状态，百事中国公司专门设立了“百事中国企业社会责任经理”职位，实施专人专岗负责制，对各类项目进行更细致化的管理。百事参与的慈善活动都包含着大量的项目前期考察与定期回访活动，而非单纯地捐赠，把大量事情简单地交给慈善项目发起方打理。在“母亲水窖”项目中，每一个水窖项目实施点的选址，百事都会派专人亲自参与、考察。每次回访，不仅项目本身的负责人、水处理技术人员要去，而且百事基金会的主要项目负责人、百事中国公司的主要负责人也要一同参与，确保项目的真正落实。

作为快速消费品巨头，市场营销和品牌宣传是百事所擅长的。在社会公共关系营销活动的延伸过程中，百事运用市场营销的经验——在公司制作有号召力的广告，张贴在办公区域，营造整体气氛，来招募组织志愿者团队。同时，为了鼓励员工参与社会公益活动，百事还在公司内部开展了员工慈善创意大赛，成立了“百事中国企业社会责任志愿者团队”，通过这样的员工组织，百事员工和公司一起参与慈善项目的过程，树立起百事公司独特的亲民形象，使得公司的各项营销活动能够始终得到目标市场与目标顾客的积极响应。

□ 案例分析引导

作为一家试图在目标市场有所建树的企业，必须对自己所处的环境有准确的认识，百事公司就是深谙此道。企业当前生存或未来发展都会遇到无法控制却可利用的市场环境，此刻就看企业如何认识并利用好这个环境了。

企业与社会同时存在于一定的环境之中，并与这个环境发生着不可或缺的各种联系。在这一过程中,企业的营销人员必须善于识别和分析由于环境变化会给企业带来的机会和威胁,以达到及时采取对策实现趋利避害的目的。从某种意义上讲,营销活动就是企业认识、分析和利用环境的动态循环过程。营销环境就是指营销组合策略之外的影响企业营销活动能否取得预期效果的不可控制的各类因素及其影响力的组合。

由于是着眼更加顺利地开展营销活动,对营销活动可能产生的影响开展分析,故而将这个环境称为"营销环境"。根据营销环境对企业营销活动造成的影响范围,以及不同环境变化的深远程度,将营销环境划分为微观环境和宏观环境两大部分。

企业对不同环境的分析研究仅从环境变化信息资料的获取手段上就有天壤之别。但是,所有的营销环境都具有以下几个基本的特征:

1. 多变性。营销环境首先是客观存在的,其次是这些客观存在的各种因素都会随着社会经济的发展而不断变化。对企业来说,这种客观存在及其变化是不以企业和营销者的意志为转移的,也就是说营销环境是多变的且不可控制的。因此,企业就无法摆脱各种环境的影响,而只有积极地适应或利用影响,才可能取得良好的营销效果。

2. 差异性。不同的企业受不同环境的影响,同一种环境因素的变化对不同企业的影响也是不同的,同样的环境因素在同一个企业的不同发展阶段,其影响作用也是不同的,因此企业应根据自身所处的行业特点、竞争范围等因素采取相应的适应或利用环境的对策。

3. 交错性。营销环境因素是相互影响的,在不同的时间点上,营销环境的主导因素也不相同。经济因素不能脱离政治因素而独立存在,文化对政治、法律和经济等因素有深刻的影响;反过来,文化的发展也会受到政治、经济和法律等因素的制约。

4. 层次性。从空间上看,营销环境是一个多层次的集合。第一层是最里层,是企业管理当局的营销理念以及其他部门和营销部门的合作协调关系等;第二层是企业所在的区域环境,如当地的市场条件和地理位置;第三层是国家的法律、政治和文化等因素,如国情、行业特点和全国性市场条件等;第四层是国际环境因素。显然,各层次环境因素与营销活动的联系程度是不同的。

营销环境分析应该放在营销战略规划与实施之前。因为,营销活动管理者只有在对自己身处其中的环境有充分了解才能确保制订的营销战略或者营销方案的准确性。

第一节 营销的微观环境

企业营销管理人员所采取的各种策略和措施的最终目的就是要满足目标顾客的需求并从中获取利润。为了完成这一目标,企业必须正确处理好与各种相关组织和个人的关系。企业所面临的这种关系,就是企业从事营销活动时的微观环境。依据与营销活动关系密切程度的不同，可以将营销环境分为微观环境和宏观环境，如图 3－1 所示。

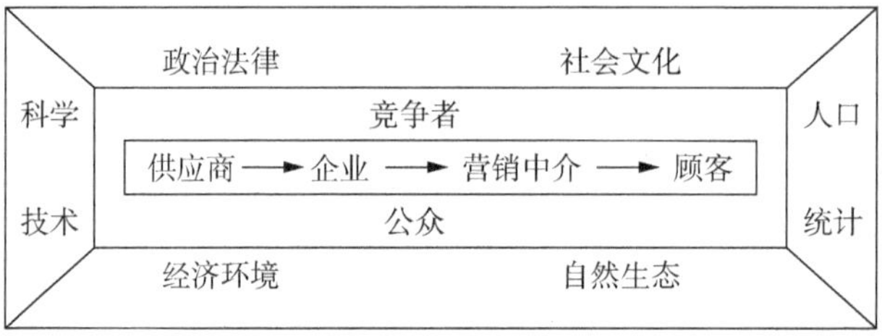

图 3－1　市场营销环境

微观环境是指各类营销活动参与者，即包括企业内部各部门及人员、各类供应商、各类营销中介、各类公众、各类顾客和各类竞争者等，对企业营销活动有直接影响的因素。微观环境的各因素都会影响企业为目标市场服务的能力。因此，企业营销者有必要对自身和这些相关组织、个人做深入的了解和把握，以便为企业营销活动的顺利开展提供依据，打好基础。

一、企业内部力量

企业是开展营销活动的主体，要争取顾客，并在竞争中获胜，就必须首先对自己有一个全面、清晰的认识和把握。企业是由制造、采购、研发、财务、营销等职能部门和最高管理层组成，企业的运作必须依靠上述部门的密切合作才能实现各项既定目标。在接受并明确企业最高管理层的营销战略设想后，营销管理部门在制订营销计划和选择营销策略时，必须考虑其他职能部门的利益诉求，争取他们的支持与配合，同时还要考虑营销部门内部各职能机构及相关人员，如营销副总裁、销售经理、推销人员、广告经理和市场研究专家等的利益诉求以获取他们的配合。只有在获得各部门和个人对营销管理部门制订的营销计划和营销策略欲达到的目标的理解，方能够获得这些部门和个人的配合与支持，企业效率工作的才能得到最大的提高，各项营销目标才能更快、更好地实现。

理论上讲企业的各个职能部门应互相协调、紧密配合以实现企业的总体目标。但事实上企业各部门之间的关系却常常表现出各种冲突与矛盾。例如，营销部门未能及时将市场需求的信息传达给研发部门，研发部门未能及时将产品设计图纸交付给生产部门，生产部门的生产节奏与订单管理部门的要求不能衔接，等等。可能是由于信息沟通造成的，也可能是企业各部门的主动协作不够造成的。因而，了解营销部门与企业各职能部门之间存在或可能存在哪些冲突、矛盾，才能为解决与克服冲突提供依据，营造良好的企业内部环境。

二、供应商

供应商是指向企业及其竞争者提供各类生产经营所需资源的企业或个人。企业要想向目标顾客提供能满足其需求的产品或服务，首先必须从供应商处获得生产经营所必需的各种原材料、零部件、能源和劳动力等。供应商行为对企业营销活动的结果影响极大，其供应物的质量、数量和及时性，以及价格水平和供应条件的宽严等都会影响到企业的产品质量、成本和利润，供应商管理和采购业务绩效已构成企业竞争力的一个决定性因素。因此，企业应该加强与完善和供应商的合作关系。同时，供应商也应同企业建立和保持良好的关系。

现代企业为了增强自己的竞争力，改变了和众多供应商维持关系的传统运作模式，越来越多地采取选择少数几家供应商并与其建立长期稳定的战略合作关系的模式。无论企业还是供应商都明确这种合作关系，不仅可使企业有更大的可能利用供应商的优势和技术来获得竞争优势，还能获得不断提高质量、优化业务流程、不断降低成本的好处。

当前互联网技术飞速发展，使得企业可以更多地利用“大数据”和电子商务平台与供应商建立更完善的沟通渠道。通过这种更加全面、高效的沟通方式无疑会让企业与更多的供应商建立、完善、保持更加融洽的关系。

三、营销中介

营销中介是指协助企业促销、销售和经销其产品给最终顾客的机构和组织，包括中间商、物流企业、营销服务机构和金融机构。企业与这些组织建立起稳定、有效的协作关系，对于提高企业的营销能力有着重大意义。

（一）中间商

中间商是指帮助企业寻找顾客或直接与顾客进行交易的各类商业企业。对于一家生产企业来说，如果没有自己的高效运作的分销渠道和销售能力，那么利用各种中间商的合作意愿及其效率来实现将自己生产的产品完成向目标市场的转移是唯一的选择。所以中间商的工作绩效对于生产企业的营销活动结果产生巨大的影响。提高中间商的素质，如何将企业的理念和精神传递给中间商，这对于和经销商构建长期合作的战略联盟关系具有十分深远的意义。在营销实践中企业和中间商的合作可以更加有效地完成自己的营销任务，提升企业的竞争力。

（二）物流企业

物流公司是协助企业储存并把货物从产地运送到目的地的各类仓储公司和运输公司，其职能主要包括帮助作为企业为目标顾客提供诸如包装、运输、仓储、装卸、搬运、库存控制和订单处理等方面的服务，实现提高目标顾客满意度的营销目标。企业与物流企业建立良好的合作关系，并在合作中利用物流企业的专业特长，向顾客提供令其更加满意的服务，这也是提升企业竞争力的重要手段。

时下各类电商蓬勃发展，顾客越来越喜欢在电商平台购物，利用配送公司完成发货，确保顾客在最短的等候时间内拿到自己订购的货物而提升顾客满意度，此类工作现在日益成为抑制电商发展的最大瓶颈。寻找更加高效的物流合作伙伴，也将成为电商这类运作模式采用者开展营销管理的一项刻不容缓的重要任务。

（三）营销服务机构

营销服务机构是指协助企业了解市场需求，和向目标市场传播营销观念、介绍产品或服务的各种信息传播机构，它主要包括营销调研公司、广告代理商、传播媒介公司和营销咨询公司等。大多数营销服务机构都具有专业化的运作经验和相对完善的运作模式，这对于缺乏市场调研能力或信息传播经验与具有专业能力的人员的企业，利用专业性很强的营销服务机构为其提供专业性服务，对提高企业的营销绩效具有十分重要的作用。

（四）金融机构

金融机构主要包括银行、投资机构、保险公司、证券公司和其他协助融资或保障货物购买和销售的风险公司。它们能为企业营销活动提供信贷、保险和结算服务，这对于企业优化资本结构、降低经营风险都具有重大意义。许多企业都认识到资金筹措、调动的重要性，如果企业缺乏相应的金融管理方面的高手，或者企业为确保自己核心竞争力的需要，委托专业金融服务机构替自己打理相关业务不失为一个合理的方案。此时企业就必须与这家金融机构建立和完善彼此的关系。

四、顾客

顾客就是企业的目标市场，是营销活动的出发点和最终归宿。企业与供应商、营销中介机构保持密切合作，其目的就在于向目标顾客提供能满足其需求的各种产品和服务。因此，顾客是企业营销的主导因素。让顾客满意是企业生存和发展的基础。为了方便描述和研究，通常按购买动机不同把顾客分为两类：

（一）消费者市场

消费者市场指的是个人或家庭购买商品及服务用以满足自己个人或家庭生活消费的需要，因而也被称为消费品市场。

（二）组织市场

组织市场指的是购买商品及服务用于进一步加工制造并出售、租赁、转售或提供各种服务的组织机构，在履行自身职能的过程中消耗的各种物资的补充以保证各项职能得以继续的需要。如生产者市场的各类生产企业，为保证对市场需求的满足而生产各种产品从而提出的对各种原材料或零配件的需要；中间商市场的那些企业为了确保市场供应而采购各种商品的需要；各类非营利组织，例如政府部门和教育机构，他们在履行法律赋予的责任时会消耗各种物资，而为保证此种责任得以继续，而提出的对已消耗物资的补充需要。

作为一家企业，即使它只生产一种产品，也无法确定它的顾客一定是消费者个人，还是一个组织或机构。从某种意义说，任何企业都可能面对上述两种顾客、两种市场。为赢得顾客，就必须制订不同的营销策略。

五、竞争者

营销管理的基本理论所讨论的竞争者主要是指与企业争夺顾客资源的各种组织和个人。一般而言，企业必须慎重评估竞争者的数量及其策略，并据此作出恰当反应，方能取得较好的经营效果。因为许多经营失败或营销失利的企业往往都是因其不能认清谁是自己的竞争对手和是哪类竞争对手，以致当突然发现就在面前的竞争对手时而惊慌失措。从产品对能够满足市场需求的内容与程度这一角度看，企业竞争者包括欲望竞争者、一般竞争者、形式竞争者和品牌竞争者，如图 3－2 所示。

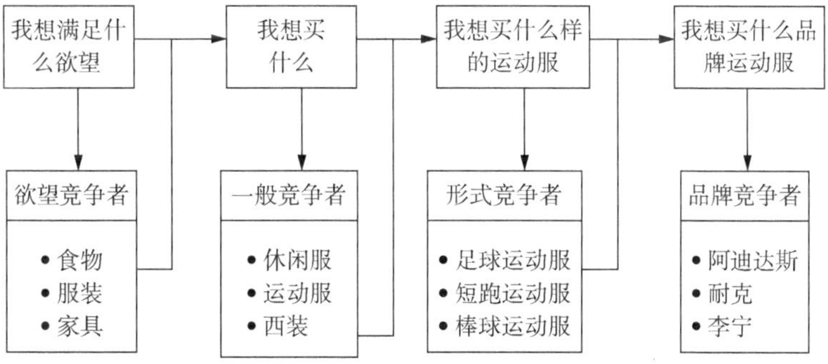

图 3－2　竞争者分类图

1. 欲望竞争者。欲望竞争存在于生产和提供能够满足两种完全不同的市场需求的产品或服务的企业之间。例如，人们对于衣、食两种生存物质的需求无时不在，而对于所有的个人或组织，掌握的可用于与人交换的资源——金钱总是有限，衣食就如鱼与熊掌不可兼得一样，对提供衣食这两种不同物质的企业来说就构成竞争关系。从这种角度看，欲望竞争也是最为普遍的一类竞争关系，因为看似互不相干的两家企业比如上海第一食品商店与上海时装公司其实互为欲望竞争者关系。

2. 一般竞争者。这种竞争是指存在于虽能够满足的是市场所提出的某类需求，可是与需求者所提出的具体要求完全不同，而能够满足这些不同要求的产品或服务的企业就构成的竞争关系。例如，人们在产生御寒或时尚的欲望时都会产生对服装的需求，可是有人需要休闲服，有人则提出对运动服的需求。这就导致提供休闲服的企业与提供运动服的企业之间的竞争，希望更多的人选择自己提供的产品。上海书城的营销管理人员不会把上海图书馆视为竞争对手。可它俩是真正的“一般竞争者”。虽然都是满足读者“精神食粮”的要求，可是读者提出的具体要求不同，书城是满足读者占有图书并获得书中的知识的要求，图书馆是满足读者获得书中知识但不想占有图书的要求。

3. 形式竞争者。这种竞争存在的范围更窄，是指能够满足市场提出的某个具体产品而在这个产品的品种、规格、形状、包装、颜色、味道等方面不同要求的企业之间的竞争。例如，同属运动服但有的顾客需要足球运动服，另外一些顾客则想买短跑运动服，这势必导致专门生产这两种运动服的企业之间的竞争。有时竞争还可能产生于生产同类产品——都是足球运动服生产企业,在足球运动服的样式、款式上,不同企业可以造成某种差异而试图吸引更多顾客从而导致的竞争。

4. 品牌竞争者。这是一种范围最狭窄可又是最激烈、最容易为人察觉的竞争者。阿迪达斯与耐克提供给市场的某款运动服在任何方面都一模一样,仅在品牌上不同。品牌吸引各自的拥趸者,而导致竞争发生。在向一位企业的员工发出询问,你认为企业的竞争对手是谁?大多数情况下得到的回答是另外一个同样著名的品牌。而正是这种情况使得许多人都忽略了其他三类竞争对手的存在。

六、社会公众

公众是指所有显现或潜在的影响企业达到其目标能力的任何群体。公众不是供应商、营销中介、顾客,与企业没有直接的经济关系。但是,公众能够协助也能阻碍企业实现其目标,这是因为公众可以以其在社会中客观存在的影响力,影响与企业有直接关系的供应商、营销中介与顾客同企业的关系。所以,明智的企业应当采取有效的措施保持与公众和谐、相互理解的关系。企业的公众有以下几种类型:

1. 媒体公众,是指那些有广泛影响的大众传播媒体,如报纸、杂志、网络、广播电台和电视台等宣传机构或组织。传播媒体对社会大众有极大的影响,能提高也能降低企业的声誉。媒体公众同企业营销服务中介的一些传媒机构不同,以广告公司为例,在一些地方会存在各种行业协会组织,参加的广告公司中有企业的广告代理和与企业有一定业务往来的广告公司,它们都是企业的营销服务中介。而同处于该行业协会的其他广告公司因为与企业没有这种关系就成了媒体公众。协会中的广告公司会相互评论各自的业绩,从而影响广告代理与企业关系的发展趋向。

2. 政府公众,指负责管理企业某些业务活动的各级政府机构,例如,公安、卫生检查、城管等部门。企业营销活动必须遵守国家法律、政策和发展规划,接受政府机构的监督管理。保持与政府公众的关系,得到各种政府机构的指导、监督,可以化解某些风险和危机。同时,企业应该主动积极地配合各类政府管理机构对自己的指导,获得政府的表彰,提高企业的社会形象。

3. 公民团体公众,指公民自发组织的各种团体如消费者协会、环境保护组织、少数民族组织和其他组织等。公民团体公众有时会对企业的某些营销活动提出质疑或抵制。企业应当接受公民团体的监督,及时发现和解决存在的问题,维护顾客和社会的利益。

4. 地方公众,是指企业附近的居民群众、地方行政官员等。企业的生产经营活动会对地方公众的生活和工作产生或好或坏的影响。企业必须充分重视和妥善处理与地方公众的关系,否则就可能因地方公众的抵制活动而危及企业的生产经营。这类问题更多地发生在建筑企业中,因一些地方的建筑项目施工影响周边企业和居民的正常生产或生活,导致矛盾与冲突。

5. 金融公众，是指那些可能影响企业获得资金能力的任何集团，其中包括银行、投资公司、证券经纪行和股东等。与媒体公众与营销服务中介中的媒体机构两者的差别一样，金融公众与企业营销中介中的金融中介之间也存在相似的差别。

6. 一般群众，即非顾客，他们从来没买过企业的产品。也就是通常说的介于企业与顾客之间的"第三者"，他们中许多可能是企业的潜在顾客。所以企业必须重视在一般群众中的公众形象，造成更好的"口碑"效应。

7. 企业内部公众，包括企业董事会、股东、经理、职工等人员。内部公众也是企业微观环境的因素，企业向市场所提供产品和服务的质量依赖于全体员工的通力合作，员工如果不满意，其角色内和角色外的行为都会有很大的不确定性，导致企业营销成本和风险上升。

总之，企业营销活动必然影响到公众的利益，公众的态度和行为对企业的命运有很大影响，构成企业营销微观环境的各种制约力量，影响企业为目标市场服务的能力。因此，企业应强调自己的社会责任，满足公众的正当要求，开展一些公益活动，塑造和保持良好的公众形象。另外，公众中存在企业未来发展可能的伙伴、合作者、利益相关者和潜在顾客，所以，若与各类公众建立良好的互信关系，双方身份转换就更容易，成本更小。

第二节　营销的宏观环境

宏观环境是指政治法律环境、科学技术环境、社会文化环境、经济环境、人口环境和自然生态环境等会对企业产生较大影响的外在环境。与微观环境相比，宏观环境对企业营销的影响虽然是间接的但却更加深远、持久，此外企业的竞争者、供应商、营销中介、顾客和公众等都处于同样的宏观环境中，企业必须对这些宏观环境因素作出认真的分析和预测。

一、人口环境

人口是构成市场的最基本要素，人口数量及增长趋势、地理分布、人口结构和受教育程度等对消费者需求和企业的营销活动具有深远影响。正确认识人口环境与企业营销之间存在的深刻联系，对于企业正确选择目标市场、进入和退出某一行业的决策都是十分关键的。具体来看，分析人口环境可以从人口规模、人口结构和两者的变化趋势等方面着手。

（一）人口规模

人口规模即总人口的多少，它是影响人们基本生活消费需求的决定性因素之一。人口规模与总体购买力及其结构、企业的劳动力成本有着深刻的内在联系。人口众多的现实决定了人们的购买力主要是投向基本生活消费品。人口增加意味着市场扩大,同时也为企业提供了丰富而廉价的劳动力资源。

(二) 人口结构

如果说人口规模决定需求水平,人口结构则决定了产品结构和消费结构。它是企业进行市场细分和产品定位的最主要依据。

1. 年龄结构。消费者的年龄差别意味着购买力的年龄结构和商品的需求结构,购买力会随着年龄的增长而有所增强,随着年龄变化直接导致需求的变化。

2. 性别结构。男性和女性在购物心理和消费行为上有较大差别。了解这一规律为准确制订营销组合提供有效的依据。

3. 家庭结构。家庭模式影响着消费品需求的水平和结构。家庭规模的小型化使家庭数量增加,家庭用品的需求量也相应增加。

4. 民族构成。不同的民族有不同的传统习惯,这些传统习惯又将决定可能接受或拒绝某种商品或服务,欣赏或厌恶某种宣传,导致企业的营销活动成功或失败。

5. 分布结构。直接影响市场聚集或分散,间接影响某种新的消费潮流的扩散速度。

二、经济环境

营销学认为,市场规模及其变化由人口数、购买力水平和购买欲望三个变量决定。因此,一定地区社会购买力水平的增长,也就意味企业的潜在市场规模也在增长。而社会购买力直接或间接受经济水平、消费者收入、价格水平、储蓄和信贷等经济因素的影响。分析经济环境应注重分析消费者收入与支出状况以及各种与社会购买力水平变化相关的因素。

(一) 收入与支出状况

1. 收入。市场是由有欲望并有支付能力的顾客所构成。收入是指消费者个人获得的各种货币收入,包括工资、奖金、投资收益和其他收入等。由于消费者收入并不全部用于购买商品,因此,必须对消费者收入作进一步的分析,才能确定消费者的实际购买力。

(1) 货币收入和实际收入。在货币收入一定时,消费者的实际购买力受产品价格变化和通货膨胀的影响。实际收入则是在货币收入基础上扣除价格变化因素影响后,反映消费者真实收入水平的指标。营销者应重视对消费者实际收入的分析。

(2) 可支配收入和可任意支配的收入。可支配收入是指个人收入减去直接交纳的各项税款(如所得税等)和非税性负担(如捐款、罚款等)之后的余额。扣除这些支出后,消费者才可以将个人收入用以消费支出和其他支出。可任意支配收入是指可支配收入减去为生活所必需的支出(如食品、衣服等)和其他固定支出(如分期付款等)之后的余额,它是诸如旅游、文娱、奢侈品等市场必须要准确掌握的指标。

2. 支出。消费者支出不仅受到消费者收入的影响,还受到社会保障政策、家庭生命周期和价值观念的影响。通过恩格尔系数的测算结果,可准确地描述消费者的支出模式。恩格尔系数是指用于食物支出的变动百分比与同期收入变动百分比之间的比值，它常被人们用来描述一国或地区的富裕程度，如表3-1所示。

表3-1 恩格尔系数

消费层次	绝对贫困	勉强度日	小康水平	富裕型	最富裕
恩格尔系数	59%以上	50%～59%	40%～50%	30%～40%	30%以下

恩格尔定律指出，一个家庭收入越少，其总支出中用于食物开支的比例越大；随着家庭收入的增加，用于食物的支出占总支出的比例呈下降趋势，而用于其他方面的支出（如通信、交通和教育等）和储蓄的比例上升。

（二）社会购买力

社会购买力是一系列经济变量的函数，它取决于以下因素。

1. 国民经济发展水平。社会购买力大小取决于国民经济发展水平及由此决定的国民收入水平。物价和人口增长一定时，经济发展越快，人均收入越高，社会购买力就越大，企业的营销机会就越多。

2. 通货膨胀和通货紧缩。通货膨胀意味着货币贬值，货币的购买力下降，社会购买力呈现非理性的虚假的扩大，增加企业的成本和风险。通货紧缩引起就业困难、消费低迷，最终会在全社会范围内抵消人们从物价下降中得到的实惠，使陷入困境的企业雪上加霜，从而恶化企业营销的经济环境。

3. 储蓄和信贷。在一定的时期内，储蓄会减少近期的货币支付能力，暂时降低社会购买力，但储蓄是潜在的购买力。信贷使消费者把未来的收入用于眼前消费。所以，信贷条件和规模对于社会购买力、需求规模和需求结构都存在着重要影响。

（三）地区经济差别

城市与农村、区域之间经济发展的差异对企业营销的影响无疑是巨大的。企业从市场细分到目标市场的选定，从产品的策略到分销模式、分销方式的选择，都要把不同经济发展水平作为基本的决策因素。

三、政治法律环境

企业总是处于一定的社会形态和政治体制之中，其营销活动也必然受到国家法律和政府法令的制约和规范，政治法律环境对企业营销活动的影响主要表现在如下三个方面：

（一）政府与企业

政府总是与政治体制、经济体制联系在一起，它们与企业的关系对企业营销活动有着深刻的影响。政府负责制定并监督实施其职权范围内的宏观经济政策，这些经济政策的出台和调整对一些企业可能产生新的机会，也有可能使另一些企业受到更多的限制，从而在营销战略的实施过程中出现更加顺利或是更加艰难的两种不同结果。政府提供一个稳定、公平的竞争环境是企业开展正常营销活动的前提。接受政府的指导，了解政府对发展经济的思路，与政府建立畅通的沟通渠道，无疑对企业有利。

（二）法制与法治

消费者和社会利益的保护、公开公平的竞争环境的建立和维持，都离不开完善的法制，而社会与消费者利益和竞争环境要得到有效的维护和良性的发展，就必须依赖法治和市场信用。企业在营销活动过程中必然会遇到大量的涉及法律、法规的问题，企业只有了解相关的法律和法规，才能进行合法经营，并运用法律来保护自己的利益不受侵害。

（三）消费者权益运动

目前消费者权益意识日渐觉醒，各国的消费者权益运动也日益高涨。我国消费者协会于 1985 年 1 月在北京成立，其任务是宣传经济法律；协助制定保护消费者权益的法规等；调查消费者意见和接受消费者的投诉等。

四、自然生态环境

自然生态环境的变化既给企业造成环境威胁，也会带来某些市场机会。从生产的角度看，由于资源的不可再生性和短缺性，企业的研发、生产、营销应讲究效率和环保，节省能源和原材料资源；从消费的角度看，自然地理环境会对消费需求产生一定的影响。当前自然生态环境有以下几个突出的问题值得企业重视和研究。

（一）某些自然资源短缺

城市的扩张使耕地和森林面积减少，对粮食和其他工业原料的供应造成影响；人口膨胀、生态和气候的变化使得淡水资源变得稀缺，这不仅会影响人们的生活水平，而且对于工农业生产也会带来生产成本增加等不利结果，使原本日趋困难的营销活动雪上加霜。

（二）生态问题凸显

工业化和城市化的后果使得环境污染程度日益严重，对大自然生态平衡的人为破坏，使得自然灾害频发、物种多样性面临威胁、各种疾病发病率上升，人类正面临着空前的生态环境与可持续发展的危机。当然，企业在环保工程、绿化工程、废物利用和自然灾害的预报与减损等方面发现了很多新的市场机会。

（三）政府干预日益加强

为了实现社会长远利益的可持续发展，许多国家和政府都加强了对本国乃至全球自然资源的战略控制，强化对达不到环境标准企业的管制，这使传统企业面临强大的约束和威胁，从而给环保型产业和企业带来了机会。

（四）天气与气候的变化

天气、气候的变化对农业生产以及相关行业的生产经营的影响也十分明显。在中国农业生产的科技含量还不高，“靠天吃饭”依然是农业生产的一种常态。所以，关注天气和气候的变化，使这类自然环境因素造成的影响能够降到最低的水平，同时，相关企业也应该根据天气和气候的变化，及时调整自己的运营策略，做到正确应对。

五、科学技术环境

任何一项新科学技术的出现都会给行业、企业带来新的发展机会，也可能使采用旧技术的行业和企业衰落下去。技术革命带来技术创新，改变企业生产、经营和管理的组织模式，同时也改变市场运行模式和机制。因此，企业在制订营销策略时，必须注意到技术发展带来的影响，具体如下：

(一) 对顾客需求的影响

由于科学技术的变革在推动经济飞速发展与人民生活水平迅速提高的同时还改变了人类的观念，对未来的发展有了更高的预期，从而产生了新的需要、欲望和需求。消费需求由低层次的生理需求向高层次需求转变，从对物质需求向精神需求转变；消费需求日益趋向个性化；对服务水平和产品的品质有更高需求。例如，科学技术的发展改变了人们的出行观念，对交通工具的速度有了更快、更舒适的要求，航空、高铁成为大众的基本需求。

(二) 对营销策略与营销方式的影响

企业可以利用科学技术的新发现、新发明，更快地推出科技含量更高的新产品，科学技术的发展充分展示第一生产力的魅力，对劳动生产率和服务效率的提高产生从未有过的推动。科学技术发展速度的加快使得新产品从设计、开发到投放市场的周期大大缩短，满足市场更快的新旧更替的需求。当然科学技术也为市场竞争、优胜劣汰法则的体现创造条件，谁掌握了更好的技术，谁就立于不败之地。科学技术的快速发展，也改变了传统的销售模式，顾客通过智能手机可以购买自己所想的东西，可以更加便利地实现营销者与顾客之间的沟通。

(三) 对交易方式和过程的影响

信息技术革命，使得传统的以现场交换为基础的交易方式，被以网络交换为基础的无形交易所代替。网络化和数字化技术使得世界各地各种供应与需求信息在最短的时间内连接在一起，在不同地区市场之间进行交换却不受或者少受地理位置和时间等的约束，信息的交换变得非常容易和成本低廉。

六、社会文化环境

文化是一个复合的整体，其中包括知识、信仰、艺术、道德、法律、风俗以及作为社会成员而获得的其他方面的能力和习惯。社会文化是营销环境中一个极为复杂和深刻的因素。

(一) 价值观念

价值观念是人们在社会生活中形成的对各种事物的态度和看法。价值观念不同，人们的购买动机和购买行为就会出现很大的差异，因此，企业在设计产品和选择促销方式时也应因人而异、因地区而异。

(二) 风俗习惯

风俗习惯是人们在一定的物质生产条件下长期形成的风尚、礼节、惯例和行为规范的总和。各国、各地、各民族之间在风俗习惯上存在显著的差别。因此,营销者必须对目标市场的风俗习惯作深入的调查研究。

(三) 审美观念

审美观念通常指人们对事物的好坏、美丑、善恶的评价。它与一个国家、地区、民族的爱好与习俗有关,也与物质文化水平、教育水平相联系。企业必须充分考虑目标市场的审美观念,以便设计出相应的产品、包装、广告满足他们的需求。

(四) 宗教信仰

富有宗教色彩的活动被世人传承,作为一种模式被固定下来,它时刻影响人们的心理和消费需求。不同的宗教有不同的习惯,包括节日、禁忌等,从而导致人们接受或排斥某种商品或服务。营销者必须尊重不同的宗教习惯,并利用宗教习惯进行相应的营销活动。

通过分析社会文化环境的组成因素,营销管理者应该认识到:社会文化环境是宏观环境中最基本的环境,社会文化环境的现状及其变化影响并最终决定其他宏观环境的现状和变化方向。社会文化环境同时也是宏观环境中变化最慢但却影响最深远的一种环境。比如在我国西南诸省分布着许多少数民族,这些民族的饮食、服饰有着千差万别。庆祝节日时,苗族姑娘喜用银制头饰,这一特点既受价值观念、风俗习惯的影响,还受审美观念和宗教信念等因素综合影响,企业在制订具体营销策略或营销方案时就必须对各种影响因素有一个清晰的认知。

第三节 营销的竞争环境

企业在营销战略规划和营销策略制订中,都无法避开"竞争"一词。正是竞争促使企业不断充实、提高自身,竞争是促使企业及社会不断发展进步的机制。所以,企业无论是在营销战略制订和实施中,还是在对自己原来营销策略的调整中,都需要对自己现在和未来所处的竞争环境做好分析。

一、竞争的三个层次

对于竞争,个人受工作条件、知识水平、经验等的限制,都会有自己不同的看法。而对企业的竞争,存在三个层次上的不同理解。

(一) 在营销技术上的竞争

企业在对市场进行充分调研的基础上,制订出一整套营销策略。在产品的生产工艺、价格水平、销售网络以及促销手段的采用等方面都可能存在某种竞争。技术上的竞争是营销策略最终能否获得成功的关键。

(二) 在营销战略上的竞争

通过对企业战略业务单位(SBU)水平的评估分析,进一步制订出企业营销发展战略,是应付竞争者挑战或向强者进攻的主要手段。所有从时间上看更加长远的企业发展目标与利益上的竞争,都属于市场营销在战略层面上的竞争。在更长的时期,最终使企业取胜的是企业所制订的营销战略使得它更好地利用自己的资源优势因而把握了更多的机会而笑到最后。

(三) 在营销理念上的竞争

如果营销管理的决策者拥有更为先进和科学的营销理念,那么营销竞争在尚未进行时,他们就已占据了很大的主动权。从营销实践的过程看,生产者利润导向为消费者利益导向所取代,率先领悟更为先进的营销观念的企业家,在制订计划、部署战略、选择策略等各环节上处处表现出“领先一步”。战略或策略上的竞争从根本上是观念上的竞争。

“小米加步枪打败飞机加大炮”就是对营销理念竞争很好的诠释,掌握先进技术不一定就能打赢战争,还要看双方的营销理念。掌握先进理念的一方必定能赢得最后那场决定双方命运的战争。

二、竞争力量

对企业而言某一市场的竞争状态与其吸引力存在直接的关系,在对该市场竞争状态分析时常用的一种方法叫“五力模型”,即引发竞争的五种力量:同行业竞争者、新加入者,替代产品、顾客和供应商,如图 3-3 所示。

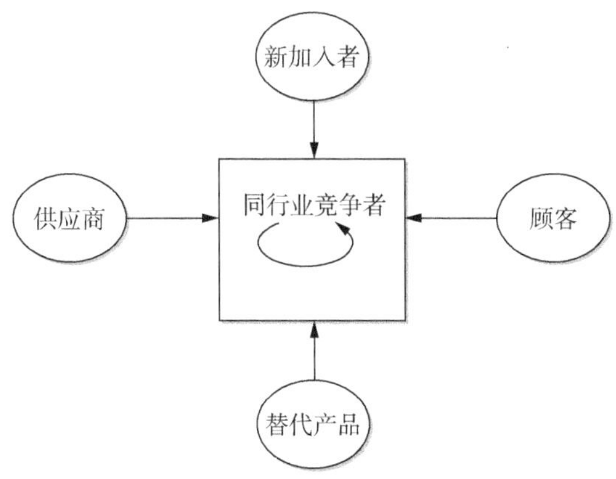

图 3-3 行业的五种竞争力量

企业的竞争战略目标是使自己在行业内部处于积极主动的地位,不仅保护并扩大自身的竞争能力,而且还需要抗击这五种竞争力量。这五种竞争力量共同决定了行业竞争的强度以及行业利润率。在行业生命周期中不同竞争力量的表现强度是不尽相同的。

(一) 新加入者

新加入者会带来新的生产力,也会带来其对市场占有率的要求。围绕市场占有率的争夺,最常见的结果是价格竞争,使得产品价格下跌致使行业获利能力降低。新加入者越多意味着未来的市场竞争会更加激烈。同时,因为新加入者的营销目标不尽相同,竞争战略、策略也会各不相同,这些都将导致未来的竞争更加复杂、难测。所以企业必须对新加入者的进入意愿、进入门槛以及进入方式、进入时期的选择做详细的了解,制订更有效的应对策略。

(二) 替代产品

替代产品会改变现有顾客的注意力、兴趣点,最终导致顾客改变购买行为,使企业的市场份额被侵蚀。例如洗衣机使用的洗衣粉部分被洗衣液所替代,洗衣液就是洗衣粉的替代产品。由于替代产品对企业现有产品的挑战往往更加隐蔽,所以,企业应密切注意替代产品出现的迹象及其在市场上扩张的趋势,结合顾客对替代产品与企业现有产品的评价对比结果,进行综合分析,及时制订应付对策。

(三) 同行业竞争者

在某一市场已经存在的同类产品生产企业,它们彼此构成竞争对手。众多的竞争者会造成"势均力敌"的局面,使得企业增长缓慢,从而会使该市场失去吸引力。究其原因往往是由于缺少产品的差异化和生产能力的大幅度提升两者造成。这些情况往往会导致价格战、广告争夺战,不断推出新产品等,这些属于企业参与竞争就必须付出的代价。由于企业对同行业中的竞争对手相对比较了解,平日也多予关注,所以分析其营销策略的调整等属于常态化的行为。

(四) 顾客

由于激烈的竞争为顾客提供了"货比三家"和"挑肥拣瘦"的机会,顾客往往压低价格,要求更高的品质并谋求更多的服务。这些都会导致这一市场中的企业为满足顾客提出的条件相互竞争,使所有企业各种成本或费用增加而利润减少。顾客竞争力其实就是作为提供方的企业在与顾客展开供货谈判的过程中,顾客有多少话语权。所以,顾客竞争力分析主要是对顾客的议价能力分析。决定顾客议价能力大小主要由以下六个方面的实际状况构成:

(1) 顾客有丰富的经验和通畅的沟通渠道;

(2) 该产品在顾客的成本中占有较大比重:

(3) 生产企业对产品无法实行差别化;

(4) 顾客的转换成本较低;

(5) 顾客的利益较低而对价格敏感;

(6) 顾客有能力对供应商实施兼并。

回答上述六项问题时,若答案都是"是",顾客的议价能力就会增强。企业为了保护自己，可以选择议价能力最弱或者转换供应商能力最弱的购买者。对实力较强的顾客则应该采用提供其无法拒绝的高质量的产品。

(五) 供应商

供应商在企业的生产经营活动中扮演重要的角色，这点在微观环境分析中已有说明。在与供应商开展购货谈判时，供应商往往采取的方式是抬高价格，减少相关的服务，或者联合其他供应商采取一致行动。其实这些都是为了提高供应商在谈判中的话语权。因而，供应商竞争力分析，同样也就是对供应商的议价能力的分析。供应商议价能力大小由下列几个方面的因素决定：

(1) 供应商有完整的供应组织；

(2) 替代产品少；

(3) 供应的产品是顾客重要的投入要素；

(4) 顾客转换成本高；

(5) 供应商有对顾客实施兼并的能力。

对上述各项问题的回答若是“是”，则供应商的议价能力就会增强。因此，企业应与供应商建立良好关系，并开拓多种供应渠道。

三、识别竞争

企业要识别竞争者似乎是一件很简单的事情，但事实上，企业现实和潜在的竞争者范围非常广泛，这就需要企业从行业和市场两方面来辨认竞争者。

(一) 行业竞争认识

企业必须先置身于某一行业后才能从事与其相应的营销活动，而行业又是由一群提供一种或一类彼此是替代产品的企业所组成。所谓替代产品，经济学给出的解释：具有高度需求交叉弹性的产品。具体来说，若一种产品的价格上涨会引起另一种产品的需求增大，这两种产品就是替代产品。例如家庭洗涤产品行业，主要由肥皂、洗衣粉和洗衣液等产品组成。当洗衣液价格上涨，就会导致顾客更多地考虑购买洗衣粉。企业想要成为竞争的胜利者，就必须首先认识行业的结构类型。行业竞争分析的主要标准可以是生产商的数目，产品差异化的程度，进入与流动、退出与收缩的障碍，成本结构，垂直一体化的程度，全球化的程度等。

1. 五种不同性质的竞争。将行业中的生产商数目多少与产品(替代产品)间的差异程度大小相结合，可得出以下五种竞争形式：

(1) 完全垄断。某行业只有一家生产商而同时又无替代品存在，这家企业拥有该行业产品的价格决定权与销售权，此时虽然没有竞争存在，但企业为了巩固其垄断地位而承受着一定的竞争心理压力，最明显的表现是企业在增加技术和服务方面的投入，更加关注对公众利益尤其是目标顾客需要的满足。显然它在做竞争前的准备工作，提高行业的进入门槛，因为竞争迟早会到来。

(2) 完全寡头垄断。某行业有少数几家生产商，由于各家生产商无法使自己的产品更具特色，各企业只能按行业现行市场价格来确定自己产品的价格。所以，竞争表现在两个方面：降低价格即挑起价格竞争；设法使自己的产品与服务更具特色即引发差别竞争。

(3) 差别寡头垄断。存在多种替代品而生产权又掌握在不同生产商手中。这些生产商虽互有特色各自都有一块自己的市场，但竞争同样存在，试图使自己的产品更具吸引力，是竞争的基本特征，也是竞争的方向。竞争表现得更具多样性，因为竞争可以选择在性能、功能、款式、品牌、服务等多方面分别或者相互结合地开展，此刻价格也可形成吸引顾客的“热点”。各家生产商既凭借自己在某些方面具有的竞争优势，又考虑到顾客对自己拥有的哪项优势有更多的偏好来确定自己差别化的方向。

(4) 垄断性竞争。竞争在吸引力上比差别寡头垄断时更为突出，因为有更多的生产商在销售差别更为细小的形形色色产品。但此时企业更应关注的是在新的细分市场上的竞争。如果一家企业能够开发出一款具有某项此前同类产品所不具有的功能的新产品，而此项功能又是顾客最向往的，在一段时间后该市场就为开发此款新产品的企业的垄断市场。

(5) 完全竞争。行业中存在数量众多而且在资源的拥有方面彼此都不具有明显优势的企业，与此同时市场上存在众多的需求者，他们在需求的偏好上存在明显的差异，这一切都直接导致行业中存在最大的替代品潜在现象。没有一家生产商可以决定产品的价格和生产权。为能够吸引更多的顾客，扩大或者巩固自己在行业中的地位，唯有更加准确、及时地了解顾客需求的变化趋势，才能更加准确地制订和调整自己的营销策略。

2. 进入与流动、退出与收缩的障碍。行业竞争的激烈程度与该行业中聚集的企业数目有直接的关系，当该行业中的企业不断增加，就很容易发现行业的竞争在不断趋于激烈。对企业而言是否进入或退出某一行业，很大程度由两个因素决定：进入某一行业并流动的障碍的大小；退出该行业或收缩规模的障碍的大小。如果在某个行业这两个因素的影响都很小，就会有更多的企业想方设法进入这一行业。行业竞争就会既复杂又激烈。所以，一个已进入某个行业的企业，或者是对某一行业有觊觎心理的企业，必须仔细分析行业竞争发展态势的重要方向标——这两种障碍的状况及变化趋势，以便自己准确做出是否进入该行业或退出该行业的决策。

3. 成本结构。每个行业都有驱动其战略行为的一定的成本组合。例如，钢铁行业有较高的设备和原材料成本组合，而服装行业则有较高的劳动力和营销成本组合。所以，无论是一家已经进入某一行业的企业还是准备进入这一行业的企业，都应该仔细分析这个行业的成本组合，结合自己的各种资源条件，分析自己是否能在更短的时间中，最大程度地降低这个成本组合中最大的部分。例如，钢铁生产企业认为自己拥有先进设备和技术，对其而言铁矿石等原材料的获取成本是其发展的瓶颈。较好的办法是与拥有铁矿石矿产资源的企业合作，强强联合。

4. 垂直一体化的程度。行业内部围绕最终产品的提供而形成的上下游企业联合的状态，这将会影响竞争层次、内容的变化。倘若在行业内，例如石油行业中，已建有许多石油开采、提炼的联合公司，竞争就由企业之间进行转变成集团之间，甚至是国家之间的竞争，经济利益上的争夺变成政治利益上的争夺。对企业而言，自己所参与的竞争，也许是在完成一项“牺牲了自己却使国家利益得到保护”的政治使命。垂直一体化的发展与完善被称为供应链关系，不仅在概念上，而且在客观形式上出现在社会生产系统之中，它带来的好处有以下几点：

(1) 垂直一体化可以使各生产环节上具有某种优势的企业或各种专业化程度更高的企业组合在一起，从而最大程度地提高一体化系统的整体效率，实现降低成本并增加价值的目的；

(2) 垂直一体化可在各环节有效控制价格和其他各种方式的竞争；

(3) 垂直一体化在国际市场上可以利用各国关税与贸易法规上的差异而获得关税优惠。

5. 全球化的程度。一些行业的地方性特征非常强，例如，园林业；而一些行业则更具有全球性特征，例如石油、冶金、电器行业等，这些行业可以实现研发、原材料供应、加工制造到终端市场可以有分散在全球多个国家的许多企业来组织完成。全球性行业的企业如果要想实现规模经济和获得各项先进技术，实现自己全球之最的目标，就需要开展全球范围的行业竞争。

(二) 市场竞争

从生产同类产品的角度来认识竞争叫做行业竞争认识，但若是从满足相同顾客的需要角度来认识竞争，则叫做市场竞争认识。市场竞争揭示了一系列实际的和潜在的竞争者。企业的营销者会一下子提出许多自己的竞争者，例如电视机生产企业会把平板电脑、智能手机等产品的生产企业视为竞争对手。所以当一家公司所采用的营销组合与自己的策略十分相似时，这家企业就是自己最直接的且威胁最大的竞争者。

四、竞争分析

在对竞争有了更明确的认识，又知道自己将面临的是何种竞争，谁是主要对手后，就可以采用各种调查手段去了解竞争者的策略，判断竞争者的目标。在确定自己企业的竞争地位和制订竞争策略时，还必须做一定的竞争分析。

(一) 评估竞争者的优势与劣势

与企业一样，竞争者的策略与目标能否贯彻执行和实现，取决于他们的资源和能力是否存在更多的优势。企业要注意搜集每个竞争者过去几年的各种重要资料，如销售额、市场占有率、利润水平、主营项目投资收益、现金流量、新的投资方向(项目)、生产能力利用情况，等等。企业搜集这些资料最常用的方式是调查第二手资料，如竞争对手以各种新闻报道、内部情况通报发布的数据资料，也可通过专业调研与咨询公司来搜集所需资料。由于竞争者深知这些资料将对自己的策略、实力等机密带来泄漏危害，因而采用各种方法进行封锁，使这些资料很难获取。这些资料无疑可以帮助企业准确估计竞争者的优势与劣势，确保企业竞争策略与目标的正确。

企业可通过对与竞争者共同拥有的顾客、供应商、中间商等进行的态度调查，取得相关资料进行分析，准确把握自己的竞争性定位是否正确和是否需要调整，在哪些方面进行调整。例如，企业可以对顾客进行综合印象评价调查，来确定对主要竞争对手的进攻方向。

任何企业都应该在其目标市场上占据着以下六种竞争地位中的一种：

1. 主宰型。这类企业控制着其他竞争者的行为，自己有广泛选择战略的空间。

2. 强壮型。这类企业可以有更多的机会选择有利于巩固自己长期竞争地位的经营活动，而且它的长期地位也不受竞争者的侵蚀。

3. 优势型：这类企业在特定战略中有较多资源可利用，有较多机会改善其地位。

4. 防守型：这类企业经营情况令人满意，足以继续经营，但它在主宰企业的控制下存在，改善其地位的机会不多。

5. 虚弱型：这类企业的经营情况不能令人满意，但仍有改善的机会，不改变就会被迫退出市场。

6. 垂危型：这类企业经营情况很差，并且没有改善的机会。

(二) 估计竞争者的反应模式

对竞争的反应因企业的不同而不同，有些竞争者反应迟缓；有些竞争者只对某类攻击作出反应，例如降价；也有些竞争者对任何进攻都会作出迅速而激烈的反应。只有准确估计竞争者可能对当前事态作出的反应，才能使自己的策略更能“先敌一手”。各种竞争者反应模式主要有以下四种类型：

1. 从容不迫型。这些竞争者对来自各方面的挑战总显得反应迟缓，这可能与它们认为拥有很高的顾客忠诚度，拥有稳定并经营良好的市场，对挑战缺乏必要的迅速反应机制，缺乏必要的反击资金等原因有关。

2. 有所选择型。这种竞争者只是对某些挑战表现得较为敏感，而对其他的进攻则表现得较为迟钝。例如不少竞争者对诸如削价竞销、销售促进和广告宣传投入扩大等挑战很敏感，会及时采用自己认为最合适的方式与时机作出反应。而对竞争者采用在公共关系宣传上加大投入树立自己形象的行为，缺乏必要的认识，表现出令人诧异的冷淡。竞争者选择对某些挑战及时作出反应的主要原因是认为对手很可能对自己构成威胁，只有作出强而有力的反应，才会令其止步。

3. 拼命相争型。此类竞争者的行为带有冲动性特征，无论对来自何方的挑战都会迅速作出反应，表现为不容对手涉足自己的既定市场半步。拼命相争型企业采用此种强烈反应的主要原因是由于决策者有“马善被人骑，人善被人欺”的心理，认为只有让挑战者明白自己拼死斗争的决心，他人才会有所顾忌。

4. 变幻莫测型。这种竞争对手给人以变幻莫测之感，很难把握在面对某种挑战时会作出何种反应，以前同样条件下的反应模式对后来没有任何参考价值，即无论根据它们的经济、历史和其他情况，都无法预料其此刻遇到的某方面的挑战可能会作出什么反应。

(三) 选择竞争对手

并不是同一行业、市场上的竞争者，都是企业可以攻击的对手。企业在制订竞争战略时，必须作出分析，哪些对手是自己必须对其发动攻击的，而哪些对手是必须回避的，以此来保存实力。

1. "强"竞争者与"弱"竞争者的选择。对弱竞争者发动攻击可以给自己带来的最大好处是，同样赢得竞争，所付出的代价很小。而最大的弊端是，进展十分缓慢，因为夺取的只能是弱竞争者曾占有的一块很小的市场份额。当然，有些企业愿与强者较量，原因是强竞争者也有劣势和短板。通过与强竞争者的竞争，可以使企业的优势得以最大的调动和显示，同时，许多企业发现正是不断地与强者进行竞争使自己更快得以发展提高，并在最短的时间内夺得最大的市场份额。

2. "近"竞争者与"远"竞争者的选择。所谓"近"是指在目标市场及目标市场策略的选择上与企业几乎完全一样。例如在上海汽车市场，通用公司最近的对手无疑是大众公司。很显然，只要是竞争者，无论是哪一方，彼此都同样已确定谁近、谁远。最近的竞争者迟早都是自己最直接的威胁者，因此向最近的对手发起攻击是企业最常见的竞争行为。但企业又要避免将一切最近的对手都击溃，原因很简单，彼此攻击两败俱伤会使"渔翁得利"。在击败一个较弱的近的对手后，企业也许会发现出现在自己面前的是一个更强、更不易对付的对手。

3. 良性竞争者与恶性竞争者的选择。每个行业都包含良性竞争者和恶性竞争者。企业应明确支持良性竞争者，反对恶性竞争者。良性竞争者一般具有以下特征：遵守行业中一致公认的规则；希望自己所在的行业是一个健全并有良好发展趋势的行业；制订的各项营销策略与自己的资源和能力相吻合；将自己的营销活动限制在特定的细分市场之内而不好高骛远；努力推动其他企业降低成本和提高差异化；接受为它们的市场份额和利润所划定的明确界限。而恶性竞争者则恰好在上述各方面都与良性竞争者完全相反，它们在决策理念、目标设立到行动准则等都与社会普遍认可的理念不同，不受规矩、规则等制约。多数企业都会首选恶性竞争者作为攻击对象，这样做的原因有三：

(1) 可以得到行业内部的一致认同，得道多助；

(2) 为自己今后的竞争扫清可能的障碍，因为恶性竞争者更具有不可预知性，也就是有后顾之忧；

(3) 选择攻击恶性竞争者也就是回避良性竞争者，可以降低垄断现象的发生，可以扩大市场需求，可以导致更高的差异化的形成，而这是许多企业竞争战略的基本设想。

第四节　营销环境的机会与威胁分析

营销环境是复杂多变的，其间蕴藏着很多发展机会和致命威胁。在机会或威胁出现时，企业能否抓住机会或避开威胁，不仅取决于企业管理者的意识，还取决于其拥有的资源和竞争实力。因此，环境分析应强调企业内部资源及资源配置与外部环境的综合平衡。

一、SWOT 分析法的含义

SWOT 是 Strenghths（优势）、Weaknesses（劣势）、Opportunities（机会）和 Threats（威胁）四个英文单词的英文缩略语。其中，优势（S）和劣势（W）是针对企业内部资源及资源配置状态而言，机会（O）和威胁（T）是针对外部环境的特征而言的。

优势是指企业较之竞争对手在某些方面所具有的相对独特的、难以模仿的能力和资源，而劣势是指企业较之竞争对手在某些方面的欠缺和不足的能力和资源。

机会是指外部营销环境的变化将可能推动、引发市场中的某些需求形成或是更加强烈，威胁指外部营销环境的变化将可能导致企业的某些目标市场消失的结果。

由于企业面临的环境变化莫测，由此带来的机会与威胁并存，企业能否及时发现自己的劣势及潜在的威胁，并正确把握和利用自己的优势克服不利的内外部因素，最大限度地发挥自己的优势，扬长避短，抓住机遇，直接关系到企业的生存与发展。SWOT 分析为此提供了一种旨在对企业资源和相关环境分析的基础上，帮助企业明确其优势、劣势、机会和威胁的有效方法。

二、SWOT 分析法的基本原理

SWOT 分析法是一个动态的分析方法。它依据企业目标，将对其营销活动有重大影响的内部因素和外部因素列举出来，并根据一定的标准进行评价。这是进行环境因素评价最常采用的方法。

（一）机会矩阵分析

机会矩阵图中的吸引力是指某个环境机会因素可能给企业带来的各种利益或利润增长的大小。吸引力越高，说明这一环境因素对企业的影响强度越大，企业在这一环境下的预期收益就越高；反之，则企业的预期收益越小，发展空间有限。

该机会矩阵图中的成功概率是指企业可以使用各种资源成功把握某种机会超越竞争对手获得胜利的可能性。成功的概率高，表明环境因素造成的机会促使企业赢得竞争的把握大；反之，企业赢得竞争，获得成功的可能性则较小。因此，可以将两类环境分析标准形成环境机会矩阵,从而进一步将环境带来的机会分为四类,具体如图 3－4 所示。

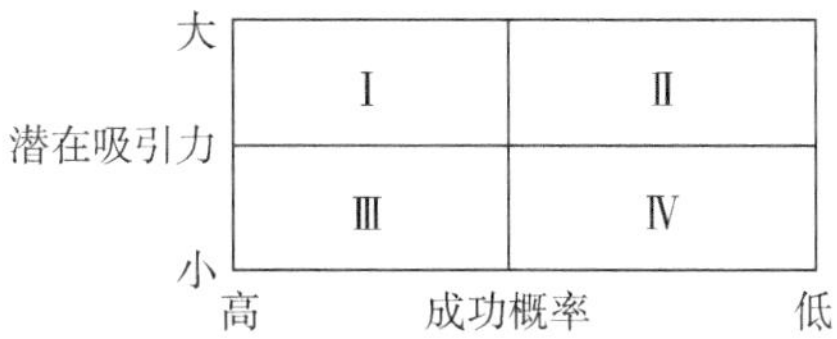

图 3－4　环境机会矩阵图

Ⅰ型机会:属于吸引力大和成功概率高的环境机会。这类机会是企业应该立即做好资源配置,及时抓住的不可失的良机,是企业首先要把握的机会。

Ⅱ型机会:是吸引力高但成功概率低的环境机会。此刻企业在对自己具有的能力与资源的仔细分析后,深感很难成功把握这个机会。所以,企业应设法完善自身的不足,以使企业能有更好利用这种环境机会的能力。值得注意的是,企业在这种情况下做决策时应把握好利用环境机会的度,即如果这种机会企业通过努力也无法完整把握与利用,即使它有非常好的预期收益,也不应轻易下决心利用。因而,对于Ⅱ型机会企业不应轻易放弃,因为机会对企业有太大的吸引力,一旦企业通过努力具备利用这类机会所必需的能力和资源时,就可以立即行动。

Ⅲ型机会:是吸引力低,成功概率高的环境机会。这种机会是企业凭借目前的资源和能力可以把握的,但从长期来看,会逐渐遇到新的障碍,或者竞争趋于激烈,基于此种考虑,这类机会对企业吸引力不大。因此,处于这种境况的企业应结合自身的长远目标做出综合考虑,即此类机会可能有一段时间存在,并且它对企业的吸引力会逐渐增加。对此种机会其吸引力的变化企业应该予以关注。

Ⅳ型机会:是吸引力和成功概率都低的机会。对于这种机会,企业往往会掉以轻心。企业应仔细观察它的发展趋势,在其吸引力不断增大时,完善企业资源在相应方面的配置并提高自己把握和利用这种机会的能力,随时采取有利于企业发展的行动。

总之,机会客观存在,其对企业的吸引力也会发生不为企业所想所能的变化。与此同时,企业把握或利用机会必要的能力和资源也在发生变化,对于这种变化的方向和速度都是企业可以控制的。所以,企业不要因为现在不"能" 如Ⅱ型机会,而不再关注,也不要因为现在不"值"如Ⅲ型机会,而轻易放弃。

(二)威胁矩阵分析

威胁矩阵图中的严重性是指某个环境威胁因素给企业带来的可能损失的大小,严重性越高,说明该环境因素对企业造成的不利影响程度越大;反之,说明其对企业的不利影响程度越小。发生概率是指企业面临的该环境威胁出现或者发生的可能性的大小。发生概率越高,环境威胁给企业造成损失的可能性就越大;发生概率越低,环境威胁给企业造成损失的可能性就越小。具体如图 3－5 所示:

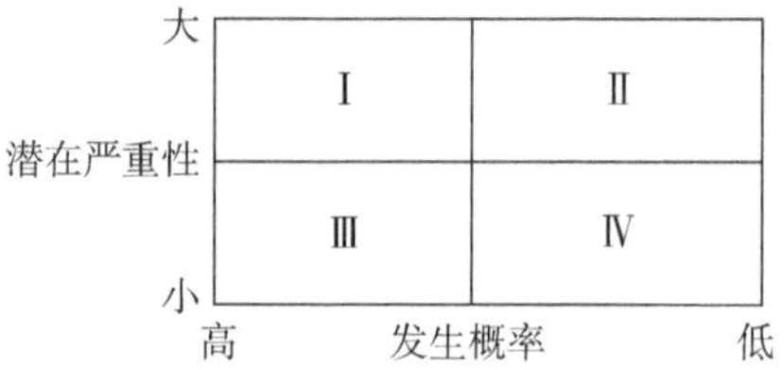

图 3-5　环境威胁矩阵图

Ⅰ型威胁：是威胁的严重性大和发生概率高的环境因素。例如，浙、闽、粤的沿海地区每年都可能遇到台风的袭击，对于那儿的农业生产企业而言，就是Ⅰ型威胁。企业对这种威胁必须给予高度重视，并制订出相应措施予以化解和避免，从而使损失降到最小。所以这是企业首先应该关注的威胁环境。

Ⅱ型威胁：是威胁的严重性大和发生概率低的环境因素。例如，对于川、甘等地各类企业而言强烈地震就属于Ⅱ型威胁。这种威胁并不经常出现，但是一旦出现将可能对企业造成极大的损害。对此，企业应建立一套行之有效的预警机制，以增强自身应对突发事件的能力。所以对于这类威胁环境，企业主要关注的是其发生的可能性是否在增大。例如，高震级地震发生的可能性很低，但是离前一次地震发生的时间愈久，其发生的可能性就愈大，企业就愈应该重视。

Ⅲ型威胁：是威胁的严重性低和发生概率高的环境因素。这种威胁是企业日常经常遇到的一些问题或难点，一般情况下不会对企业造成重大打击，但如果企业忽视其存在及其发展，不及时予以解决，这种威胁就可能不断积累，成为巨大的威胁。因此，企业决不能掉以轻心。

Ⅳ型威胁：是威胁的严重性和发生概率都较小和较低的环境因素。对于这类威胁，企业应注意观察其发展变化，发现有转变迹象，即威胁的严重性与发生的可能性都在增大时，及时制订对策予以应对，杜绝“猝不及防”的情况发生。

（三）机会威胁矩阵

这类分析矩阵是将机会与威胁交织在一起，以达到对环境的变化做出更全面的分析。如图 3-6 所示，机会大是指该环境机会的吸引力与成功把握的概率都很大，反之，就属于机会小。威胁大是指此类环境威胁发生对企业会造成重大灾难，而且其发生的可能性也很大。反之，就是威胁小。

图 3-6　机会威胁矩阵图

1. 理想业务。理想业务处于机会大、威胁小的环境状态。机会难得，稍纵即逝。因此，企业应抓住机会，充分利用和发挥企业拥有的优势，同时密切监视环境威胁因素的变化情况。

需要说明的是：理想业务，企业看到，竞争者也会看到。大家都想把握的理想业务，就会立即丢失该业务“理想”的光环。

2. 冒险业务。冒险业务处于机会大、威胁大的环境状态。机会大与威胁也大表明该业务处于高利润和高风险并存的环境之中。企业应在调查研究的基础上，既不盲目冒进，又要勇于冒险。限制、减轻或者转移威胁因素，降低威胁水平，善于在风险中求生存和发展。

3. 成熟业务。成熟业务处于机会小、威胁也小的环境状态。成熟表明该业务已经被社会普遍认可与接受，大多数需求已经得以满足。机会小则表明该业务进一步增长，为企业创利的可能性极为有限。企业应当利用自己拥有的各种资源，尽可能地延长该业务的生存时间和盈利水平。

4. 困难业务。困难业务处于机会小、威胁却很大的环境状态。企业如果已经在该类业务中有所涉猎，应当因势利导，发挥主观能动性，“清除”和扭转对其不利的威胁因素，或者有计划地实行撤退和转移，调整目标市场或进入新领域。

第五节 营销信息分析系统与信息收集方法

企业在制订和调整营销策略或是更大范围、更高层面的营销战略时，都要求营销管理者及时掌握全面、准确的市场信息。同样，营销管理者在开展宏观营销环境分析、微观营销环境分析、竞争环境分析和购买者行为特征分析时，也需要掌握更加全面、准确的市场信息。市场信息的重要性不言而喻。及时掌握全面、准确的市场信息成为做好营销管理的首要工作。做好市场信息的收集至少要具备两个基本条件：其一，有制度健全、职责明确的营销信息收集组织；其二，有获取全面和准确营销信息的方法。前者叫营销信息系统，后者叫营销调研方法。

一、营销信息系统的概念及其构成

营销信息系统（Marketing Information System，MIS）是指由人员、设备和程序所构成的相互作用的一个连续复合体。从它的基本功能看，是不断重复完成收集、挑选、分析、评价和分配各种市场信息，并将各种市场信息及时、完整地送达到指定的信息需求者手中的一个由一系列相关活动组成的过程。

在快速发展的社会和存在多种不确定性影响因素的环境中，营销管理者需要更快地获得有关市场变化的各种准确并完整的信息，以便自己做出的所有决策都更加准确。于是，对营销信息系统的要求是及时、全面、准确和有效地提供市场信息。

根据工作职责或具体任务的不同，营销信息系统还应该细分为一系列子系统，即内部报告系统、营销情报系统、营销调研系统和决策分析系统，如下图 3－7 所示。

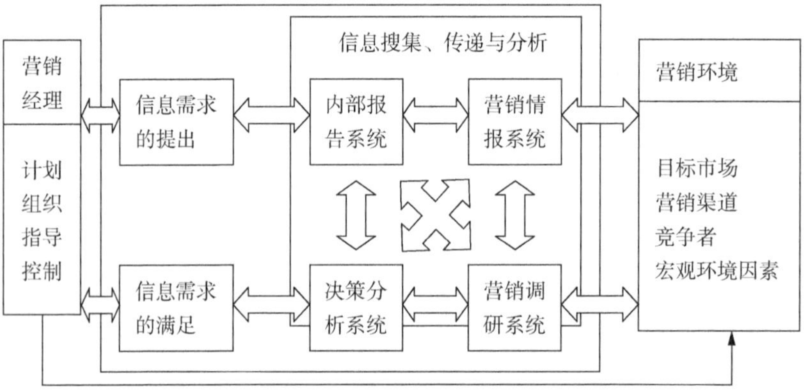

图 3－7　营销信息系统的运作图

（一）内部报告系统

内部报告系统的主要任务：企业营销管理人员把企业内部的财务、生产、销售等部门定期提供的各种营销管理信息，包括订货、销售、库存、生产进度、成本、现金流量、应收应付账款及盈亏等，通过分析、比较各种指标的计划和实际执行情况，及时发现企业的市场机会和存在的问题。企业内部报告系统良好运行的关键是如何提高这一信息系统的运行效率，使整个内部报告系统能够迅速、准确、可靠地向企业的营销决策者提供各种有用的信息。

（二）营销情报系统

营销情报系统的主要任务：企业通过建立的各种营销情报网络，定时定向提供指定范围内的各种市场环境变化的有关动态信息。企业可以通过查阅各种商业报刊、文件，网上下载各种文件，直接与顾客、供应者、经销商交谈，与企业内部有关人员交换信息等方式获取信息。也可通过雇用专家收集有关的市场信息，通过向情报商购买市场信息等方式获取。企业营销情报系统要求采取正规的程序提高情报的质量和数量，因而必须训练和鼓励营销人员收集情报，鼓励中间商及合作者互通情报，购买信息机构的情报，参加各种贸易展览会等方式或途径来尽可能全面、准确地获取市场信息。

（三）营销调研系统

营销调研系统的主要任务：调研人员针对确定的营销问题，例如，目标顾客对线上购买的接受和满意度，而专门搜集、评价和分析有关的信息资料，并将分析、研究的结果加以系统和完善，提出正式报告，供决策者更有针对性地解决特定问题，减少由主观判断可能造成的决策失误。因各企业所面临的问题不同，所以需要进行营销调研的项目及其内容也不同。企业营销调研的对象主要有消费者市场需求的现状与变化特征、市场需求变动的影响因素及其影响作用、各种营销组合要素的实施效果等。

营销情报系统与营销调研系统都是从企业外部通过有效的方式开展并完成信息搜集、处理和分析的组织，但是营销调研系统与营销情报系统相比存在明显差别：

1. 研究对象不同。营销调研系统的对象更加多样而营销情报系统则相对固定，营销调研系统的研究对象可以是微观营销环境中某些因素的变化如营销战略的实施效果，某个营销策略的实施结果等。而营销情报系统主要集中在对宏观营销环境例如文化环境、科学技术环境、自然生态环境等变化的了解。

2. 研究方法不同。营销调研系统运用的研究方法多样而后者研究方法相对单一。营销调研系统多用实地研究方法，如询问法、观察法、实验法等。而营销情报系统多用案卷研究方法。

3. 研究组织构成不同。营销调研系统是更具有临时性的研究组织，而营销情报系统是具有稳定性的研究组织。营销情报系统往往是根据情报来源设置组织，为了提高效率更多采用研究机构稳定的策略，而营销调研系统往往因为每一次研究的对象不同，所需的研究方法不同，导致研究人员配置上的不同。

(四) 决策分析系统

决策分析系统是指一组用来分析市场信息和解决复杂市场问题(帮助营销管理者制定决策)的包含特殊技术和技巧的设备与相应程序的集合。这个系统由统计分析模型和市场营销决策模型两个部分组成：第一部分是借助各种统计方法对所输入的市场信息进行分析的统计分析模块；第二部分是专门用于协助企业决策者更快做出最佳营销决策方案的人工智能模块。

通过以上市场营销信息系统四个子系统的任务分配及这些子系统之间关系的分析，可以看出企业的营销信息系统具有以下重要职能：

(1) 集中——搜寻与汇集各种市场信息资料；

(2) 处理——对所汇集的资料进行整理、分类、编辑；

(3) 分析——进行各种指标的计算、比较、综合分析；

(4) 保存与检索——编制资料索引并加以保存，以便需要时查找和使用；

(5) 评价——鉴明输入的各种信息的准确性；

(6) 传递——将各种经过处理的信息迅速准确地传递给决策者，以便及时制订或调整企业的经营决策。

理想的营销信息系统能向各级管理人员提供其所需的信息，能方便地使各级管理人员选择所需要的信息，能满足管理人员对所需信息的时限要求，能提供各种形式的信息，能向管理人员提供易于理解的最新信息。需要指出的是，营销信息管理部门是否能够将营销信息系统得出的各种分析结果，及时传递到各个管理部门，以及这些信息是否更易于为各个管理部门理解、接受，将直接决定企业各部门对营销管理部门策划、制订的营销活动是否响应和最终实施的效果。

营销信息系统的四个子系统各自都有独立的功能。但是，与任何信息系统一样，营销信息系统如果要顺利地运转，必须建立彼此协调一致的机制，有完整的系统连接。这些工作就决定于企业信息系统的设计与完善。以上我们为各子系统规定的功能，都建立在系统间能够协调一致的基础之上。

二、营销调研方法

营销调研包括采用各种方法获取市场信息，并采用科学的方法来处理、分析和研究这些市场信息，最终揭示市场信息背后的市场本质的一系列工作。前者叫信息搜集，就是市场调查；后者叫信息处理与分析，也叫市场研究。信息搜集就是对调研对象实施调查，在整个营销调研活动中处于十分重要的地位。从营销调研的本质看，是营销调研人员凭借自己掌握的市场信息和科学研究方法开展分析研究，提出自己对研究对象各种特征的判断。这是主观对客观现象的判断，会存在判断误差。这种判断误差也叫"调研误差"。调研误差产生的原因主要有两个：第一，营销研究人员选择的市场信息搜集方法，即调查方法不当所致；第二，营销研究人员选择的对市场信息处理、分析与研究方法，即研究方法不当所致。所以要提高营销调研的准确性，降低营销调研的误差，就必须提高调查方法和研究方法的准确性。

(一) 市场信息收集方法——调查方法

1. 各种询问法。通常也被称为调查法。具体方法有：个人访问、电话访问、拦截式访问、小组访谈、问卷调查法等。使用这种方法成功的关键是受访者的合作诚意，对于调研人员与机构来说最重要的一项工作是设计一份高质量的调研问卷或调查提纲。

2. 各种观察法。对于搜集相关人群的行为特征为目标的市场调研，如果市场调研人员与机构考虑到被调查者的合作诚意不高，则可以考虑采用观察法搜集市场信息。具体的观察法有：调研目的隐蔽或暴露的观察法、机械与仪器或人员感官观察等方法。此时市场调研人员与机构需要做好的工作是设计好具体的观察程序或观察流程图。

3. 各种实验法。调研人员如果想验证自己此前的某项假设能否成立，采用实验法不失为良策。具体的实验方法有：正式实验方法，即根据随机概率原则设计整个实验过程的实验方法和非正式实验方法。

上述三类搜集信息的方法与下一种方法相比，最大的区别是其搜集的市场信息大多属于一手资料。

4. 案卷信息调研法。其实在市场调查时，很多信息可以通过各种案卷调查方法获得。对于为达到一定的研究目标而需要的各种信息来说，根据这些信息是否由自己通过使用上述方法获得来划分，信息种类分为一手资料或二手资料。所谓二手资料是由他人为实现自己的研究目标而搜集、整理的各种信息，因为它主要存在于各种文献档案中，也就被称为"案卷信息"。通过搜集案卷信息来实现自己市场调查目的的方法，就是案卷信息调研方法。例如，通过分析上市公司定期公布的报表，对其经营计划是否合理、经营策略的调整趋势等进行判断。案卷信息调研方法主要包括：

(1) 寻找自己所需案卷信息来源的方法：通过各种检索系统来实现，关键是选择哪种检索系统最为有效。

(2) 选择获取上述信息的方法。一般可以通过无偿获取、有偿获取、信息互换获取。关键是确定哪种获取方法能获得相对准确、完整的案卷信息。

(3) 评价获取的案卷信息其可用性的方法。这是指调研人员通过各种渠道收集到反映同一对象的同一特征的许多案卷信息，但是这些信息表述的结果差异巨大。采纳哪种信息，需要对这些表述结果不同的信息开展评价。评价原则有：案卷信息提供者的研究目的；案卷信息提供者获取信息的方法；案卷信息提供者的专业性和权威性；案卷信息的属性(定量/定性)；案卷信息的时间等。关键是这些原则的重要性权重如何分配。现在一些专业市场研究机构都通过使用相关软件来实现。

案卷信息调研方法大多属于市场营销情报系统搜集信息的主要方法。

(二) 营销分析与研究方法

1. 信息处理。一项市场调研活动按照预先确定的程序开展，第一步就是开展信息搜集工作，当所有相关信息都被传送到决策分析系统后，就可开展信息处理过程，这一过程包括编辑和编码两部分工作：

(1) 编辑。及时、准确地检查、分类已经汇总的所有信息。现在信息处理更多采用计算机系统来开展，检查与分类都可以借用一系列软件完成。

(2) 编码。由于信息分析多是通过计算机系统完成，这就需要将各种非数值型调查信息转化为计算机能够识别的数值型信息。在市场调研专业中的术语就叫“编码”。通俗地讲，就是将各类搜集到的调查结果——回答者就某项问题的答案，完成分门别类后再赋予一个数值，来代表某项答案。例如，在对被调查者性别调查时，调查机构预设两项答案供被调查者选择：男和女，编辑人员对“男”赋值“0”，对“女”赋值“1”。同样，此类编码工作也常通过相应的软件来完成。

2. 信息分析。信息分析必须与调研目标、信息需求以及样本设计中的各项规定相一致，这一点很重要。因为信息分析方法必须与信息的属性相符，而信息的属性又与调研目标、样本特征、调查方法等有直接关系。现在完成信息分析多用相关的统计分析软件来完成。信息分析的方法一般有两大类：

(1) 统计分析。如果在市场调研的目标中明确规定，此项市场调研必须提供对市场调研对象的准确定量估计，调研设计人员按照实现这一目标的要求，在信息收集方法中做出必须采用随机抽样调查的方法。在这些信息都收集上来后，就可以采用各种统计学提出的相应方法，对调查数据进行分析，如相关分析、回归分析、因子分析、聚类分析等，并可以准确得出各种分析结论的统计误差。此类工作现在也更多地通过相关统计分析软件来完成。

（2）一般的数量分析。如果在市场调研的目标中只是规定，对市场调研对象未来的变化特征或趋势作一大致的把握，而调研设计人员在确定数据收集方法中没有明确规定必须采用随机抽样调查时，只需按照平均数和相对数的计算要求，进行平均水平和一般速度、结构分析。

本章小结

● 市场营销环境是指影响企业营销活动的各种不可控制因素所构成的整体，依据与营销活动关系不同，可以将营销环境分为宏观环境和微观环境。

● 营销环境具有四个显著特征，即多变性、差异性、相关性和层次性。

● 微观环境是指企业内部、供应商、营销中介、公众、顾客和竞争者等对企业营销活动有直接影响的因素；宏观环境是指政治法律、科学技术、社会文化、经济、人口和自然生态等对企业的微观环境和营销活动存在较大作用的环境力量。

● 环境分析对企业具有十分重要的意义，企业可以通过 SWOT 分析法对内外部的优势与劣势、机会与威胁进行分析。

● 市场营销信息系统是由一系列相互配合、各司其职的子系统组成，即由内部报告系统、营销情报系统、营销调研系统和营销分析系统组成。在收集与分析营销信息过程中各自承担彼此不可替代的功能。

● 市场环境分析需要掌握各种信息，这些信息可以通过询问法、观察法、实验法和案卷调研法来获取。

一个规划、设想或者战略、策略是否能够实施和完成，与管理者、策划者是否能够准确预计各种环境变化的趋势有直接关系。高层管理者应该有丰富的经验和知识，其实这些经验和知识都与管理者对各种环境将会出现什么样的变化的预判能力有关。

从成功的营销者的经验看，对环境是否能做出全面、正确的分析是十分重要的一环。有时，管理者不是没掌握对各种环境进行分析的方法，而是忽略了对某些环境进行分析，从而导致某项营销管理活动的失败。

章末案例

月饼的包装规格上的纠结

2014 年上海市月饼产量和销售额的双双下滑，自 2002 年起持续十年销量增长的月饼消费市场首次出现“拐点”。“八月十五月儿圆，中秋月饼香又甜”——中秋节终究还是要吃月饼的。中秋节吃月饼是普通市民的一种“刚性”需求。

根据上海市食品协会统计，本市盒装月饼的销售量整体下滑30%左右，个别企业下跌40%，但散装月饼上升10%。2014年月饼的最终销量虽然还要看最后一周的市场反应，不过，估计其销量相比去年将下降20%以上。结合具体市场环境变化情况的分析，2014年月饼销量下降的原因有：一是天气原因，此次月饼开炉正逢上海持续40℃高温时，不少企业推迟开炉时间不敢生产；二是2014年中秋与国庆只相隔十多天，是传统意义上的月饼"小年"；三是现代人更崇尚健康饮食，尤其是年轻人对高油高糖的传统月饼敬而远之。当然，最主要的原因还是受"三公"消费影响，各种团购、公款购买、饭店宾馆的月饼订货量锐减，高档月饼更是销售清淡。与此同时，月饼生产企业也有所减少，尤其是一些小型食品企业受劳动力成本上涨等因素的影响不再生产月饼。2013年上海市的月饼生产企业还有207家，而2014年估计在180家左右。

但是上海月饼市场的变化还是有其特别的地方，高档月饼遇冷，中低档月饼却受热宠。最炙手可热的依然是现烤现卖的鲜肉月饼。以南京西路王家沙总店为例，节前一周内仅鲜肉月饼总店每天的销量为2.5万只，而去年同期每天约2万只。如同往年，淮海路、静安寺、南京路上的老牌鲜肉月饼销售点从早到晚都排起了长长的队伍。除个别企业价格有所调高外，多数企业的鲜肉月饼价格与去年持平，每只在3.5元至4元左右。

与现烤现卖的鲜肉月饼相比，今年节前哈根达斯冰淇淋月饼销售总量中，中低端月饼占据了70%至80%的销售量，每盒238元的"玲珑心意"最为畅销。这两天哈根达斯分布于全市12个提领点在高峰时段已经出现排队的景象，预计本周末起将迎来提货高峰。

随着节日的临近，第一食品商店杨浦店月饼柜台，选购月饼的市民络绎不绝，琳琅满目的月饼产品中，最贵的688元一盒，少有人问津；相比之下，功德林的素月饼、无糖月饼以及传统的豆沙、莲蓉、五仁等口味的月饼仍受到追捧。全市的月饼生产企业也正积极备战中秋节前的最后一波行情。在杏花楼月饼生产厂区，9月1日以来，月饼流水线每天已开足12至13小时生产，主要生产75元的纸盒月饼和82元的铁盒月饼。

中秋节是中国人的传统节日，月饼刚性需求还在。在中秋节到来之前，普通消费者的月饼消费还值得期待。2014年上海月饼市场正遭遇近十年来最低潮，但种种变化的背后体现了月饼消费的理性回归。业内专家指出，月饼从礼品化回归平民自吃是一种基本趋势，月饼消费走向理性将使得月饼市场走向稳定。

案例分析

1. 有些消费品带有明显的"时间效应"，企业在制订此类商品的营销策略时需要了解和掌握的信息很多，就以月饼为例，企业应该掌握哪些信息？

2. 同类商品的提供企业可能有许多，竞争也随之产生，为了制订竞争方案企业应该做好哪些工作？

3. 以月饼为例，营销者需要做好哪些营销环境分析？而做好分析需要掌握更加准确、完整的相关信息，请说说收集这些信息有哪些方法？

本章复习思考题

1. 营销环境的含义以及营销环境与营销管理的关系。
2. 微观营销环境由哪些因素组成？
3. 营销中介、顾客、竞争者和公众各自由哪些因素组成？
4. 宏观营销环境由哪些具体因素组成？
5. 行业的竞争力量来自哪些方面？
6. 竞争分析的主要内容有哪些？
7. SWOT分析方法的含义？如何使用SWOT分析法？
8. 营销信息系统的构成以及各个子系统具有哪些重要功能？
9. 收集市场环境信息的主要方法有哪些？

本章问题与应用

1. 大家都知道深圳万科，2016年万科遇到大事了。种种迹象都说明一个问题：公司三十多年努力达到的辉煌要毁也就是“一旦”。公司内部的问题往往会导致一切战略、理想都成为梦想。看看下面的案例，你对公司内部环境的状况其重要意义就会更加清晰。

许多灾难发生在企业内部矛盾的爆发

随着企业在市场的多元化拓展，企业与更多的合作者组成的利益共同体的规模也越来越大。能否依旧“心往一处想，劲往一处使”是任何试图有更快更强发展的企业高管时刻会遇到的问题。近日，万科经理团队和两大股东展开恶战，两大股东召集股东大会，要罢免万科经理团队，这一恶战受到了各方面的关注。

万科是上市公司，其股权在股票市场上能够得到充分流通，所以它是无限扩展的金融市场的一员。在这里股东们一般是通过进入和退出来发言的。有些时候对于大股东而言想要赢得更多的发言权，来影响或者干预万科决策，然而金融市场的开放与透明逐渐挤压与驱离企业运作状态的封闭和隐蔽，在此情形下上市公司如何解决各利益相关方的矛盾冲突？方法之一就是召开股东大会。

万科是一个大型的企业组织，内部有董事会、监事会、CEO、CFO等，可以看作是一个“经理团队”。对于这个经理团队，股东们组成“股东团队”就没有那么大的凝聚力。若欲与经理团队抗衡,最有效的改变公司既定决策方向的方式是要求召开股东大会更换董事、董事长、监事长等核心成员。现万科在停牌期间,大小股东们无法买入或卖出自己手中的股票,只能通过股东大会来行使自己的法定权力。大小股东,尤其是两个大股东就要求召开股东大会,在股东大会上要求用自己推荐的董事长、监事长来替代现任的董事长、监事长,并把一些董事罢免。

股东可以有两种方式来表示对上市公司的看法或叫参与上市公司的经营决策:一种就是通过买卖上市公司的股票来表达,看好或支持上市公司的经营决策和理念就买入这家公司的股票,反之,就不买或卖出手中的这家公司股票。在中国当前证券市场上,大多数上市公司也是通过这种途径获取股东对自己经营决策是否支持的信息。而现在作为一家早已习惯于上述“中国式”传统做法的万科,现在遇到一种新的股东“发声”方式,即股东,尤其是掌握更大控股权的大股东,试图通过股东大会来发表自己的想法时,表现得有些“猝不及防”。

万科是一家成立于1984年到目前为止已经有33年历史的企业。在此期间,万科在王石团队的带领下,形成了独特的企业文化和企业团队,其企业人员、制度和相关的营销策略等都形成了自己的独特的资产,而这一资产和王石团队是密不可分的。可以说,如果这个团队离开万科,无论自愿还是被迫,都将对万科形成伤害。作为万科内战的另一方股东们也看到了这一点。所以这场内战就更具有爱恨情仇的两难,以及带有两败俱伤的血腥味。

对于万科这场以经理团队和股东团队之间的内战,专家们认为:第一,股东大会应该允许所有利益相关者反映自己的观点并承担一旦失误而造成的损失的责任;第二,矛盾的各方应该理性地认识到,如果让万科团队退出万科,那么万科很可能在股票市场上表现很差,导致股票价格猛跌,企业经营状况也可能因此而出现不稳定,甚至大幅度下滑;第三,万科的内战双方都应采用“和则双赢”的策略来化解矛盾。

2. 改善环境节能减排已经成为社会共识,一些对环境造成负面影响很大的企业纷纷退出城市,一些建筑公司在设计新的城市标志建筑如上海中心时,会考虑选择更加环保或节能的材料,可选择此类材料又会遇到新型材料价格昂贵的情况,你有解决对策吗?

3. 请阅读下面的案例,再做出自己的决定。

小米还能再造辉煌?

中国的小米粉丝们对这家智能手机制造商的创新充满期待,但是在最近的一次新产品发布会上,观众看到的是:新增的大字体,视频来电显示,以及与竞争对手产品进行的速度测试,值得注意的是其中没有苹果(Apple)的iPhone。由于小米此次新产品发布会远低于市场对其的预期,各类媒体的吐槽不断。但是有专业人士认为,这很正常,因为智能手机市场已变得像电影产业,对任何一家公司来说,想要接连在创新上大获成功,越来越困难。

但是人们还是难以接受这一事实，因为小米仅用短短五年时间就站到了中国智能手机行业的巅峰。就在不久前，小米成为全球最有价值的科技初创企业。

随着市场日趋饱和，小米能否继续令人折服？小米企图建立的互联网设备和服务多元市场发展似乎缺乏新意和关注，相关产品包括了电池充电器、智能电视、健身手环和空气净化器。行业相关人员说，一个有意义的多元发展战略并不是用同一个品牌销售多种产品。小米这种提供低成本产品的发展模式，无法打造出有意义的产品关联度。

成功让小米成了众矢之的，大批模仿者效仿着这家中国初创企业的制胜策略：培养忠实于品牌的“粉丝”群体，在线限时抢购，炫目的苹果式发布会，以及低价销售高规格产品。

互联网企业乐视(LeTV)和奇虎360(Qihoo 360)最近都推出了各自的低价手机，手机制造商OPPO以“一加”(Oneplus)手机晋升中国五大智能手机品牌，一加与小米的M4非常相似。就连一些无缘排名的竞争者也进军智能手机市场，比如工程机械制造商三一重工(Sany Heavy)，摇滚歌手崔健等。

小米已与联芯科技(Leadcore Technologies)达成合作，此举或许意在设计自己的芯片组。联芯科技通过生产廉价的智能手机芯片与高通(Qualcomm)展开竞争。

2015年第一季度，全球最大的中国智能手机市场同比收缩4%，再加上激烈的竞争，令小米备受打击。小米上半年销售数字令人失望，总共售出3 400万部手机，似乎表明该公司很难达到全年销售1亿部手机的目标，甚至修改后的8 000万全年目标也难以企及。

小米创业之初得到了“中国的苹果”的美誉。可最后受益的还是苹果，许多购买了小米手机的用户都升级成了iPhone的用户，让苹果在一季度暂时坐上了中国市场的头把交椅。

小米本打算控制中端市场，但同样面临竞争对手的挤压。国内竞争对手华为(Huawei)在今年的排名中一路飙升，根据IDC的数据，2015年二季度华为在中国市场拿到了15.8%的份额，仅略低于小米。

小米已转向出口，将产品销往巴西、印度、马来西亚和新加坡。

(1) 小米的“米粉”与小米手机的顾客是否属于同一群体？为什么？若是属于两个在一定程度上有交集的群体，让“米粉”满意与让顾客满意就不同了。

(2) 小米公司的老板雷军在新品发布会上展示的新产品高品质，是否是购买者所追求的？案例撰写者说“米粉”认为新款小米没有达到展示的效果，是否真实地反映了市场对新款小米的态度？

4. 现在人们想要买到心仪的东西可以去实体店买，也可以到网上去买，比起自己的父辈可选择的方式真的是太多了。可是，“新”总会变“旧”，真应了“三十年河东，三十年河西”这句老话。无论是从事哪种行业的企业，总要选择最好的方式将自己的商品卖出去。而怎样才能“更加长久地卖得很好”那就属于战略问题了。

电商不是唯一的路，线下零售正在形成气候

总部位于杭州的阿里巴巴(Alibaba)用 20 亿元人民币(合 2.9 亿美元)收购了三江购物俱乐部(Sanjiang Shopping Club) 32%的股权，主要原因是同样总部设在浙江省的三江购物，在浙江经营着 160 家折扣连锁超市，拥有超过 100 万会员顾客，有丰富的实体零售门店运营经验。

自 2015 年夏季以来，随着电子商务的增长开始放缓，阿里巴巴对实体零售进行了多笔投资，其中最为人称道的是在 8 月，阿里巴巴斥资 46 亿美元收购电器零售商苏宁(Suning)20%的股份。苏宁在中国 298 个城市拥有 1 600 个零售网点，销售家用电器、书籍和婴儿用品。

专家们认为，这是一种新的混合商业模式，它将实体店与移动互联网结合在一起，称为“线上到线下”或“复合渠道”模式。它的兴起反映了一个新的行业共识，即纯电子商务将不会以人们一度设想的程度完全取代实体店。

总部位于北京的咨询公司艾瑞咨询(iResearch)预测，纯电子商务销售额已开始进入增长放缓的时代，将从 2011 年的年增长率近 70%，改变成从 2018 年起年增长率将为 16%。

中国电子商务研究中心(China e-Business Research Centre)主任曹磊表示，中国 80%的销售仍然在线下进行，因此电商集团收购实体店的趋势现在仅仅是开端，会稳定地走下去。

(1) 电子商务这种运作模式在中国能够得以如此迅速的发展，是因为哪些原因？

(2) 阿里巴巴采取线上线下相结合的模式，需要分析哪些环节？

第四章
购买者行为分析

□ 学习目标

- 了解消费者市场的特点
- 认识和理解消费者市场的购买行为
- 认识影响消费者购买行为的因素
- 了解消费者购买决策的过程
- 了解产业市场的类型及特点
- 认识和理解产业市场的购买行为及特征
- 认识影响产业市场购买行为的主要因素
- 认识转卖者市场购买类型与影响转卖者购买决策的营销因素有哪些
- 认识政府购买的特点以及影响政府购买决策的营销因素

□ 开章案例

著名消费品公司的企业品牌推广

一家著名企业其“著名”绝非朝夕可得，“著名”因其名声在购买者心中的地位，聪明的企业管理者一定不会视而不见此特殊资源，必然对其加以充分利用。

当宝洁公司(Procter & Gamble)在英国推出以“认识、赞美和感谢母亲”为主题的电视广告时，该公司心里想的是一位特殊的“母亲”——宝洁公司。这家美国消费品集团此番宣传活动的真实意图是向世人展现其作为50个家居品牌的“母亲”的形象——其中包括碧浪(Ariel)洗涤产品和金霸王(Duracell)电池。

这是宝洁首次在英国将企业名称与旗下品牌联系在一起，与其他著名企业同类营销传播活动相比有点“拾人牙慧”的感觉。作为全球销售额最大的食品公司，雀巢(Nestlé)二十多年来一直在旗下6 000多个品牌上使用公司名称。而英荷消费品集团联合利华(Unilever)着力推广企业品牌形象也有近十年之久。

所有的支持者都表示，企业的这种品牌推广活动是一种旨在将信任与信赖的良好品质传递到整个产品组合的方式，无论是巧克力、猫粮，还是固态汤料乃至面霜等各类商品。

雀巢营销与销售部门的高管说这就是雀巢公司品质保证最好的体现。其实在刚开始时并非所有雀巢公司的人都认同这一理念，通过公司的实践和取得的成功，让雀巢公司的员工们都看到：公司的这种品牌推广不仅是建立某个具体品牌与客户之间一对一的关系，更重要的是表明谁生产了这种产品，达到在顾客心目中树立公司整体形象的目的。

企业品牌推广的效果从公司与消费者的关系延伸到与零售商，甚至企业员工之间的关系，联合利华品牌管理部门的高管自豪地说，“消费者更愿意从一家自己熟悉和信赖的公司购买产品。员工们也因自己从事的工作能被更多的顾客赞扬而感到心情舒畅，这一切也吸引了更多的零售商与中间商的注意而提升他们与公司合作的意愿。”

有一些消费者研究机构对宝洁、雀巢和联合利华等公司的这种企业品牌广告活动作出这样的评价，公开推出企业广告，看似针对某一消费群体，实际是向市场的不同领域发出声音，告诉零售商，也在告诉金融市场和股东们。广告的目的是展示公司的实力、分量、影响力和公信力。宝洁企业品牌推广还有其更深层次的目的，即对消费者作出保证，在消费者心目中提升宝洁在产品组合中所处的整体地位，因为心满意足的消费者会买更多的其他同样是宝洁生产的东西。研究资料表明，宝洁在美国、中国、法国和巴西等国家开展的类似企业品牌推广活动，对于消费者认识宝洁与各子品牌之间的联系有明显的促进效果，提升了这些国家的消费者购买宝洁产品的倾向性。

当然，企业品牌推广也有风险，如果某些地方出了差错，可能会损害整个产品组合的声誉。例如，全球销量第一的汽车厂商丰田(Toyota)就遇到了这种情况，当时该公司出现了大规模召回的情况。丰田将豪华车业务独立出来，置于雷克萨斯(Lexus)品牌之下，这也是原因之一。

有研究机构指出，消费者在选择品牌时考虑的首要因素是，选择那些在功能和性能上最适合自己和家人的品牌。不过，现在消费者越来越愿意在购买各种产品时，选择的品牌不仅适合自己，而且有益于他人和整个地球。

在一般情况下雀巢的企业品牌推广活动，在发达国家或是发展中国家，在高收入或是中低收入消费者人群中实施，一般没有刻意做出差别。例如从为非洲农民提供可持续性的可可作物，到拯救美洲蜜蜂等一系列活动的宣传。因为，雀巢开展这些活动的目的都意在影响意见领袖。但是雀巢的有些企业品牌广告活动只是在消费者收入较低的发展中国家开展，此刻，企业品牌广告的目标是需要在消费者心目中确立对产品生产商的信心和信任感。例如，在发生过多次食品安全事件的中国食品市场，雀巢的企业品牌广告的目标必须是让中国消费者确信雀巢提供的是最安全的食品。

宝洁的有些企业品牌推广活动与其奥运会赞助商身份相关。在2010年温哥华冬奥会期间，宝洁在加拿大发起过一次类似的推广活动。宝洁英国和爱尔兰业务高管说，在未来5届奥运会中，宝洁将与国际奥委会展开全球合作，这是一个宣传该公司作为诸多家居品牌所有者形象的一个平台。

企业品牌推广还使各公司得以向消费者传递更广泛的、跨越产品的信息。雀巢每天售出逾10亿袋产品，如果消费者翻到包装袋的背面，就能看到雀巢营养指南和几条健康生活提示。消费者有强烈的学习自觉性，帮助他们获得新知识，而且是对企业来说有利的知识，无疑将使这些消费者成为自己的忠诚顾客。

宝洁公司之所以坚持这样做，都是为了取悦母亲们，因为八十多年来，英国的母亲们一直是宝洁的老板，她们推动了宝洁的产品创新和营销沟通。而宝洁希望，这些母亲们会购买更多的宝洁的产品。

□ 案例引导

一家消费品生产企业能够做到心中有顾客，看上去是一件很简单的事，其实要真正做到、做好却不简单。要让顾客更多购买自己品牌的产品就要了解顾客需要什么，而要做到随时了解顾客需要，与顾客保持良好的沟通就非常重要。像宝洁这样拥有数以千万计顾客的大公司要做到“我知道每位妈妈心中所想”就要使出“浑身解数”才能成功。

企业营销的实质就是要通过比竞争者更好地满足购买者需求而获取企业的生存和发展。因此，了解和把握购买者购买行为特点及其影响因素，成为企业营销决策和制订营销策略的基础，不同的购买者群体其购买目的不同、购买所希望满足的目标不同，就会导致购买行为的千差万别。除此之外，购买过程是购买者行为的一个实施过程，对于每一个具体的购买者来说，虽然购买目的或是购买某种商品所希望满足的目标相同或相似，但购买行为可能会“大相径庭”，这是因何造成的？这就是被人们称为“购买者行为分析”所要研究的问题，购买者行为研究也就成为营销理论体系的重要组成部分。购买者有个体购买者与组织购买者，前者就是消费者购买。

第一节　消费者市场及消费者购买行为分析

消费者市场也称消费品市场，它是组织市场乃至整个经济活动所服务的最终市场。企业为消费者市场服务，并顺利地实现其营销计划的过程，就是最终实现商品价值和使用价值的过程。因此，消费者市场研究是整个市场研究的基础。

一、消费者市场需求的特点

1. 广泛性。消费者市场的基本单位是每位消费者，为了补偿个人与家庭生活消耗，个人及家庭都须经常购买生活必需品，即发生对消费品的需求和购买行为，从而成为消费者市场中的一员。因此，消费者市场人数众多，范围广泛，需求多样。

2. 季节性。消费者市场需求的季节性主要表现为以下三种情况：一是季节性气候变化引起的季节性需求，典型的例子就是服装市场的季节性；二是季节性生产引起季节性需求，尤其是农产品的季节性生产引起的季节性消费，如春夏季是蔬菜集中的生产季节，也是蔬菜集中消费的季节；三是风俗习惯和传统节日引起的季节性需求，如端午节吃粽子，中秋节吃月饼，正月十五吃元宵等。

3. 复杂性。消费者受年龄、性别、身体状况、性格、习惯、受教育程度、职业、收入、民族、宗教和市场环境等多种因素的影响而形成不同的消费需求和消费心理，导致对消费品的品种、规格、质量和价格等的要求也千差万别。上述影响因素在对消费者某项具体需求的形成和购买行为产生的影响作用也没有明显的规律特征，故而在研究与认识过程中具有复杂性。

4. 易变性。随着社会经济的发展，消费者的需求具有向个性化、求新求异的特征方向发展的趋势，这就要求商品的品种、款式不断翻新。许多消费者对某个新品种、新款式的共同爱好就形成了消费时尚、风潮等，它反映了某一段时间消费心理变化的集中趋势。对于时尚、流行趋势的变化，不再是“三十年河东，三十年河西”而是“朝夕不同”。

5. 发展性。人类社会的生产力和科学技术总是在不断进步，导致新产品不断出现和更新的速度加快，加之消费者收入水平不断提高，消费需求也开始呈现由少到多、由粗到精、由低级到高级的发展趋势。

复杂性强调影响消费者需求进而影响消费者购买行为的因素多种多样，而且这些影响因素对不同消费者需求产生到购买行为所造成的影响作用不同，就是从一个消费者来说，不同时候这些因素对其需求和购买行为的影响作用也会不同。而易变性、广泛性和季节性主要从消费者整体角度出发，看到消费者从需求形成到减弱和消失，购买行为形成到转变，在时间上有比较特殊且稳定的规律。而对这种趋势形成的原因或主要影响因素不做阐述。发展性强调消费的必然性和长期趋势，与科技进步有关，更强调的是消费品质量、品质、功能方面的提高；而易变性强调消费变化的偶然性和短期现象，更关注流行时尚，与审美情趣相关而与科技进步无关。

二、消费者购买行为的特点

消费者需求与其所表现的购买行为有很明显的关联关系。但是，对于营销管理者在制订营销组合策略乃至设计具体的营销活动方案时，还必须准确了解消费者购买行为具有哪些特点。

1. 购买的少量性及重复性。消费品的购买者是个人和家庭，一般而言，受消费者个人和家庭购买力水平和消费水平的限制，一次性购买大量产品是不现实的。同时，许多消费品不宜久存，消费品供应充足，购买方便，使得消费者没有必要一次性大量购进储存，这些都导致消费者每次购买的数量少，在一段时间消费后就会重新产生需求而再次购买的活动。所以同类消费品购买行为的频率较高。

2. 非专业性。消费者对所购商品大多缺乏专业的甚至是基本的知识，即对欲购买的产品的质量、性能、使用方法、维修、保管、价格乃至市场行情都不太了解，再加上多数消费者集使用者、购买者和决策者于一身。因此，往往只能根据个人的经验与感觉做出购买决策，即多属非专业性购买，受情感因素、企业促销活动和购买环境的影响较大。

3. 伸缩性。消费需求受到消费者收入、生活方式、商品价格、社会文化和储蓄利率等因素的影响较大，在购买数量和品种选择上有很大的伸缩性。如当某种商品的价格降到消费者的敏感区域时，消费者就会考虑增加购买数量。

4. 替代性。现代市场不仅产品种类很多，而且同质化程度高，不同品牌，甚至不同品种之间往往可以互相代替。消费者受收入、偏好、替代品价格等因素的影响，在不同的时空条件下会选择不同的产品。在有限购买力的约束下，消费者会对需求进行排序，在能够满足同一需求的多种产品中对具体的品种和品牌进行选择，从而导致购买行为在不同产品、品牌和企业之间的经常性流动。

5. 地区性。同一地区的消费者在购买习惯、收入水平、购买特点和商品需求等方面有较大的相似之处，导致购买行为上的类似性。而不同地区消费者在上述特征上的差异性导致购买行为存在较大的差异。

三、消费者行为模式

消费者购买行为包括消费者个体的购买行为和由消费者个体组成的群体的购买行为两部分。

营销管理归纳出七个主要方面用来描述消费者市场购买者的行为特征，并据此制订出相应的营销组合。这七个方面是：

(1) 购买者(Occupants)：消费者市场由哪些购买者构成？(Who)

(2) 购买对象(Objects)：消费者市场的顾客购买什么？(What)

(3) 购买目的(Objectives)：消费者市场的顾客为何购买？(Why)

(4) 购买组织(Organizations)：消费者市场购买活动的参与者是谁？(Who)

(5) 购买方式(Operations)：消费者市场的顾客怎样购买？(How)

(6) 购买时间(Occasions)：消费者市场的顾客何时购买？(When)

(7) 购买地点(Outlets)：消费者市场的顾客在哪里购买？(Where)

由于以上7个英文单词的开头都是字母O，所以又称“7O”研究法。但需要注意的是，通过“7O”研究法只能观察到消费者购买行为的表象，只有建立消费者购买行为模式，并运用这些模式对消费者的每次购买活动开展分析，才能掌握消费者购买行为的规律，进一步正确制订自己在消费者市场的营销组合。关于消费者购买行为模式的理论探讨，主要有以下几种。

1. 经济学的效用模式

经济学提出这样的假设：消费者的购买行为是完全理性的，即消费者会在自己的收入预算约束内，遵循“效用最大化”原则，做出购买决定，并加以实施。企业从效用的角度分析消费者购买行为，应注意以下四个方面：

(1) 企业产品和服务的使用价值对消费者效用的满足程度；

(2) 消费者受“边际效用递减规律”的作用,企业必须在价格、质量、服务项目等方面增加消费者效用;

(3) 需求价格弹性的影响,企业应善于运用价格的变动在满足消费者需要的同时使利润达到最大,企业还要密切注意替代品和互补品价格的变化,因为它们的变化对消费者购买行为和企业产品的销售量均有显著影响;

(4) 消费者收入的变化,一方面可能会导致其准备用于自己个人和家庭今后一段时间在购买消费品的开支计划出现变化,另一方面也可能导致消费者的消费档次、消费支出结构发生变化。

2. 心理学的学习模式

消费者在面对多种商品时,依据什么样的心理路径进行购买选择?为什么有的购买行为在其发生后多次重复,而有的购买行为随即消失?心理学认为,内在需求引起购买某种商品的动机,消费者在发生购买和消费后会产生“学习”行为,即消费者对消费感受的评价在一定程度上决定着下一次购买行为是否重复发生。学习模式如图 4-1 所示。

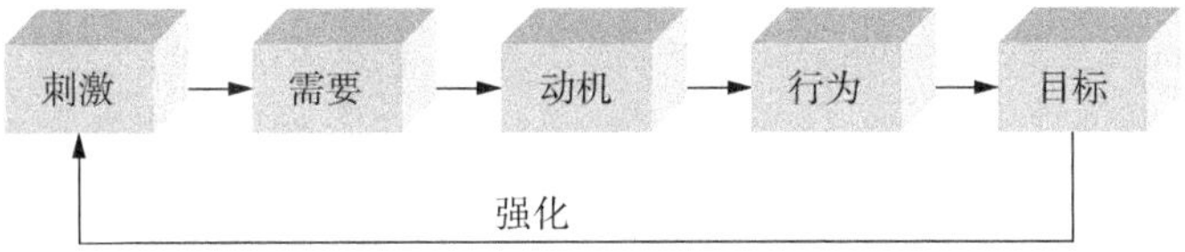

图 4-1 购买行为的学习模式

在各种外在刺激下,如饥饿、孤独和食物的香味等,人会产生相应的内在需要,在内在需要和外在刺激的交互作用下,使人产生心理或生理的紧张感,并有满足需求的迫切要求和驱动力,这就是动机。当这种驱动力达到一定的强度,就会产生实际行为,期望能够达到满足需要的目标。消费者对这类需要被满足的程度所作出的评价结果会对是否再次购买相应的商品起加强或否定的作用,这就是一个学习过程。

3. 社会学的群体模式

社会学认为,群体尽管由个体构成,但它并不等于个体的简单相加,无论是群体内的个体行为还是作为整体的群体行为,都有异于处于相对独立状态下的个体行为。由此,消费者个体与相关群体的关系就是个体与群体的关系,消费者的购买行为既受到相关群体的影响,同时,作为群体的一员,消费者个体购买行为又必然因其自身角色地位的不同而对其他群体成员乃至整个群体的购买行为产生影响。因此,消费者购买模式的分析涉及相关群体的研究,包括群体类别、群体规范、群体压力和集群行为等,此外还涉及社会学的角色理论,这对于特定销售场合的消费者购买行为具有十分重要的意义。

4. 营销学的“黑箱”模式

营销学方法是假定消费者的内在心理活动是一个旁人不能直接察觉的“黑箱”,在各种环境因素变化下,企业通过调整自己不同营销组合因素的双重刺激,观察消费者行为的相应反应,从中寻找行为规律,这就是著名的“营销刺激—消费者反应”模式。为了进一步对其进行研究，人们对“消费者黑箱”进行购买者特征参数和购买反应过程的一系列假定，具体如图 4－2 所示。

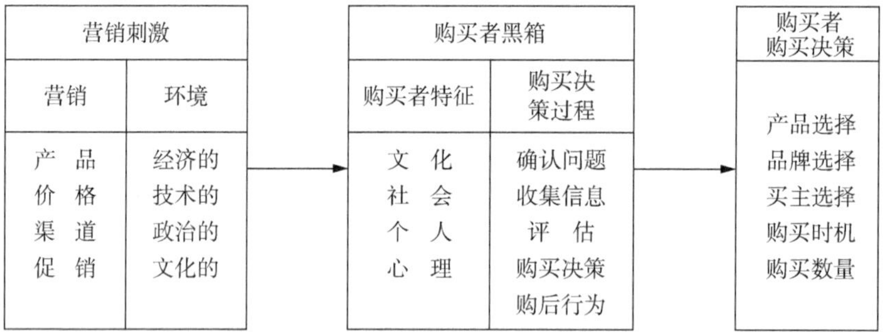

图 4－2　营销刺激—消费者反应模式

营销刺激包括营销组合和外部环境，营销组合由企业制订，所以也是企业可控的因素；外部环境是客观存在也是企业不可控的因素。由于消费者行为是理性、具有“学习”特质的，经过不同刺激的影响，企业会得到消费者在受到不同营销刺激后所表现出来的相对稳定的反应，即在选择产品、品牌、购买地点、购买时间、购买方式等方面的行为规律，企业以此为依据制订和调整相应的营销组合策略。

四、消费者购买行为的类型

消费者购买行为受不同动机或考虑因素的支配，消费者购买行为类型也会呈现不同的结果。这里使用较常被营销管理使用的分类模式，就是根据品牌差异程度大小和消费者对购买的介入程度高低将购买行为分为如图 4－3 所示的四类。其中，品牌差异程度可以是实际的差异，即消费者经由感官所产生的对某产品不同品牌之间差异的实际感受；也可以是心理上的差异，即可能多由耳闻而产生的对某产品的不同品牌之间差异的感受。介入程度与消费者的经验、对产品知识、产品价格和自我表现程度有关。产品价格越高、自我表现程度越高，而同时对产品知识和消费经验越少，消费者的介入程度就越高。

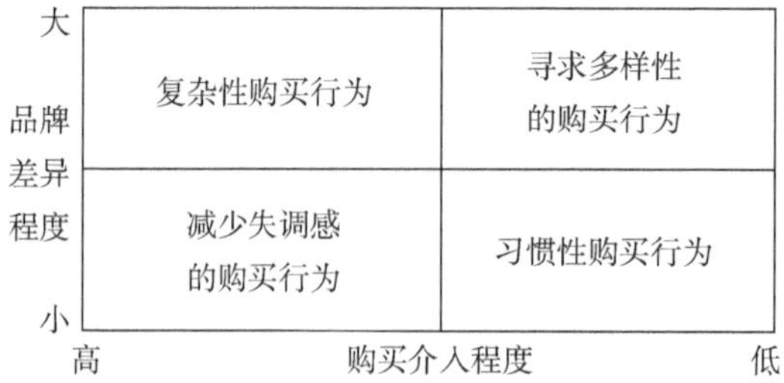

图 4－3　购买行为的四种类型

1. 复杂性购买行为。这一类型的消费者购买行为的显著特征表现为：消费者高度介入购买行为，认识并了解现有各品牌之间存在的显著差异，消费者对购买行为具有很大的风险感，这时消费者就会在搜集信息、产品评估和购买决策等阶段投入更多的时间与精力，所以此种购买行为被称为复杂性购买行为。对持这种购买行为的消费者，营销者必须注意他们的信息获取渠道，以及评估标准和该项标准中各个因素的重要性权重，帮助消费者更快而准确地认识各种产品属性的特征，例如，及时向消费者提供自己产品的功能和效用，并简化消费者的购买过程。

2. 减少失调感的购买行为。当消费者认为品牌差异不大，但是在不同地点、不同时间购买同一产品所付出的代价不同，所以在选购过程中介入较高。造成更高介入的可能是在购买某产品后，心理上容易觉得自己所购买的产品有缺陷或认为其他品牌的产品拥有更多的优点，从而产生沮丧和失调感。由于这种感觉的存在，消费者在以后的购买过程中介入程度会不断增加。营销者应经常通过各种途径宣传企业的经营理念和提供的产品的信息，使顾客坚信自己的购买行为是正确的。而对于已经产生失调感的消费者，营销者则应加以分析并找出消费者产生失调感的原因，然后针对性地采取相应措施消除这种失调感。

3. 习惯性购买行为。消费者购买行为介入程度低，并认为品牌之间没有什么显著差异，就会形成习惯性购买行为。即消费者只是根据习惯或者是经验去购买自己熟悉的品牌产品。对于持有此类购买行为的顾客，企业应尽可能将他们转化成品牌的忠诚者。对于尚不是企业产品的习惯购买者，企业的营销策略主要有：

(1) 利用价格与促销作为诱因，促使消费者试用产品。在不断刺激下导致顾客形成购买什么产品、在什么时间、到什么商店能够买到最佳产品的思维定式。

(2) 重复宣传广告使顾客加深对企业品牌或产品的印象，增加顾客选择的可能性。重复的广告宣传可以养成顾客接受从某些特定的广告媒体获得特定产品信息的习惯。也就是通过顾客建立的“媒体接触习惯”进一步确立购买特定产品的习惯。

(3) 将低度介入产品转化成高度介入的产品，将差异小的产品转换成差异大的产品。此类策略更具有主动性，更有利于那些针对需求上存在细微差异，但对其购买选择影响明显的顾客购买行为。同一品牌的产品有款式等方面的差异，而不同顾客正是对款式有特定需求。这样可以利用在百货商店、专营商店或者不同的百货商店或专营商店专门销售某一款式的产品。久而久之，形成顾客的购买习惯。

4. 寻求多样性购买行为。购买介入程度低，并了解各品牌之间存在显著差异，则会产生寻求多样性购买行为。寻求多样性购买行为具有很大的随意性。购买者在各品牌之间不断转换，其目的是出于求新心理，而不一定是对所购品牌感到不满意。因此，营销者应力图通过占有货架、避免脱销和提醒广告来鼓励购买者形成习惯性购买行为。企业也可以较低的价格、折扣、赠券、免费试用和增大强调试用新产品的广告投入来鼓励消费者购买不同种类的产品，增加企业产品的被选择机会。

五、影响消费者购买行为的主要因素

人具有社会性特征，但同时也具有较强的个性特征，这就意味着人的消费购买行为会受到多方面因素的影响。认识和正确把握这些因素，对营销者制订更加有效的营销策略有着非常重要的作用。营销学者把消费者购买行为的影响因素归纳为以下四个方面：文化方面、社会方面、个人方面和心理方面。

（一）文化方面

影响消费者购买行为的文化方面的因素主要有：文化、亚文化和社会阶层。

1. 文化。文化是人类欲望和行为最基本的决定因素，文化又是人类行为的产物，并通过一定的方法保存和传递下来，对人们的行为进行规范和影响的所有物质和精神的总和。因此，文化又是人类行为的条件和前提，对社会文化变化趋势的分析研究，是营销管理的一项重要工作。

2. 亚文化。每种文化都由一些更具体的文化组成，它既包含主流文化也包含自己独特性的文化。由于亚文化为其成员带来更明确的认同感和集体感，他们往往构成重要的细分市场。一般来说，亚文化主要包括以下几类：

（1）民族。同一国家或地区可能居住着众多不同的民族，各民族在其自身发展过程中形成了独特的文化，如文字、语言、风俗习惯和传统等，显然上述因素对特定人群的需求与购买行为有显著的影响作用。

（2）宗教。每个宗教都有自己的教规戒律。宗教的文化禁忌会影响人们消费观念、购买行为和消费方式。

（3）种族。不同的种族有其独特的文化传统、文化风格和态度，即使他们生活在同一国家甚至同一地区，仍会有自己特殊的需求、爱好和购买行为。

（4）地理。由于自然条件和社会经济历史文化发展的差异，往往会导致人们需求和购买行为的不同，这在起居、饮食方面表现最为突出。

3. 社会阶层。社会阶层一般具备以下四个特征：

（1）同一阶层的社会成员具有相似的价值观、兴趣和行为，在消费和购买行为上相互影响并趋于一致。

（2）人们以自己所处的社会阶层来判断各自在工作和生活中的地位。

（3）一个人的社会阶层归属不仅仅是由某一个变量决定，而且受到诸如职业、收入、教育、价值观等多种因素的共同制约。

（4）人们能够在一生中改变自己的社会阶层属性，既可以迈向高阶层，也可以跌向低阶层，这种升降变化程度随着所处社会层次森严程度的不同而不同。

消费者总是处在一定的社会阶层。不同社会阶层的消费者在行为、态度和价值观等方面存在较大差异，因此，营销者必须对目标顾客所处的社会阶层有一个清楚的认识，以便为企业采取有针对性的营销策略提供依据。

(二) 社会方面

影响消费者购买行为的社会方面的因素是：相关群体、家庭、角色和角色地位等。

1. 相关群体。相关群体是指能够影响消费者购买行为的个人和集体。特别要注意的是，不论群体的个体之间是否相互认识或有无组织，只要某一群体在消费行为上存在相互影响，即视为一个相关群体。

(1) 按对成员的影响程度不同分为基本群体、次要群体和其他群体。

基本群体是指与消费者存在密切联系的群体。基本群体多是非正式的，如家庭成员、朋友、邻居等。次要群体是指日常接触较少的群体，多数是正式的社会组织，如宗教、专业团体等。其他群体主要是指有共同兴趣的群体，如影视明星、运动员等的个体崇拜者组成的群体等。

(2) 按对消费者的影响性质不同分为准则群体、比较群体和否定群体。

准则群体是消费者个体赞赏并仿效的群体；比较群体是指消费者个体用以判断自己身份地位但并不加以仿效的群体；否定群体则是消费者个体厌恶的群体，消费者一般不购买与否定群体有关的产品。

许多品牌消费品生产者在向目标顾客推介自己产品或品牌时都会选择演艺界的明星做代言人，其实就是生产者看到了准则群体的影响力。而当某一明星因不良行为而名誉扫地时，聘请他做自己产品或品牌代言人的生产者会立即终止此项合同，这也是因否定群体的负面影响所致。

不同相关群体对消费者的影响是不同的，归纳起来有三种情况：第一，相关群体为消费者展示出新的生活方式和行为模式，对消费者在心理方面产生影响；第二，相关群体的消费行为引起消费者仿效，或对某些产品态度发生改变；第三，由于仿效使消费者的消费行为与相关群体趋于一致。

据研究，相关群体对汽车、摩托车、服装、香烟、啤酒、食品和药品等产品的购买行为影响较大，而对家具、冰箱、杂志的影响较小，对洗衣粉、收音机几乎没有影响。

2. 家庭。家庭成员是最具影响力的相关群体。当消费者以家庭为单位购买产品时，家庭就是消费者市场的采购组织，抓住采购组织中的关键人物，有利于提高营销措施实施的有效性。家庭采购决策权的分配有下面一些典型的模式：

(1) 丈夫支配型：即丈夫掌握家庭购买决策权。一般来说，在购买人寿保险、住房、汽车等消费品时，大多由丈夫掌握购买决策权。

(2) 妻子支配型：即妻子掌握家庭购买决策权。一般情况下，在购买家庭日用消费品，如食品、服装、厨房用品等方面，妻子掌握购买决策权为常态。

(3) 共同支配型：即家庭购买决策由家庭成员共同协商做出，如度假、观看文艺演出、子女就学等。

(4) 各自做主型：即每个家庭成员对自己所需的商品独立做出购买决策，他人不加干涉。

当前,我国家庭中父母与子女的关系变化较大,孩子在经济上的独立性增强,对家庭购买决策的影响也在逐渐增强,这一点值得营销人员重视。

3. 角色和角色地位

现代社会中,一个人会同时从属于不同的群体,在不同的群体中扮演着不同的角色,不同的角色就拥有不同的社会地位。社会对每一个处于一定社会地位的人有着不同的社会期望。从消费的角度看,消费者处于不同角色,其消费行为是不同的。上述状况在以群体共同消费为特征的消费品购买行为中尤为凸显。在为树立企业形象时需要统一着装,在购买服装时总经理或市场营销总监有很大的决策权,在企业年终员工聚餐选择饭店乃至点菜的工作都是由一位普通"吃货"员工来完成,而此时总经理只是买单者。服装商和餐馆的营销管理者是否有"识人"的目光将会对其营销活动是否成功意义重大。

(三) 个人因素

影响消费者购买行为的个人因素主要包括以下几个方面:

1. 经济状况。消费者的经济状况是指个人或家庭可支配收入、储蓄、资产和信贷能力,收入较低的消费者往往比收入较高的消费者更关心价格的高低,特别是基本生活必需品的价格。企业如果经营与消费者购买力密切相关的产品,就应注意消费者的收入、储蓄和消费倾向,并据此开发和定位产品的种类,必要时对产品进行重新定位和重新定价,以吸引和保留目标顾客。

2. 年龄和家庭生命周期。处于不同年龄阶段的消费者,其欲望、兴趣和爱好有所不同,他们对企业广告信息的反应和选择消费品的种类、购买方式也有差异。现实生活中的很多商品的消费对象都是和年龄段相对应的。年龄和家庭生命周期有较强的相关性,家庭生命周期包括单身、空巢Ⅰ(无子女)、满巢(有子女)、空巢Ⅱ(子女独立)、单身(鳏寡)等阶段。消费者处于家庭生命周期的不同阶段,其欲望和行为有明显差别,企业可以制订符合特定家庭生命周期阶段的需求和结构的营销计划来满足消费者的需求。

3. 性别、职业和受教育程度。男性和女性在生理和心理上存在差异,导致他们在与消费相关的各方面活动有明显不同。多数男性消费者购买商品时目标明确,行动果断、迅速,理智型购买居多。女性顾客则无十分明确的目标,她们的购买行为常常是环境、价格、同伴言论刺激的结果,挑选仔细,货比三家,情感型购买居多。在消费品购买中,受教育程度高的消费者比受教育程度低的消费者理性程度高,受外界信息干扰程度小,决策能力较强。此外,职业不同的消费者因其所处的工作环境、收入、工作特点不同,其消费构成和消费习惯也有区别。

4. 生活方式。生活方式是指人们在一定的社会条件制约和在一定的价值观念指导下所形成的满足生活需要的生活活动形式和行为特征的总和。生活方式应该涵盖人们的一切生活领域,如工作、闲暇、消费、交往和家庭生活等。不同生活方式的人,有着不同的消费需求和购买行为,如"喜欢照相"的消费者和"专业摄影"的消费者对相机的需求有着明显的不同。一个人的生活方式发生变化,也会产生新的需求。因此,营销人员应分析企业产品和各种生活方式之间存在的关系，运用不同标准对生活方式进行分类，找出与企业产品相关性强的生活方式群体，并制订出相应的营销战略。

5. 个性和自我观念。个性是心理学名词，是指个体带有倾向性的、本质比较稳定的心理特征的总和，其包括气质、性格和能力。个性对购买行为的影响是明显的，如具有胆汁质气质的消费者，其购买可能偏向易于冲动，而抑郁质的消费者可能表现得优柔寡断。对性格和能力的分析也会帮助营销者掌握消费者的购买行为规律。

与个性相关的一个概念是自我形象，即自己对自己的看法，这种看法既包括自己对理想形象的追求，又包括从别人对自己言行态度中得到的实际自我形象。不同自我形象的消费者有不同的购买行为，并认为购买行为是表现自我形象的重要方式。企业应评估目标顾客的理想的和实际的自我形象，了解消费者由此而提出的各种诉求，调整营销策略赢得消费者的青睐。

（四）心理因素

1. 动机。心理学家已提出多种人类动机发生的理论，最著名的是亚伯拉罕·马斯洛的需要层次理论。

(1) 马斯洛的需要层次理论。马斯洛认为，人是有欲望的动物，只有尚未满足的需要才影响人们的行为。人们的需要由低级需要向高级需要发展，依次为生理需要、安全需要、社会需要、尊重需要和自我实现需要，如图 4-4 所示。人通常只有在低层次需要得到满足后，才会去追求高层次需要的满足。

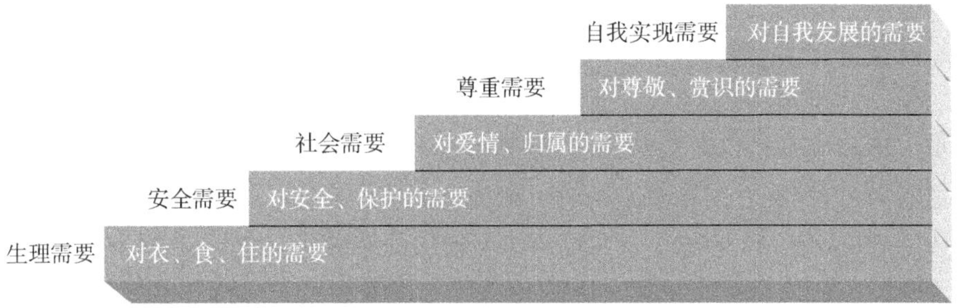

图 4-4　需要层次论

生理需要，即居住、温饱等基本的生存需要；安全需要是指保护人身、财产安全和防备失业、患病的需要；社会需要是希望被群体接受从而有所归属和获得爱情的需要；尊重需要是指实现自尊、赢得好评、赏识，获得承认、地位的需要；自我实现需要，即充分发挥个人能力、实现理想和抱负、取得成就的需要。

(2) 营销学的动机分类。虽然需要是引发动机之源，但两者毕竟属于不同的概念。营销管理理论将消费者购买动机分为生理性购买动机和心理性购买动机。

生理性动机包含生存型购买动机、享受型购买动机和发展型购买动机。生存型购买动机是消费者纯粹为了满足生存需要而激发的购买动机。享受型购买动机是消费者对享受资料的需要而产生的动机，如人们不仅要吃饱穿暖，还要吃得营养科学，穿得美丽漂亮。发展型购买动机指消费者为了发展智力和体力而引发的购买动机。

心理性动机可以包括理智型购买动机、情感型购买动机和习惯型购买动机。理智型购买动机认为，消费者购买时的心理活动过程是认知、情感和意志三个过程的统一，当意志活动居于主导地位时，购买活动就表现为较强的理智型。情感型购买动机是情感变化造成的，具有冲动性、即景性和不稳定性的特点。习惯型购买动机兼有理智和情感的成分，多是对特定企业和品牌形成的特殊信任与偏爱后表现出的购买动机。

营销者应分析不同动机的购买行为，提供相应的产品，设计相应的销售渠道与销售模式并制订有针对性的传播策略，使营销效果达到最大。

2. 知觉。知觉是人脑对于直接作用于感觉器官的当前客观事物的整体属性的反映。知觉不但取决于物质刺激物的特征，而且还依赖于刺激物同周围环境的关系以及个人所处的状况。因此，了解消费者对产品的知觉过程，有助于优化营销策略。

(1) 选择性注意。在众多信息中，人们易于注意与自己关系密切的信息，以及与正常信息有明显差别的信息。例如打算购买笔记本电脑的消费者，对笔记本电脑促销活动投入的注意力会明显高于对其他家电的注意力。

(2) 选择性扭曲。人们在接受信息的过程中，总是有意把信息朝着有利于自己或自己喜欢的一面进行扭曲，然后再按自己的意图将信息传递出去，如消费者自己使用的是海尔冰箱，他在口传中就可能夸大海尔冰箱的优点而无视其他品牌所提供的利益。

(3) 选择性保留。人们易于记忆与自己态度和信念相一致或极端不一致的信息，两个成语——流芳百世、遗臭万年形象地概括出这一特征。

3. 学习。消费者的需要和行为中有很多是通过后天学习获得的。通过学习，消费者获得了更丰富的购买知识和经验，并在学习过程中不断地调整和改变，同时从中提高对环境的适应能力，并将之用于未来的购买行为。

4. 信念和态度。信念是一个人对某些事物的总体看法，它是人们一种长期积累的结果。企业和品牌的信念就是顾客对企业和品牌的总体看法，它的形成可以基于消费者的消费经历，也可基于信仰和情感。信念对购买行为的影响很大，如人们想到海尔，就可能觉得质量可靠、服务到位，是中国民族工业的一面旗帜。态度是一个人对事物长期持有的稳定性认识评价、感受和行为倾向。如教师在学生面前应该为人师表，从而导致其在着装、语言等方面有与之相匹配的行为。一般认为，态度是行为内在的倾向，有人甚至认为态度决定行为。事实上，态度只是一致性行为的倾向，能否发生一致性行为还受到时间、环境等条件的影响。

六、消费者的购买过程

影响消费者购买过程的因素有很多，每种因素的影响力又因人而异，所以消费者"黑箱"特别关注对消费者反应心理过程的研究，包括购买过程中各类参与者所扮演的角色和购买决策的过程两个部分。

(一) 消费者购买过程中的几种角色扮演者

对于消费者市场而言,确定最终购买者往往很容易。除了购买者本身的因素以外,相关群体对购买过程的影响较大,特别是在一个家庭内部,对于某一个产品的购买,家庭成员的意见、态度会左右购买者的行为。当然并不是所有购买行为都是这样,在一项购买活动中,通常可以区分出对购买过程产生影响的五种角色:

1. 倡议者,或者称为发起者,即首先提出购买某产品或服务意向的人。

2. 影响者,是指其观点、看法和建议对购买决策有一定影响的人。

3. 决策者,是指对购买决策的某个方面(包括是否买、买什么、如何买、何时何地买)做出最终决定的人。

4. 购买者,是实际发生购买行为或执行购买决策的人。在现实生活中购买者是造成购买最终结果的人,因而,此前的所有决定都可能由于实际环境条件的改变而导致购买行为的变化,此刻往往都由购买者"当场决定"。

5. 使用者,是指实际消费和使用产品或服务的人。使用者的感受和满意度会直接影响再次购买的过程与结果。

值得一提的是,并非每个购买过程中都有上述几种类型的人参加,这五种角色有时集中于某个消费者一身,有时也会分散到相关群体成员身上。营销者对五种角色都要给予一定的关注,针对企业产品、购买者特征和地域文化,分析参与购买决策的各种角色扮演者在某项购买过程的影响力。其中要特别关注决策者,因为这个角色支配着购买行为的发生与否。但实际购买者对买什么、在什么地点和时间购买享有部分决策权。因此,企业在广告诉求、商品陈列和展示等方面要充分考虑各角色扮演者的作用。例如,每年八月下旬的新一轮"购买学习用品,迎接新学期的到来"的宣传与购买热潮中,铅笔盒生产商会推出更能被小朋友接受的新款铅笔盒,但是,他们为赢得小朋友心理的营销策划很有可能要落空,因为铅笔盒多由其家长为孩子选购,家长的喜好与小朋友肯定有"代沟"。

(二) 消费者购买过程的五阶段

从理论上说,消费者购买过程也是对营销刺激的心理反应过程,包括五个阶段:需要确认、信息搜集、备选产品评估、购买决策和购后行为,如图 4-5 所示。需要特别注意的是,并不是说所有的购买过程都要遵循这个过程模式。事实上,复杂性购买行为的购买过程符合这一过程,而其他的购买行为可能就不会经历完整的五个阶段,如采用习惯性购买行为的消费者,在购买时就不会也没有必要进行信息搜集和备选产品评估,而直接发生购买行为。

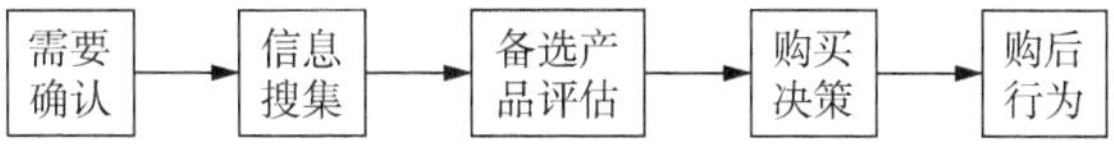

图 4-5 购买过程的五阶段

1．需要确认

购买过程开始于消费者对自身某种需要的确认。只有需要才会产生购买动机，而需要是在内外部刺激的基础上产生的。内部刺激是人的本能需要，如饿了就想到食物。外部刺激主要是需要的“触发诱因”，它把潜于内部的需要激活，从而触发需要。如一个人并不感到饥饿时闻到邻居家飘来的菜香味，其食欲就可能被激活，产生进食的需要。有需要才可能产生需求。在这一阶段营销人员主要有两个任务：

（1）了解与本企业产品有关的现实的和潜在的需求。产品只有能够满足某种需求，它才有市场。由于消费品需求的季节性和消费品购买行为的重复购买的特点，消费品生产企业应该很清楚自己产品的消费季节，以及消费者再次购买的周期，确定消费者需求的再次提出。

（2）了解消费者需求强度随时间的推移及外界刺激而波动的情况。营销者据此波动规律设计传播策略，加强或激活消费者现实的或潜在的需求。例如，结合上述对消费者需求形成的判断，及时做好广告和促销活动，实现对消费者的需求产生“推波助澜”的目的。

2．信息搜集

消费者需求的满足可能是即刻购买实现，也可能是经过一个时间阶段后购买实现。多数购买是如后者那样，满足是经过“需要积累”过程后才得到。需要积累可以理解为信息搜集和备选产品评估阶段。当消费者需求产生积累效果时，消费者对商品信息的敏感程度会增加，此时，营销人员的任务有两项：

（1）了解消费者获取相关信息的来源和评估其影响力。消费者信息来源通常有以下四种：

第一，经验来源，即根据个人消费经历得到的信息。此类信息通常保存在消费者的头脑中。

第二，个人来源，是指家庭成员、邻居、朋友和同事等所提供的信息。

第三，公共来源，是指社会公众所传播的信息，如大众传播媒体的报道、消费者权益协会的公告、政府的抽检报告等。

第四，商业来源。企业广告、推销员、经销商、包装、产品展览会和店堂海报所提供的信息。

通常情况下，各种信息来源对消费者的影响程度是不同的，由高到低依次排列：经验来源、个人来源、公共来源和商业来源。但越有价值的信息，因“信息不对称”现象的存在，消费者所能得到的量和途径越是有限。

（2）设计信息传播策略。大多数企业都重视信息传播，企业在注意商业信息传播的同时，应注意通过良好的产品和服务质量提升消费者从个人来源、公共来源和经验来源所获得的信息的影响力。只有这样，企业才能取得最终优势，商业信息才能有明显的说服和加强作用。

3. 备选产品评估

在充分占有信息后，消费者会对各种替代品或同类产品的各种品牌进行评价、比较，并将结果作为选择的依据。虽然消费者对信息的评估方式千差万别，但有一点是可以确定的，即消费者对产品的评价和判断多是理性的。一般情况下，消费者对产品评估会涉及以下几个问题：

(1) 产品属性的多少。产品属性是指产品能够满足消费者需要的特性。任何一种产品都可以被视为是一系列属性的集合，而消费者所选择的一组属性可能就是这个集合中的某一部分，如个人计算机可以从 CPU 处理速度、显卡的显存和速度、主板的设计参数、硬盘的转速和容量、整机价格等方面来评价。不同的消费者因其购买目的和认知程度的不同，对不同属性的关心程度也不同。

(2) 消费者对某一属性功能效用的认识。功能是指消费者对该产品某一属性应达到何种水平的要求。事实上，消费者多属非专业购买者，一方面消费者对功能效用的认识不一定充分、正确，例如电脑游戏和动画设计对显卡的要求程度高，但一般的办公电脑则不一定需要高档次的显卡；另一方面消费者对某一功能效用有最低标准要求，也就是只有某项功能达到某种标准时消费者才会接受。

(3) 消费者的品牌信念。品牌信念是消费者对某品牌优劣的总体看法。人们对一些熟悉的品牌拥有某种品牌信念，这种信念往往会对消费者决策产生巨大影响。当消费者作出某项重大购买决策前，会对各品牌的每种属性进行逐一评价，这可能强化原有的品牌信念，也可能会对原有品牌信念进行修正。品牌信念提醒营销者必须重视各属性标准的提高，按不同属性对市场进行细分，突出优势属性对消费者的价值。

(4) 消费者的选择方法。消费者的选择模式多种多样，但总是与其对属性的评价结果有关。选择模式主要有以下几种：

① 支配模式。消费者如认为各属性都是最优的，则会购买，反之则不买。

② 渐进模式。消费者首先根据偏好将属性进行排序，再对各品牌的属性进行评分，按顺序比较属性的优劣，找到满意的产品。如第一重要属性的最优产品只有一个，则该产品是购买对象；如第一重要属性的最优产品有两个或两个以上，则比较第二重要属性。依次类推下去，不断汰劣存优。

③ 期望值模式。即消费者给不同属性评分，并赋予不同的重要性权数，然后计算出各产品的属性价值，选择最有价值的产品。

在这一阶段，营销者应对以上各问题进行审查，如改变产品属性、帮助消费者认识产品、改变消费者的品牌信念、改变重要性的加权值、提示消费者忽视的属性等。

4. 购买决策

消费者对产品进行全面评估和选择后，就会形成购买决策，其内容主要包括：产品种类、属性、品牌、购买时间、购买地点、购买数量和付款方式等。

营销者在此阶段应注意消费者的决策内容及其顺序，因为不同的消费者有着不同的决策内容，同一个消费者的决策内容还涉及其内容的排序问题。

消费者在形成购买意向后，能否发生实际购买行为，还会受到两个因素的影响：

(1) 他人态度。他人态度对购买行为的影响取决于他人的信誉、专长以及他人与消费者关系的密切程度。他人既可以是消费者的相关群体，也可以是其他个人和组织。例如，在看到某柜台前排起了长队，对消费者会产生“把握机会”的刺激。还有一种人被称为“托”，他们就会对潜在顾客产生“是提供有价值信息的人”的错觉。当然，更多的是“影响者”即随同购买者一起购买的伙伴、朋友的建议：“再走几家店看看?”这极有可能导致生意的流失。

(2) 非预期因素。当消费者面临非预期因素时，其购买计划就会搁置或修改。影响消费者购买的非预期因素很多，从环境改变、新的促销方式、缺货，甚至购买现场营业人员的不适当语言，都会导致消费者修改购买计划。

在这一阶段必须为营销者重视，此时的“擦肩而过”真是“煮熟的鸭子飞走了”，到手的买卖溜走了。为此必须多留几手“后招”。例如，您要的产品供货商马上就会送来，或者是提供足以让顾客相信“自己的产品质量是最好的”信息等。

5. *购后行为*

根据心理学的学习模式，购后感受会形成消费者对产品的印象，并决定着以后类似的购买行为是否会重复发生。因此，营销者必须重视消费者的购后行为。

(1) 购后评价。消费者在实际使用商品后，会产生一定的消费感受，根据顾客满意度理论，消费者将消费后获得的实际感受与消费前的心理预期进行比较。如果实际效用大于预期效用，则会使顾客满意，再次购买这种产品动机就得到强化，顾客也会向周围的人介绍产品优点。如果实际效用小于预期效用，顾客就会产生不满意感，其再次购买这种产品的动机就会削弱，消费者会向别人说产品的坏话。此外，顾客的不满意感还会来自于失调感和听到有关产品的不利信息。

(2) 使用和处置。对于满意的产品，消费者会一直使用，重复购买。对此，企业应加强与顾客的联系，收集关于他们对产品的意见和建议。对不满意的产品，顾客可能要求企业调换产品，甚至退货和向有关部门投诉，这都可能导致企业市场形象受损，所以，企业要注意顾客不满意感的扩散，应及时研究顾客不满意的原因。如是顾客本身的问题，应及时帮助他认识产品，向其提供正确使用产品的指导；如是企业产品的原因，应及时对顾客采取补救措施，改进产品，赢得顾客的合作。

第二节　组织市场的类型及购买行为分析

组织市场是企业所面对的另一种市场，如果将消费者市场定义为个人市场，那么组织市场的购买者就是某一组织、机构，也就是组织购买者。组织市场的交换对象主要是生产和经营所需的物质资料和与之相关的服务,企业必须尽力去了解组织购买者的需求、资源状况、政策和购买过程,才能制订出有针对性的营销组合策略。组织市场是指工商企业为从事生产、销售等业务活动以及政府等组织为履行职责而形成的各类需求的市场。

一、组织市场的类型

按组织购买目的的不同,可将组织市场划分为产业市场、转卖者市场和政府市场三种类型。

(一) 产业市场

产业市场又称生产者市场,是指一切购买商品和服务用于进一步加工制造,并生产出新的产品和服务用于销售、租赁以获取利润的组织和个人。组成生产者市场的产业主要有工业、农业(包括农、林、牧、副、渔等产业)、金融保险业、矿业、制造业、建筑业、交通运输业、通讯业、公共事业和服务业等,它是各种为满足生产制造和提供服务而不断产生的对相关物资补充需要的集合。例如,克莉斯汀食品公司、星巴克咖啡店每天都会有为保证正常生产或服务的进行,而产生的对鲜奶的需求。

(二) 转卖者市场

转卖者市场又称中间商市场,是指购买商品用于转售或租赁给其他人以获取利润的组织和个人。转卖者市场主要包括批发商市场和零售商市场。例如,牛奶棚超市每天有为保证自己正常市场供应而产生的对鲜奶的需求。

(三) 政府市场

政府市场是指购买产品和劳务的目的是为了维持正常运作和完成自身职能的政府组织。与产业市场和转卖者市场相比,政府市场和其他社会团体、事业单位形成非营利组织市场。由于政府市场是非营利组织市场的主要组成部分,因此,通常我们以政府市场为代表来讨论非营利组织市场的购买行为。例如,为了少年儿童的健康成长,政府有资助学校实施“每日一杯鲜奶”的慈善项目而产生的对鲜奶的需求。

与消费者市场相比,组织市场购买行为的内容有很大不同,同时,组织市场中的各种类型市场因其购买目的不同,它们之间的购买行为也有差异,这就使得组织市场购买行为研究十分复杂。对于组织市场研究而言,不同类型组织市场的购买特点、购买类型、购买对象、购买组织和购买过程及其影响因素都是值得重视和研究的。组织市场定义的基础在于对购买者的区分,而不在于出售的产品本身,因为对于销售方来说,其销售的任何产品都可能被购买者用于生活消费或生产与经营消耗。所以,组织市场从购买者用途出发,强调的是“非个人生活用途的市场”。

二、产业市场的购买特点与购买行为分析

产业市场主要由包括工业、农业和服务业组织为生产和提供服务满足市场需求的同

时而产生的为再生产提出的对各种物质资料的需要组成。与消费者市场相比，产业市场在市场需求和购买行为上表现出不同的特点：

(一) 产业市场的需求特点

1. 衍生需求。产业市场是“非最终用户市场”，其需求归根到底是从最终消费者对消费品的需求衍生而来的。如消费者市场对纯棉制品需求下降，产业市场就会表现出对皮棉、棉花以及加工机械、纺织机械等产品的需求下降。

2. 需求波动大。消费者市场对消费品需求的增加，会导致与此消费品生产相关的原材料、设备等产品需求的增加。消费品是任何一个生产链的终端产品，当某一消费品市场需求增加，就会导致整个产品生产链上的所有关联企业都必须为增加产量而扩大生产规模，这势必导致对原材料以及各种设备的采购需求增加。消费品需求增加一定的百分比，往往能够引起生产者追加产出所必需的工厂和设备的需求“倍增”，经济学家把这种现象称为“加速效应”，又称“加速原理”。

3. 需求缺乏弹性。生产者主要是根据最终消费者的需求状况来确定自己的产品生产计划，进而为保证这一计划的顺利实施提出采购品种和数量的相应计划。此时生产者所需采购的物品其价格变化对其购买量的影响较小。其原因有二：

(1) 如是采购物品价格上涨，制造业企业不能因自己生产所需原材料价格上涨将导致生产成本上升从而改变自己既定的生产计划，因为这样做自己损失会更大。

(2) 如是采购物品价格下跌，原本采购量巨大的制造企业，若想趁价格低廉而扩大采购量，将会导致原材料库存量的增加，最后使自己因原材料价格降低而获得的成本减少的利好因库存成本增加而大大减少。

4. 用户地理位置集中。由于自然资源、气候、运输条件和生产力布局等方面的不同，产业市场购买者，即同一生产链的所有企业，出于对降低运输和仓储成本的考虑，它们的地理位置一般相对集中。即便是布局相对分散的产业，其各家关联企业在地理分布上与消费者市场相比也是相对集中的。

(二) 产业市场的购买行为特点

1. 购买者数量少而购买量较大。消费者市场是由数量众多的个人和家庭组成，同一产品一次购买时每个顾客的购买量较小，而产业市场的购买者是一家企业，因此购买者的数量比消费者市场少，但它们的购买目的是为完成一段时间生产所需的某种生产资料，购买量很大。对产业市场的某个供应企业来说，大部分业务来自于少数固定的客户，少数几个大制造商的购买量占据着本行业销售总量的很大比例，所以，大制造业是产业市场营销者必须关注的最重要的顾客。

2. 供需双方的关系密切。由于购买者数量较少，购买量大的客户对企业来说是至关重要的。供方只有在达到需方所要求的质量水平和交货条件等方面的要求时，交易才能达成。供需双方都存在建立与维持良好关系的诉求，这是因为：

(1) 竞争使得供需双方必须努力寻求更合适的交易对象以实现降低交易成本的目

的。但是寻找就必须付出更多成本。若是供需双方能够建立更稳定的关系，这种成本就可大大减少。

（2）双方在合作过程中彼此相互了解，建立起深厚的友谊和相互信任，这些能够降低交易成本。

为了共同的利益，供需双方的关系通常较为密切。无论是供需的哪方更换交易对象其“转换成本”都会很高。

3. 专业采购。产业市场的采购量大、技术性强，所采购的商品和服务直接关系到最终产品的质量。采购的物品与消费者购买的产品相比种类较为狭窄且固定。因此，采购者必须通过专门的训练掌握必要的产品知识，或通过专业的采购代理商实施购买。同时，由于是专业购买，产业市场的购买行为比消费者市场更为理性。

4. 直接采购和互购。产业市场购买者经常直接从供应厂商那里购买产品，而不需要经过一些中间环节，特别是对那些技术性复杂、价值昂贵和需要供应方提供更多服务的产品。另外，供需各方为了完善关系和扩大市场，经常采用互购的方式购买一定的产品。如服装企业（A）、纺织企业（B）就存在互购关系，如A需要B的面料，B需要A的工作服，如A是B的主要客户，A在向B购买面料时，可在双方的供货合同中加上一条：B需要向A购买一批工作服的条款，从而形成互购关系。

5. 购买决策的人数众多。产业市场的采购通常涉及多个与之有密切关系的部门或人员，包括经理、一线工人、技术专家、采购代表等。他们共同组成采购组织或采购中心，由于角色地位的不同，他们形成一致购买决策的过程比起消费者市场要复杂得多。

6. 租赁。产业市场的购买者往往以租赁的方式来取代直接购买，这样既可以减少资本的投入和降低资本风险，也可以使用最新的设备实现在某种程度上降低行业进入障碍和退出障碍的目的。出租方也可以获得较高的租金收入。随着社会租赁业的专业化发展，租赁成为降低资本风险和固定资产投入等方面的重要形式。租赁一般多发生在计算机、重型建筑设备和机械器具等商品中。

（三）产业市场的购买类型与购买对象

1. 产业市场的购买类型与购买决策。产业市场的购买决策过程的复杂性取决于购买类型。一般情况下，产业市场购买类型可分为以下三类：

（1）直接重购，是指企业采购部门根据以前的采购结果，包括供应商、购买对象和购买方式都不变，决定再次购买产品的计划。显然，供应商除了保持和完善产品、服务的质量等基本条件以外，还必须通过开发新产品、新服务和其他旨在增加用户利益的活动才能获得和维持作为直接重购对象的地位。而作为购买者采用直接重购的购买类型，需要做出的购买决策很少，因为，向谁采购，采购的种类、数量、价格，供货条件等都可以“参照前例”而无须再做决策。

（2）修正重购，是指企业采购部门通过对以前采购条款做出一定的修正来确定再购产品的购买条款。修正内容可以是重新选择供应商，也可以是对产品规格、数量、价格、服务、交货时间和方式等因素的修正。修正重购通常是企业在对此前的购买合同进行购后评价后做出的，这对于供应商来说既是机遇又是挑战。对比直接重购，修正重购对于购买者所需做出的决策要更多些。

（3）新购。即第一次购买某种产品或服务。由于购买者没有购买经验，购买决策风险较大，决策的参与者越多，要求收集的信息也越多。通常，新购对所有的供应商来说都是较好的机会。新购一般都要遵循一定的过程，影响因素也较多。一项成功的新购可能会导致企业直接重购，但更多的情况是企业进行一项新购后，会不断修正购买条款，最终形成较佳的直接重购。

2. 产业市场的购买对象。产业市场购买者的购买目的是将所采购的产品和服务作进一步加工制造，再出售或租赁以获取利润。因此，根据在生产过程中所起的作用和成本构成等因素，产业市场的购买对象可分为三类：

（1）原材料。通常是指未经生产加工的原始产品，它们将构成新加工产品的实体，并一次性全部计入新加工产品成本。原材料一般包括自然状态下的工业产品、矿产品和农产品。

（2）半成品和零部件，是指经过初步生产加工并被用作为进一步加工对象的产品。零部件是对用于装配整机和整件产品的零件和部件的总称。半成品和零部件完全参与生产过程、构成产品实体，并成为新产品成本的重要组成部分。

（3）各种设备。一般是指用于工业生产的固定资产，包括厂房和设施，以及各种机械设备。它们参与生产过程，但不构成产品实体，其价值以折旧的形式逐步计入新产品。

（四）产业市场的购买组织

产业市场属于组织购买，因而其购买活动是有组织的活动。在产业市场中，一项购买由扮演多种角色的人员或部门参与并分工合作，在共同决策的前提下来完成购买。产业市场中所有参与采购决策和采购活动的人构成采购组织。

采购组织通常是由六类人员组成，他们分别为发起者、使用者、影响者、决策者、批准者、采购者。在分析采购组织的各种角色时，需要关注以下几个方面的问题：谁是决策的主要参与者？他们对哪些决策活动具有影响力？他们各自的评价标准和偏好是什么？他们之间的相互关系如何？

1. 发起者，是指提出和要求购买产品或服务的人。他们可能是组织内的使用者或其他人。

2. 使用者，是指组织中将要具体使用所购产品或服务的人，使用者一般是提出采购某种产品和服务建议的人。为了提高产品的质量或者劳动生产效率，采购组织会听取生产一线的工人对其经常接触的原材料、零配件和设备的意见。

3. 影响者，是指对采购决策产生直接或间接影响的人员。他们通常协助对采购产品的规格、质量等做出决策，并提供评估决策的信息。特别是在生产新产品时，采购组织会非常重视研发或设计人员对新产品应该使用什么样的原材料的建议。研发与设计人员就是本项采购决策的影响者。

4. 决策者，是指那些有权制订某项采购方案重要相关内容的人员。

5. 批准者，是指最终有权批准决策者或购买者所提采购方案的人。一般采购项目的批准者多为采购部门经理，重大采购项目的批准者是企业最高决策者。

6. 采购者，是指负责选择供应商进行谈判，具体执行采购方案的人员。采购者会因为某项授权而对采购的最后结果造成重大影响。

(五) 产业市场的购买过程

产业市场的购买过程与产业市场的采购类型之间存在着密切关系。以产业市场的新购为代表阐述其购买过程，修正重购和直接重购只是新购某些阶段的修正和重复。新购的过程由以下八个购买阶段组成。

1. 识别需求。与消费者市场相同，产业市场的购买过程是以企业的各类人员认识到企业对某种产品的需要开始的。识别需求同样是由企业的内部因素或外部因素的刺激而引起的。内部因素主要来源于对企业内部资源的整合与配置的需要。例如，企业设备报废后所需添置的各类新设备；完成生产计划而必须采购的原材料等。外部因素主要来源于竞争和市场需求。例如，为了赢得竞争或满足新的需求，企业制订新产品开发计划，而需要采购一些新的原材料、设备等。

2. 确定需求要项。企业在确定自身的某种需求之后，就要再确立所需产品的需求要项，即对购买数量、可靠性、耐用性、价格等因素及其重要程度做出恰当的描述。需求要项的描述要切合企业的实际需要和财务能力。一般而言，简单项目的需求要项较易确定，某些复杂项目就需要企业决策、采购、管理、技术和客户等各方人员共同研究，以求对需求要项做出科学完整的描述。

3. 确定产品规格。需求要项确立后，采购组织应对所购产品的品种、性能、数量、价格和服务要求进行详细说明，形成产品采购说明书，并以此作为采购人员的采购依据。同时，产品采购说明书应对采购人员的选择权和供应商的责任加以规范。作为供应商，也应运用价值分析突出自身产品的优势，强化自身的竞争力。

4. 寻找供应商。企业制订了购买对象和相应的产品采购说明书后，就可以通过各种途径寻找供应商或发布采购招标书，寻找的途径有检查内部采购活动记录、网络搜索，以及举办或参与各种博览会和展览会等。在接触供应商后，企业应对各供应商所提供产品的质量、价格、售后服务等进行全面系统的分析比较，最终筛选出一些较好的供应商。

5. 征询报价。供应商名单确立后，购买者就应邀请名单中各供应商提交供应建议书。供应建议书应对企业的产品采购说明书的各项采购条款作出回答，供应商也可以提出其他交易条件。企业可以通过数次征求报价、筛选和淘汰，并要求候选供应商提交正式的交易条件。采购组织必须及时掌握市场行情，了解供应商的财务和资信情况。

6. 确定供应商。采购组织通过对备选供应商的正式交易条件的细致评估，并结合实际需要最终确定供应商名单。正式交易条件一般包括产品、价格、信誉、交货条款、技术服务、供应商灵活性等因素。在产业市场的采购过程中，购买者往往采用各种手段来取得更有利的交易条件，如为让供应商相互竞争，企业采购组织一般会同时选择几个供应商，这样既可以拥有若干供应渠道，以免受制于人，又可以对交易条件保持动态比较，使供应商之间保持相互竞争的态势。

7. 正式订购。企业采购组织与被选定的供应商经过协议并签订采购合同，也就是企业向供应商下订单，其主要内容应包括需求量、交货期、退货条件、价格、运输、维修、保养和担保等。目前，越来越多的企业乐于采用"无存货采购计划"，即与某些优秀的供应商签订长期有效的采购合同，这样企业可以节省因签订新订单而发生的交易费用，也可以要求供应商在较长时期内以合同中的交易条件向企业随时供货，节约大量的库存费用。

8. 绩效评估。绩效评估就是企业对各供应商履行合同的绩效进行评价。这种评价一般有两种方法：一是了解最终用户的看法。企业采购的根本目的是想自己提供的产品能够让顾客满意，而顾客的满意又在很大程度上取决于企业采购的原材料和设备的质量；二是用几个重要指标对供应商进行加权评估，完成一项采购活动企业对供应商会有多项要求，每项要求对采购方的"满意度"影响作用不同，所以要用加权法进行综合评估。

(六) 影响产业市场购买的主要因素

影响产业市场购买活动的因素主要有环境因素、组织因素、人际因素和个人因素。其中每一类因素又有若干细分因素，在实践中，它们通常是相互影响、相互作用的。

1. 环境因素，指购买者对各种环境因素如市场基本需求水平、经济前景、技术因素、政治因素和竞争状况等实际水平和变化趋势进行评估。如果采购者认为经济前景向好，就会扩大产品的生产规模，增加相关产品生产所需原材料、零配件和设备的购买。技术进步会改变消费观念导致新消费需求的产生，为满足这种新需求，采购者必须开发新产品从而带动企业对原材料、设备的新需求和采购。

2. 组织因素，指采购企业自身的因素，主要包括采购者的组织目标、方针政策、组织程序与结构和组织的效果规章制度等方面，这些会影响企业或组织的决策过程、购买活动参与者的影响力、购买动机和目标等。如企业内部结构会对采购决策的程序产生重大影响：由哪些人参与购买决策？他们的评价标准是什么？以及他们对采购决策的最后确定有多少影响力等都会使得购买行为趋于简单或复杂。

3. 人际因素，指采购组织内部成员的人际关系和影响力。如上所述，产业市场中的企业通常设有一个采购中心，采购中心又由担任不同工作的六类角色构成，由于采购中心组成的成员在职权、地位、影响力和彼此之间的关系等方面存在差异，不可避免地会对企业或组织的购买决策产生不同程度的影响。

4. 个人因素，指购买决策参与者在年龄、收入、教育、职业、个性、风险态度和文化等方面的差异而导致各自直觉和偏好的不同，从而必然会进一步对企业的购买决策产生影响。这些差异使得采购者表现为不同的购买行为。作为供应方在实际的营销活动中必须给予充分重视。

在上述的四类因素中，组织因素具有特殊地位，因为组织因素决定着购买决策权限的集中和分散程度。组织因素同时又受到以下几个因素的影响：一是采购部门在组织中的地位。企业的采购部门是作为参谋部门还是专职的采购部门而存在。是从属生产等部门还是与生产、财务、技术等部门并列存在。二是采购责任的划分。由于企业的经营规模和经营战略不同，造成总部所属各事业部在经营范围上各有区别，各自的需求也不相同，采购的形式也因此不相同。有些企业的采购是由各事业部自行完成的，而有些企业为了加强管理、降低成本，将所属的各个采购部门统一起来，进行集中采购。三是采购政策的影响。企业对采购中心的采购范围、采购金额、供应商范围和采购程序的规定，对其采购活动有着十分重要的影响。

三、转卖者的市场购买行为分析

转卖者具有生产者和消费者所不能代替的特殊作用。在商品经济社会，生产者在研发和生产产品上拥有更多的资源，具有更多的优势，在其生产的商品中有一部分是自产自销，直接卖给消费者，但绝大部分产品要通过拥有销售渠道、掌握先进经营理念和销售模式的中间商来完成转卖给消费者的任务。所以，转卖者在经济社会中起着沟通产销的媒介作用，同时为买卖双方提供更加专业和完整的服务。研究转卖者市场购买行为的特征是企业开展营销管理工作的重要环节。

(一) 转卖者市场的概念和特点

1. 转卖者市场的概念。与产业市场相比，转卖者市场的需求也是派生需求。转卖者的需求通常在其对消费者市场需求的了解而做出消费者会提出哪些需求、要求自己能够予以满足的基础上，确定自己的购买方案。由于其经营方式主要是买进卖出，因而对购买价格也更敏感。同时转卖者对营销者的交货期、促销方式、退货服务条件、技术服务和售后服务的全面与及时等都有较高的要求。转卖者的购买行为指的是在相关因素的影响下，转卖者在购买过程中所进行的一系列有意识的活动。转卖者的购买过程类似于生产者市场购买者的购买过程。

2. 转卖者市场及购买行为的特点。与其他组织市场相比，转卖者市场及购买行为有如下几个特点：

(1) 从社会整体市场的角度看，转卖者市场的空间分布状态较生产者分散，较消费者集中。由于产业市场购买者受生产力布局的制约要更大，因此转卖者更多考虑的是与消费市场距离缩短。

(2) 转卖者之间在规模上的差异，比生产者之间的差异更为明显。

(3) 转卖者的购买批量，因市场需求、自身经营特征、资金能力、储存条件等的不同而存在着很大的差别。

(4) 转卖者市场的需求也是一种派生需求，但对社会需求变化所表现出的反应比生产者快，因此转卖者市场的营销者更应注意从社会需求的角度来了解和把握其市场的需求内容、需求水平及变化趋势。

(5) 转卖者是从购销差价中获取利润的,通常要承担对所购买货物的各种市场风险,这决定其购买行为的理性化程度很高。

(6) 生产者市场的购买者通常是在产品具有适用性的基础上考虑有关交易条件的,而转卖者市场的购买者则一般是在产品适销对路的基础上考虑有关交易条件的,并且他们对产品的技术性要求通常只强调其符合有关的技术标准。

(7) 转卖者市场相比生产者市场而言对价格的敏感性较强,而且通常需要供货企业在广告宣传、商业信用、退货保障及有关的服务等方面给予支持和协助。

(8) 转卖者市场的购买者较生产者市场的购买者在供货来源的选择方面有更大的自由度,因而具有经常变换供应商的行为表现,借此获取更有利的交易条件,寻求更适销对路的产品,这进一步激化了转卖者市场的供应商之间的竞争。

(二) 转卖者的购买对象

在转卖者市场上,批发商购买商品主要是将其转卖给其他的中间商和生产者市场、事业团体市场、政府市场等,一般不直接将商品转卖给最终消费者。零售商购买商品主要是将其直接零售给最终消费者,有时他们也将其销售给其他类型的用户。生产者生产的产品除通过直接渠道的形式销售外,基本上都是通过转卖者的渠道销售给目标顾客。

一般来说,转卖者的购买对象主要有两大类:一是转售给各种组织购买者供其生产、经营或履行社会赋予其完成各类职能的各种产品;二是销售给最终消费者的各种消费品。零售商的采购对象主要是与人们生活密切相关的消费品。

(三) 转卖者的购买类型

按转卖者面对的购买问题的性质,可以将其购买行为分为以下四种类型:

1. 重复进货,指的是对那些日常经营的商品和销路好的产品,当转卖者的库存下降到一定水平时,就从原来的供货渠道以原来与供应商商定的价格和条件购买同样的商品。这种进货方式使转卖者往往会与某一供应商签订一个长期的供货合同。因为在这种情况下,转卖者可以从供应商那里得到更多的优惠。对于转卖者来说,重复进货的购买类型所要做出的决策最少。

2. 选择最佳的供应商。采用此种购买类型的转卖者知道应采购什么品种的产品,但需要选择最合适的供应商。选择这种购买类型的主要原因是:

(1) 当直接重购的产品难以买到时,转卖者便要重新寻找货源,选择最合适的供应商。

(2) 在经营的某种产品货源充裕,而该产品的各种品牌在市场上的声誉、销售渠道、供货条件等方面存在着差异时,转卖者为了提高经营效益也会从多个供应商中选择最合适的供应商。

(3) 当转卖者使用自己的品牌经销商品时,便要寻找愿意放弃自己品牌的供应商。

3. 争取最佳的交易条件,即转卖者并不打算更换供应商,而是希望现在的供应商在交易条件等方面给予更多的好处，如提供更多的服务、更优惠的信用条件和更大的价格折扣等。

4. 新购，即转卖者采购现有经营品种以外的新品种。在这种情况下，转卖者就要对该品种产品的销售市场进行调查研究以决定是否经营，同时要了解供货来源并选择供应商。在几种购买类型中，此类购买类型需要制订的购买方案和购买决策最为复杂。

(四) 转卖者市场的购买过程和影响因素

1. 转卖者市场的购买过程。转卖者市场的购买过程，大体要经过认识需要、确定需要、说明需要、物色供应商、征求建议、选择供应商、正式订购、经营效果分析与评价八个阶段，但这一购买过程主要适用于采用新购这类购买类型的情况，而对采用争取最佳交易条件、选择最佳供应商以及重复进货的购买类型的转卖者来说只需经历某些阶段即可。

需要指出的是，与生产者市场采购不同，转卖者是"为卖而买"，即为了更好地满足顾客的需要转卖者才产生自己的需要。可见，转卖者的"需要"是顾客的"需要"。转卖者市场在采购过程中的认识、确定和说明需要，都并非是自己的需要，更多的是他们顾客的需要，而要做到这点，转卖者会更加重视市场调查与预测，商品的生产与运输，商品的质量、功能、性能乃至款式等的变化信息。只有这样才能做到产品的适销对路。

作为转卖者市场的营销者应该是各种产品生产企业，既然转卖者市场的需求即是顾客且多为消费者需求，那么生产者就要充分掌握消费者市场信息，并及时准确传递给转卖者，即自己的顾客，加快转卖者认识需要、确定需要到说明需要的过程。此刻，转卖者会更愿意选择自己成为他们的供应商。

2. 影响转卖者购买行为的因素。除环境因素、组织因素、企业内部人际关系因素以及个人因素等外，最重要的也是决定性的因素应该是顾客。顾客的需求，购买行为等都会导致转卖者购买行为的改变。例如原先的顾客现在热衷于网购，这势必导致实体商店向电商靠拢，从而使得转卖者也必须接受网购的方式成为网店。

以上对转卖者市场及购买行为的阐述与分析都是将转卖者视为以掌握产品所有权为目标的状况下购买产品的。而现在许多转卖者更多的时候是以"生产商代理"的身份来取得产品，此时，转卖者所需开展的决策就简单多了，相应的转卖者购买行为与购买类型也简单多了。

四、政府市场购买行为分析

政府采购是指各级政府为了开展日常政务活动或为公众提供服务，在财政的监督下，以法定的方式、方法和程序，通过公开招标、公平竞争，由财政部门以直接向供应商付款的方式，从国内外市场上为政府部门或所属团体购买商品、设备、物资和服务的行为。

(一) 政府市场购买行为的特点

政府市场是一个巨大的、具有很强吸引力的市场，对于任何一个有意进入政府市场的组织来说，都必须首先了解政府采购的特点。与其他组织市场的购买相比，政府市场购买行为特点有：

1. 不具有营利性。政府市场与产业市场或转卖者市场的购买行为相比，不具有以获取利润为基本目的的特点。

2. 采购规模巨大且稳定。随着政府为社会提供服务的活动范围不断扩大且质量不断提高，政府采购规模也日益扩大。与此同时，由于政府采购都须纳入各级财政预算，所以政府购买一经批准不可改变，具有稳定性特点。

3. 追求物美价廉。政府市场采购者由于受财政预算的约束，采购时必然追求价格低廉，同时各级政府对所购产品和劳务都要求达到规定的质量标准。

4. 受到多方监控。政府为了保证有限的经费能够发挥更大的作用，防止贪污腐败和专款不能专用，政府市场采购行为与采购人员受到了更多的监控。例如，来自审计、司法、各级人民代表大会和各类舆论的监督。

5. 购买程序复杂。政府市场购买过程中涉及较多的环节和部门，购买程序极其复杂。具体表现为政府采购中的决策参与人员较多，需要经过许多部门的审核与批准。企业在对政府市场开展营销的过程中，要充分了解和适应其特点。

6. 注重保护本国产业。政府采购出于保护本国产业的目的，相比国外供应商而言，更倾向于购买本国供应商的产品或服务。

7. 采购对象繁杂。政府市场的采购对象十分繁杂，它可包括交通运输工具、通信设施、日用生活品、办公用品和劳保福利品等实物产品，亦可包括如卫生、园艺、修理、水电等方面的服务和军事装备等。

(二) 政府市场的购买目的和方式

政府肩负的政治职能和经济职能使得政府市场的采购目的是多方面的，具体包括强化国防和军事实力，保障政府日常活动的顺利进行，调节和控制国内经济，以及对国外进行商业性、政治性或人道主义的援助等等。为此全国人民代表大会专门制定了《政府采购法》。

政府市场的采购方式归纳起来主要有以下三类：

1. 公开招标采购。即政府市场的采购者公开发布招标书和招标广告，说明采购产品的品种、数量、规格等方面的具体要求，邀请供应商在规定的期限内进行报价，通过投标和竞标，由采购组织选择与提供最佳交易条件的供应商成交。

2. 议价采购。议价采购就是指政府机构和政府市场采购组织就某个技术复杂、研究开发成本高、风险大的采购项目直接与一家或几家企业在其他条件相同下就价格问题开展协商，最后和其中一家或几家签订合同，达成交易。

3. 日常性采购。为了保障日常业务活动的顺利进行，政府市场采购者还必须进行一些交易金额较小、现货现款的日常性采购。

(三) 政府市场购买组织和影响因素

许多国家的政府都设有政府采购组织，一般包括行政部门的购买组织和军事部门的购买组织。通常情况下，政府采购组织往往不是独立的组织，而是隶属于政府机构中的某个部门，或者属于政府组织中某部门的某个职能范围。行政部门的采购组织负责采购最常用的物品，如办公用的家具、设备、车辆等，在政府市场中起着采购代理商的作用，并负责监督其他机构按标准化的采购程序进行采购。军事部门的购买组织负责统一采购和分配各类指定的军需品。

政府市场的采购虽然也同样受到环境因素、组织因素、人际因素和个人因素等四大类因素的影响，但与产业市场、转卖者市场相比，还更多地受到国家和社会公众监督、国内外政治和经济形势及自然因素的影响。

五、购买者行为的新趋势

社会经济的不断发展改变着人们的观念的同时也在改变着人们的生活方式。人们工作与生活节奏的加快导致时间观念提升，无论是消费者还是各类组织的购买行为也发生巨大的变化。便捷是购买者选择购买方式的基本条件。社会科技进步使得互联网、电子商务等新的购买方式成为现实，影响不同市场购买行为的诸多传统因素其作用正在逐渐减弱。例如，同时影响消费者市场购买行为和各类组织市场购买行为的因素——个人因素，由于互联网的存在而使得原本因各购买者个人原因导致存在的意见分歧，可以在短时间内达到一致，使得购买行为在不同购买者的购买方式上加速了趋同性。

与任何新生事物在产生的初期都会有一个混乱的过程一样，通过移动通信设备完成的所谓网购的购买活动大有直逼实体商店购买的趋势，随之也带来了一系列不良行为。2016 年 3 月 15 日央视(CCTV)在 3.15 晚会上曝光的不法行为，使得人们对“互联网+”产生了疑虑甚至恐惧，这对购买行为的变化尤其是网购会产生一定的负面影响。

本章小结

● 消费者市场的特点主要体现为消费者市场需求的特点和消费者市场购买行为的特点。

● 消费者购买行为的内容是“7O”，即购买者、购买对象、购买目的、购买组织、购买方式、购买时间和购买地点。

● 购买行为模式有经济学的效用模式、心理学的学习模式、社会学的群体模式和营销学的“黑箱”模式。

● 消费者市场购买决策的角色有倡议者、影响者、决策者、购买者和使用者。购买决策的影响因素有文化因素、社会因素、心理因素和个人因素。

● 消费者购买行为的类型有复杂性购买行为、减少失调感购买行为、寻求多样性购买行为和习惯性购买行为。

● 消费者购买行为由五个阶段组成，即需要确认、信息搜集、备选产品评估、购买决策和购后行为。

● 组织市场是指企业为从事生产、销售等业务活动和政府等组织为了履行职责而购买产品和服务所构成的市场。组织市场按其购买目的不同划分为产业市场、转卖者市场和政府市场。

● 与消费者市场相比,产业市场有明显不同的特征:购买者数量少、购买量较大、供需双方的关系密切、产业市场是专业采购、直接采购和互购、购买决策的人数众多、租赁、用户地理位置集中、衍生需求、需求波动大、需求缺乏弹性等。

● 产业市场采购类型有直接重购、修正重购和新购。采购中心通常由发起者、使用者、影响者、决策者、批准者、采购者和监督者七类人员组成。

● 产业市场的购买分为八个阶段,即需求识别、确定需求要项、确立产品规格、寻找供应商、征询报价、确定供应商、正式订购、绩效评估。

● 产业市场购买的影响因素有环境因素、组织因素、人际因素、个人因素四大类。

● 转卖者市场的采购过程与产业市场相似,但转卖者重视市场调查与预测、商品选择、库存控制、商品陈列、广告节目时间分配、适销对路、产品生命周期阶段以及编配。

● 政府的采购方式有公开招标采购、议价采购、日常性采购。

● 与生产者市场、转卖者市场相比,政府市场还受到国家和社会公众监督、国内外政治和经济形势及自然因素的影响。

芸芸众生,日出而作,日落而息,为生存与发展必然会产生各种需求。在社会化大生产的当今社会需求得以满足多数情况下是通过购买来完成的。消费者的购买行为是在各种商店完成,商店要履行自己“保障供给”的承诺就要有货可售,从而产生向商品生产者提出购买各种商品的购买行为,为了实现自己的承诺更是为了确保自身的生存与发展的需要,生产企业在获取商店的订单后组织生产,于是就产生对各种生产资料的需求,再产生购买原材料、零配件、能源等购买行为,环环相扣。要了解各类顾客的购买行为,就应该从源头寻起。消费者的购买行为特点以及变化趋势,转卖者为满足消费者需求,他们的购买行为及购买行为的变化趋势,生产者的购买行为及购买行为变化趋势,逐一分析研究下去。

现在是互联网+、大数据时代,信息收集方式的改变也会在一定程度上影响所有顾客的购买行为和购买行为变化的趋势,这是营销者在购买者行为分析时必须注意的。

章末案例

消费品首先必须为消费者所需

1982年,已经七十多岁的艾利·卡拉威由于对高尔夫球运动非常感兴趣和几个同样酷爱高尔夫球的朋友成立了一家公司,即卡拉威高尔夫公司。卡拉威公司在创立之初的市场导向是:为业余球手开发更顺手的球具。卡拉威的宗旨就是为业余球手开发更具亲和力的产品。这种客户价值定位使卡拉威公司从1990年代就进入了高速发展时期,成为全球著名的高尔夫球具制造商。

卡拉威公司的第一款经典之作当数1991年推出的“Big Bertha”1号发球木。此前的高尔夫球具制造商所提供的都是针对职业高尔夫球手使用的1号发球木,击球点稍稍偏离球心,球就会打歪。而“Big Bertha”增大了球杆的容错度,即使球手在偏心击球的情况下,仍然可以将球击打到自己想要的目标。容错度的提高,使得球手打起球来就更容易,因此“Big Bertha”的问世,使得无数此前苦于对高尔夫球运动缺乏相应技能的业余球手很快就能获得高尔夫球给自己带来的愉悦——甜蜜感,这使得“Big Bertha”成为明星产品。公司之后又推出了基于该系列的一系列产品,也取得了巨大成功,不仅成为业余球手的首选,也获得职业球手的青睐,从此奠定了卡拉威在高尔夫球具行业中的重要地位。

但是这种产品开发导向并没有持续下去。2000年,卡拉威推出了名为ERCⅡ锻造钛的1号木球杆。新技术的运用可以使这款产品的击球到达更远的距离,但是,由于该产品的一些主要技术参数违反了美国高尔夫球协会(USGA)的相关认证规定。USGA声明,使用这种球杆取得的成绩将不被协会认可,英国皇家古典高尔夫俱乐部(R&A)随后也做出了同样的声明。这使得ERCⅡ在职业球员中彻底失去市场。艾利·卡拉威认为,业余球员对成绩不会在意,但其实不然,ERCⅡ在业余球员市场也遭到了冷遇。卡拉威产品市场推广失败,虽有高尔夫球协会的制约之故,但是与卡拉威的过度扩大自己产品的容错度也有关系。卡拉威推出的新产品使得技能不高的业余选手,能够创造出好成绩,这有悖体育运动的精神。此种仅依靠运动器具而不是凭借运动员个人的运动技能获胜的策略,将会被社会摈弃。

2005年,乔治·费勒接任卡拉威。费勒在对卡拉威的问题进行分析研究后指出,公司此前是基于“我们自己对产品和高尔夫球运动的理解”而非“对客户需求的理解”去开发和销售产品。基于高尔夫运动已经日益大众化的现实,费勒决定扩大公司的目标消费群体,将公司转变为一家生产大众消费品的高尔夫球用具公司。

费勒新战略的核心在于使高尔夫球运动更加便宜和大众化。费勒推出了中、低端价位的产品系列,同时又丰富了产品线,开发了服务于初学者、进阶球员和职业球手的系列产品,还专门为女性和儿童设计产品,改造各类高尔夫球练习场地。

费勒改革公司的产品研发体系。研发人员会邀请潜在用户共同讨论新品的功能、设计、价位,甚至是球杆击打声。生产部门人员也加入产品研发团队。由于听取并采纳用户的建议,卡拉威的产品重新得到了市场的肯定。

产品本身迎合了市场的需求,还只是成功的开始。如何选择产品的最佳推出方式、时间和频率同样至关重要。卡拉威公司一改以前在亚洲市场做产品推广时采用自己在美国获得成功的模式,忽略亚洲市场的球员在文化品位上的特殊性。市场推广的方式、时间和频率都视市场信号而定。以亚洲为例,日本、韩国这样高尔夫球运动较成熟的市场，对高尔夫球用具更新的需求大，卡拉威公司就会顺应市场，定期更新产品，而对还处于市场培育阶段的中国市场，卡拉威公司推新品的速度就会缓慢很多。

除了研发体系的变革之外，卡拉威的新定位也对公司在营销、运营等各个环节的管理都提出了新的挑战。费勒首先调整了以往卡拉威只管将产品卖给零售商，对消费者漠不关心的做法，开始关注消费者的购买体验。他们定期给零售商培训，让销售人员了解引导消费者购物的技巧、产品特性的展示以及如何使消费者的购买过程更加愉快等。同时，费勒对卡拉威公司的产品促销手段做了调整，从而使得每一项促销活动更加与区域市场消费的习惯相吻合，从而获得最好的效果。

案例分析

1. 对于"回归客户价值主张"与"以客户需求为导向的研发"两者之间是否有什么不同？
2. 有效的营销方式对提升公司运营效率是否一定有所帮助？为什么？
3. 产品迎合市场需求为什么还要准确选择产品推出的时间与频率？

本章复习思考题

1. 消费者市场需求与购买特征有哪些？
2. 从营销学角度看消费者购买行为模式的构成。
3. 消费者购买行为四种类型的含义？
4. 影响消费者购买行为的因素有哪些？
5. 消费者的购买过程由哪些环节组成？
6. 组织市场的构成内容与组织市场购买特点有哪些？
7. 产业市场的购买过程由哪些环节组成？
8. 影响产业市场购买行为的因素有哪些？
9. 转卖者的购买行为主要有哪些类型？
10. 政府市场购买的特点有哪些？
11. 在新环境下购买行为又在发生哪些变化？

本章问题与应用

1. 中国消费者已经成为国际奢侈品的最大购买群体，为什么中国旅游者会到国外旅游时在国外市场选购奢侈品？怎样让中国消费者在国内实现自己购买国际奢侈品的目的？

2. 消费品市场是决定其他市场变化的关键因素，中国经济发展更大的推动力源自中国消费品市场的繁荣。而2015年中国消费品销售出现了问题。作为企业在调整自己营销策略时应该做些什么？

2015年中国日用必需品销售减少

2015年，有统计数据表明中国日用必需品销售有所减少，对于一个指望增加消费来抵消投资和出口放缓影响的经济体而言，这是一种令人担忧的迹象。

根据贝恩公司(Bain Company)和凯度消费者指数(Kantar Worldpanel)的一份研究报告，以销售量衡量，2015年中国城市消费者的快速消费品(FMCG)销售同比下降了0.9%，低于2014年0.1%的销售增幅。以销售额衡量，快速消费品销售同比增长3.5%，低于2014年5.4%的同比增幅。

这份研究报告对占快速消费品总销售的80%的包装食品、饮料、个人护理和家庭护理产品等的销售状况以及具体的消费群体，做了专门的分析，指出这种快速消费品销量下降对蓝领工人的冲击最大。以销量衡量，方便面销量下降12.5%，啤酒销量下降3.6%。“超值啤酒”的销量比高端啤酒下降得更厉害。

但是，其他日用必需品类销量增长强劲。化妆品销量增长15.5%，护肤品增长13.2%。尽管总体销售状况不佳，但有些品类的增长幅度很大，凸显出中国市场上快速消费品和其他消费品两种截然不同的发展速度：一个下跌，一个增长。

报告显示，中国消费者开始从实体零售店购物转向线上平台，比如京东(JD.com)和阿里巴巴(Alibaba)旗下的淘宝网(Taobao)等。2015年，巨型超市在中国的销量首次下降。以销售额衡量，城市的巨型超市快速消费品销量下降了0.2%，顾客流量减少了4.6%。在实体零售店中，便利店的表现更好，它们迎合了腰包很鼓、时间很少的城市消费者的需求，销售额增加了13.2%。电商渠道销量增加了37%，销售额增至近4万亿元人民币，使中国成为世界最大的电商市场。报告提出，婴儿用品和护肤品是最畅销的网购品类。

随着本地品牌质量和分销能力的提高，外国日用必需品品牌也开始出现市场份额减少的趋势。2015年本地品牌的销售增长了7.8%，而外国品牌同比减少了1.4%。宝洁(P&G)公司认为，中国市场销售放缓，是去年拖累其整体增长趋缓的因素之一。

对这份报告有专家指出，商品销量减少，尤其是日用必需品销量下降，不能描绘出有关中国整体消费趋势的真实全貌。在医疗、教育、旅游和娱乐的引领之下，服务业会有非常迅速的增长。

3. 在信息社会环境下，产业市场的购买者与供应者受空间分布差异的影响是否在缩小？为什么？

4. 在任何市场都必定有购买者或者叫采购者，有时采购者是一个人，作为个人购买者，请问：消费者市场、产业市场、组织市场和政府市场的采购者其个人在整个购买决策和购买行为中所产生的作用有哪些差别？

5. 阅读下面的案例，请就中国消费者在日抢购纸尿布的购买行为谈谈自己的想法。

中国人赴日争购纸尿布

在日本东京经常可以看到：东京银座的一家商店正准备打烊，导游正在劝说几位来自中国的游客回到大巴车上，而这些游客还在为买什么品牌的纸尿布在热烈讨论。由于近来中国游客借旅游之便购买纸尿布的情况有不断增长之势，导致日本相关部门作出每名购买者限购一箱纸尿布的规定。有些游客抓起最大的一箱妙而舒(Merries)，另一些则拿起一箱大王(GOO. N)，离开商店登上大巴。中国游客一致盛赞日本纸尿布的柔软度。

据里昂证券(CLSA)预计，亚洲纸尿布市场的年销售额将从目前的120亿美元上涨至2030年的450亿美元。随着较富裕国家日益老龄化，成人纸尿布占亚洲纸尿布销售额的份额将日益扩大。同时，新生儿的增长也是导致该产品迅速增长的重要推力。

中国婴儿平均每个月使用的纸尿布数量从2009年的21片增加至2014年的39片。在询问一些中国游客选择购买日本纸尿布的缘由时，得到的答案是"从来没用过(或者极少使用)中国国产品牌的纸尿布"。

妙而舒是日本花王集团(Kao Corp)生产的在中国许多社交网络论坛上讨论最多的一个纸尿布品牌。优质品牌每人限购一箱的限制不仅出现在中国游客聚集的银座商店，还存在于日本各地的超市。没有什么依据表明中国消费者有停止借来日本旅游之际抢购纸尿布的迹象。促使中国消费者来日本购买服装、食品以及护肤品产品的第一原因是日本同类产品的质量。另一个助推因素是日元自2013年开始贬值。更有中国游客以及平行出口商迅速发现，在静冈县买一箱妙而舒比在上海买更便宜。从妙而舒在日本所占市场份额由2012年的23%上升至2014年的29%，便可知道其内含的隐秘。

6. 客户满意是企业开展营销活动的目标。真的是"客户越满意，生意越好做吗"？还有如何使客户满意与企业的经营效益做到最佳对应？看看下面的例子，找找原因。

客户越满意，生意就越好？

自1875年起，美国芝加哥大型百货公司 Montgomery Ward 就对顾客做出这样的承诺"不满意，就退款"，目的是在所有提供邮购的零售商中独树一帜。现在，很多企业都做出了令客户满意的承诺，大家想当然地认为，客户越满意，生意就越好。

实际情况是，客户满意度与客户消费行为之间的关系非常弱。研究发现，客户满意度变化水平对其消费支出变化的解释力不到1%。那么，到底值不值得为客户满意度花这么多钱？为了找到答案，有关机构深入调查，收集了超过300个品牌的经营者和逾10万名顾客的数据，来了解客户满意度与业务绩效的关系，发现客户满意度对业务的提升没有多少关系。

因此，真正重要的不是你的品牌有多少满意的客户或推荐者，而是你的品牌在客户心目中的满意度相比竞争对手而言排名如何。如果将绝对满意度水平转化为相对排名，就可以解释客户消费中超过20%的变化。

尽管研究发现客户满意度与盈利能力之间很可能没什么关联，但这也不是绝对的，下面我们就为管理者提出几个有助于让两者保持一致的策略。

(1) 对公司的价值与对客户的价值。公司应当减少对那些不能为公司提供多少价值的客户的投资，或者降低对他们的服务水平，而服务好那些为公司贡献高利润的忠诚客户。

(2) 市场份额与客户满意度。如果你的品牌属于高市场份额、低客户满意度型的大众品牌，那就必须在价格、便利性或产品组合这几个重要方面尽最大可能满足客户需求，以弥补客户其他个性化需求得不到满足的遗憾。而小众品牌想要生存，自然需要更高的客户满意度。

(3) 满意度与客户优势。管理者一定要了解品牌的满意度水平是不是能够转化为客户对你品牌的首选。如果是高满意度的客户首选品牌，那就继续服务好客户。如果是低满意度的非客户首选品牌，那就维持自己独有的、其他竞争对手很难提供或者很难有利润提供的产品，或者建立市场进入壁垒，让客户喜欢的品牌进不来。对于满意度高但并非客户首选的品牌，则要做到与关键竞争对手的差异化。有些品牌，尽管满意度低，却是客户的首选，比如沃尔玛，它的购买力大，供应链管理成本低，虽采取低价策略，同时还能有不错的利润空间。其他很多企业则很难做到如此，它们必须提高满意度水平，来保证自己始终是客户的首选品牌。

(1) 顾客满意度真的与企业生意好会没有多少关系吗?

(2) 统计数据其实不一定能让大家看到实际的后面的真实，要学会分析。

7. 中国消费者市场发展到今天，大概已经没人再怀疑这是世界最大的市场了吧。但是中国消费者市场，或者中国消费市场的特点及其将来的变化，可能连中国最权威的研究机构也说不太清楚。看看外国学者的观点，或许对我们有些启发。

中国的消费真的拉动了中国经济增长?

中国经济增长放缓，已为世人共知。经济增长模式从依靠投资转向依靠消费拉动经济增长，也为更多的人所理解。然而中国消费增长的实际却难被人们看到。为什么? 因为没有找准方向。高、低端零售表现不佳，但是中端销售，正是消费热潮上演的地方。

先从奢侈品领域说起。奢侈品的黄金时期很可能已经结束。受经济放缓、反腐运动持续开展和奢侈品的“大众商品化”影响，奢侈品消费正在放缓——奢侈品“大众商品化”是指中国买家不再认为奢侈品非常特殊或独特。中国奢侈品支出在2014年首次出现萎缩，2015年，瑞士手表在我国香港出口量——中国人购买奢侈品情况的晴雨表——下降23%，劳斯莱斯汽车在华销量暴跌54%。

在低端市场，诱因有所不同，但前景同样黯淡。中国廉价品牌过去屡试不爽的“竞相降价”策略已经失灵。收入水平不断增长促使消费者更加注重品质和健康，他们现在有能力而且也愿意为此付费。面向蓝领消费者的快速消费品公司因此经营惨淡。去年方便面和啤酒销量分别下降 12.5%和 3.6%。电子商务领域也在变化，人们从 C2C 平台购买廉价的无品牌商品，转向在 B2C 平台购买优质品牌产品。后者交易额占整个电商市场的份额从 2011 年的 25%升至 2015 年的 51%。

在高低端市场趋于黯淡的同时，中档产品市场在中国发展迅速。中档产品市场正在质量和价格之间取得平衡，让人们感觉物有所值的商品已经成为中国增长最为快速的消费领域。已经顺应这种趋势的几个消费品牌，韩国化妆品公司爱茉莉太平洋（Amore Pacific）旗下的悦诗风吟（Innisfree）、兰芝（Laneige）和伊蒂之屋（Etude）等品牌，有着与欧洲高端品牌类似的设计和营销，但价格更为亲民，从而在中国受到青年消费群体的欢迎。爱茉莉太平洋的股价自 2014 年以来上涨了三倍。日本服装公司优衣库（Uniqlo）中国市场从 2013 年至 2015 年，年均销售增长率达到 62%。法国体育用品零售商迪卡侬（Decathlon）利用这种注重性价比的消费趋势，将中国门店数量从 2012 年的 55 家增至 2015 年的 166 家。

中国国内品牌也发展神速。总部均位于杭州的绿茶（Green Tea）和外婆家（Granma's Home）在全国各地开设连锁餐厅，门店数量在三年时间里增长了两倍。它们在市中心地段提供时尚休闲的就餐体验，以及似乎无利可图的餐品价格。

无论是从产品偏好还是从客户类别来说，中国消费都在向中端（中档产品、中产阶层）集中。这对中国经济是好事，反映出增长模式更加平衡、财富分配更加平等。这给国内外品牌经营者都提供了一个重要信号——中国消费热点在何处。

（1）中国是人口大国，经济的发展与消费之间一定存在明显的相关关系。

（2）定性分析不总是有效的。

8. 人们都说，掌握了青年消费品市场就是控制了整个市场的绝大部分。但是，理解、把握住青年消费群体的需求与购买行为等的发展趋势却是一个棘手问题，或许下面的例子能为大家提供一些启发。

中国青年消费群体的购买影响力

来自多方的研究结果都显示了一个重要的市场信息，在中国，被人们戏称为“80 后”和“90 后”的“千禧一代”约有4.15亿人。他们过着非常忙碌的生活，与经合组织（OECD）国家相同年龄段的人群相比，他们平均每周多工作 8.3 个小时。因此，这群青年消费者对便利的需要非常强烈，在很大程度上促使他们更具有随时随地在线购买快速消费品的需求。2011 年至 2015 年间，中国快速消费品在线销售平均增速为 78.4%，远超美国的 10.7%和英国的 7.9%。2015 年，中国在线快速消费品销售总额达 1 320 多亿元，比英美两国加起来还多。从某种程度上说，这对中国这个世界第二大经济体消费趋势日益增长的影响作用非常显见。

同样来自中国国内与国际的研究组织预测，随着中国“千禧一代”的平均年收入从2014年的10.6万元增长至2024年的16万元，这一消费群体势必将主导中国未来10年的消费格局。

在2015年，“千禧一代”更加关注电影及各种文艺演出、出境旅游、宠物食品、净水器及益生菌酸奶等产品，而这些产品是过去几代人所享受不起的。也正是为了获得远超过他们长辈的生活水准，中国青年群体接受了长时间工作、忍受交通拥堵和严重环境污染的状况。

虽然在线购买快速消费品已经日益成为中国青年消费群体的一种经常性选择，但是，快速消费品在线销售仅占2015年中国零售电商市场的5%。根据“中国互联网观察”(China Internet Watch)分析，2018年或将达到10万亿元。

如此快速的增长不只依靠消费习惯转变的支撑。阿里巴巴(Alibaba)、京东商城(JD.com)等大型电商公司一直在投入巨资建设物流体系，以实现更快速的商品投递。京东在中国各地拥有7个“超级”仓库、234个大型仓库及6 756个发货仓库，这些仓库帮助京东在全国18个城市实现快速消费品两小时送达服务。

中国快速消费品在线销售的火爆对外国公司也是好消息。美国零售商好市多(Costco)2014年决定通过阿里巴巴旗下天猫商城(Tmall)销售食品。而这一年就“双十一”一天就卖出两千多万元的商品。每年的11月11日是阿里巴巴及更多的电商推出的在线购物打折日，相当于美国的“网购星期一”(Cyber Monday)和“黑色星期五”(Black Friday)。

(1) 在中国，快速消费品在线销售出现了快速发展的趋势，这会对其他市场产生怎样的辐射效果?

(2) 销售量的急剧增长，也会产生相关的问题，例如不能及时送货、退货率增加等，你有什么好办法?

第五章
目标市场营销

□ 学习目标

- 了解目标市场营销的含义以及它所包含的内容
- 认识为什么需要和如何进行市场细分
- 了解企业怎样选择目标市场
- 掌握企业如何选择、制订目标市场营销策略组合的方法
- 知道企业如何利用差异化工具进行市场定位

□ 开章案例

高端市场还要坚守吗

贺一鸣的创业史就像是一本品牌推广实用手册。在母婴行业经历了十年浮沉后，嗅觉敏锐的他发现了新的商机和市场空白点——母婴营养品，他希望在这片蓝海中开创属于自己的品牌。于是就有了他带领金宝基于"反向OEM"来塑造品牌的故事。

贺一鸣将自己的品牌定位为高端母婴营养品专家，选取一线城市"80后"的年轻妈妈作为目标客户，为她们提供国际顶级的母婴营养品。他采取了逆向思维——找全球顶级供应商为自己代工。

机缘巧合，蜚声业界的DHA藻油原料提供商美国杰瑞思公司也在寻找有丰富从业背景的中国代理公司。贺一鸣凭借业界的良好口碑成为其产品在中国的唯一代理商，并为自己引进的产品创立了"金宝"品牌。之后，金宝很快又与德国西姆公司签订了维生素系列的独家采购协议。

经历了消费者培育、口碑营销和渠道整合的品牌扩张三步骤之后，金宝在线上线下全面开花。目标人群的品牌认知度达到30%，品牌忠诚度更是高达70%。

可贺一鸣认为，金宝的品牌推广的确很成功，但由于企业自身没有研发生产能力，受产品供给企业的制约很大，也许很快会遇到增长乏力的问题。

这时，杰瑞思公司的中国区总裁雅克来电，约贺一鸣共进午餐。上菜前，雅克传达了公司总部的决定——这次续约会将佣金下调6个百分点，这意味着金宝的利润空间又要

被压缩了。贺一鸣以公司成本高企为由，希望雅克能够通融，雅克却只是建议他提高售价。

贺一鸣思忖，经济不景气，高端产品本来就不好卖，况且在品质没有提升的情况下不便轻易提价。看来杰瑞思下调佣金势在必行，他目前唯一能做的就是在这6%中周旋一下。

没过多久，分管品牌合作的副总郁磊给他带来一个好消息。他一直跟进的法国阿尔勒公司益生菌产品的引进有了眉目，已经进入合作条款的磋商阶段，顺利的话，月底就能拿到代理合同，金宝的品牌家族即将增添一位新成员。

按照他的想法，金宝只要不断寻找顶级供应商，他们就会有更多的选择，更多的选择意味着更多的议价筹码。随着金宝家族的不断壮大，若干年后，消费者甚至忘记了金宝是哪个国家的品牌，只知道国际顶级的母婴产品都汇聚在这里。

贺一鸣的高兴劲儿还没过，郁磊紧接着说了两个坏消息：一是乳品行业巨头开元集团最近动作频频，不但开始插手母婴营养品品类，更针对高中低端市场分别推出不同的产品系列，尤其是它的高端产品也加入了国际元素，大有与金宝一较高下的架势；二是食药监局为稳定物价，控制进口食品增长过快的趋势，而增设了一些技术标准的限制，虽然这次的限入令对金宝的影响不大，但下一次就难说了。

贺一鸣和郁磊将自己与对手的优劣势做了一番比较：金宝的优势在于进入市场早，产品全部采用原装进口，在高端市场的消费者中享有良好的口碑；对手的优势则更明显，规模大，资金充足，品牌知名度高，宣传能力、渠道铺货能力强，产品覆盖范围广。

贺一鸣自问，一旦对手火力全开，公司苦心建立的先发优势是否还能维持？高端市场的份额本来就有限，金宝即使拼尽全力，也架不住财大气粗的对手对顾客的狂轰滥炸。再加上食品进口受到越来越多的限制，前路变得更加晦暗难行。而中低端市场，金宝又未曾涉足，根本无从获利。看来，他认定的“最佳搬运工”模式受到了市场的挑战。

他最终还是在白板上写下了“是否要向下延伸”这几个字，就公司目前的产品来说，成本都比较高，往下走的可能性基本没有。他转头看向郁磊，郁磊正在金宝的劣势一栏写下了“没有自主研发和生产能力”，这的确是金宝的硬伤。

一个开元就令他们如临大敌，今后势必会有更多的“开元”，当市场成了红海，金宝要如何安身立命呢？突然，他灵光乍现，提笔画了一条长长的线，将自己写的“是否要向下延伸”和郁磊写的“没有自主研发和生产能力”连在了一起，并在线上加了一句：看一看本土研发生产团队。

自经过一番谋划后，郁磊便开始积极寻找国内的母婴营养品研发生产公司，很快就从中筛选出几家条件不错的。贺一鸣选择了本地小有名气的聚力生物科技公司，并提出了拜访的请求。聚力公司的总经理姜翰亲自接待了他们。

一路上，姜翰给他们介绍了聚力的产品及销售情况，目前聚力自主研发的产品主要有维生素、液体钙、血宝等。聚力的销售是典型的墙内开花墙外香，国内市场一直不温不火，但在东南亚市场倒是颇受欢迎。贺一鸣觉得，聚力的价格其实很有竞争力，如果遇到好的推手，完全能够满足中国中低端市场的需求。

贺一鸣提议去线上看看。偌大的生产车间整洁明亮，工人们戴着帽子和口罩有条不紊地劳作着，车间角落的出货区，已经装箱的产品码放得整整齐齐，他对聚力的印象大大加分。

出了车间，贺一鸣与姜翰聊起了未来的打算。姜翰坦承，对生产研发型的企业来说，最缺的永远是资金，研发的周期一般都比较长，没有资金支撑，半途而废的概率很高。如果金宝注资，他们就能强强联手，金宝可以因此填补研发和生产上的空白，而聚力也能有更好的销路和发展。这是个不错的提议，贺一鸣盘算着，是时候和团队摊牌了。

在公司的品牌战略会上，贺一鸣向团队介绍了最近发生的一些情况及见闻。

销售部经理黄鹤认为，金宝的定位没有任何问题，应该继续与顶级供应商合作，坚守高端市场。此外，金宝可以考虑为顾客提供更多的产品，将来还可以把眼光放向更多品类，成为一个母婴类的大品牌。

客服部经理叶小满带来了一些顾客信息，很多顾客都鼓励金宝开发全系列产品，这样他们就不用费心去比较各款同类产品的优劣，也不用担心买到假货。但是另一方面，10%的顾客觉得金宝的定价太高，9%的顾客只在店铺促销时才购买，如果对手推出的同类产品在价格上占优势，金宝很可能失去现有的顾客。

市场部经理韩思悦则从另一个角度来看问题，金宝可以针对部分价格敏感型顾客或者是中低端市场开发一个全新的品牌，这样不仅可以抵御对手的低价进攻，还能保护公司的高端品牌免受冲击。

郁磊迫不及待接过他的话，指出要实现韩思悦的想法无法跳过一个步骤。就目前的产品成本来说，向下走是不可能的。如果可以通过并购或合作拥有研发和生产能力，就不用受制于人，也可以更方便地开拓市场。金宝要发展壮大，走实业之路是一个必然的选择。

但黄鹤并不看好向下延伸，首先金宝对中低端市场非常陌生，这意味着一切必须从头开始。如果要想双线并行，很可能顾此失彼，到头来一个都做不好，能力决定了金宝只能聚焦，并且小而美才是未来的趋势。而且拥有生产研发能力这件事，他也觉得不靠谱，金宝能投多少钱，又能持续多少时间？

贺一鸣沉默了，金宝品牌自创立以来一直坚定地奋斗在高端市场，并在这块市场上有着成熟的品牌推广和产品销售方式，专注于高端定位，也能更好地维护公司苦心经营的品牌形象。

可是近年来，国外厂商给的利润空间越来越小，进口食品的限制却越来越多，加上对手又来切分蛋糕，金宝恐怕难以招架。如果公司获得了研发和生产能力，凭借现有品牌的影响力，无疑能掌握更多的主动权。

然而，与本土厂商合作开发中低端产品，也存在诸多问题：首先，原来建立的渠道肯定无法共享；其次，品牌一旦向下延伸，可能会令公司目前的高端形象受损，万一两头踏空，公司将面临生存危机；最后，研发与生产需要持续的资金投入，公司能否满足呢？

金宝究竟是继续与国际顶级厂商合作，坚持高端路线，还是想办法获得生产和研发能力，向下延伸品牌？三位专家各抒己见。

□ 案例引导

人生道路有几步关键脚步，企业也是。市场营销管理上的营销战略规划，也即我们说的市场定位，就是企业发展的关键。上面的案例就是企业在关键时刻如何做好自己今后准备做什么的设想、规划和准备。

任何企业的营销活动，最终都将通过营销组合策略来实现。但是，营销组合策略并不是产品、价格、分销渠道、营销传播等几方面的简单加总，任何一个企业，不论其资源、实力如何雄厚都不能满足整个市场的需求，不可能为某一市场的全体顾客提供他们所需要的各类产品或者服务，因此，企业应当围绕某一特定目标市场，对各种营销策略进行合理组合。例如，据财富世界500强提供的数据表明，2015年度第一位是沃尔玛(WALMART STORES)公司，其年度营业收入为4 762.94亿美元。它为自己确定的是零售业行业，目标市场也是国际商品零售市场，当我们想购买一套住房，一整套冶炼设备，或者想去云南香格里拉完成一个旅游心愿，沃尔玛是无法满足你这种需求的。

与此前的营销或营销管理相比，目标市场营销更加具体，即告诉那些准备在营销管理方面做出一番努力的人和组织，应该怎样开展工作，实现理想。目标市场由市场细分、目标市场选择与营销策略组合确定、市场定位(STP)三步组成。

大多数企业把了解消费需求，并满足消费需求作为安排企业营销活动的出发点，开始从满足消费者的不同需求出发，把整个市场划分为若干个需求大致相同的消费者群，一个消费者群就是一个细分市场。企业根据自己的营销能力和专长，选择其中一个或几个细分市场，作为本企业特定的目标市场，有针对性地开发适销对路的产品，制订相应的营销战略，以满足目标市场的需求。

市场细分可以帮助企业更好地识别市场机会，有效进入市场，这个过程主要包括：

(1) 市场细分化(Segmenting)，即按照什么标准来划分整个市场。

(2) 选择目标市场，即目标化(Targeting)，在细分市场之后，结合本企业的资源、技术、信誉等条件选择对企业最具吸引力的一个或几个细分部分作为今后努力开拓经营的目标市场。

(3) 市场定位(Positioning)即对确定的目标市场经过分析后，确定以何种方式进入这一市场，在这一市场上企业处于什么地位，等等。

这三个步骤可以视作一个整体，即STP战略。为了更加完整地阐述如何制订与实施STP战略，我们没有像有些营销管理教科书那样将STP战略放到“市场营销战略”一章。

第一节　市场细分

市场细分(Market Segmentation)就是指企业按照某种标准将市场上的顾客划分成若干个顾客群,每一个顾客群构成一个子市场,不同子市场,在需求上或者对营销者的营销策略的反应上存在着明显差别。例如,将服装这一整体市场按照购买者在性别、年龄等特征上的差别,划分成男性服装市场、女性服装市场、儿童服装市场、青年服装市场、中年服装市场和老年服装市场等。而男性服装市场的顾客需求与女性服装市场的顾客需求存在巨大差别。或者同在男性服装市场上,男性顾客可能对营销者所采用的产品、价格、渠道或促销策略会存在明显不同的反应,有些顾客对价格敏感,而有些则对分销渠道更加敏感。市场细分是选择目标市场的基础。市场营销在企业的活动中包括细分一个市场并从中选择一个或几个把它们作为企业的目标市场,再设计正确的产品、服务、价格、促销和分销系统组合,以满足细分市场内顾客的需求。

一、市场细分的理论依据

市场按照某种标准进行分类划分,并不是由人们主观意志所决定的,因为无论是否划分,市场内部在需求和对营销者的营销策略的反应上所存在的种种差异是原本就有的,这就是消费需求的"异质性"理论,它是市场细分化的基础和依据。

按照商品类别,市场可以分为同质市场和异质市场两大类。同质市场中购买者对商品的需求和对营销策略的反应具有一定的一致性,这类市场不存在细分问题。竞争者提供的商品和使用的营销策略也基本相同。只有很少一部分市场属于同质市场。在异质市场上,购买者对同类商品的质量、特性要求各不相同,或对企业营销策略的反应有较大差异,在这类市场上每一相似类型的需求即构成一个具体的细分市场,因此,异质市场的存在为市场细分提供了客观对象。每一个细分市场也就是一个较小的同质市场。需求的差异是市场细分的内在依据。市场细分不是企业营销管理的终结而是开始,在细分市场后,企业可以选择自己的目标市场,进一步根据不同的目标市场上购买者对商品特性的不同要求,提供不同的商品,采取不同的营销策略。

二、市场细分的作用

市场细分作为概念,是营销管理理论发展的重要表现之一,它为营销活动的管理和决策者认识市场、研究市场、寻找新的市场营销机会、选择目标市场等提供了依据。具体而言,市场细分具有以下重要作用:

1. 有利于企业分析、发掘和捕捉新的市场营销机会,开拓新市场。市场营销机会指市场上存在的各种未被满足的需求，这往往是企业成功的机会。因为首先，如果企业率先进入存在巨大机会的市场，成功的可能性很高；其次，有了新的营销活动发展方向，只有不断地分析市场需求的差异性，才能发现市场机会，如果把握住这些机会，企业也就有了不断发展的新方向。企业通过对纷繁复杂的整体市场进行细分后，了解了每个细分市场需求的情况，就会发现哪些还是目前的空缺市场，还有哪些需求未被满足，如能及时占领市场取得竞争优势，将会给企业带来巨大利益。

2. 有利于中、小企业开发市场，使各类企业在竞争中同存共进。和大企业相比，大量的中、小型企业的资金和经营能力都很有限，往往在整体市场或大市场上缺乏竞争力。然而，在激烈的市场竞争中，众多中、小型企业不但没有被并吞，反而以它们生机勃勃的存在极大地促进了社会经济的发展。其原因就在于，它们具有转向灵活的特点，可以在营销过程中不断发现市场空隙，并及时进入，进行补缺。而市场空隙的发现就与市场细分存在必然的关系，在市场细分的基础上发现那些特定的未满足的需求，推出相应的产品。中、小企业也可以在细分市场中找到适合自己生存和发展的营销机会，并通过专业化经营赢得一个虽狭窄但独特的市场发展空间。

3. 有利于企业制订和调整营销策略。不同的购买者群体即使在相同的营销环境影响下对不同企业的营销策略也会有不同的反应。在市场细分的基础上，企业很容易识别不同购买者对不同营销组合策略的反应存在多大的差异，从而可以在确定目标市场后制订出一系列与之相适应的营销组合策略，同时，市场细分后，信息传递速度加快，一旦市场需求发生变化，企业就有较灵活的应变能力，可以及时有针对性地调整营销策略。

4. 有利于使营销人员更加关注客户的独特需求。市场细分可以将营销活动努力集中在最有可能使之满意的购买者身上，增加成功的机会。相比之下，进行市场细分对小企业来说显得更加重要，细分市场时常都是那些被竞争者忽视的或没有得到很好服务的市场空间，小公司要想增加经营成功的可能性，其选择的细分市场必须能够充分发挥其自身的优势，而同时又能够遏制强大的竞争对手在该市场上的竞争力。市场细分可以使营销人员发现潜在需求，找到这些未能被满足的独特需求存在原因，确保企业能利用自身的条件，不断开发新产品和新的服务，既满足了各种需求，又取得了发展。

5. 有利于提高营销活动的有效性。在选定了某个或某些细分市场后，营销人员就可以运用对该市场和客户各种特征的认识，针对他们的独特需求，实施有针对性的产品开发和价格策略，选择适当的分销和沟通渠道等，以令人满意的服务赢得市场。

有调查显示，在一个企业的许多细分市场中，市场利润贡献为零的细分市场比重，会超过企业投入到这些无利可图的细分市场中去的费用占总费用的比重。这表明企业不光在进行市场细分时要仔细，制订完善的细分市场营销策略，还必须要根据环境等条件的变化及时重新选择新的细分市场和调整细分市场营销策略，而市场细分则提供了一个进行有效的市场评估和分析的基础。

三、市场细分的标准

对整体市场进行细分必须有一定的标准。企业面对的顾客有两种，即消费者和组织。因此，市场细分的标准也就分为消费者市场细分标准和组织市场细分标准，其中组织市场细分标准又以产业市场细分标准为例。

(一) 消费者市场细分标准

就消费者市场而言，细分的客观依据是消费者需求的差异性，一般可考虑四个重要的因素：地理、人文、心理和行为。

1. 地理细分。地理细分即按照消费者所处不同地理位置来细分市场。这是一个较大的细分变量，它具体包括地理区域、气候、人口密度、城乡等细分变量。从营销管理的角度看，人们都生活在一定的地域范围。处在不同地域的消费者，会产生不同的需要和爱好，并对企业的同一商品及其市场营销手段产生不同反应。例如，我国的食品口味，就有所谓的“南甜北咸东酸西辣”之说。地理细分是一种相对稳定的细分标准，对于分析研究不同地区消费者的需求特点、需求总量及其发展变化趋势有一定的价值。地理变量容易识别和分析，是营销人员开展消费者市场细分时主要考虑的因素。但是，地理因素是一种静态因素，而人口则是始终处于流动之中的，而且，即使是处于同一地理位置的消费者仍然会存在很大的需求差异。因此，企业在市场细分时，还必须进一步考虑其他因素。

2. 人文细分。人文细分是将市场按人口统计变量，如年龄、性别、职业、种族等为基础划分成不同的群体。人文变量是区分消费者群体最常用的依据。其理由之一是消费者的欲望、偏好和商品使用率经常与人文变量有密切的联系；另一个理由是它比其他细分变量更容易对客观存在的需求差别得出准确的衡量结果。

例如，青年人的服饰多追求新颖时髦，中老年则多偏爱端庄大方。再如，女性化妆品市场比男性化妆品市场大得多。收入高的消费者常常是高价商品市场的光顾者，而收入低的消费者往往受求廉心理的支配。人文因素比较容易平衡，所以是市场细分最常用的标准。

3. 心理细分。心理细分是指企业根据消费者所属的社会阶层、生活方式、个性特点等心理因素，进行市场细分。在地理因素和人文因素类同的消费者中，对商品的偏爱程度也不尽一样，这就在于人们的心理区别。只有了解消费者的真正内心和欲望，才能商机无限。

生活方式是指一个人或集团对消费、工作和娱乐的特定的习惯性和倾向性方式。消费者追求的生活方式不同，对商品的需求或偏好也有所不同。对服装、房产等行业而言，在很大程度上以生活方式作为自己市场细分的标准，并且以具有某种生活方式的消费者作为自己的目标市场，设计相应的产品和制订相应的营销策略。

在企业产品与竞争者产品非常相近时，消费者的性格可以作为重要的细分标准。但是要准确把握消费者的性格特征和衡量消费者的性格差异对企业而言是一件较为棘手的事情。同时,消费者由于购买动机不同而被不同的商品所吸引。

越来越多的企业用心理因素来细分市场。例如,大众汽车公司按照不同的生活方式设计不同的汽车:有专为强调经济、安全和生态环境的“好公民”而设计的汽车;也有为强调容易操纵、转动灵活和运动型的“玩车者”而设计的汽车。女性服装制造商也都在市场进行细分,为“简朴的女性”、“时髦的女性”和“有男子气质的女性”,分别设计不同的服装。心理因素是较复杂的动态因素,企业必须根据消费者的不同心理变化,随时进行调查研究,获得可靠的衡量数据,从而确定自己的目标市场。

4. 行为细分。行为细分是指按照消费者的购买状态、购买频率、追求利益、对厂家品牌的信赖程度、对营销因素变动的敏感程度等行为作为市场细分的标准。这些行为变量是消费者市场有效细分的最佳依据。运用行为细分首先必须了解消费者购买某种商品所寻求的主要利益是什么;其次要调查寻求某种利益的消费者是哪些人;再次要了解市场上的竞争品牌各自适合哪些利益,以及哪些利益还没有得到满足。

(1) 购买状态可以包括购买时机不同、购买者使用情况不同和购买者对产品的知晓程度不同等细分变量。

① 按消费者购买或使用产品的时机不同作为细分变量,其依据是许多消费者认为某种消费品或服务有最为合适的消费时间,例如,儿童节、情人节、中秋节、教师节等都有相对应的消费品和服务。营销人员选择适当时间推出适合于这一时间的产品和服务来满足这一时间才会产生的特殊需求,一定会大获成功。

② 按消费者使用产品的情况不同,可将其分为“从未使用者”“曾经使用者”“准备使用者”“初次使用者”“经常使用者”五个细分市场。企业结合自己资源条件来选择目标市场:资源条件雄厚,则以扩大市场占有率为营销目标,选择“从未使用者”或“准备使用者”为目标市场;而资源条件较弱,则为确保原有的市场占有率,可选择“经常使用者”为目标市场。

③ 将购买者对产品的知晓程度不同作为细分变量,其依据是无论何时消费者总会由于对产品的知晓不同而处于不同的购买阶段,不同购买阶段上的消费者其购买行为有显著的差别。按知晓程度将消费者分为:察觉、认识、喜爱、评估等不同细分市场,企业就可针对不同的细分市场,制订相应的分销渠道策略、促销策略。例如在察觉这一阶段细分市场,企业应加大广告宣传的投入,以使这部分消费者更快地全面了解企业相关产品的各种属性,尽快进入购买过程。

(2) 按消费者购买商品时追求的利益不同细分市场。按这一标准可将整体市场细分为求实、求安全、求廉、求新、求美等市场。企业从中选择某一市场作为目标市场,在设计产品、确定价格、选择促销手段等方面都会与选择其他市场为目标市场有很大差别。

(3) 按消费者对企业或其商品品牌的信赖程度不同细分市场。根据这种区别,企业可以将整体市场划分为四个部分:

① 绝对忠诚者,即无论市场上出现了几家新企业或几种用途相同的新品牌商品,购

买者始终只购买本企业的商品。

② 喜好多样的忠诚者,即同时对几家企业或几个品牌的商品感兴趣,经常交替在固定的几家企业购物或固定购买几种品牌的商品。

③ 转移的忠诚者,即从忠诚于某一企业或某一品牌商品转移到忠诚于另一企业或另一品牌的商品。

④ 不忠诚者,即从来不信赖于任何企业或品牌的商品。

对于任何整体市场,这四类消费者群体所占比例不尽相同。当目标市场为绝对忠诚者细分市场,企业应不断确保消费者对企业或企业商品品牌的信赖而采用新的营销策略。当然在这一目标市场上,其他企业的进入将十分困难。对于其他市场,企业则应以各种手段来提高自己的企业形象,以增加消费者对自己的信赖程度。

(4) 按消费者对自己产品的使用量/购买量不同细分市场。按使用量不同将购买者分为少量使用(购买)者、大量使用(购买)者两个细分市场。营销管理人员会发现,大量使用(购买)者虽在消费者总数中所占比例不大,但所消费的商品数量在同一商品总量中所占比例往往很大。正如"80/20"法则,一个企业80%的利润来自于20%的客户。对大量使用(购买)者细分市场的各种特征,如社会经济状况、心理特征和对企业各种营销因素的反应强烈程度等分析后制订出适当的营销策略,对企业的营销活动的成功十分有益。

(5) 按消费者对自己的营销因素变动的敏感程度不同细分市场。例如消费者购买不同商品后对提供的售后服务的注重程度有所不同。对高档耐用商品,只有当消费者了解企业的售后服务情况后才会决定是否购买,因此企业可以按消费者对各种服务的需求来细分市场。

(二) 产业市场细分的标准

组织市场包括产业市场、转卖者市场与政府市场三类。由于后两类市场细分标准与消费者市场细分标准或产业市场细分标准有较大的相同性,这里选择以产业市场细分标准来涵盖另外两类市场细分标准的选择。

产业市场细分的标准与消费品市场细分的标准相同,例如:用户购买状态、对企业产品品牌的信赖程度、地理环境等。但是,生产者与消费者市场相比存在其特殊的地方,因此应该有一些特殊的细分标准,一般情况下,可按照最终用户、用户规模、用户要求和用户所处的地理位置等因素进行细分。

1. 最终用户。这是产业市场细分最常用的标准,其依据是,不同的最终用户购买的虽属同类产品,但却要满足不同的用途。同样是计算机,对于制造企业购买者是用于对生产环节的控制,而对一些服务类企业,除了需要有特殊的功能外还需要更便于同客户进行沟通、联络方面的用途。显然,按照这样的标准,就把计算机分为了两种市场。

2. 用户规模。按购买量将用户分为大、中、小三类是企业常用的用户分类方法。其最主要的原因是企业想牢牢抓住大客户,从而在营销策略上区分对待。企业在价格与供货条件上，总是对大客户给予更多的优惠。

3. 用户要求。不同用户购买同一产品时所提出的要求也是不同的。例如同样的钢材，汽车制造商购买时提出的对钢材的安全使用标准远远高于自行车制造商所提出的标准。企业按全体用户对自己产品所提出的不同要求进行市场细分，并选择去满足一部分用户的需求。企业不可能也没有必要同时去满足各种用户所提出的要求。

4. 用户所处的地理位置。这种细分标准的选择，其目的是在考虑企业的自身条件后，选择一个交通运输最便捷、价格最低廉的细分市场。所以，许多企业在细分市场过程中，常把用户所处的地理位置不同作为主要的细分标准之一。

四、市场细分的方法与步骤

市场细分的方法及步骤可以由下列七方面组成：

1. 以需求为基础的细分。群体顾客分成以相似需要和利益为基础的组群，每一组群中的顾客都有相近的需求。例如，有想通过购买轿车来达到满足交通出行的需求，也有想通过购买轿车达到彰显自己身份的需求。

2. 细分市场识别。为每个以需求为基础的细分组群，根据人文、生活方式和使用行为，找出他们之间的独特性和可识别性。对购车族再用人文细分、生活方式细分和使用行为细分等标准来划分，哪种结果更加有效。

3. 细分市场吸引。确定细分市场吸引力大小的测量标准，如市场增长速度、竞争激烈程度和分销渠道的完善程度等，测量并得出每个细分市场的总吸引力。例如，对按购车族收入细分轿车产品市场做进一步分析，发现年薪10万元到30万元的群组具有最大的潜在需求。这个细分市场就会对企业具有更大吸引力。

4. 细分市场概况。确定细分市场概况应该包括哪些方面的内容，对每个细分市场再做深入细致的研究，最终将其作为目标市场。例如，年薪在10万元至20万元的消费者群体，多属年轻人，他们崇拜偶像，受过较高层次的教育，大多属于理性购买。这些都符合企业对目标市场购买者特征的要求。

5. 市场定位。以细分市场的独特需要和特征为基础，为每个细分市场制订“价值陈述”和产品价格定位战略，即为企业的各个目标市场确定：一旦企业进入，在该目标市场顾客心目中能有效地区别企业与竞争对手之间哪些差别明显的特殊形象，如别克与帕萨特之间的明显差别有哪些？

6. 细分市场测试。测试每个细分市场的市场定位策略的吸引力，即对企业的市场定位策略做有效与否的调查和分析，确保市场定位的成功。例如，别克作为中国年轻人的商务车，是否会被目标市场认可。

7. 营销组合策略。把细分市场的市场定位策略扩展到营销组合的各个方面：产品、价格、促销和地点。市场定位是企业想在目标市场成为什么样，可真正要实现这一理想，就必须要认真规划企业应该做好哪些事，即明确企业的营销策略组合。企业通过产品策略、价格策略、渠道策略和促销策略的制订并在实施时相互协调，确保市场定位目标的最终实现。

可见，“七步市场细分法”就是STP战略实施的全过程。从这点可以使我们更加清晰地了解市场细分、目标市场选择、目标市场营销策略组合选择与市场定位之间环环相扣的关系，一步错就会步步错。

五、有效市场细分的特征

从市场细分步骤和STP战略的实质看，营销管理之所以要完成市场细分，是希望通过市场细分进而对所得的各细分市场的仔细分析，选择企业准备在未来时期努力服务获取利益的目标市场和制订目标市场营销策略组合。可见，市场细分是否成功关系到企业目标市场选择是否准确，关系到企业为目标市场营销所制订的营销策略组合是否准确、有效。当然，这也将影响企业在目标市场的定位是否能够实现——被目标市场认可。要使市场细分有效，它必须具备下列特征：

1. 差异性。在该整体市场中确实存在需求或对营销策略不同反应的差异，这足以成为细分依据。例如，肉食品、糕点等商品有必要按民族细分标准来做市场细分；而大米、食盐就不必按民族细分。所谓差异性是指若对同一整体市场有两种或两种以上的不同划分标准，则选择导致不同细分市场需求或对营销策略反应差异最大的那个市场细分结果。例如，对牛仔服市场可用年龄或性别做细分标准，如果在细分后通过调查获得的数据表明，年龄上的差异大于性别，则使用年龄细分标准划分的结果，从中选择目标市场。

2. 可测量性。市场细分要求，以某一细分标准划分得出的各细分市场其规模大小可以辨别并准确测量确定。有些细分变量是比较容易识别或测量的，如收入、年龄、职业等；而有些则较难测量，如食物的口味，这样的市场规模测量起来就特别困难。所谓可测量性是指若对同一整体市场可有两种或两种以上的细分标准，则选择导致不同细分市场规模测量最准确的那个市场细分结果，从中选择目标市场。

3. 足量性。细分市场的潜在需求要大到足够让企业在较长的时间里为之努力的规模。在企业对各细分市场的规模开展充分的分析研究后，发现有些细分市场虽顾客数量不多，但他们的需求已经达到足够大，就可以作为一个单独的目标市场来对待。通常情况下，细分市场只有在具有相当数目的顾客时，才能够达到作为企业目标市场足够大的标准，可见“足够大”是该市场需求水平的大小，而非该市场顾客数多少。细分市场的足量性特征，也是该细分市场对企业具有多大吸引力的特征，任何企业都会把是否具有足量性作为选择目标市场的重要因素。足量性作为企业对自己所完成的市场细分是否成功的一项标准，其意义是，倘若对按某一细分标准划分的结果，再用科学标准测量所有细分市场的潜在市场规模后发现，没有一个符合企业“足量性”的水平。则此次市场细分失败。

4. 可进入性。企业分析能否进入某细分市场并为其提供有效服务的程度，这也就是分析企业的营销活动是否能够对该细分市场产生预期的影响效果。如果企业的商品无法通过一定的分销渠道送达该市场，或者相应的营销传播组合无法实现与该市场的潜在购买者进行有效沟通，达到增进购买者对企业、企业产品的了解，那么，该细分市场对企业是没有意义的。可进入性同样也是细分市场吸引力的一种重要衡量标准，所以也是构成企业选择目标市场时必须考虑的重要因素。

5. 可盈利性。细分市场要保证企业获得自己所要的经济效益。任何企业都是为了以营利为目的而开展营销活动，营销活动又必须是在目标市场上进行，经过一段时间的努力，企业付出一定的代价如果无法获利，该细分市场就不应成为企业的目标市场。有时，企业通过分析研究发现，有几个细分市场若是企业在做出同样的努力和付出同样的代价，可以获得不同的利润或利益，此时，企业又因能力有限，只能从中选择几个作为自己的目标市场时，企业就会以“利润或利益最大化”为选择标准。

其实，市场细分是选择目标市场的第一步，有效市场细分的特征，如足量性、可进入性与可盈利性，都是选择目标市场的标准，是作为目标市场必须具备的条件。如何准确理解有效市场细分的特征？前两个是市场细分标准自身有效性的特征，即对同一整体市场有许多可用的细分标准来对其划分，而哪种细分标准细分市场更有效，此时用差异性、可测量性就能解决此项问题。而差异性和可测量性两个特征对于在所有细分市场中选择目标市场就没有多少意义。因为，用某个细分标准划分整体市场后得到一组具有明显需求差异，同时用一种尺度可以测量出每个细分市场的规模，但是，这些细分市场没有一个具有足量性、可进入性或可盈利性，哪怕仅是不具有三项中的一项，都应该是市场细分无效。因为，企业无法通过这样的市场细分结果找到自己的目标市场。

第二节　目标市场选择

在市场细分的基础上，企业根据自己的各类资源和营销战略目标，选择一个或几个细分市场作为自己的目标市场，这在营销管理 STP 中属于目标市场营销的第二步。

一、选择目标市场应考虑的因素

选择并确定目标市场，首先是对细分市场做完整的评价。所以，确定目标市场应考虑的基本因素，通常也称为评价适合自己今后为之服务的市场应考虑的因素。

（一）企业选择目标市场时应考虑的因素

1. 企业的资源。如果企业在人力、物力、财力及信息等方面资源不足，能力有限，无力把一个较大的整个市场作为今后的目标市场，可以选择密集单一市场或各种专门化的目标市场模式，实行密集性或专业化营销。而对于实力雄厚的大企业，不仅可以采用密集单一市场、专门化的目标市场模式,更可以采用完全覆盖的目标市场模式。可见资源条件是制约企业目标市场模式选择空间大小的关键因素之一。

2. 商品的同质性。商品的同质性是指生产某类商品的企业所提供商品,虽然在名称、品牌上不同,但都具有类似的功效。同质性商品本身差异性较小,如石油、大米、食盐、钢铁等,比较适合于采用产品专门化的目标市场模式。如果商品在设计时就考虑能满足更多的用途需要,如服装、食品等,则宜采用有选择的专门化的目标市场模式。

3. 市场的同质性。市场的同质性是指所有购买者爱好相似,对市场营销刺激的反应也相同。在这种情况下,企业可采用市场专门化的目标市场模式。如果产品在款式、功能上略作调整以便满足略有不同的需求,例如,月饼等一些食品改变包装用以满足自用或是作为礼物送人,企业就可以采用有选择的专门化的目标市场模式。

4. 商品所处的生命周期阶段。当企业把一种新产品导入市场时,现实的做法是仅强调商品的某一种特点,企业此时可以采用密集单一市场或产品专门化目标市场模式。而如果企业认为这种新产品在满足某类相似需求更加准确时,就可以更多考虑采用市场专门化目标市场模式。当此新产品进入生命周期的成熟阶段时,就应该采用有选择的专门化目标市场模式,如果此时企业掌握了更好的技术开发出新产品,并在多个市场取得了立足点,就可以选择完全覆盖市场的目标市场模式。

5. 细分市场的规模与发展前景。对目标市场的要求,企业首先会提出的是"这一潜在市场必须具有一定的规模与良好的发展前景"。但是市场规模是一个相对的概念,大企业与小企业会有不同的认识。小企业宜进入规模适度的细分市场,因为选择的细分市场过大,需投入的资源也多。而发展前景是企业对某一细分市场的期望,即企业认为该市场销售额或利润会有良好的增长趋势。可能企业最初只认为某一细分市场的规模与发展前景符合自己理想的标准,就选择密集单一市场的目标市场模式,随着企业实力的增长或者原来目标市场需求趋于饱和,同时企业又发现了新的有理想规模和发展前景的细分市场,企业就可以选择其他的目标市场模式。

(二) 细分市场的吸引力

从对企业营销资源条件和市场环境两者出发,可以使企业保持长久盈利能力的细分市场,才是对企业有吸引力的市场,才能成为企业作为自己目标市场的细分市场。对企业盈利能力产生影响的因素一般有以下五种:

1. 细分市场内可能已存在竞争对手的威胁。如果某一细分市场内存在许多竞争者,或者存在实力强大的竞争对手,对企业而言,这个细分市场就不具有吸引力。如果细分市场的规模有扩大趋势,而竞争对手的能力或其投入又呈萎缩趋势,同时如果通过分析后认为企业进入或退出这一市场又十分容易,则吸引力就会很大。

2. 细分市场可能会出现新的竞争对手的威胁。新加入的竞争者会使市场的供应能力增大,尤其是实力强大的新竞争对手,如果它们努力地扩大自己的市场份额,则该市场的吸引力也会降低。其实,某细分市场是否会出现新的竞争对手,与该市场所具有的吸引力有关。只有对大多数企业,具有吸引力,才会随之出现更多的新进入者。但是,随着新进入者的增加,将导致激烈竞争使得该市场的吸引力降低。

3. 细分市场上可能存在替代产品的威胁。如果细分市场上存在较高的潜在替代产品变现的可能性,那么这个市场的吸引力就会降低。替代产品会改变市场需求满足的方向,从而影响企业的利润。同时替代产品以价格作为竞争手段,会极大地动摇企业的市场地位。

4. 细分市场上购买者议价能力提高的威胁。某一细分市场上的大多数购买者在压低企业产品价格的同时却一个劲地提高自己对所购产品质量、款式和服务水平的要求,或者在这一细分市场上存在不少有实力又准备一旦供应商不能满足自己的条件就会兼并供应商的购买者,这一切都可以归纳为购买者议价能力很高或者是在不断提高。这种局面会使进入这些市场的企业盈利大大减少,最终导致市场失去吸引力。一旦存在这种威胁,企业应在扩大产品差异化或提供更好的产品或服务上加大力度。

5. 细分市场上供应商议价能力提高的威胁。细分市场上供应者如果提高自己产品的价格或者提出更为苛刻的供货条件,就会使企业面临更加复杂的环境压力,市场吸引力也会减少。企业进入某一新的细分市场,都会产生对供应商的依赖性,同时选择新货源和供货渠道的机会又相对很小,上述威胁也就越大。与此同时,某一细分市场上供应商的实力在不断提高,导致如果顾客不能接受它提出的新条件就可能会采取断绝供货或兼并顾客的行为,这也属于供应商议价能力提高,对企业产生潜在威胁。

二、目标市场选择策略

在确定目标市场必须具备的特征后,企业就要进行目标市场选择决策。在 M_i(即 i 个市场)与 P_j(即 j 种产品)所构成的矩阵中,一般而言,有五种选择模式:密集单一目标市场、有选择的专门化目标市场、产品专门化目标市场、市场专门化目标市场和完全覆盖目标市场,如图 5-1 所示。对于企业来说,这五种目标市场模式可以根据自己的目标市场营销战略目标进行这样两种改变:第一,每种模式本身就有许多种目标市场可供自己选择。例如,密集单一目标市场模式,可以是 M_1P_1,也可以是 M_1P_2;第二,各种目标市场模式之间可以相互调整,例如,随企业的资源能力条件变化或者是细分市场的各项环境发生变化,都可能使企业改变原来的目标市场模式而选择新的目标市场模式,例如,由原来的密集单一目标市场模式转变为产品专门化或市场专门化目标市场模式。这两种改变被称为“目标市场选择策略”更为适合。

1. 密集单一市场。在对所有细分市场做分析与比较之后,企业只选择一个细分市场作为目标市场,也是最简单的目标市场模式。例如,Goo. N 的目标市场就是婴儿尿布市场。这样的决策能使企业集中资源,努力经营,创立形象,同时也是提高经济效益的主要途径。但由于企业仅有一个目标市场,一旦该细分市场上的需求发生变化或企业经营失误,将面临失去一切市场的巨大风险,所以要谨慎决策。许多企业采用密集单一市场模

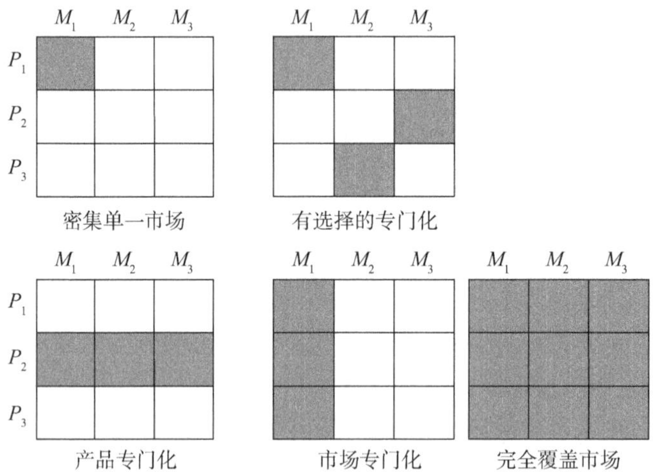

图 5－1　目标市场选择的五种策略

式作为企业开拓市场的一种初级策略，随着各种条件成熟，企业就会选择改变目标市场模式，比如选择各种专门化目标市场模式，至于选择哪种专门化，就属于目标市场选择策略。

2. 有选择的专门化。企业有选择地进入几个彼此间关联度极小的细分市场。这种目标市场选择策略的根本原则是尽可能降低市场风险。当其中一个目标市场的盈利能力减少时，其他目标市场仍能不受影响而继续盈利。但是，这类目标市场模式需要企业具有开发和生产各种完全不同产品的资源，同时又有将产品推入完全不同市场的能力。要做到这两点，企业不仅要在前期市场投入上消耗大量的资源，而且随后为了巩固自己已经取得的市场地位追加投入。所以，企业必须谨防只重眼前的美好而忽略未来的陷阱。

3. 产品专门化。企业集中生产一种产品，可向几个细分市场提供一种产品来满足它们的需要。例如 P&G(宝洁公司)在化妆品领域已成为龙头老大。这种策略可使企业在特定产品领域树立良好的形象。其实，当今社会很少有只用一个产品试图满足多种需求的企业了，宝洁公司向社会提供的化妆品就有许多大类。其中的洗发液也是由一组分别为满足不同顾客需要的产品所组成。采用产品专门化目标市场模式的企业必须清楚：如果在目标市场上出现功能更多的新产品，企业就遇到了巨大的威胁，因为它的所有目标市场都会被对手侵蚀。因此，企业应该随时关注产品的升级换代以适应市场需求的变化。

4. 市场专门化。有一类顾客有许多种需要，企业又有能力为满足这些需要提供产品，从而就形成虽然顾客相同但需求与产品不同的一组市场。这种策略可使企业在特定顾客心目中树立自己的形象。例如，小米科技公司首先推出小米智能手机，在被青年顾客接受后，推出小米液晶电视和小米充电宝等产品，以满足青年顾客的不同需求。当企业决定增加新的顾客类群，例如小米准备同时向中老年顾客推出各种在青年顾客市场获得成功的产品，市场专门化目标市场模式就向完全覆盖目标市场模式转变。

5. 完全覆盖市场。一个实力大的企业集团可以为更多的顾客群提供满足他们需要的各种产品。这种策略将为企业提供更大的跨行业经营的机会。例如，海尔在家用电器市场上的全方位营销战略就是一个成功的实例。其实，在现实社会中产品专门化或者是市场专门化，在进一步细分下都可能发展成完全覆盖市场模式。例如某空调生产企业由原来普通的分体式空调，延伸出变频式空调和中央空调等多种空调产品，虽然它依然自称是空调器生产厂家，但实际已经成为完全覆盖所有空调市场的生产企业。有此类打算的企业在关注市场需求变化趋势的同时，还要不断设法获得更多、更新的思想和技术，以便随时开发出虽然还叫“空调”而实际早已超越了原本人们对空调理解的新产品，就像现在被人们称为“智能手机”的产品，早已不是那种人们熟悉的电话或移动通信设备了。

第三节 目标市场营销策略

企业可根据目标市场需求的特征、商品的特性、自身的实力和竞争能力等诸多因素开展综合分析，在众多的细分市场中，选择一个或几个有利于发挥企业优势、对企业而言最具吸引力、又能达到最佳或满意的经济效益的细分市场作为目标市场。完成目标市场的选择，接着就要为自己如何进入这些目标市场，并且巩固自己在目标市场中的地位，最终实现在目标市场的营销目标而制订相应的目标市场营销策略。

这里需要重申两点：

(1) 市场营销策略是一个宽泛的概念，必须与具体的市场相关联，这就是目标市场营销策略。

(2) 营销策略也不是某个策略，在营销管理中任何营销策略必须与其他策略相协调，所以应该是“营销策略组合”。

一般可供企业选择的目标市场营销策略有五种：无差异性营销策略组合、差异性营销策略组合、集中性营销策略组合、一对一营销策略组合和反细分化营销策略组合。

一、无差异性营销(Undifferentiated Marketing)

(一) 无差异性营销的含义

无差异性营销通常也叫无差异性目标市场营销策略组合。这种目标市场营销策略组合着眼于满足企业选择的所有目标市场非常显著的共同需要，而忽略这些目标市场可能存在的某些细微的差异，采用“求大同存小异”的思维模式。企业为所有的目标市场设计一套共用的营销策略组合，试图以此来迎合大多数购买者的需求或赢得他们对自己的营销策略组合的更大认同。这种策略如图 5－2 所示。

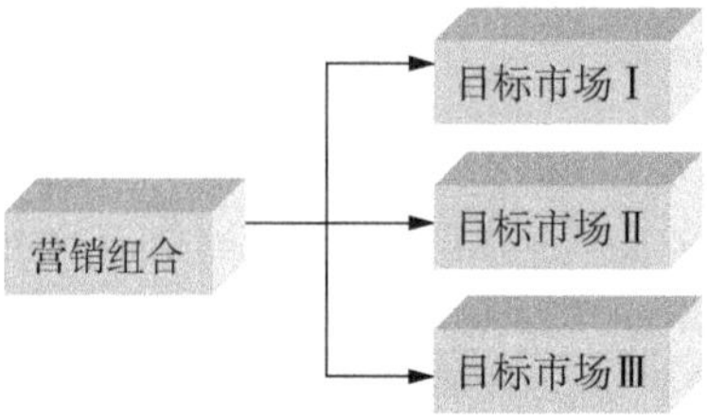

图 5-2　无差异性营销策略

(二) 无差异性营销的优点

1. 由于生产集中,品种单一,批量大,所以生产成本得到最大幅度的下降,从而使得企业拥有价格竞争优势。

2. 由于这些目标市场上的顾客在媒体接触习惯和媒体信任度上只有很小的差异,导致企业可以采用在所有目标市场上只需开展同一形式甚至同一内容的营销传播,而取得预期营销传播效果的目标。例如在不同目标市场企业使用同一电视广告,对自己的产品进行宣传。这样可以使促销成本降低到最小。

3. 由于产品单一,为仓储与运输以及市场销售采用标准化管理提供了更大的便利,从而使得存货、运输方面的物流成本和销售成本大大降低。

4. 由于为各目标市场提供的不仅产品单一,而且价格水平及价格调整的幅度相同,使得企业确定预期收入、利润更加便捷。

这种成本降低给企业带来的好处会被竞争对手发现、效仿而不会持久,因而企业必须做好调整目标市场营销策略组合的准备。

(三) 无差异性营销的缺点

1. 如果许多企业同时在一个市场上实行无差异性营销,竞争必然激化,获利的机会不多,因为竞争者都只能在同一形式,即价格上与对手搏杀,而无其他途径战胜对手;或者竞争各方的产品高度同质性,当购买者的需求逐渐趋于饱和,竞争势必白热化。

2. 随着某种产品从新产品逐渐向成熟产品方向发展,虽然该产品的品质在不断提高,可是市场对该产品的需求也在趋于饱和。市场需求以及对营销策略的反应会出现差异化的趋势,要想以一种商品、一种营销策略组合使不同层次、不同类型的顾客感到满意,也将日益困难。

在市场竞争不断激烈和市场需求不断减弱的双重压力下,调整无差异性营销策略组合,选择新的目标市场营销策略组合是迟早的事。

二、差异性营销(Differentiated Marketing)

(一) 差异性营销的含义

差异性营销也叫差异性目标市场策略组合,是指企业通过市场细分,选择几个细分市场作为自己的目标市场,并针对每个目标市场的不同需求或者是对营销策略有明显不同的反应，设计不同的产品和采用几种不同的营销策略组合。例如，在市场竞争激烈的压力下，宝洁公司针对消费者发质的不同、消费要求的差别，以及对产品的功能、包装、价格和营销传播手段等有明显不同的反应等特征，设计出不同类型的洗发用品，并采用不同款式的包装；针对各地区消费者的文化和购买习惯，设计出不同的广告形式和广告语，从而确保了它在洗发用品市场的霸主地位。通过提供不同的营销策略组合，企业希望在每个目标市场中获得较高的销售额和更大的市场份额。这种目标市场营销策略组合的特征如图5－3所示。

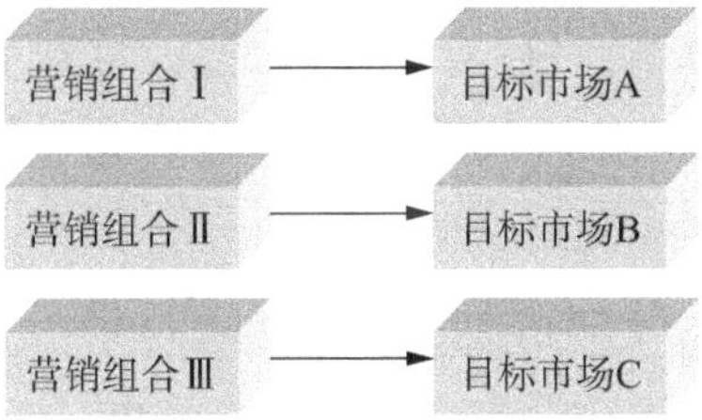

图5－3　差异性营销策略

（二）差异性营销策略的优点

1. 由于企业在不同目标市场制订不同的营销策略组合，可以达到更加符合各目标市场的不同需求，从而实现各目标市场的销售收入增加的目标。例如，五粮液集团针对不同目标市场购买力水平存在的显著差别，在推出五粮液系列产品进入不同市场的同时，在品牌、价格、营销传播方式、销售方式、经销商选择等方面都可以做到不同目标市场都采用所不同的营销方式。

2. 有利于企业的市场拓展战略，可以使企业在各个目标市场同时占据优势，提高企业声誉，树立良好形象，从而有利于在竞争中夺取更大的市场占有率。

（三）差异性营销策略的缺点

1. 由于企业必须在不同目标市场开展不同的营销传播活动，所以会使营销传播成本提高。

2. 因为差异性营销势必增加设计、制造、管理、仓储等方面的生产和物流成本。

3. 由于企业在各目标市场所采用的不同营销策略组合，只是在品牌或者价格上，甚至仅是在包装上有所不同，这种做法可能导致出现在某些目标市场上，所谓最大竞争对手其实就是企业的几个品牌、几种不同包装的产品之间的“自相残杀”的现象。

所以选择差异性营销策略的营销者要权衡在各目标市场上准备实施的营销策略组合差异到底应该有多大才对企业最有利，必须认识到实施差异性营销策略组合会使得企业在各目标市场都取得销售收入增长的好处，同时也正是这种差异性营销策略组合导致各种生产、物流和营销成本增长的窘境。为了解决这个矛盾，确保增收又增利，有些企业宁可只经营少数品种，而尽量使每个品种能适应更多消费者的需要。

需要说明的是，企业在各目标市场实施不同的营销策略组合，可以是产品策略、价格策略、渠道策略和促销策略都不一样。而实际上许多企业只是某项策略或者是某几项营销策略在不同目标市场有所不同。例如，向几个目标市场提供的是同一种产品，但是价格水平或者价格调整的幅度不同。或者产品与价格都一样，分销方式上存在明显的差别，选择的促销方式也不同。企业选择在不同目标市场实施的营销策略组合中，哪些策略或多大程度的差别，也正是尽量增加经营收入的同时控制各类成本的增加。

三、集中性营销(Concentrated Marketing)

(一) 集中性营销的含义

集中性营销也被称为密集性目标市场策略组合，特别适用于资源有限的中小型企业。其市场营销决策的指导思想是：与其在一个大市场或几个目标市场上占有小份额，不如在一个目标市场中占有大份额。因此，选择一个细分市场为目标市场，集中企业的资源和某些较为显著的优势，实行专业化经营。这种策略的具体形式如图 5－4 所示。

图 5－4　集中性营销策略

通过集中性营销，企业是否能在目标市场中取得自己预期的经营业绩，取决于企业对目标市场的需求有多少了解，从而利用自己拥有的优势，通过专业化经营达到有效提高产品与服务质量、降低各种成本的目标。

(二) 集中性营销策略的优点

1. 集中经营专业化程度的提高可相对降低产品生产成本和营销费用。

2. 可使企业对自己产品的质量精益求精，提高产品品牌和企业的声誉。

3. 由于生产、物流、销售和促销方面的专业化，可以使企业成为在上述各方面的专家，从而获得巩固的市场地位。

(三) 集中性营销策略的缺点

1. 集中性营销所冒的风险较大。因为企业只选择一个或是数量极少的细分市场作为目标市场，一旦目标市场的需求发生变化，或者出现了新的竞争者都可能导致目标市场收益的滑坡，乃至丢失全部市场的结果。

2. 集中性营销策略的实施时间一长，而产品、价格、分销渠道和促销的策略组合从形式到具体内容都没有变化，集中性营销策略原先带来的好处都会很快消失。更令人担忧的是，会给营销管理者传染上某种管理惰性。

由于这些原因，许多公司喜欢将市场目标分散于几个细分市场，这样当某一目标市场失去吸引力，企业仍能从其他目标市场上获利。

对比上述三种策略，前两种是以整个市场为目标，以满足整个市场的共同需求或几种不同需求为策略的指导思想，而最后一种则是以一个或几个细分市场为目标市场，满足小部分需求为指导思想来制订的策略。

四、一对一营销(1∶1 Marketing)

(一) 一对一营销的含义

一对一营销是在市场细分最高层次(即“细分到个人”和“定制营销”)上企业可选择的一类目标市场营销策略组合,即针对顾客具体的不同需求,企业在制订营销策略时完全做到一人一个样。这是差异性营销策略的极致。现在的各种新技术和信息工具如互联网、电子信箱等,都可以使企业能够针对每个消费者的特殊要求,制订独特的营销策略组合,定制个人所要求的商品。

(二) 一对一营销的优点

1. 可使顾客的个性化发展理念得以实现。顾客可以参与生产完全符合自己意愿的商品,实现购买者满意度增加的目的。过去上海街头巷尾随处可见的裁缝铺就可以为顾客缝制出独一无二的服装。现在更多的服务性企业都在采用为顾客度身定制的营销模式。

2. 可以借互联网技术不断发展的有利条件,使企业在差异化战略方向走得更快更好。差异化战略是否有效,很大程度上取决于企业能否更快更准确地掌握顾客的独特需求等信息,然后为自己提供相应的产品和服务创造最起码的时间机会。现在顾客可以随时随地利用移动通信设备,将自己的需求信息详细传达到企业的有关部门。

(三) 一对一营销的缺陷

1. 定制的产品与服务是为适合极少数顾客的特殊需求,所以,批量极小,这就将导致各类相关成本增加到最大。

2. 可以满足更多的不同需求,企业经营收入增加同时成本也在增加,从而出现增收不增利的结果。

总之,一对一营销可以使顾客的满意度大大提高,与此同时,企业的成本也会迅速增加。营销者一定要认清这一利一弊,做出最合适的决策。

五、反细分化(Counter Segmentation)

由于差异化营销使得企业在获得市场经营收入增长的同时,也使成本增加。在对收入与成本都增长的原因进行分析后,企业发现过分地细分市场,使得企业在选择目标市场后,各目标市场存在的需求差异被过分夸大。于是,企业可能会转向反细分化或拓宽顾客群的方法。具体的做法就是将几个存在微弱需求差异的目标市场,合并为一个新的目标市场。例如,鸿茅药酒就将多种不同老年疾病患者群体的目标市场合并为了一个大市场。

反细分化营销策略一般是企业在实施差异性营销策略后,发现经营收入的增长小于成本的增长时采用的调整策略。反细分化营销策略的采用者同样也应该注意,目标市场需求差异会缩小同样也会扩大,而当需求差异扩大时就应该调整反细分化策略为差异性策略。

第四节　市场定位策略

市场定位(Market Positioning)在营销学中常与产品定位(Product Positioning)和竞争性定位(Competitive Positioning)两个概念交替使用。相比而言,市场定位是针对市场需求,处理企业与竞争对手在目标市场上各自满足的是哪类不同的需求;产品定位是针对产品属性而言,处理企业与竞争对手的现有产品在目标市场上的各自位置关系;竞争性定位是解决在目标市场上与竞争者相比企业应该提供何种具有特色的产品或服务。所以,广义的市场定位包含上述三方面内容。广义的市场定位是指:在确定目标市场之后,企业将通过何种营销方式、提供何种产品或服务,在目标市场中与竞争者以示区别,从而树立企业和产品的声誉和形象,取得有利的地位。

一、市场定位策略

在确定采用哪种策略来进行市场定位时,营销决策者必须明确:目标市场的需求状况和目标市场上的竞争者有哪些,他们在竞争中有哪些优势。从这个意义上讲,市场定位采用何种策略无一定模式。

假设通过营销调研,了解到目标市场的需求特点主要是关心价格、注重质量,并且掌握了竞争对手的情况,确定本企业或产品的位置,绘制出市场竞争态势分析图,见图 5-5。

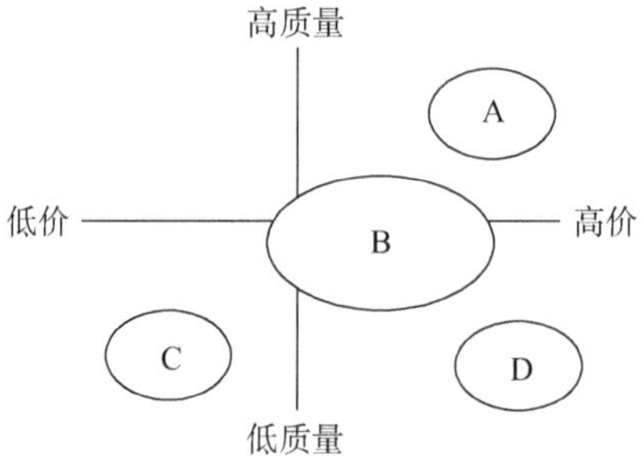

图 5-5　市场竞争态势分析图

(一) 优质定位策略

即企业把产品位置定于竞争者 A 附近,推出比 A 质量更好的产品,以优质取胜。采用这种策略,企业必须具备三个条件:

(1) 自己的资源、技术条件能确保生产的产品比 A 企业的更好;

(2) 由于质量提高而导致成本增加,最后引发产品价格上升,企业能控制成本增加;

(3) 符合企业既定的目标——“没有最好只有更好”。

(二) 低价定位策略

企业决定生产与竞争对手C质量相同但价格更便宜的产品,或者将产品定位于A附近,生产与A企业一样质量但价格更低的产品。这种策略可使企业迅速进入目标市场,并逐渐扩大市场占有率。但采取这一策略必须有相应的条件加以保证:

(1) 拥有一定的资源和技术确保企业能生产与A企业同样质量的商品,但成本更低;

(2) 低价位的营销仍能使企业盈利;

(3) 有使购买者尤其是新的和潜在的购买者确信产品是质优价廉产品的相应手段。

在许多营销活动过程中,不少企业常采用这一策略:推出质量高、用途广、价格则相对低廉的某一产品,在目标市场上树立起企业和产品品牌形象后马上推出系列产品,而这种系列产品往往由于生产工艺很接近,从而确保生产成本稳中有降,但价格则明显上升,最终向高质高价方向过渡。

(三) 特殊功能、服务定位策略

这种定位属于竞争性定位,一般都是以自身最突出的优点来定位。例如,同样是牙膏,有的定位在治疗牙周炎上;有的则从牙齿经常过敏引起疼痛出发,定位于脱敏上;有的则定位于保持口气清新,等等。

(四) 再定位策略——重新定位

企业产品在细分市场上的定位即使很恰当,经过一段时间购买者的需求或者是观念会发生改变。加上新的竞争对手进入市场,它们往往会定位于本企业产品的附近,侵占了本企业的部分市场,使得企业扩大销售很困难,这时,企业就该考虑再定位。通常采用拉开各自距离的方法,进一步创造各自的特色,赋予产品更新的特点,以吸引新的消费者。

二、市场定位的方法

具体地说,市场定位可考虑以下几种方法:

(一) 产品特色定位

企业在具体产品特色上的定位。迪士尼乐园可以宣称自己是世界上最大的主题游乐场。“大”也是一种产品特色,它间接地暗示了一种利益,即从中可享受到最多的娱乐。

(二) 顾客利益定位

顾客由此获得的利益、解决问题的方法及需求满足的程度,能使顾客感受到它的定位。例如,在汽车市场,德国大众享有“货币的价值”之美誉;日本丰田侧重于经济可靠;梅塞德斯奔驰则是“身价的象征”。

(三) 使用者定位

企业常常试图把其产品指引给适当的使用者即某个目标市场,以便根据该市场的要求塑造恰当的形象。例如,咳嗽药剂有专门针对儿童的“果味咳嗽露”;配方婴幼儿奶粉对婴幼儿的年龄差别更加关注；老年人用脑白金提高睡眠质量；年轻人要参加文化考试用“脑轻松——学习轻松一点，考试胜人一筹”。

(四) 使用场合定位

感冒药常会含有一定比例的安定剂，服用后患者会有一定的嗜睡感受或状态。所以白加黑感冒药片就声称“白天服白片不嗜睡，晚上服黑片睡得香”。

(五) 竞争定位

企业在同时拥有多种竞争优势的情况下，要运用一定的方法评估选择，准确地选出对企业最适合的竞争优势加以利用。选择方法可采取将本企业同竞争者在各项目（如技术、成本、质量、服务等）中评分加以比较，选出最适合本企业的优势项目。例如，消费者选择鲜奶时，注重营养价值，于是针对自己的鲜奶产品品牌推出广告语“不是所有的牛奶都叫‘特仑苏’！它的蛋白质含量要高 10%以上”。

在确定了企业的市场地位之后，还必须大力开展宣传活动，把企业的定位准确地传播给潜在购买者，要避免因宣传不当在公众中造成误解：如传播给公众的定位过低，不能显示出自己的特色；或定位过高，不符合企业实际情况，使公众误认为企业只经营高档高价产品；或定位含糊不清，不能在顾客中形成统一明确的认识。例如，对同一产品或同一服务项目，有人认为是高档的，有人认为是低档的。上述种种误解，都是由于定位的信息在传播上的失误所致，营销者应注意防止。

三、市场定位的步骤

市场定位从实质上看就是：企业在对通过各种市场调研获得的信息进行仔细分析后，认识自己目标市场购买者此时最迫切需要满足的是什么，以及企业在满足这些需求的过程中具有哪些优势，最后设计和规划如何利用和显示这些优势。所以，市场定位主要包括以下三个步骤：

(一) 明确潜在的竞争优势

企业可能存在的竞争优势有两种基本类型：

1. 成本优势，即在同样条件下可比竞争对手定出更低的价格。

2. 产品差别化优势，即可以提供比竞争对手更多的满足需求的产品或服务，但价格不会上涨。

对一个成功的企业来说，重要的不是确保眼前的某些竞争优势，而是不断地发现并及时利用潜在的竞争优势。那些不断进行产品更新换代、不断改进营销管理水平、不断改进分销渠道方式等都是发现并利用各种潜在竞争优势的具体表现。

(二) 选择竞争优势

对企业来说，只要认真分析总会发现存在某些潜在优势。如果企业发现自己拥有几种优势时，选择利用哪种优势的先后次序就非常重要。选择竞争优势的原则有：

1. 利用优势所产生的效果是目标顾客最关注的。技术优势可以帮助企业更快地推出更好的新产品;或者可以帮助企业提高生产效率,降低生产成本从而为企业创造更大的降价空间。此时,通过市场研究发现:大多数顾客希望找到价廉物美的产品。企业就应该将能够促进生产率提高,降低成本效果明显的那些技术优势放在首选的位置。

2. 优势一旦利用便会“利弊共存”,所以,最终确定利用哪些优势,必须对所有发现和明确的优势进行评估,利用的必须是能为企业带来更多利益的优势。

(三) 显示有效的竞争优势

企业必须主动地通过广告等各种形式在目标市场宣传自己的各种竞争优势,以在顾客心目中建立起区别于其他企业或其他品牌产品的独立形象。

本章小结

- 目标营销包括三个活动:市场细分、市场目标化和市场定位。
- 市场细分就是指企业按照某种标准将市场上的顾客划分成若干个顾客群,每一个顾客群构成一个子市场,不同子市场之间,需求存在着明显差别。市场细分是选择目标市场的基础。
- 对消费者市场细分的主要细分变量有:地理细分、人文细分、心理细分和行为细分。这些变量可以单独使用,也可以结合起来应用。
- 在市场细分的基础上,企业根据自己的资源和目标,选择一个或几个细分部分作为自己的目标市场。目标市场的选择,一般有五种基本策略:无差异营销、差异性营销、集中性营销、一对一营销和反细分化。
- 广义的市场定位是指:在确定目标市场之后,企业将通过何种营销方式,提供何种产品或服务,在目标市场与竞争者中以示区别,从而树立企业和产品的声誉和形象,取得有利的地位。

没有一家企业可以说:只要你有需求,我们都能予以满足。因为大家都知道他在说大话。所以企业只有根据自己的条件结合市场需要选择自己最擅长的方向努力。这样营销学就提出目标市场的营销三部曲:市场细分、目标市场及营销策略选择、市场定位。这看似简单,其实做起来真的不简单,不然的话为什么要单独设一章。

章末案例

欧莱雅在中国的市场营销活动

世界500强、全球最大化妆品集团欧莱雅在不久前发布的财报中指出,中国已上升为欧莱雅的第二大市场,超过法国,仅次于美国。2015年欧莱雅在中国销售总额达149.6亿元人民币，除去汇率因素，较去年增长4.6%。在中国经济迈入“新常态”的大背景下，欧莱雅对这个增长率表示“很满意”，但相比于欧莱雅中国上一年度7.7%的增长，这个化妆品巨头在中国的增长速度已经开始放缓。

眼下的中国已不再是欧莱雅1997年最初进入的那个中国。尽管巴黎欧莱雅在2015年依然稳居中国第一大化妆品品牌，旗下子品牌兰蔻也荣膺中国第一高档化妆品品牌，然而，如今的中国市场上几乎看得到世界所有知名品牌，其中尤以韩国化妆品巨头爱茉莉太平洋集团为代表。爱茉莉旗下的雪花秀、兰芝等品牌随着韩剧一起受到中国年轻消费者的青睐。自2010年以来，爱茉莉太平洋在中国的销售额增长超过两倍。此外，中国本土品牌也正悄悄地发展壮大，中国伽蓝集团(JALA)旗下的自然堂在保湿补水面霜产品类别的销量成为中国市场第一。伽蓝集团2015年的销量增长15%。此外，移动互联网的崛起，让中国消费者可以在网络上“海淘”世界各地的物品，商场专柜不再是购买化妆品的唯一渠道。

针对中国市场的新情况，新上任的欧莱雅中国区CEO斯铂涵指出，如何跟上消费者需求的变化，相应调整欧莱雅的营销组合与销售模式，是欧莱雅在中国市场实施营销战略的最大挑战。

针对中国电商迅速发展，同时被广大“80后”“90后”中国青年消费群体推崇的特点，再结合欧莱雅的一些品牌在运用电商这种销售模式上取得的成功经验，欧莱雅中国将在在线销售这一模式上有更大的举措。中国有5亿多住在四线、五线甚至更小城市中的消费者，通过互联网平台，欧莱雅能够真正和他们进行交流，把自己的产品带到他们身边，并了解他们对欧莱雅产品的需求，实现欧莱雅与购买者共赢的目的。

案例分析

1. 作为化妆品行业“大鳄”的欧莱雅，是否也要在目标市场营销上投入巨大的精力？
2. 欧莱雅的市场细分活动具体表现在本案例中的哪些地方？
3. 欧莱雅选择将中国青年消费群作为自己的目标市场是否正确？
4. 在中国青年消费群市场上，欧莱雅准备采用什么目标市场营销策略组合？

本章复习思考题

1. 市场细分的含义、作用是什么？
2. 消费者市场细分的主要标准有哪些？产业市场细分的标准又有哪些？
3. 有效市场细分的特征有哪些？
4. 确定目标市场时需要考虑哪些因素？

5. 目标市场选择有哪些具体的策略可供选择?
6. 目标市场营销策略有哪几种策略?
7. 什么叫市场定位? 市场定位有哪些方法?

本章问题及应用

1. 市场细分是将整体市场分化为一组需求差异明显的细分市场,以便企业从中寻找适合自己发展的目标市场。而为了真正成功占据这些目标市场,企业需要制订有效的目标市场营销策略组合,同时还需确定自己的市场定位策略。为了迎合企业目标市场营销策略的调整,企业还需要重新调整市场定位。请阅读下面的案例,说说你对市场定位和重新定位的看法。

一个奶茶品牌市场定位的调整与实施效果

作为一种饮品,在许多中国大陆的消费者可能都是从台湾或者香港地区的奶茶生产商那里获得最初感受的。其实它们分别代表荷(兰)式和英(国)式两种,或者再加上自己的一些特殊口味。而今在中国大陆也有了自己的奶茶,即奶茶品种、奶茶店、奶茶品牌。而许多还是以台式或是港式两种奶茶为主,即没有创建自己的品牌。

在中国大陆有关奶茶品牌的排行榜上,香飘飘一直处于前三位,就以香飘飘为例,说一说其在营销路上的一段经历。香飘飘奶茶于 2004 年诞生在浙江湖州,经历了最初的创业期和后来与竞争对手的对战期,最终奠定了自己行业领导品牌的地位。然而,近年来瓶装奶茶和街边奶茶店日渐兴起,奶茶市场逐渐壮大,香飘飘作为杯装奶茶品类的创建者却陷入增长停滞的窘境。截至 2015 年 10 月,香飘飘产品销量同比下滑了 5%,有些经销商亏了几十万。

与香飘飘有合作关系的君智咨询集团通过深入调研和分析后提出,导致香飘飘销售疲软的核心问题是战略问题,以及由此导致的企业运营层面缺乏活力。

君智咨询提出解决问题的对策,首先明确市场定位,即香飘飘奶茶到底卖什么? 香飘飘作为杯装奶茶领导者,应该将咖啡界定为自己的竞争对手。与咖啡相比,奶茶本身含有红茶,同样具有提神功能,这样既可建立稳固的市场,还可以削弱原来的淡旺季现象。其次,香飘飘制订了新的目标市场营销组合策略,进行品牌和品类的营销传播定位,在广告宣传内容设计上,必须针对顾客需求,明确购买理由,培养消费习惯。为此他们提出了“小饿小困,喝点香飘飘”的核心诉求。同时,为了给顾客消费香飘飘更多的信心,强调原材料是新西兰奶源和印度红茶,给人健康、时尚、优质的感受,以解除消费者对具有全新概念的香飘飘奶茶的不信任危机。最后,在销售模式的选择上,香飘飘选择用经销商分销和业务员推销相结合的销售模式。公司通过两次经销商大会,激发经销商的热情和信心。通过一套创新的绩效模式将业务员都变成小老板,充分调动业务员的积极性与创造力。截至2015年12月底,香飘飘销售额增长了46%。经销商尝到了甜头,与香飘飘合作的意愿也大大提高。然而,这一切仍是阶段性成果,是在旺季取得的成果。虽然公司为经销商特地制订了将要来到的淡季营销方略,但目前淡季未到,淡季营销方略是否能取得预期效果还尚未得知。

2. 市场细分的基本方法有许多,根据顾客个性作为市场细分标准也是常见的一种办法。但是,一种屡试不爽的办法也会有其"失算"的时候。通过下面的案例你得出什么?

大数据与"超个性化"及市场细分的关系

对于许多企业来说,能够满足顾客的需求是它们日思夜想追求实现的目标,当前对于提供时装、家电、手机和化妆品等时尚消费品的生产商来说,他们面对的是更趋向"超个性化"需求发展的年轻消费群体,要做到随时把握这个群体的需求变化信息,似乎是一件难以想象的事。但是,大数据时代来了,营销人员能够便捷地获取关于特定消费者个体的详细数据,例如掌握这位消费者最近访问过哪些网站,或者点击过哪些广告,据此营销人员马上就能提出一些不超出这位消费者购买能力的合适商品。在市场细分与目标市场营销理论中,"超个性化"是差异化市场营销的极致。但是无论选择哪类目标市场营销策略,都必须以市场细分为前提。

从理论上说市场细分能够有效地将原本存在需求差异的消费者划分成不同的群体,为企业选择适合的目标市场提供依据。但是,市场细分是"求大同,存小异"的过程,在同一目标市场中依然存在特殊的需求差异,"超个性化"就是企业发现具有特殊需求的客户并确定是否和如何予以满足的上佳途径。

在STP即目标市场营销活动过程中,无论是市场细分、目标市场营销组合,还是市场定位,都只是一个停留在理论上的"规划"和"设想",此刻企业的营销管理部门更需要的是提供一个有效的行动方案。在大数据的支持下,企业营销管理人员能够掌握特定消费者"超个性化"的全面、准确的购买行为特征信息,企业营销管理部门借此掌握特定消费者个体在未来其消费需求和购买行为的变化趋势。

"超个性化"是建立在大数据迅速发展的基础之上,大数据使营销管理者能够更快地获得自己所需要的信息。可是,大数据提供的海量信息中有哪些、有多少是企业营销管理者此刻所需要的呢?就当前条件而言,大数据系统还无法自动辨别和选择,全凭管理者的能力。

第六章
产品策略

学习目标

- 理解整体产品的概念及其各组成部分的含义
- 理解产品组合及产品组合的宽度、深度、长度和关联度的含义
- 理解产品市场生命周期的含义及各阶段特点和企业在各阶段相应采取的策略
- 了解新产品的概念及新产品开发策略
- 理解并掌握服务的概念和基本特征
- 认识服务质量的内涵和有形展示
- 理解和掌握服务产品的有形展示、定价、分销和促销等营销策略

开章案例

市场需要"智能"水杯吗

产品是企业实现自己既定营销管理目标——最大程度满足目标顾客需求的第一步。此刻企业真的如自己所说的那样——已经准确地了解或理解了目标顾客的需求了吗?下面的案例将会告诉大家——真的不一定。

水是维持人类与其他生物生命的基本元素。只要心智正常的一切生物都会在感到口干时找到水源以解口渴。喝水对大家来说是最简单的一件事,需要人类与其他生物在喝水前做出的判断是:这水能喝吗?

但是有不少企业与组织都说人类在喝水上存许多问题。膳魔师(Thermos)和旧金山初创企业 Mark One 的新款 Pryme Vessyl 智能杯在分析程序设置时,让每位使用者输入自己的年龄、体重、身高和睡眠时长,还授权它访问使用者的智能手机里、苹果手表(Apple Watch)或者 Jawbone 的 UP 手环等电子设备收集的健身活动和锻炼数据,在与 Pryme Vessyl 预设的个性化、更动态的水摄入标准进行比对后,通过传感器将用户的实时饮水监测效果以一道细细的白光显示在水杯外壁上。当倾斜水杯的时候,这道光就会亮起来,如果它认为你此时已经摄入了足够的水分,白光末端的点就会变成蓝色。与此同时,这个饮水监测效果如果没有达到饮水标准,将会通过使用者的智能手机来提醒其注

意。然而,像喝水这样简单的行为真的需要开展这样被冠之以"精准"的复杂的科学分析吗?

经常听到保健专家告诫我们:每人一天要喝八杯水以保持充足的水分,这样可以让自己注意力更集中,还能提高人体免疫系统的能力。可是美国医学研究院(US Institute Of Medicine)的建议则比这要略高一点——女性每天需要喝2.7升水,男性需要喝3.7升水。但是,该研究院同时还说:绝大多数健康人以解渴为准的饮水量,就足以满足人体每天的水分需求了。Mark One对此提出疑义,每个人口渴的原因不同,这会导致其对解渴与否的判断不同。相比之下,自己的饮水量计算更科学。

Pryme Vessyl这种用一道蓝光来体现测试结果的设计方案,给这个极简设计的白色杯子增添了雅致,让使用者增添对其"智能"的理解。白色亚光塑料外壳握起来手感很好,不论杯子里放的是冰水还是热茶都让人觉得很舒服。

然而,Pryme Vessyl的玻璃内层让这个水杯相当重,而其"防溅"滑盖无法防止水滴漏出来,这导致杯子不适合在剧烈运动中使用,而那也许正是最需要水分监测的时候。而且,一旦使用者的饮水量没有达到预设的正常标准,他的智能手机就会接到提醒通知或声音报警,催促使用者不断使用Pryme Vessyl,直至达标为止。从某种角度说,Pryme Vessyl给使用者增添了新的烦恼。

Mark One已筹集了数百万美元的资金,用以开发一款据说能够追踪杯中饮品的种类和品牌的卡路里和咖啡因含量的"智能"的水杯。

最近,膳魔师推出了售价60美元的Smart Lid智能杯。Smart Lid只监测瓶中有多少水、水温、已喝多少水、当天已经在喝水上花了多少时间和喝了多少口。使用者可以设定个人水量摄入目标,有一个进度条追踪你的进程。

Smart Lid不仅售价比Pryme Vessyl的100美元便宜,而且其塑料瓶身和瓶盖轻便、不透水的设计方案,使其比Pryme Vessyl实用一些。

人体预装了强大可靠的水分"传感器"——人体的各种器官,它们会根据水分的摄入量和排出量来告诉人们:合适的饮水时间与饮水量。虽然人们偶尔也会需要"多喝水"的提醒或建议,但是比起这些人体生而具有的器官,这些"智能"水杯是否有点不太靠谱?

□ 案例引导

在科学技术突飞猛进的时代,科技含量的多少是推动公司产品能否增值的主要动能,任何一款新产品必须走智能发展的路线似乎"势在必行"。这里的案例告诉我们,水杯——一个日常生活用品,是否也要走"智能化"的道路?真的要仔细思量。

产品是企业开展营销活动的物质基础。产品策略是企业营销组合中一个最重要的因素。产品策略直接影响和决定营销组合的其他因素,对企业的营销成败关系重大。例如营销组合中的价格、分销渠道和营销传播都必须是针对某个具体产品而言,同时在市场经济条件下,每个企业都会致力于产品质量的提高和产品结构的优化组合。随着产品生命周期的发展变化,灵活地调整营销方案,及时用新产品代替衰落的老产品,从而确保自己营销战略目标的实现。

第一节　产品的概念及类型

一、现代营销产品的概念

(一) 产品的概念

产品是指营销者为满足某种需求而提供给市场的一切东西。从营销管理的角度看，产品的本质是一种满足购买者某种需求的载体，或是一种能使购买者某种需求得以满足的手段。由于购买者某种需求满足方式的多样性，决定产品由实体和服务构成，即产品＝实体＋服务。而且使购买者某种需求得以满足或满足程度不同的可能有多个具体的产品和服务项目。这就导致企业必须从一般的产品概念来认识将向目标市场推出的产品。例如，一家企业准备满足顾客"简单且营养"的午餐需求，可以选择肯德基的经营方式，也可以选择富春小笼的经营方式，因为两类餐馆提供的虽然都是满足"吃饱又吃好"的需求，但是吃到的和得到的服务是不同的。对一位熟知两种餐馆经营特征的顾客，会做出更适合的决定。

(二) 整体产品概念

产品是指能提供给市场，用于满足人们某种需求的任何东西，包括实物产品、服务等。从营销管理的角度来认识整体产品概念，产品应该包括五个层次：

1. 核心利益

核心利益指产品能提供给顾客的基本效用和利益，这是最基本的和实质性的内容，是顾客需求的中心内容。产品若没有效用或不能给人们带来利益的满足，顾客就不会去购买它，产品就不可能有销路。

企业在开发产品时常常要问"消费者真正想购买的是什么"这一问题。每一产品实质上是为解决满足特定需要问题而提供的全部有形和无形的东西。营销者应该知道，不同的顾客对同一产品效用的理解是不同的，或者说不同顾客购买同一产品的用途可能不一样。例如，参茸店铺的营业员会主动询问顾客，是自己用吗？还是送人？因为核心利益对顾客可能很难理解，可是对顾客来说最终用途是十分明确的，于是，营业员就会建议，自己用买一支老山参无须有包装，如果是送人，作为礼物应该考虑有一个合适的包装。因此，企业营销人员要从不同角度提示商品的效用，以吸引更多的顾客。但是对于大多数的营销者来说，由于自己无法像营业员一样直接接待每位顾客，所以只能像空调生产者那样说自己是"为大家创造四季如春的环境"，借以向消费者展示空调的核心利益。

2. 形式产品

形式产品是核心利益借以实现的形式，即向市场提供产品的实体和服务的形象。如果形式产品是实体物品，则通常表现为质量水平、外观颜色、式样、品牌名称和包装等。产品的基本效用必须通过某些具体的形式才能得以向其购买者准确、有效地传递。企业应首先着眼于顾客购买产品时所追求的利益，以求更完美地满足顾客需要，从这一点出发再去寻求利益得以实现的形式。对于农夫山泉说自己是“大自然的搬运工”，普通消费者是很难理解的：你不会是提供木材的吧？于是农夫山泉必须通过具体的产品——来自东北原始森林地下的矿泉水的有效展示完成对其核心利益的诠释。有人会认为：没有物质形态的服务就不会有形式产品的特征。这其实是错的，服务企业可以通过各种途径有效地向顾客展示自己提供的是什么样的服务，例如服务设施、服务人员的技能等，都能使顾客感受到服务的“形式产品”。

3. 期望价值

期望价值指的是购买者购买产品时通常默认的对该产品的一组属性和条件。例如，购买空调的顾客对自己想要得到的空调的期望价值是省电、控温稳定、相对安静、款式合意等。由于空调生产者都熟知顾客对空调的期望价值，根据自己的能力与条件，努力设法满足顾客全部的或部分的期望价值，并且根据自己掌握的顾客对期望价值各项要求的排序结果，结合自己的优势来突出宣传空调的优点，如果顾客没有其他什么偏好的话，就会选择最方便的商店购买最符合心意的空调。

4. 附加内容

附加内容包括各类与形式产品相关又是顾客需要的服务和辅助产品，它们能把企业提供的东西与竞争者提供的东西再进一步区别开来。例如，空调生产者在售前向潜在顾客传递各种相关信息；在销售过程中引导顾客选购，真实地告诉顾客各种空调品牌、型号的优缺点，提供支付货款的便利等；在售后及时、规范地为购买者提供其所需要的送货、安装、调试、维护、修理等。同时，结合实际情况和顾客提出的要求，提供一些配套零件。购买者的满意在很大程度上是因其对所得到服务的认可。

IBM公司通过市场研究发现，用户购买计算机不仅是购买进行数据收集、分析和处理的工具设备，而且主要是购买解决问题的服务、使用说明、软件程序等。为此，该公司率先向用户提供一整套计算机系统与服务，包括硬件、软件和安装、调试，以及传授使用与维修技术等一系列附加服务，用户购买一次就能满足全部需要。IBM公司正是靠这种销售模式在竞争中取得了巨大成功。这表明，同工业经济时代产品与服务并重的情况相比，知识经济时代服务将会处于首要地位，而产品本身反而会降到次要地位。

产品的附加内容使得营销人员必须更加全面地把握购买者的全部需求，即一个产品的购买者在使用该产品时想要完成的全部任务、想要达到的所有目标。用这种思路和方法，营销者就会发现增加产品附加价值的许多机会，从而有效地进行竞争。现代竞争并不在于各家企业在其工厂中生产什么，而在于它们能为其产品增加些什么内容——包装、服务、广告、客户咨询、融资、送货和仓储，以及人们所重视的其他价值。每一家公司应寻求有效的途径，为其产品提供附加内容。

附加内容还可能成为企业新的业务发展方向。照相机销售企业为了吸引更多购买者，在销售各种款式、品牌的照相机同时，免费提供与品牌配套且功能多样的相机包。随着时间推移，照相机销售企业又开发出一项新业务——销售各种款式、功能不同的相机包。企业也随即改名为照相器材销售企业。

5. 潜在能力

潜在能力指的是在将来该产品可能会实现的内容。如果附加内容包含着产品的今天，潜在能力则指出了它今后可能的演变趋势。许多成功公司的产品，不仅包含了对顾客满意的内容，而且还预设了令顾客愉悦的内容。愉悦是对提供物预设了令购买者出乎意料的惊喜。对于如何才能令顾客获得意料之外的惊喜，真的很难。因为每个人在不同时间和地点对能"令其意料之外的惊喜"的具体内容会有不一样的诉求。当今社会，各种电子产品层出不穷，例如，现在的智能手机远非当年的移动电话。研发机构通过开发软件，随时让手机这类产品"如虎添翼"，使购买者获得更多的惊喜。

总之，以上这五个层次结合起来，就是产品整体概念的完整阐述。它包括有形的与无形的、物质的与非物质的、核心的与附加的等多方面内容，它不仅要给予顾客生理上、物质上的满足，而且要给予其心理上、精神上的满足。产品整体概念体现了以顾客为中心的现代营销观念，只有懂得产品整体的含义，才能真正贯彻现代营销观念的要求、全面满足顾客的需要，同时才能提高企业的声誉和效益。

二、产品的分类

在完成目标市场营销策略的制订后，企业就已经确定要向目标市场提供哪种产品。通常企业根据产品的最终用途把产品分成两大类：消费品和经营用品。消费品主要是为了家庭或个人消费；经营用品是为了再转售，或为了生产其他产品，或为企业在提供服务时使用的各种产品。因此，这两种产品的区分标准就是这些产品被谁使用和如何被使用。

(一) 消费品

1. 便利品。便利品是消费者不需要收集更多信息即可进行购买的一种有形产品。购买便利品时，消费者认为只需要比较价格和品质所带来的利益就可以了，不值得花费太多的时间和精力搜集和比较其他方面的信息。消费者认可其中一种品牌，并且在自己早就明确的地点去购买想要的东西。由于日常生活用品对于消费者有更多的购买经验，所以，便利品包括多种日常生活用品、食品等。

便利品应该方便消费者的购买，因此，便利品制造商应该选择更加广泛而快速的分销模式为顾客提供完成购买行为的便利条件。便利品的实质是使消费者在购买这类产品时更加方便、快捷。

2. 选购品。消费者愿意比较数家商店所售同一产品的质量、价格和样式后才购买的有形产品称为选购品。常见的选购品有流行时装、家具、耐用家电和汽车。只要消费者认为值得继续搜寻，就会持续搜寻和比较相关产品。如果选购品的质量、性能、价格具备优势，那就相当于为消费者节省了不少钱。

顾客的选购品购买习惯将影响制造商和中间商的分销策略和促销策略。由于消费者习惯搜寻产品，制造商会选择在数家零售店铺货，让消费者搜寻比较。同时为便于消费者进行比较，制造商一般会在销售竞争产品的货架或货柜附近陈列自己的商品。

3. 特殊品。消费者对产品具有强烈的品牌偏好，愿意投入相当多时间和精力寻找想要的品牌，这类产品就称为特殊品。即消费者会放弃自己原本购买的品牌产品寻找所要的品牌商品。

消费者多会将在某一领域质量优异、价格昂贵，也往往是社会公认、著名企业生产的具有享誉世界的品牌产品看作是特殊品。

由于消费者偏好特定品牌，且愿意花费相当精力去搜寻产品，因此，制造商只需选择几家零售店专门经营自己品牌的产品。例如，专卖店或者专营商店。

4. 潜在需要产品。除上述三类产品之外，还有一类比较特殊的产品类别称为潜在需要产品，这类产品与上述三类产品不同，所谓潜在需要产品就是消费者尚未知道或目前还不需要的产品。

例如，互动式电影就是消费者目前不太了解的一种产品，这种电影可以让观众通过电子媒介自行决定部分剧情和结局。电动汽车和新能源汽车对大多数人来说是潜在需要产品，因为他们可能不知道或不需要。

企业如果销售潜在需要产品将会面对非常困难的推介工作，因为消费者可能不知道或不需要。更困难的可能还是营销者不清楚，对自己准备将“潜在需要产品”推介给自己认为的目标顾客时，还不了解这些顾客对自己推介的产品到底有多少兴趣。所以让目标顾客了解、熟悉这类产品可能就是营销者最先要做好的工作。

（二）经营用品

1. 原材料。经过加工生产就可成为另一个有形产品一部分的经营用品称为原材料。原材料包括林产品、农产品、水产品、矿产品等天然原料。

2. 各种设备。它包括各种生产设备、设施等。

3. 各种零配件、组配件。

第二节　产品组合与产品组合策略

设计产品组合在企业营销管理上具有重要意义。企业通过制订产品组合策略可以实现多角化经营，充分发挥企业的优势，使企业的设备、技术、人力等资源得到充分利用，扩大经营范围，增加花色品种，增强企业的生产能力，提高企业效益。

社会上常将某一生产企业定义为“某产品生产企业”。但社会经济发展到今天，无论是科技发展的推动，还是市场竞争的压力，只生产一个产品的企业十分罕见。

一、产品组合的概念

产品组合是指企业生产经营的各种产品的有机构成和量的比例关系，即企业根据自身实力所确定的产品结构或经营的产品范围。产品组合从微观角度看有以下两个组合：

（一）产品项目与产品线

1. 产品项目。具有相同用途的一组产品，不同顾客在购买该产品时可能会在款式、规格、颜色和价格等方面存在不同要求，这样企业就会在设计和生产这个产品时，刻意做到这些差别，满足不同顾客的需求。例如，使用同样皮革制成的同样款式，甚至采用相同价格的皮鞋，在规格（尺码）上不同，有 36、40、41 码的三种皮鞋，就是三个产品项目。

2. 产品线，也称为产品大类。某类在基本用途上相同而在款式、规格、颜色和价格等方面存在明显差别的产品项目组合而成的整体，称之为产品线。仍用上例，皮鞋由三个尺码的产品项目组成的产品线。需要说明的是，这种产品线的划分界限在不同企业会有不同的处理方式。例如，在皮革生产企业，它的产品线可以是皮鞋、皮衣、皮帽、皮包四个产品线。而在皮鞋生产企业，它的产品线可能有男式皮鞋、女式皮鞋两个产品线，或者有皮凉鞋、皮鞋、皮靴三个产品线。企业主要根据自己在确定目标市场的专门化标准来划分产品线。

（二）产品组合

一个企业无论它有多少个产品项目，或者是有多少个产品线，它的产品组合只有一个。企业的产品组合是企业在一定时期内为自己向社会做出能满足多少种不同需求的承诺的实际履行结果。

总之，由用途相同，但在规格、款式等方面存在明显差异的不同产品项目组成的整体，叫产品线。而满足不同用途的产品，即不同的产品线组成的整体叫产品组合。而产品项目、产品线和产品组合对社会而言都叫产品。可是对营销管理而言，必须予以区别对待。

（三）产品组合的几种特征及衡量尺度

按照上述对产品组合概念的阐述，要想更加完整地表述企业产品组合的特征，可以用四种尺度，即宽度、长度、深度和关联度来进行描述，营销管理也可以从这四个方面来描述企业在设计自己产品组合时的设想。

1. 产品组合的宽度。宽度是指企业经营全部产品线的数目多少。产品线越多，产品组合就越宽；反之，就越窄。如表 6－1 所示，宝洁公司产品组合有：洗发护发、护肤美容、个人清洁、口腔护理、妇女保健与婴儿护理、织物与家居护理以及食品七类产品线。一般说来，因受企业资源、能力等条件的限制，大型企业产品组合比较宽，而中小企业产品组合比较窄。

表 6-1 宝洁(中国)公司的产品组合

洗发护发	护肤美容	个人清洁	口腔护理	妇女保健与婴儿护理	织物与家居护理	食品
飘柔	玉兰油	舒肤佳香皂	佳洁士牙膏	护舒宝卫生巾	碧浪洗涤剂	品客
海飞丝	SK-Ⅱ	玉兰油香皂	佳洁士牙刷	丹碧丝卫生棉	汰渍洗涤剂	
潘婷		激爽		帮宝适纸尿布	熊猫洗涤剂	
沙宣						
伊卡璐						

2. 产品组合的长度。长度是指企业经营的所有产品项目总数的多少。产品组合的长度可用以说明企业想满足市场提出多少种不同的需求。例如,表 6-1 中宝洁(中国)公司产品组合的长度为 5+2+3+2+3+3+1=19。一家大型企业因其资源条件与能力,可以同时向市场提供可满足不同用途的产品,又可以提供有明显差异的产品项目,以迎合挑剔的顾客,所以,产品组合的长度很长。而专业产品生产企业,因其产品组合相对狭窄,同时又可能受标准化生产的限制,产品项目也较少,从而使得这些企业的产品组合长度较短。

3. 产品组合的深度。深度是指企业经营的每一类产品线中平均拥有的产品项目数目的多少,深度=长度/宽度。如表 6-1 中宝洁(中国)公司产品组合的宽度为 7,相加各类产品线中的产品项目,产品组合长度为 19,则其产品组合深度为 19/7=2.7。可见,产品组合的深度能够说明企业向市场提供的产品品种的多样性程度。

4. 产品组合的关联度。关联度是指各个产品线在最终用途、生产条件和销售方式等方面的关联关系程度。关联关系越密切,关联度就越大。而关联度的大小是企业选择目标市场、设计目标市场营销策略乃至选择多角化增长战略时都必须考虑的大问题。一家服装生产企业,初创时专门生产衬衫,随后生产外衣,再生产领带,这就是考虑这三个产品线在用途上有密切的关联关系,可以满足同一顾客的三种不同但相关的需求。

分析产品组合,既包括分析企业每一项产品所处的市场地位及其在企业经营中的重要程度,也包括各个不同产品项目的相互关系和组合方式的分析,其最主要的目的在于弄清在不断变化的营销环境中,企业现有的产品组合与企业总体战略、营销策略的要求是否一致,并根据内、外部环境的要求对现有的企业产品组合进行调整。

二、产品组合在市场营销中的意义

首先,企业增加产品组合的宽度,即增加产品大类,扩大经营范围,甚至跨行业经营,实行多角化增长战略,可以充分发挥企业的优势,使企业的设备、技术和劳动力等资源得到充分利用,提高经济效益。此外,实行多角化增长战略还可以减少风险,提高企业对市场的适应能力和竞争能力。例如,我国第一拖拉机厂就充分利用加工能力和设计力量,除生产传统产品拖拉机外,还生产筑路机械、建筑机械、汽车、自行车等系列产品,充分发挥了大型企业的优势，适应了市场竞争需要。

其次，企业增加产品组合的长度，可以是同时增加各产品线上的产品项目，更可以是增加有市场潜力的某些产品线的产品项目。许多时候，一家企业开发了一个新产品，其实它只是一个新产品线上的第一个产品项目。

然后，企业增加产品组合的深度，即增加产品项目、增加更多的款式、规格和颜色的新产品等，可以迎合广大消费者的不同需要和爱好，以吸引更多的顾客。

最后，企业增加产品组合的关联度，即企业在选择新产品的拓展方向时可以从提高现有各产品线在最终用途、生产条件、销售方式等方面密切关系的角度出发，找到新的机会。

三、产品组合策略

产品组合并非是一旦确定就固定不变的，企业必须根据市场需求、竞争状况的变化以及目标市场营销策略的调整等来改进自己的产品组合，所以产品组合策略也被称为调整产品组合策略。可供选择的产品组合策略有：

（一）产品线延伸策略

从总体上看，每个企业的产品线只是占据整个市场的一部分。例如，某电视机生产企业在整个电视机市场上的定位属于中高端产品范围，如果该企业超出现有的范围来增加它的产品线长度，这就叫做产品线延伸（Linestretching）。企业可以向下或向上来扩展其产品线，或同时向三个方向扩展。

1. 向下延伸。企业当时在进入某目标市场时所做的市场定位是“最先进的一流产品生产者”，一段时间过后对目标市场开展全面的调查分析后发现，在中低端产品市场存在更多的机会，或者是发现高端产品的竞争将逐渐趋于激烈，于是决定从该产品线的高端产品项目向中低端产品项目扩展。

企业向下延伸可能有如下原因：

（1）企业在高端产品市场受到攻击，于是就决定拓展中低端产品市场进行反击；

（2）企业发现其高端产品市场增长缓慢；

（3）企业最初步入高端市场是为了树立质量形象，然后再朝下扩展；

（4）企业增加一个低端的产品项目，是为了填补市场空隙，否则，其竞争对手会乘虚而入。

由于顾客大多是通过价格水平来认知产品品质的高低，所以企业在推出一款低端产品的同时会以低价来向顾客展示。这样的策略会有一定的风险：第一，企业新推出的低端产品的价格不一定比市场上原有的竞争者的产品价格更具竞争力。第二，低端低价产品可能会对自己原有的高端产品构成威胁，因为顾客可能会从性价比出发，改变自己原有的购买企业高端产品的决定。

2. 向上延伸。在进入目标市场时，企业的市场定位是“好用但廉价的产品提供者”。

在一段时间后，企业本能就会有“人往高处走”的想法。与此同时，企业的资源与能力也非昔日可比，会产生从低端产品向高端产品方向发展的想法。

企业采用向上延伸策略的主要原因是：

(1) 高端产品存在可观的机会，强大的竞争对手还没出现；

(2) 被高端产品较高的增长率和较高的利润幅度所吸引；

(3) 有机会提高企业在目标市场中的形象。

同样，假如企业也是通过提高价格来向顾客展示自己现在提供的是更好的产品的话，那么此时企业一定要准确确定需求价格弹性的大小，以便使得高端产品的较高价格依然对顾客有吸引力。

3. 双向延伸。市场定位于“比高端产品价廉，比低端物美”的中端产品，随着时间的推移可能会决定朝向下、向上两个方向延伸的决定。

企业选择这类延伸策略的主要原因是：

(1) 企业发现上下两端市场都存在发展机会；

(2) 企业发现高端与低端市场的竞争还未发展到非常激烈的程度；

(3) 企业发展的空间很大。

双向延伸策略的最大风险是，购买者认为这两种型号的产品差别不大，因而会选择购买较低价格的低端产品。

4. 产品线填补。产品线也可以拉长，办法是在现有产品线的范围内增加一些产品项目。与产品线延伸不同，产品线填补是在原来档次的产品项目中增加一个新规格、新款式的产品项目。采取产品线填补(Linefilling)策略有这样几个动机：

(1) 获取利润增长；

(2) 满足那些经常由于产品线规格、品种不齐全而使销售额下降的经销商的抱怨；

(3) 充分利用剩余的生产能力；

(4) 争取成为领先的产品线完整的供应商；

(5) 设法填补市场空隙，防止竞争者的侵入。

如果产品线的延伸导致新、旧产品自相残杀，在消费者中造成混乱的话，那就说明是搞过头了。企业必须使消费者能在其心目中区分出自己的每一个产品项目，每一个产品项目必须有显著的差异。

(二) 产品线削减策略

产品线管理者必须定期检查每一产品项目的市场销售情况，研究削减问题。削减原因有两种：

(1) 产品线在市场销售业绩上出现滑坡，营销管理人员就应该及时对产品线中的每个产品项目的市场销售状况开展分析。对于那些销售业绩下降并导致亏损的产品项目应该考虑削减该产品项目的预案。

(2) 企业在资源上捉襟见肘时，就应该及时考虑集中资源于能产生最大效益的产品项目上。营销管理者应该本着“两利相比取其长”的观点，对产品线中各个产品项目的盈利能力和市场需求的发展潜力，寻找最为有利的发展方向。与此同时，企业必须从某些产品项目转移自己资源，投放到更有利于自身发展的产品项目之上。

当市场营销环境严峻、需求紧缩时，企业通常会采取紧缩产品线的策略；而在市场营销环境良好、需求增速明显时，则会采用延长产品线的策略。

(三) 产品组合调整策略

产品组合策略应该包含两种类型：产品线调整策略与产品组合调整策略。前者就是上述两种，主要是对各产品线中的产品项目做增加或删减的考虑，而后者是对产品组合中的各产品线进行改造保留或是删除的考虑。这里所说的产品组合调整策略就是指后者。

1. 各产品线改造策略。在科学技术快速发展的同时，社会观念与市场需求也会得到更快的发展与转变。营销管理者要敏锐地察觉到这些变化趋势，对企业现在的产品组合进行局部或整体调整。虽然企业的产品组合依然还是那几个产品线，在宽度、长度、深度和关联度等方面都不做改变，但是所有产品线中的产品项目在技术含量、性能、功能等质量方面已经完全不等同于以往。这些特征在家用电器行业表现得最为典型，当今的电视机、空调、冰箱、洗衣机与十年前相比早就不一样了。

2. 增加新的产品线和删除旧的产品线。为了跟上快速变化的市场需求步伐，许多企业会逐渐改变自己原先的营销增长战略，更多地选择多样(角)化增长战略，以求获得更多的发展空间，此时企业在产品组合上就会采用以下两种策略：

(1) 改变原来的全部产品线策略，即现在的产品组合中全部产品线都是新的。企业还是原来的企业，这仅是从企业名称来看，但是企业已经从整体上转入了新的行业，这种情况表现得最为典型的是 20 年前许多企业都转向房地产行业。当然，对企业而言此举的风险很大。

(2) 增加新的产品线，删除旧的产品线策略。相比前者的全面调整，此种策略可称为“微调”。逐渐增加新产品线的同时淘汰一些旧产品线。这种策略的成功与否，更多取决于营销管理者能否对未来市场需求变化做出准确的判断，与是否会当机立断地采取行动。随着社会经济的不断发展，对于购买者来说，能够满足其某种需求的产品也会发生变化。例如，原来作为普通市民代步工具的是自行车，而现在市民认为最佳代步工具应该是助动车。于是，自行车生产企业就淘汰各类型的自行车产品线，推出助动车产品线。

第三节　产品市场生命周期与各生命周期阶段的营销策略

企业管理者都应该清楚新产品的市场生命周期这一重要概念，产品经过研发、生产、试销，然后正式进入目标市场，产品的市场生命周期开始。产品在这个市场由不被市场熟悉、接受，到受到市场热宠，一段时间后逐渐又被市场冷落，最后惨淡退出市场，产品生命周期就此结束。这就是一个特定产品在特定市场的生命周期。这里的两个“特定”非常重要：一是产品生命周期指的是特定产品；二是这个产品在特定市场存在，于是就产生两个重要现象：

(1) 任何产品的生命周期都是在特定市场开始和终结的。如果将这个产品引入另一个市场，那么就发生该产品在新的市场又开始新的生命周期，从而使企业不断为自己的产品寻找新市场。

(2) 任何市场若存在不止一种产品，那么每个产品都有在该市场从进入到退出的生命周期现象。当一个产品退出该市场时，企业有目的地推出一个新产品来替代它，从而实现自己的产品更加长久地占领该市场的目标。

将上述两者联系起来能为企业在营销管理上提供新思路，就是人们常常提及的“产品市场生命周期理论”和“产品市场生命周期营销策略”。

一、产品市场生命周期的概念及各阶段的特征

任何生物体都有一个出生、壮大和衰亡的过程，产品也是如此，每一种产品都有一个研制、生产、投放市场、被市场接受和被市场淘汰的过程。因此，把一种产品从投放市场开始一直到被市场淘汰为止的整个阶段，称为该产品的生命周期(Product Life Cycle，缩写为 PLC)。产品市场生命周期分为介绍期、成长期、成熟期和衰退期四个阶段，其表现为一条俯卧的S形曲线，在各阶段体现出不同的特点，见图6-1。

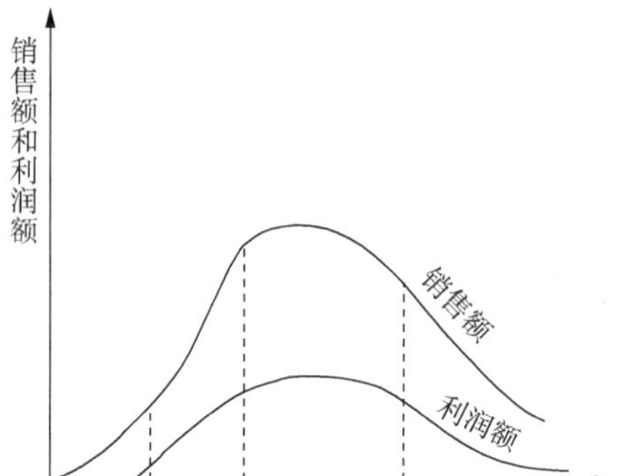

图6-1 产品市场生命周期

(一) 介绍期的含义与特征

1. 介绍期的含义。介绍期指企业因为任何产品都有一个其生产者或提供者经过一系列产品研发、市场试销的必要过程，所以介绍期是将这一产品正式“介绍”给该目标市场的时期。又因为是企业第一次将该产品投放到这一目标市场，所以也被称为投入期或

导入期。

2. 介绍期的特征。在产品生命周期的介绍期,企业将某产品第一次介绍到该市场,这一产品可能是企业原来就拥有的从另一目标市场转移至此的老产品,但更可能是企业专门针对该目标市场需求研发成功的新产品。无论是哪种性质的产品,在将该产品被介绍到一个新市场之前,企业必须做好这样一些工作:

(1) 新产品研发和市场试销,这是确保产品能够成功占领市场的必要一环;

(2) 为了让市场上的购买者了解和接受企业的产品,企业必须做好宣传介绍;

(3) 对目标市场的各种相关研究,例如市场需求、竞争状况、科技发展等的研究。

完成上述工作,企业必须投入相应的资金,付出巨大的成本。此时又因为对处于这一市场的购买者来说是新产品,购买者对这一产品处于不知晓或观望状态,使得该产品在这一市场上的销售量极小,企业不能做出是否扩大该产品生产规模的决定,这些都将导致生产成本居高不下,销售收入低迷的状态。总之,处于介绍期的产品一定处于销售收入低迷、亏损很大的时期。

(二) 成长期的含义与特征

1. 成长期的含义。所谓成长期是指某产品在一个市场已经有了一段时间,通过这段时间,该市场原先属于"潜在顾客"的都已经成为"现实顾客",因而企业在这个市场上产品销售量、销售收入不断增长,所以称为成长期。

2. 成长期的特征。在成长期,因此前的促销逐渐呈现成效,市场有更多的顾客知晓、接受并购买企业的新产品,从而使该新产品的销售量与销售收入快速增长。此时由于销售量的增加导致企业决定扩大该产品的生产规模,使得规模效应得以显现。所以收入的增长速度不断快于成本增长,实现该产品的盈利水平不断增长的营销目标。与成熟期相比,成长期具有以下明显的特点:

(1) 是产品市场生命周期各阶段中销售量或销售利润增长速度最快的阶段;

(2) 由于盈利水平高速增长,刺激竞争者开始进入市场,该产品的竞争初露端倪。

(三) 成熟期的含义与特征

1. 成熟期的含义。所谓成熟期是产品市场生命周期在此阶段销售量或销售利润增长前后出现了两个"拐点",增速由快趋缓,在达到最高水平后,由缓降趋于快速下降的变化过程。

2. 成熟期的特征。成熟期阶段的市场出现两种新情况:

(1) 前一阶段迅速增加的销量使市场需求被迅速满足,导致市场销售增速减缓,在缓慢攀至最大极限后开始逐步减少;

(2) 前期市场盈利增长吸引竞争者不断加入,市场竞争激化导致企业销售量被不断侵蚀。为了应对竞争,企业在各种营销手段上增加投入,例如,采用价格竞争、延伸产品线等,从而导致各种成本和费用增加,企业销售利润增速趋缓甚至降低。

(四) 衰退期的含义与特征

1. 衰退期的含义。产品市场生命周期处于最低迷、末路的阶段。无论在销量或者是利润额来看都已经处于迅速下降的阶段，不断加速接近亏损，所以被称为衰退期。

2. 衰退期的特征。衰退期阶段的市场出现了这样一些特征：

(1) 在许多竞争对手的挤压下剩余需求趋于减少，甚至不复存在，市场需求转移。市场因销售量趋于零而又出现亏损；

(2) 市场出现了新产品，能够满足此刻市场出现的新需求。这导致原来的产品已经无人问津，只有被市场淘汰。

(五) 产品市场生命周期的特殊表现形式

1. 各种产品生命周期的曲线形状存在明显差异。从理论上讲应该有四个发展阶段，而实际上各种产品生命周期有一定差异，这不仅表现在企业的每一个产品市场生命周期发展的曲线变化上，各种产品在市场生命周期的各个阶段上时间长短不一，还可能是同一产品在不同市场的生命周期发展过程有差异。如某一产品在A市场有一个很长的成长期发展过程，而到了B市场，只经历短暂的介绍期就被市场淘汰。

2. 对所谓产品的界定范围不同，产品市场生命周期的变化也有差异。如电视机、液晶电视机还是三星液晶电视机，三者在同一市场上的市场生命周期其变化就不尽相同，因为产品组合、产品线与品牌产品三者在面临市场竞争和满足需求变化方面都不一样。

二、产品市场生命周期各阶段的营销策略

在一个产品的市场生命周期内，企业需要多次修正其营销策略。这不仅仅是因为经济环境的变化和竞争者在不断发动新进攻，而且是因为产品在不断地经历购买者兴趣与要求变化的考验，因此，企业必须制订一系列策略以适应产品市场生命周期各个阶段的变化。虽然企业知道让许多产品的市场生命周期“永葆青春”是一种奢望，但都希望能延长产品的生命周期和增加盈利能力，所以尽量延长产品市场生命周期成了产品市场生命周期营销策略的共同目标。

(一) 介绍期的营销策略

对介绍期特征的分析结果说明：在介绍期遇到的最大问题是销售量低迷，使得企业无法在短期内收获自己在此前为研发、制造和市场试销方面垫付的资金。而这种状况主要是因为市场上的购买者对企业的产品不知晓或不了解，处于持币观望状态之故。所以企业应该采用的策略可以有两类：各种促销策略和价格策略。具体方法有：

1. 利用优惠、免费等方式增进顾客试用的可能性；

2. 利用原有名牌提高新产品的吸引力，通过各种媒体对产品的优点进行宣传，提高产品知名度；

3. 争取中间商的支持，给其优惠或资助，提高产品向最终顾客方向推介和传递的速度。

这一阶段的策略重点突出一个“快”字，即更快地渗透市场。

在介绍期，由于顾客不了解产品，因而企业有必要进行促销宣传，提高知名度。但促

销宣传费用的增加势必导致营销成本增加，又会使产品价格提高，如何处理好价格与促销的关系，有以下四种策略可供选择。

1. 高价格、高促销策略，又称快速掠取策略。企业以高价格与大促销投入将新产品推向市场。这种策略获得成功的条件是：

（1）市场中大多数购买者对企业的产品缺乏了解；

（2）了解该产品后，购买者能够并且愿意出高价购买；

（3）企业面临潜在竞争者的威胁，急需大造声势，赢得购买者；

（4）该产品有较大的市场需求，产品自身有相当高的优越性，能激发购买者产生购买欲望。

采取该策略的目的是：通过高价位，尽可能快地收回投资；以大量的促销活动加速产品的市场渗透率，并以此建立市场品牌偏好，抵御来自竞争者的威胁。

2. 高价格低促销策略，又称缓慢掠取策略。企业以高价格与较低的促销投入将新产品推向市场。这种策略获得成功的条件是：

（1）市场容量相对有限，购买者选择余地小，且产品需求价格弹性较小；

（2）企业或企业的品牌在市场有较高的知名度，且市场没有低价竞争者存在。

采用该策略的目的是为了降低营销成本而获得更高的利润回报。

3. 低价格高促销策略，又称快速渗透策略。企业以低价格与较大的促销投入将新产品推向市场。该策略可以使产品迅速地攻占市场，并使其市场占有率最大化。这种策略获得成功的条件是：

（1）市场容量大，有扩大生产满足需求的空间；

（2）购买者对该新产品不熟悉；

（3）市场需求价格弹性大，且面临巨大的低价竞争威胁；

（4）企业可以通过大批量生产达到进一步降低单位产品成本的目的，确保低价条件下仍有盈利的空间。

在市场上采用快速渗透策略的通常为那些实力雄厚的大企业，他们拥有更强的成本控制能力，因此，可以有效解决低价格又同时高促销投入所带来的亏损压力。

4. 低价格低促销策略，又称缓慢渗透策略。企业以低价格与很低的促销投入将新产品推向市场。这种策略获得成功的条件是：

（1）市场容量大，但竞争产品和替代品种类多；

（2）企业和企业品牌知名度高，购买者熟悉企业的相关产品；

（3）多数消费者对价格十分敏感，需求价格弹性大且面临较大的低价竞争威胁。

采用这一策略既可以加速提高企业产品的市场占有率，又可以通过促销成本的降低提高企业的净利润回报。

（二）成长期的营销策略

处于成长期的产品因为前一阶段的各项促销措施选择对路，使得企业的产品有了较好的声誉，这就要求企业应采取扩张性策略和渗透性策略，使产品的相关信息得以迅速扩散，产品的市场销量随之也迅速扩增，扩大了市场占有率，并持续保持销售量增长的好势头。成长期营销策略实施的根本目标是：更加持久、稳定的市场销售和利润增长率。可供企业选择的营销策略有：

1. 市场和利润拓展策略：深入了解购买者需求，进一步进行市场细分，寻找新的市场。

2. 产品策略：提高产品质量，并改进产品的性能、色彩、样式及包装等，增强产品的竞争力。

3. 促销策略：广告宣传要从介绍产品转为宣传产品特色，树立产品形象，争取创立名牌，使购买者产生偏爱。

4. 价格策略：在扩大生产的基础上，对价格较高的产品应选择适当时机降低价格，以应付竞争对手的进入。

5. 分销渠道策略：调整企业的分销渠道提高分销效率，选择新的销售模式使之更加有效地完成传递产品、信息的功能。

（三）成熟期的营销策略

成熟期的特点是：销售增长率缓慢，在到达最高水平后渐趋下降，形成过剩生产力，竞争也较激烈。一些缺乏竞争能力的企业被淘汰，新加入的竞争者则较少，此阶段一般选择进攻性策略。尽量延长这一阶段的时间，或促使产品生命周期出现再度循环，以获得更多的利润。在这一阶段，企业应当努力延长成熟期，在竞争中确保市场占有率的稳定性。这期间可供企业选择的策略有以下三种。

1. 改革产品。这种策略是通过产品本身的改变来满足人们不同需求，从而吸引有不同需求的顾客。对产品的改革包括三种途径：

(1) 品质改善，其目的是增强产品功能及各项技术指标；

(2) 式样改善，其目的在于增强产品外观上的美感；

(3) 特性改善，其目的在于增加产品的独特性。

2. 改革市场。这种策略是要拓展新的顾客群。其途径有：

(1) 产品策略，发掘产品的新用途，延长产品成熟期，开拓新的市场；

(2) 品牌策略，加强品牌地位，夺取竞争者的市场；

(3) 分销渠道策略，开辟新的分销渠道，通过创建新的细分市场，寻找新的市场需求；

(4) 促销策略，通过促销努力来激励购买者增加其产品的使用率或使用量，从深度和广度上开拓新的市场，有可能使产品从成熟期转化为一个新的成长期。

3. 改变原有的营销手段，如调整产品价格，改变产品包装，完善售后服务，扩展销售网点，增加广告费用和推销人员等。

（四）产品衰退期营销策略

产品进入衰退期时，企业必须认真研究产品在该市场上的真实地位，然后决定是否继续经营下去。企业应有计划、稳步地撤退老产品，同时有目的有步骤地开发新产品。在这一时期企业可以选择以下营销策略。

1. 持续经营策略。由于众多竞争者纷纷退出市场，经营者减少，处于有利地位的企业可以暂不退出市场，保持产品传统特色，用原有的价格、渠道和促销手段，继续在原有市场上开展营销活动。

2. 集中策略。企业简化产品线，缩小经营范围，把企业的人力、物力、财力集中起来，生产获利水平更高的产品，利用效率更高的分销渠道，在最具发展前景的目标市场开展营销活动，以取得较多的利润。

3. 榨取策略。在一定时期内，不主动放弃疲软产品的生产，而是大幅度地降低促销费用，努力降低各类成本。这样在短期内虽然销量有所下降，但由于成本下降，企业仍能保持一定的利润。

4. 放弃策略。一般来说，企业继续保留衰退产品的代价是巨大的，若经过准确判断，产品无法再给企业带来预期的利润，就应采取放弃策略。如果企业决定放弃经营某种产品而退出市场时，也必须采取积极措施，慎重地做好以下善后工作：

(1) 决定放弃的时间，可以是快速退出市场，也可以是有计划地逐步退出市场；

(2) 决定放弃经营的方法，如可将老的生产设备和营销力量转让给其他部门或企业，使企业在转移经营的过程中得到一定的收入。

5. 转移策略。地理、文化、经济的差异会导致市场需求的巨大差异，在一个市场上处于衰退期的产品在另一个市场上很可能处于产品生命周期的介绍期、成长期或是成熟期，企业可以根据市场需求的差异适时地进行产品的市场转移。

三、产品市场生命周期理论的运用

将产品市场生命周期理论运用于企业营销管理的实践，可以得出以下几方面的启示：

第一，产品市场生命周期是由需求与技术的生命周期所决定，要求企业开展营销活动，必须注重对产品市场生命周期所处的阶段开展分析。要从需求出发，任何产品都只是作为满足特定需要或解决问题的特定方式而存在，同时必须跟踪最新的科学技术开发新产品的趋势，设法运用企业掌握的科技创新能力，取得延长产品市场生命周期并获得最大市场利润的目的。

第二，企业运用产品市场生命周期理论时，要善于区别产品组合、产品线、产品项目乃至产品品牌的产品市场生命周期的不同含义以及特征，只有这样，企业制订的产品市场生命周期各阶段的营销策略才可能获得预期的效果。

第三，不同种类的产品，其产品市场生命周期表现的形态也不尽相同，并非所有的产品都呈现介绍期、成长期、成熟期和衰退期四个阶段，有些产品可能刚进入市场就惨遭淘汰，只有一个短暂的介绍期。同样的产品，可能在不同市场呈现不同的产品市场生命周期。

第四，影响企业产品生命周期的因素很多，有企业外部因素也有企业内部因素。如果仅就内部而言，企业产品市场生命周期相当于企业各种营销活动的因变量，企业经过营销努力，完全可能改变企业产品市场生命周期的变化趋势。

第四节　新产品与新产品开发策略

一、新产品的概念及其发展趋势

什么是“新产品”？“新”必须有对比的标准，即“旧”是什么？

(1) 与企业原来的产品相比，新产品就是指企业向市场提供的较之原有产品具有较大差别的产品。通俗地说，新产品是企业此前从未生产或提供过的产品。

(2) 与市场的现有产品相比，新产品就是市场上第一次出现的较之此前的产品具有很大差别的产品。通俗地说，新产品是该目标市场此前从未出现过的产品。

为了与营销管理的研究内容相符，准确新产品的含义是指前一种。

(一) 新产品的概念

为准确界定新产品，作为新产品应具备以下几个特征：

1. 新产品应具有新的原理、新的结构，或是改进了原有产品原理与结构的产品。例如，在传统相机基础上增加了数码软件的数码相机。由于此产品在原理和结构上都有很多变化，数码相机就可被列入新产品。

2. 新产品有新的实用功能。例如在手机原有的功能模块基础上增加数码相机的拍摄功能模块，推出可拍照的智能手机。由于增加了新的功能，智能手机也可被视为新产品。

3. 新产品采用了新的元件和材料，并优于原产品，使新产品的性能超过了原有产品。例如，4G 手机相比此前的 3G 手机，它的数据信息传输速度更快。由于性能的提高，4G 手机具有先进性，属于新产品。

正确理解新产品的含义，首先要从整体产品的概念上来理解，新产品并不一定是新发明的产品。企业开发的新产品其“新”可能是在核心利益上的新，例如，五粮液集团在提供普通包装五粮液的基础上，推出精装五粮液，成为礼品市场的宠儿。更常见的是在产品形式上的新，例如，在品质、功能、性能等方面的改变。当前由于科学技术和传播速度的提高，使得产品同质化日益显见，为了差异化营销，企业日益看到服务差异化是有效途径，由此调整附加内容，不断推出新产品。例如，原来向用户提供电脑的同时提供安装、调试和维修服务，现在是为用户开发企业管理信息系统，向用户提供各种包括电脑在内的设备。由此可见，新产品的“新”，具有相对意义。

其次，还可以从市场与顾客的角度来确认新产品。比如，有些产品尽管在世界上早已出现，但从来没有在某个地区出售过，那么对这个地区市场来说，它就是新产品。这样一种关于新产品的理解，对于国际贸易和国际营销来说具有重要意义。

最后，从生产和销售企业的角度看，凡是本企业从来没有生产和销售过的产品，现在企业决定生产和销售并采用自己的品牌也可以说是新产品。

（二）新产品的发展趋势

新产品的发展趋势大致有这样几个特点。

1. 新产品的科技含量不断提高。企业必须在新产品开发中投入更多的科研力量，使之转化成更多的知识经济技术成果，确保新产品更加完美，更具有市场竞争力。

2. 新产品多样化。由于消费者的需求层次不同，喜好也不同，而且复杂多变，因而新产品开发应做到多样化，适应市场的发展趋势，以满足消费者多层次的需求。

3. 产品更美观、更舒适、更适用。消费者的物质文化生活水平不断提高，使得对产品的要求朝着舒适性、艺术性和功能更齐全的方面发展。

二、新产品的种类

（一）全新新产品

全新新产品是指采用新原理、新结构、新技术、新材料制造的前所未有的产品。这类新产品都是科学技术的重大发明和创造的成果，可以说是世界范围的新产品，代表了科学技术发展史上的新突破。例如：电话、飞机、打字机、盘尼西林（青霉素）、电子计算机等的发明，就被视为1860—1960年间世界公认的最重要的一部分新产品。像这类产品是极为难得的，因为一项科学技术的发明，从理论到技术，从实验室到工业生产，要花费大量的时间、人力和财力，绝大多数企业都很难提供这种全新的新产品。全新新产品与老产品相比是一种完全的质变。

（二）换代新产品

换代新产品也称部分新产品，指在原有产品的基础上，部分采用新技术、新材料制成的性能有显著提高的新产品。例如，电子计算机从问世以来到现在，已经经历了电子管、晶体管、集成电路、大规模或超大规模集成电路和具有人工智能的电脑五代发展历程。每一代计算机与它的前一代相比，都属于换代新产品。再如普通自行车发展到变速自行车，普通电熨斗发展到自动调温或自动喷水蒸汽电熨斗，普通缝纫机发展到电动缝纫机等，也都是换代新产品的样例。

这类新产品在市场上比全新新产品多，中小企业由于技术力量和其他力量薄弱，对产品的更新换代投入也较少，所以，相对而言，上述两类新产品在传统意义上的中小企业研发成功的比例较小。

（三）改进新产品

指对现有产品在质量、结构、品种、材料等方面做出改进的产品。它主要包括质量的提高、用途的增加、样式的更新、材料的易取或更便宜。如普通牙膏改为药物牙膏、普通卷烟改为过滤嘴卷烟以及新款式的服装等。这些新产品经常在市场上出现，满足各种消费者的不同需要。

（四）仿制新产品

企业模仿市场上正在热销产品的性能、款式而生产的产品。这类产品就整个市场来说，已不是新产品，但对企业来说，使用的技术、工艺等都是新的，生产的产品也与原来的产品不同，所以它仍然是企业的新产品。开发仿制新产品，对于许多企业很适用，企业可以有计划地引进和仿制国外的新产品，能缩短和国际先进水平之间的差距。需要注意的是，在引进和仿制的时候，应符合专利法等法律法规的要求。

三、新产品开发程序

一个完整的新产品开发过程要经历八个阶段：构思产生、构思筛选、概念发展和测试、营销规划、商业分析、产品实体开发、市场试销、商品化。

（一）构思产生

构思是新产品开发的第一阶段。构思是创造性思维，即对新产品进行设想或创意的过程。缺乏好的构思已成为许多行业新产品开发的瓶颈。一个好的构思是新产品开发成功的关键。

企业通常可从企业内部和外部寻找新产品构思的来源。

1. 企业内部的新产品构思来源。由企业研究开发人员、市场营销人员、高层管理者及其他部门人员所提出的有关新产品的各种设想。这些人员与产品的直接接触程度各不相同，但他们对企业的某些业务都熟悉。对企业的产品有更多的了解与关注，因而往往能针对产品的优缺点提出改进或创新的有用的设想。

2. 企业外部的新产品构思来源。由顾客、中间商、竞争对手、企业外的研究和发明人员、咨询公司、营销调研机构等提供的各种与新产品开发、研制相关的信息，给企业的新产品开发思路提供启发。

（二）构思筛选

新产品构思筛选是采用适当的评价系统及科学的评价方法对各种构思进行分析比较，从中把最有希望的构思挑选出来的一个过滤过程。在这个过程中，力争做到除去研发成本最大和研发成功概率最小的新产品构思，选出研发成本适中和研发成功概率较大的新产品构思。构思筛选的主要方法是建立一系列评价模型。评价模型一般包括：评价因素、评价等级、权重和评价人员的专业性等要素。其中确定合理的评价因素和给每个因素确定适当的权重是评价模型是否科学的关键。

构思筛选就是一个“舍取”的决策，最应该注意的是：

（1）防止一个根本不可能成功的构思被选取到新产品开发项目中，犯了“取假”的错误；

（2）防止一个有重大意义的只是看起来很难成功的构思被剔除出新产品开发项目，

犯了“弃真”的错误。

无论是上述哪种错误都会对企业造成重大损失。

(三) 概念发展和测试

新产品构思是企业创新者希望提供给市场的一些可能会成为新产品的设想,新产品设想只是为新产品的开发指明了方向,必须把新产品构思转化为新产品概念才能真正指导新产品的开发。

新产品概念是企业从市场也即购买者的角度对产品构思进行的详尽描述,即将新产品构思具体化,描述出产品的性能、具体用途、形状、特点,甚至具体到如价格、名称、提供给购买者的利益等内容。企业新产品研发组织应该明白:购买者不是购买新产品构思,而是购买新产品概念。新产品概念形成的过程就把粗略的产品构思转化为详细的产品概念。

任何一种产品构思都可转化为几种产品概念。新产品概念的形成来源于针对新产品构思提出问题的回答,一般通过对以下三个问题的回答,可形成不同的新产品概念。

(1) 谁使用该产品?不同的顾客对心仪的新产品会有不同的用途或使用方式。比赛用自行车与运输用自行车就是两个不同的概念,研发人员不能从两种使用者的使用方式“兼容”的思路下,提出对新自行车的产品概念。这种概念的自行车一定会被目标市场摒弃。

(2) 该产品提供的主要利益是什么?比赛用自行车购买者的利益诉求是速度、轻便,运输用自行车购买者的利益诉求是承载、耐用,这些都成为研发人员在设计新产品结构、材料时的设计依据。

(3) 该产品适用于什么场合?比赛用自行车还要根据赛场环境的不同,调整自行车的设计,场地自行车与山地自行车应该有明显的差异。

在回答上述三问后,研发人员能够明确新产品概念测试的具体内容和量化标准。

(四) 营销规划

对已经形成的新产品概念制订营销规划是新产品开发过程的一个重要阶段。该规划将在以后的开发阶段中不断完善。营销规划包括三个部分:

第一部分是描述目标市场的规模、结构和购买行为,新产品在目标市场上的定位、市场占有率及进入市场的最初一段时期的销售额和利润等的准确预测结果;

第二部分是对新产品的价格策略、分销策略、营销传播策略的规划和最初一段时期企业的营销费用预算;

第三部分根据企业对该新产品进入该市场后的市场生命周期各阶段的销售量和利润目标,设定相应的营销策略组合。

(五) 商业分析

商业分析的主要内容是对新产品概念进行财务方面的分析,即估计销售量、成本和利润,判断它是否满足企业新产品开发战略的整体目标。毕竟新产品开发的重要目标是盈利。如果无法确保盈利，企业至少要推迟新产品开发计划的实施。

（六）产品实体开发

新产品实体开发主要解决产品构思能否转化为在技术上和商业上可行的产品这一问题。它是通过对新产品实体的设计、试制、测试和鉴定来完成的。将新产品概念绘制成新产品图纸是一回事，而更加重要的事是将图纸上的新产品转化成实实在在的新产品。这可是对企业是否具备各种条件的考验。此时是企业在技术、设备、人员乃至工艺等方面的积累发挥作用的时候。新产品开发成功与否就在此刻见分晓。根据权威研究组织的调查表明，新产品开发过程中的产品实体开发阶段所需的投资和时间分别占开发总费用的30%、总时间的40%，且技术要求很高，是最具挑战性的一个阶段。

（七）市场试销

新产品试销的目的是对新产品正式上市前所做的最后一次测试，且该次测试的评价标准是购买者的满意度。通过市场试销将新产品投放到有代表性的小范围的目标市场进行测试，帮助企业真正了解此前为该新产品所开展的营销规划和商业分析工作是否有效，以及对该新产品的市场前景做出的预测是否准确。市场试销可为新产品是否能够在计划规定的时间、市场正式上市提供全面、系统的决策依据，也为新产品的改进和市场营销策略的完善提供依据。

（八）商品化

新产品的市场盈利最大化目标是新产品开发战略目标的最重要的内容，也是表现新产品开发成功与否的最重要的衡量尺度。而盈利目标又与产品的市场销售规模大小成正比。因而，标志企业新产品开发是否成功的最后标准应该是该新产品是否达到最大批量的销售，即商品化销售的目标。新产品为能最快地实现商品化，企业应在以下几方面慎重决策。

1. 何时推出新产品。针对竞争者的产品而言，有三种时机选择。

(1) 率先推出。为了抢占市场先机，树立企业和企业产品的市场形象，企业应该率先在市场推出新产品，迅速占领并扩大市场份额。同时企业还可以获得该项新产品的发明专利。但是，率先推出要承担各种不可预料的风险。

(2) 平行推出。平行推出可以减少各种未能预料的风险，但是，市场利润也要与竞争对手分享。

(3) 跟随推出。虽然这时市场的一切都非常明了，可是市场也已被先来者瓜分得所剩无几。

2. 何地推出新产品。不同市场之间会存在“学习、效仿”的行为，而且多以经济落后地区向发达地区学习和效仿。例如，在上海市场的一些“即将被淘汰”的产品，可能在中西部地区市场还属于“时尚”产品。所以企业首选新产品推出地区应该在经济发达地区，以便产生效仿效应。

3. 如何推出新产品，企业必须制订详细的新产品上市推广计划，包括非常具体的价格水平、销售方式、营销传播方式等,还要明确营销预算、营销活动的组织和控制方式等。

(1) 企业应该选择哪种分销方式。不同分销方式的产品推广效果不一样。让自己的新产品最快、最广泛地进入新市场购买者的视线。是选择分销方式最重要的标准。

(2) 哪种价格策略。企业有以高价或是低价向这一市场推广自己的新产品的方式。主要的决策标准是:该产品需求价格弹性的大小,当然也要综合考虑企业的营销目标与企业和企业产品的市场定位。

(3) 哪类营销传播组合方式。根据企业和企业产品品牌在该市场的知名度高低,来确定该新产品是否需要投入与投入多少营销传播费用。再根据该产品的特征以及目标顾客的媒体接触习惯选择合适的传播工具和传播组合。

(4) 最快实现新产品营销规划的目标。例如,以何种方式将新产品首先推向哪种购买者。出版社通常会免费向任课教师提供新版专业课程的教材,以达到通过专业课程教师将新版教材介绍给更多的学生,实现其能在最短时间、最大范围被目标顾客接受,从而实现商品化的目的。

五、新产品的推广策略

人们对新产品的接受过程,存在一定的规律性,接受过程可归为五个阶段,即"认识—说服—决策—实施—证实"。根据这些阶段的特点,在推广新产品时可以采取以下几种策略。

(一) 市场导向策略,即新产品投放市场,促销活动的重点应该是站在满足顾客需求的立场上,向购买者宣传和介绍产品的用途、性能、质量,可通过报纸、杂志、广告、新闻媒体等媒介,引导和说服消费者购买新产品。同样是传真机,"一流的传真机制造者"就属于产品导向,而"更完整的办公设施提供者"就属于市场导向。办公室会更长久地存在,对更完善的办公室设施的需求也伴随着长久存在。

(二) 技术领先型策略,即企业以掌握的先进技术,生产出具有高科技含量的新产品,推入市场时着重展示产品的性能、功能的长处,最直接地显示自己新产品的技术含量。例如,参与国际性汽车拉力赛,是向市场展示自己新款汽车先进性的最好途径和形式。

(三) 竞争性模仿策略,即新产品进入市场时可以采纳或模仿以往成功的经验,如款式、品质、外形、色彩等方面的特色已达到吸引顾客关注,促使其做出购买决定。例如,更加自信的企业会采用将自己的新产品与最先进的产品开展同一柜台展销的方式。

(四) 综合型策略,即新产品投入市场时,企业可采用市场导向、技术导向、竞争性模仿等相结合起来的策略。每种策略都有长有短,将几种策略组合到一起的根本目的是达到以其之长克彼之短的目的。

开发新产品是一项机遇与风险、成功与失败并存的过程。很多资料表明,新产品开发的失败率很高,即便是实力雄厚的跨国公司,新产品开发项目一旦失败,损失也是十分惨重的。为了减少损失,不断提高新产品开发的成功率,企业需要注意把握以下几个重要问题：

1. 研究发现需求特点，引导需求是成功推出新产品的前提条件；

2. 新颖的构思、独特的设计是成功推出新产品的关键环节；

3. 领导者的科学决策，有效地组织安排人才、技术、设备、资金等资源，是成功推出新产品的必备条件；

4. 科学有序的管理，坚持不懈的创新精神，是成功推出新产品的根本保证。

还需要说明一点，新产品开发是企业的市场营销活动或行为，这种活动或行为是否有效，则完全取决于企业所开发的新产品是否会被目标市场购买者接受以及这种接受扩张的速度。所以，对于持有营销观念的管理者来说，顾客对自己新产品的接受与否才是自己新产品开发是否成功的唯一标准。

第五节　服务及其营销策略

服务在企业开展的营销管理活动过程中发挥的作用越来越大，导致越来越多的企业将自己的战略发展重点向为顾客提供更多的服务转移。由此，又使得企业必须对服务产品的市场营销活动的特殊性开展研究。营销管理实践已经表明，企业提供的服务产品与加工制造活动提供的有形产品有着显著差异，这就使企业必须根据其服务产品的特性，设计相应的营销方案，制订有效的营销策略。当然对于那些专门向市场提供服务产品的各类服务企业，熟知并掌握如何运用服务营销策略就显得更为重要了。

一、企业对自己未来发展方向的选择

所谓企业未来发展方向是指企业准备在未来为社会提供什么样的产品或服务，满足什么样的需求。企业可以从提供有形产品或是无形产品中做出选择。但这也绝非“二选一”，从社会发展的趋势，无论是有形产品还是无形产品，如果想实现预期的营销战略目标，彼此都无法离开对方。企业的未来市场运作模式可以有以下五种选择：

（一）提供纯粹的有形产品

企业准备在未来一段时期为社会提供各种有形产品，而不提供任何无形产品即服务。企业之所以选择这类市场运作模式，是企业认为：自己提供的这类有形产品在顾客购买后的使用或消费过程中不会发生技术障碍，所以无须提供无形产品，如技术指导等服务。从上述解释来看，这些有形产品应该是日常生活用品、简单的辅助工具（如扳手、锄头等），由于经常接触、使用或消费，人们都有了经验和习惯，在再次购买后使用与消费时无须再要求提供方给自己任何帮助或技术指导。

（二）以提供有形产品为主，无形产品为辅

随着科学技术的飞速发展，产品技术在某些方面超越了大多数人的知识或技术水

平。此时，企业在推出一个技术含量更高的新产品时，应该向购买者提供他们需要的各种无形产品，即各类如技术指导、安装调试和维护保养等服务。许多时候，企业推出的新产品可能仅仅在功能上有了增加，在款式上有了改变，或者在操作方式上有了“更加便捷”的提高。企业还是应该本着为使购买者更加满意的宗旨，提供新增的无形产品，即相关的服务。例如在提供新款智能手机的同时，提供一份使用说明书。

（三）提供有形产品与无形产品的基本利益相当

现在社会上有许多企业向社会提供无形产品的比例在不断增加，以致在经营总收入中有形产品与无形产品的贡献率逐渐趋近。例如设备制造业逐渐发展成为设备安装、维护的企业，在向客户提供服务而获取的经营收入与设备价值的几乎相等。更有一些餐饮企业，它们向食客提供各式菜肴所收取的费用，很难分清食材的价值与烹饪、服务的价值孰轻孰重。

（四）以提供无形产品为主，有形产品为辅

原本一家服务行业的企业，以向社会提供某些无形产品作为自己的经营方向。可能是为了拓展自己的业务范围，也可能是为了应对同行业日趋激烈的竞争，企业逐渐向在提供原先的无形产品即服务的同时提供一些相关的有形产品。例如，提供客运服务的铁路、公路客运服务公司，向乘客提供饮料和食品；向读者提供阅读服务的图书馆，为读者提供茶水饮品，借此提高顾客对企业服务产品的满意度。

（五）提供纯粹的无形产品

服务行业中有不少服务企业在为社会服务时，因各种原因无需提供有形产品，例如，月嫂、理发师、磨剪刀的工人、裁缝等都是只向顾客提供服务而不提供有形产品。此类服务业的存在是顾客只想服务企业提供某种服务而不必提供相应有形产品的需求。随着社会经济的发展，提供综合服务的组织也有明显的发展趋势，例如，国际物流服务将会通过报关、检验、信息传递等“一条龙”或“一个窗口”的方式，实现真正意义上的全面服务。

上述市场运作模式选择的实质还是企业在产品组合设计上的思考，更为具体的是产品组合宽度上的选择策略的具体表现。

二、服务产品的特点

服务市场由消费各种服务商品的个人和组织所构成。服务是服务企业为社会提供各种各样无形产品的总称，讨论服务产品，首先要对“服务”有一个深刻而全面的理解。

（一）服务的定义

对于服务有许多不同的概念界定，主要有下列三种最为常见。

（1）服务是用于出售或者是同产品连在一起进行出售的活动、利益或满足感。

（2）服务是一种能够向顾客提供某种使用价值的行为。

（3）服务可以划分为两类，即服务产品和服务功能。前者是指那些以服务本身来满足顾客主要需求的活动，例如旅行社为游客提供的某项集食、住、行、游的一揽子服务；后者则是指以服务来满足顾客非主要需求的活动，例如，旅行社为游客规划旅游路线或回答游客的各种与行程相关的问题。

（二）服务产品的基本特点

一般而言，与实体产品相比，服务有以下几个特征。

1. 无形性。顾客在购买有形产品时，对所需产品有一个明确的要求。例如，购买服装时，顾客会对服装的款式、大小、颜色及其制作质量提出具体要求。在购买时针对店家的服装进行对比、检查和挑选，以确保自己的购买决定正确。但是，顾客在从服务企业购买自己想要的某个服务产品时，虽然也对服务产品在质量、内容以及某些形式上提出一定要求，可是服务企业无法提供顾客所要的服务以供顾客比较、检查和挑选。例如，想要解除病痛的患者到医院希望得到诊治，医院在为患者提供服务前，能像商店拿出商品以供顾客挑选那样，向患者展示自己将要提供的诊治服务是什么样子吗？服务的无形性特征，将导致顾客在购买服务产品时要承担一定的风险，即服务产品的购买者最后得到的可能不是想要得到的服务。

2. 提供与消费同时性。服务企业提供各种服务的过程同时也是顾客获得和享受服务消费的过程，两者在时间上和空间上不可分割。例如，航空客运服务，在乘客到达候机楼，航空公司的服务便开始，乘客办理登机手续、安检、登机，直到在目的地离开机场，航空公司的各类服务环环相扣，同时也是乘客享受服务的过程。可见服务的提供和消费是同时发生并同时结束的。服务产品生产与消费的同时性说明：

（1）顾客对服务产品的满意度应该包括对服务过程的满意度和服务结果的满意度；

（2）如果没有顾客参与，服务生产者无法独自提供自己的服务，而只有顾客有服务的需求才会参与服务生产的全过程，所以与有形产品的生产相比，顾客对服务的需求更需要服务企业关注。没有顾客提出对某一特定服务的需求，服务企业便没有提供服务创造价值的可能。

当前在一些特殊的服务行业，例如教育行业，可以同时录制有关课程的视频上传至网站，学生可以更有选择地在自己的空暇时间，观看有关课程的视频录像，完成课程学习任务。一定意义上，远程视频教学这种运作模式破解了提供与消费教育服务同时性的特征限制。

3. 不可储存性。服务的不可储存性其实也是服务的提供与消费其同时性的补充。各种服务提供不可能在没有顾客消费的情况下开始并完成，这与有形产品的生产无需在购买者形成需求愿意的情况下完成不同，后者可以储存。试想航空公司的某个航班在没有一位乘客的情况下，完成了从出发地到目的地的飞行任务，能说这个航班完成了客运服务吗？它满足了谁的服务需求？服务产品的不可储存性说明：

（1）服务产品受到服务需求淡旺季的影响更大，服务产品无法通过“淡存补旺”来达到用储存调节生产与需求的不平衡。

（2）每类服务产品需求淡旺季变化都有一定的规律。把握规律，提前准备，在需求淡季有目的地减少对服务产品生产的投入;反之,在需求旺季加大投入提高服务产品的生产效率,满足市场对服务的需求。

现在的网络教育活动从很大程度上破解了服务不可储存性的限制。在网络教育学院几乎所有课程包括课堂教学、教学实验、相关作业的完成与评价都可以事前录制或制作,然后上传至相关的网站上,供学生随时登录查看、阅读和完成。

4. 差异性。服务产品是由具体的服务人员为具体的顾客提供的无形产品。例如,某大学为商学院各专业三年级的学生开设《营销管理》课程,由四位教授负责完成这门课程的教学任务,即教同一门课程的四位教授需要对商学院各专业三年级的近450位学生完成教学服务。服务产品是由不同的服务人员为不同服务对象即顾客提供的同一种服务。于是就会发生以下情况:

(1) 由于不同的服务人员可能因技术水平、服务观念、情绪状态等不同,导致其提供的服务内容、水平、质量不同,给服务对象带来的感觉是自己得到的是不同的服务。例如,在对多位大厨烹制的同一道菜肴评分时,即使食材、配料和调味品的品质、比例完全一样,可是评委给出的成绩大相径庭。

(2) 由于不同的服务对象即顾客可能因文化、经验、个性、心理状态等的不同导致他们在接受同一位服务人员的同一种服务时会有不同的感受。例如,大厨会感叹地说:"哎,众口难调。"

这就是服务产品的差异性。于是,对于服务产品很难像有形产品那样制定一个统一标准。对于服务行业最多只能制订一个行业行为规范。

5. 需求价格弹性大。商业、服务业是在社会生产力发展和经济发展达到一定程度和水平后才出现的。现在我们看到的形形色色的服务业以及服务产品自出现、形成乃至发展到目前的状态,时间都不超过百年。在经济发展还未达到较高水平的条件下,人们对服务产品的需求还不是十分强烈。尤其是对大多数普通消费者而言,服务产品如接受高等教育、参加新技术的培训、参观艺术展览、观看文艺表演、去著名景点旅游、接受定期体检等,还是一种"奢侈"。所以,消费者会从自己的"实际购买能力"角度出发选择是否为满足自己的某种需求而购买相应的服务产品。在确认自己最基本的生理需求和对物质产品的需求被满足后,才会对非物质产品的需求做出评价,所以,对普通消费者而言,服务产品的价格就是决定购买与否的关键甚至是唯一因素。服务产品的需求价格弹性较之有形产品而言更大,例如,上海东方明珠的参观券有二折、对折和全额三种,此时就会发现采用不同票价的参观者人数会有巨大差异。

三、服务产品营销策略

由于服务产品的特殊性,服务产品质量不仅受服务人员的技术和各种主观因素的影响,还受到顾客感知能力和特定的消费背景等因素的影响。因此,服务产品的营销策略应主要从顾客的角度出发,着重提高顾客的满意度。从企业的角度看,营销传播对于形成顾客的预期质量至关重要，服务的一系列特性决定了服务产品的营销组合与有形产品的营销组合必然有所不同。服务产品的营销组合有7个因素，即“7Ps”，如表6-2所示。

表6-2 服务营销组合的“7Ps”

组合因素	内容
产品	服务范围、质量、水准、品牌、服务项目、保证、售后服务
价格	折扣、付款条件、顾客认知价值、质量价格比、差异化
渠道	所在地、可及性、分销渠道、分销范围
促销	广告、人员推销、宣传、公关、营业推广
人	态度与行为、可靠性、负责、沟通、顾客参与
有形展示	环境设计、设备设施
过程	政策、手续、机械化程度、员工决断权、活动流程、顾客参与度

(一) 有形展示策略

1. 有形展示策略的含义

服务的无形性使顾客在做出购买服务产品决定时会有很大的风险预期：你向我提供的和我最终得到的服务产品是否是你承诺为我提供的。例如，医生对患者说：“你无需开口我便知病情根源，说得对吃我的药，说得不对分文不取。”看似患者没有任何经济风险，其实若是无法根治，会使病情加重。所以，如同病人对医生的服务总会持有一点怀疑一样，任何顾客对服务企业将会提供给自己的是什么结果(服务)都会怀揣疑虑。医技一流的大医院也不是每位医生都是“扁鹊”，名牌大学的每位老师也不都是“大师”。服务企业如何克服顾客对自己所提供的无形产品的疑虑，成为服务营销必须首先解决的大问题。服务企业在消除“无形性”方面可以在以下几个方面有所作为：

(1) 利用为现在顾客提供服务的过程或实际结果，展示给潜在顾客，使潜在顾客能够清晰地看到从这家服务企业或这位服务人员这里将会得到的是什么服务。

(2) 现在越来越多的服务需要借助高科技含量的设备、工具来完成，服务企业可以通过展示自己的各类服务设备和工具，使潜在顾客能够相信自己会得到更加可靠、高质量的服务。这些对于需要借助先进仪器、设备提高自己服务质量的医疗、教育机构来说尤其重要。

(3) 对于咨询类、中介类服务，企业可以通过展示自己以前顾客对所得到的服务的赞许和评价即“顾客口碑”，消除潜在顾客的各种疑虑。

上述都属于服务企业可向潜在顾客展示的与自己所提供的服务产品相关的有形物，既可以打消潜在顾客的各种疑虑，又可以宣传自己提供的服务产品的优点。

这就是所谓的“有形展示”，即在服务营销管理的范畴内，服务企业应该利用一切可传达服务特色及优点的有形组成部分，达到企业目标市场营销的目标。

2. 有形展示的作用

有形展示作为服务企业实现其产品有形化、具体化的一种手段，在服务市场营销过程中占有重要地位。但是，有形展示能被升华为营销组合要素之一，它所扮演的角色及策略功能当然不局限于评估品质，具体而言主要包括以下几方面内容。

(1) 刺激顾客感官，激发消费欲望。顾客在购买无形的服务时，希望能从感官刺激中寻求到某种东西。服务展示给顾客的服务消费选择提供了直接依据，并对顾客消费产生强烈的刺激作用。

(2) 形成顾客对服务质量的正确预期。服务的无形性使顾客在享用服务之前，对该服务的功能及利益形成过高的期望。而这种过高的期望往往会使顾客对自己得到的服务做出不正确评价，运用有形展示则可让顾客在购买服务前能够具体地把握服务的特征和功能，对服务产品产生合理的期望，以避免因顾客期望过高而难以满足所造成的负面影响。

(3) 帮助顾客衡量服务质量和企业形象。有形展示是服务产品的组成部分，也是最能具体传达企业形象的工具。企业形象或服务产品的形象也属于服务产品的构成部分，形象的改变不仅是在原来形象的基础上加入一些新东西，而且要打破现有的观念，所以它具有挑战性。服务的无形性增加了这一挑战的难度。有形展示作为新设计形象的中心载体，可以解决这一问题。

(4) 协助培训服务人员。服务产品的无形性，会使得顾客难以了解服务产品的特征与优点，同样也会对新服务人员造成相同的难题。服务企业可以利用有形展示的方法有效地培训服务人员，保证新服务人员所提供的服务能符合企业的规定。

3. 有形展示的类型

根据有形展示的构成要素进行划分，主要表现为三种类型：环境、信息沟通和价格。

(1) 实体环境。实体环境有三大类型：周围要素、设计要素和社会要素。

① 周围要素。这类要素通常被顾客认为是构成服务产品内涵的必要组成部分。它们的存在并不会使顾客感到格外的兴奋和惊喜，但如果失去这些要素或者这些要素达不到顾客的期望，就会削弱顾客对服务购买的信心。

② 设计要素。这类要素被用于改善服务产品的包装，使产品的功能更为明显和突出，以建立有形的、赏心悦目的产品形象。比如，服务场所的设计、企业形象标识等就属于此类要素。设计要素又可分为两类：美学要素（如建筑风格，色彩）和功能要素（如陈设，舒适性）。

③ 社会要素。这类要素是指在服务场所内一切参与及影响服务产品生产的人，包括服务人员和其他在服务场所出现的各类人员。他们的言行举止皆可影响顾客对服务质量的期望与判断。服务人员的外貌举止在服务展示管理中也特别重要，因为在一般情况下顾客并不对服务和服务提供者进行区分。

(2) 信息沟通。信息沟通是另一种服务展示形式，这些沟通信息来自企业本身及其他引人注意的地方。从赞扬性的评论到广告，从顾客口头传播到企业标记，这些不同形式的信息沟通都传送了有关服务的线索。许多服务企业都会利用顾客的体会、赞扬和赠送的锦旗来向潜在顾客展示自己提供的服务产品能够提供的利益，如宾馆用旅客赠送的“宾至如归”的锦旗，医院用治愈的患者赠送的“华佗再世”的锦旗来展示顾客能够得到的服务品质。

(3) 价格。价格对于服务产品之所以重要的原因是顾客把价格看作了解有关服务产品的一个线索。例如五星级宾馆的总统套房所代表的服务，医院的专家门诊价格与提供的诊疗服务，等等。价格能培养顾客对服务产品的信任。在服务行业，正确定价特别重要，因为服务是无形的，而价格所相对应的服务水平和质量对顾客来说是可见的。

4. 有形展示策略的实施

服务产品具有无形性可以从两个方面理解：一是指服务产品不可触及，即看不见摸不着；二是指服务产品无法界定，难以从心理上进行把握，因此，服务企业，采用有形展示策略可以做到：

(1) 使服务有形化，使服务的内涵尽可能地附着在某些实物上。服务有形化的典型例子是银行信用卡，虽然信用卡本身没有什么价值，但它代表着银行为顾客所提供的各种服务，以至于只要“一卡在手”，就能够“走遍神州”。

(2) 使服务易于从心理上进行把握。这通常需要遵循两个原则：

第一，把服务同顾客易于接受的有形物体联系起来。有形展示越容易理解，服务就越容易为顾客所接受。运用此种方式时要注意两点：一是使用的有形物体必须是顾客视为很重要的，并且也是他们在该项服务中所寻求的一部分。例如，为了准确掌握一些癌症病变的存在，医院使用核磁共振(NMR，Nuclear Magnetic Resonance)技术获得良好效果，所以当患者被要求做相应检查时，对此项检查所必需的设施会有要求；二是必须确保这些有形实物所暗示的承诺，在服务被使用的时候一定要兑现，也就是说，各种产品的质量必须与承诺的名实相符。例如，对采用核磁共振设施所获得的成像十分清晰，能准确说明症状的实际情况。

第二，把重点放在发展和维护企业同顾客的关系上。使用有形展示的最终目的是建立企业同顾客之间的长久关系。由于服务产品的特殊性，即服务产品是通过服务提供者为顾客传递其所购买的某项服务，所以，顾客通常都被鼓励去寻找和认同服务企业的某一位服务人员或某一服务团队，而不只是认同于服务本身。例如，患者经过医生的有效治疗服务而很快痊愈，他们认同的是某位医生，或者是该医院的某个医疗团队，而对自己所购买的医治服务没有多少感觉。同样，学生对授课老师的认同绝对高于对学校的教育服务的认同。因此，对于一家服务企业服务提供者的作用很重要。

(3) 做好服务环境设计。服务环境是有形展示的主要内容，是有形展示对顾客的视觉、听觉、味觉和触觉刺激效果的综合体现。对于不同的服务行业，要研究顾客价值属性的内容，并据此进行服务环境的设计。例如，银行和饭店的基本环境设计要素就会有所不同，虽然他们都需要服务人员热情周到的服务，但饭店要突出卫生和就餐气氛，而银行要突出安全和快捷等。顾客在接触服务之前，他们最先感受到的是服务环境。所谓服务环境是指企业向顾客提供服务的场所，它不仅包括影响服务过程的各种设施，而且还包括许多无形的要素，例如，企业服务理念、企业形象以及服务人员的态度、行为等。认为服务环境设计必须更加“优雅、豪华”，这些都属于“产品观念”的具体表现，即没有从顾客需要角度出发，理解顾客对服务企业所提供的某些服务而必须依托的服务环境特征，对服务环境加以设计。

(二) 产品和定价策略

在服务营销组合当中，产品是实现顾客和企业价值的载体，价格是使服务产品得以转化为收入和利润的唯一因素。由于服务的特性，服务产品的营销策略将十分依赖于有形展示、服务品牌、服务项目和售后服务保证等。一般而言，顾客在无法观察服务质量时，价格也是其判断质量的一个指示器。选择适当的价格策略，制定合理的价格，对于服务企业同样是至关重要的。服务产品的特性对其定价存在一些与有形产品相比而言的特殊影响：

1. 服务特性对服务定价的影响

(1) 定价困难。顾客很难客观、准确地检查无形的服务。也就是说，服务质量的衡量缺乏像有形产品那样的“标准”。加之服务的消费个性化程度高，顾客会因服务项目的增添或删减，对服务人员“指手画脚”，甚至以不满意为由要求减免服务费用。因此，对企业来说，服务可以依照顾客的需要而调整，价格也可以是买卖双方协商的结果。

(2) 边际定价方式的运用。服务的不可存储性以及需求波动大，导致服务企业多采用边际定价，以充分利用剩余的生产能力。大多服务企业对团体消费和个人消费、旺季消费和淡季消费、固定顾客和流动顾客的价格策略有明显差异。

(3) 竞争激烈。一方面服务的质量难以比较；另一方面由于服务生产和消费的不可分离性使得顾客只能在一定的时空范围内接受服务，这在客观上加剧了企业之间的竞争，直接影响服务的定价水平。

2. 定价方法

服务企业必须采用有吸引力的定价方法，以实现企业的营销目标。服务企业常用的定价方法有以下几种：

(1) 声望定价。在消费者的眼里，价格是产品质量的标志。但大多数服务产品的质量很难形成一种客观的、统一的判别标准。因此，顾客往往通过价格对服务质量进行一种主观的判断，然后决定是否购买。在实际生活中，往往是某个服务企业声望高，即使价格较高，人们也愿意光顾。例如一、二、三级医院的诊疗费不同，患者与家属认为不同的诊疗费将得到不同的医疗服务。三级医院即使挂号费、诊疗费、病床费都远高于一级医院，依然是患者的首选，而一级医院落得个“门前罗雀”。

(2) 分等级定价。由于服务产品的品种复杂多样，质量参差不齐，消费者不易感觉到价格的细微差别。所以,服务企业没有必要把价格定得过细。一般可以把服务产品分成几个档次,每个档次定一个价格即可。这样,既可以从价格上反映出服务的质量差别,又简化了服务企业的工作。分等级定价时,级数不宜过多。例如,在三级医院的病房收费就按照生活设施的齐全以及入住病人数分为若干等级,明码标价。

(3) 折扣定价法。对顾客发售消费卡,并视购买金额的大小给予不同比例的折扣。这样既让利于消费者,又可以留住顾客,如浴室和饭店经营常采用此法。在消费的淡旺时间制订不同的价格,例如,航空、铁路、公路等客运服务企业都会在淡季推出极具刺激性的优惠价格。

(三) 分销策略

服务的生产与消费的同时性,使得服务企业在销售上只能以直销(营)的方式完成。事实上,直销(营)是服务销售的最主要方式,但不是唯一的,许多服务业的分销渠道包括一个或一个以上的中介机构。例如,旅行社与本地(出发地)游客签订旅行合同后,将游客送到机场办妥登机手续,游客就交由航空公司,到达旅游景点,就由当地合作伙伴完成合同规定的旅游服务;在医疗服务方面,现在病人可以通过互联网与心仪的大夫联系,完成一系列诊断、处方服务;在教育行业更有远程视频教学和慕课(MOOC,Massive Open Online Course)服务。这些都可以让优质服务更大范围、更有效地被顾客购买、消费、享受。常见的服务企业选择的分销渠道类型有以下两类:

1. 直接渠道。直接渠道即直接销售。它之所以成为服务销售的主要渠道,既是由服务的特性决定的,又是由服务营销竞争决定的。服务企业选择直销即由自己为顾客提供其所需要的各种服务。这种选择将会给服务企业带来以下好处:

(1) 对服务的提供保持较好的控制,确保服务质量;

(2) 确保服务的个性化、差异化和特色化,巩固自己的市场优势;

(3) 收集顾客的资料和反馈信息等,为服务创新提供依据。

但是直销也会带来一些弊端:

(1) 服务产品的市场范围受到限制,无法充分利用已有的各种资源;

(2) 服务企业必须拥有更多的掌握相关技能的服务人员,从而导致人力资本消耗增加。

2. 间接渠道。服务业生产的中介机构形式很多,常见的有五种:

(1) 代理,一般在观光、旅游、旅馆、运输、保险、信用和商业服务业市场出现;

(2) 代销,专门执行或提供一项服务,然后以特许权的方式提供该服务;

(3) 经纪,在某些市场,服务必定或因传统惯例要经过中介机构提供才行,如股票市场和广告服务;

(4) 批发商,如商业银行的分行或支行,旅行社的总部或分支机构,可以为顾客提供更多的不同服务;

(5) 零售商,如照相馆和干洗店,银行的储蓄所,旅行社开设在景点的服务点等,提供一些专门服务。

当前服务业具有两种发展趋势，为了便捷、快速向顾客提供更多的服务，服务企业有向顾客提供综合服务的趋势。这就是通常所说的“一个窗口”完成多项服务。例如，货款收付、信息传递、送货、维修、各类咨询等都在一个窗口完成，业内对此称为“批发”；另外一种就是更加细化、更加具体的专业服务，如在医院、大学等服务行业，细化服务类别，实施更具有个性化的服务已经日趋成熟，同样，业内对此称为“零售”。

(四) 促销策略

服务的促销策略有广告和公共关系等。

1. 广告。服务业的广告要注意提供明确的信息，强调服务能给购买者带来的利益，承诺必须与实际提供的服务保持一致，还要注意建立口头传播，提供有形展示等。一般地，服务广告要完成以下几项任务：

(1) 在顾客心目中塑造企业形象，包括说明企业的经营状况、各种活动、服务的特殊之处和企业的价值观念等；

(2) 建立企业的个性，塑造顾客对企业及其服务的了解和期望，并促使顾客对企业产生良好的印象；

(3) 建立顾客对企业的认同，企业形象和所提供的服务，应和顾客的需求、价值观、态度密切相关。

2. 公共关系。公关关系的三个重点决策是建立各种目标、选择公关的信息和工具、评估效果，服务企业的公关也不例外。例如，利用暑假中小学生有一个较长的假期，上海博物馆等服务场所举办各种类型的少儿艺术兴趣小组活动，利用展馆的人才与展品资源，取得很好的效果。

(五) 服务人员策略

服务产品是由服务人员直接向顾客提供的一种无形产品。所以顾客认同的是服务人员的服务质量。相比有形产品，例如智能手机购买者，在购买手机时不会刻意追问这款手机是谁生产的，而作为服务例如医疗服务，患者到医院会非常关注为他提供服务的是哪位医生。所以，从某种角度看服务人员提供的服务就是顾客感觉到的服务的全部内容。作为服务企业，若要了解顾客对其所提供的产品的质量和满意度，就应该与有形产品在内容上有明显不同。服务企业对其产品的某项具体服务是否令顾客满意，必须直接针对具体的服务人员所提供的具体服务展开。当然，服务环境以及服务过程中使用的一些必要工具、设备也是影响顾客评价服务满意度的重要内容，但是，与服务人员相比，这些因素不是最重要的。服务企业必须制订专门针对服务人员的一系列相关策略：

(1) 建立与顾客的关系。服务企业以广告方式表达对顾客利益的重视，必须依靠服务人员提供与之相应的服务来完成，在提供服务的过程中服务人员与顾客建立良好的互信关系，将在很大程度上影响和决定顾客对服务质量的满意度。

(2) 采取专业化导向。服务人员必须是专家，这样才能使顾客感到服务人员有完成预期服务的能力。

(3) 建立并维持完美的形象。服务人员应从企业整体利益出发,并以团队精神要求自己,才能发展并维持个人和企业的形象,并使其与顾客心目中所具有的形象一致。

(4) 以宣传服务人员技能和成就为主的营销传播。在医院、学校、银行等各种服务机构,乃至各级各类政府机构,一进单位大门迎面而来的是“英雄榜”,医院是“专家名医榜”,学校是“学者名师榜”,维修企业是“热情服务的能工巧匠榜”,而政府部门是各部门的主管责任人。

由于服务的特殊性,使得购买服务的顾客对其得到的服务的评价远不如对向他提供服务的服务人员的评价完整和准确。所以“人”即服务人员是服务营销策略“7Ps”组合的最重要组成部分。

(六) 过程策略

服务过程和人的因素始终联系在一起。服务过程是指一个产品或服务交付给顾客的全部流程。服务过程是任何服务企业都必须也是可以在提供服务前统一规范的。不同服务企业的服务过程在内容上可以不同,但是在要素上应该要统一。一般有提供服务的全称、提供服务的具体部门和服务人员、提供服务所包括的所有项目、提供服务的时间与地点、提供各项服务的结果(应该完整明确每一项服务要达到的目标)以及顾客的投诉方式等。

服务的过程策略包括服务人员和顾客政策、手续、机械化程度、员工决断权、活动流程、顾客参与度等方面的内容。服务人员的管理策略主要有三个方面:

(1) 提高服务人员积极性的策略。其实就是服务企业完善员工绩效考评体系,提高激励效果的各项策略。

(2) 明确顾客参与的策略。由于服务多是由服务人员提供服务,顾客享受服务在同一时空中完成,顾客的参与与顾客的兴趣和兴趣得到满足之间存在密切关系,所以服务企业应该制订一整套提高顾客参与度的策略。

(3) 过程灵活策略。许多服务由一系列服务项目组成,而在每一项目上由于服务人员的技能或数量配置上的问题,导致在这些项目上顾客等候时间过长。所以要制订一些灵活策略,产生调整顺序的效果。在服务旺季服务人员或服务设施出现短缺,服务企业可以通过预先设置的灵活策略来应对,例如,顾客可以提出调整得到服务的时间或地点,或者由自己来完成一项服务。例如,春节饭店厨师都休假,饭店请有意愿在亲朋面前露一手厨艺的食客利用饭店的厨房与食材一展身手,这既可解除饭店的困境,又让顾客获得“超额”享受。

四、网络营销服务策略

企业利用互联网开展电子商务营销活动,通常被称为电商,也可以叫网络营销。网络营销随着互联网的发展,逐渐成为企业拓展市场的重要工具,而网络营销更应该注重服务的重要内容。

(一) 网络营销的服务层次与顾客满意

服务是一方能够向另一方提供的各种无形的东西，并且不导致任何所有权产生转移，它的产生可以与某种有形产品密切联系在一起，也可以毫无联系。网络营销服务也具有同样性质，只是网络营销服务是通过互联网来实现服务的。

服务是企业围绕顾客需求提供的特殊东西，网络营销服务的本质也就是让顾客满意，顾客是否满意是网络营销服务质量的唯一标准。要让顾客满意就是要满足顾客的需求，顾客的需求是有层次性的，如果企业能够提供满足顾客更高层次需求的服务，顾客的满意程度就越高。网络营销服务利用互联网的特性可以通过以下途径更好地满足顾客不同层次的需求：

1. 了解产品信息。网络时代，顾客需求呈现出个性化和差异化的特征，顾客为满足自己的个性化需求，需要全面、详细了解产品和服务信息，寻求最能满足自己个性化需求的产品和服务，互联网的发展无疑为顾客提供了一个更快、更全的信息服务平台。

2. 解决问题。顾客在购买产品或服务后，可能面临许多问题，需要企业提供服务解决这些问题。顾客面临的问题主要是产品安装、调试、试用和故障排除，以及有关产品的系统知识等。企业通过网络向顾客提供服务，有了互联网使得服务企业可以更及时了解顾客有哪些服务需求，以便做出更快响应。

3. 接触公司人员。对于有些难以解决或者顾客难以通过网络营销站点获得解决方法的问题，顾客也希望公司能提供直接支援和服务。这时，顾客需要与公司人员进行直接接触，向公司人员征询意见。与顾客进行接触的公司人员，在解决顾客问题时，可以通过互联网获取公司对技术和产品服务的支持。

4. 了解全过程。顾客为满足个性化需求，不仅仅是通过掌握信息来选择产品和服务，还要求直接参与产品的设计、制造、运送过程。个性化服务是一种双向互动的企业与顾客之间的密切关系。企业要实现个性化服务，就需要将企业业务流程改造成按照顾客需求来进行产品的设计、制造、改进、销售、配送和服务。顾客了解和参与整个过程意味着企业与顾客需要建立一种“一对一”的关系。互联网可以帮助企业更好地改造业务流程以适应对顾客的“一对一”营销服务。

上述几个层次的需求之间有一种相互促进的作用，只有低层次需求得到满足后才可能促进更高层次的需求，顾客的需求越得到满足，企业与顾客的关系也越密切。

(二) 网络营销服务的分类

根据服务的比例，企业提供的服务可以分为四类：纯有形货物的较少服务；伴随服务的有形货物；主要服务伴随较少的物品以及纯服务。对于网络营销服务，则可以简单划分为网上产品服务营销和服务产品营销。网上产品服务营销主要是指前面两类服务，服务是产品营销的一个有机组成部分。网上服务产品营销是指无形产品，可以通过互联网直接进行传输和消费的服务产品的营销活动。对于服务产品营销除了关注服务销售过程外，还要针对服务产品的特点开展营销活动。根据网络营销交易的时间间隔，可以将服务划分成销售前的服务、销售中的服务和销售后的服务。

1. 销售前的服务。从交易双方的需求可以看出，企业网络营销售前的服务主要是提供信息服务。企业提供售前服务的方式是通过自己的网站宣传和介绍产品信息，包括产品性能介绍和同类产品比较信息。为方便顾客购买，还应该介绍产品如何购买的信息、产品包含哪些服务、产品使用说明，等等。

2. 销售中的服务。销售中的服务主要是指在销售过程中的服务，是产品的买卖关系已经确定，等待产品送到指定地点过程中的服务，如了解订单执行情况、产品运输情况等。在传统营销中许多时间用于应对顾客对销售执行情况的查询和询问，这些服务非常琐碎难以给用户满意的回答，而网络营销很好地克服了这个缺陷，因此销售中的服务非常重要，确保实现企业与顾客的共同增值。

3. 销售后的服务。销售后的服务就是借助互联网的直接沟通优势，以便捷方式满足客户对技术支持和使用维护的需求。销售后的服务分为两类：一类是网上产品技术服务；另一类是企业为满足顾客的附加需求提供的增值服务。由于分工的日益专业化，使得一个产品的生产需要多个企业配合，因此产品的技术也相对比较复杂。提供网上产品技术服务，可以方便客户通过网站直接找到相应的企业或者专家寻求帮助，减少不必要的中间环节。为提升企业的竞争能力，许多企业在提供基本售后服务的同时，还提供一些增值服务。

（三）个性化服务

个性化服务(Customized Service)，也叫定制服务，就是按照顾客特别是一般消费者的要求提供特定服务。个性化服务包括有三个方面：服务时空的个性化，在人们希望的时间和希望的地点得到服务；服务方式的个性化，能根据个人爱好或特色来进行服务；服务内容个性化，不再是千篇一律、千人一面，而是各取所需、各得其所。互联网可以在上述三个方面给用户提供个性化的服务。

本章小结

无论是目标市场选择策略还是目标市场营销策略都离不开产品与服务，因为产品与服务是企业安身立命之本。首先必须从整体产品概念出发，只有这样产品才能更贴近市场需求。其次是确定产品组合策略，即规划未来产品组合的宽度、长度、深度、关联度，一个都不能少。市场在发展，企业应时刻将目光投向自己的产品市场生命周期各阶段变化上，以便随时调整营销策略，与此同时还要抓好新产品的研发工作。现在，没有纯加工制造业企业，市场会向企业提出“要你的好产品，也要你的好服务”。如何做好服务，日益成为具有战略发展眼光的管理者思考的大问题。

● 营销观念的整体产品是指能提供给市场、用于满足人们某种欲望和需要的任何事物，包括实物、服务等。产品包括五个层次：核心利益、形式产品、期望价值、附加内容、潜在能力。

● 产品可分为两类：消费品和经营用品。消费品包括便利品、选购品、特殊品、潜在需要产品；经营用品包括原材料、材料与零件、各种设备。

● 产品组合是指企业生产经营的各种产品的有机构成和量的比例关系，即企业根据自身实力所确定的产品结构或经营的产品范围。它通过产品组合的宽度、长度、深度和关联度四个方面反映出来。这四个方面的不同比例构成不同的产品组合。

● 把一种产品从投放市场开始一直到被市场淘汰为止的整个阶段，称为该产品的生命周期(Product Life Cycle，缩写为 PLC)，该过程一般经历产品的介绍期、成长期、成熟期和衰退期四个阶段。

● 新产品应具备以下几个特点：新产品应具有新的原理、新的结构，或是改进了原有产品的原理与结构、新产品有新的实用功能、新产品采用了新的元件和材料，并优于原产品，使新产品的性能超过了原有产品。

● 新产品的种类：全新新产品、换代新产品、改进新产品、企业新产品。

● 一个完整的新产品开发过程要经历八个阶段：构思产生、构思筛选、概念发展和测试、营销规划、商业分析、产品实体开发、试销、商品化。

● 新产品的推广策略：市场导向型策略、技术领先型策略、竞争型模仿策略、综合型策略。

● 服务是以无形的方式，在顾客与服务人员、有形产品或服务之间发生的，可以解决顾客问题的一种或一系列行为。一般而言，服务具有无形性、生产与消费的同时性、易逝性、差异性等特征。

● 服务产品的市场营销策略主要包括有形展示策略、人员策略、产品和价格策略、促销策略和服务过程策略等。服务过程的策略包括服务人员激励策略、提高顾客参与度策略、增加服务过程灵活性策略等。

● 随着互联网技术日趋成熟，网络营销逐渐成为一种营销新常态，这为企业向顾客提供更有效的服务创造了有利的条件，至少企业可以利用网络发现并及时给顾客提供需要的服务。

章末案例

惠普拓展高端笔记本市场规划

企业是由人创建、管理和控制的，所以企业也就与人一样，追求“人往高处走”。其实，这也是自然社会的一种必然规律。随着社会经济和科学技术的发展，导致企业在各个阶段掌握了当时更新的科学技术，而“人往高处走”的内在因素，激发着企业有一种开发新产品和提供更好的服务来满足市场不断提出的新需求的冲动。但是无论你是哪种类型的企业，此刻都会面临新产品或服务发展方向选择的问题。

惠普公司（HP Inc.）在经历了历史性的拆分后，重新寻找到适合自己发展的方向：在高端笔记本市场开拓出一块属于自己的市场。这就意味惠普将直接面对一个强劲的对手——苹果（Apple）。

惠普首席执行官戴恩·韦斯勒（Dion Weisler）在惠普即将推出最新款笔记本电脑时对媒体说，过去惠普对高端笔记本市场关注不够，现在我们要调整过去的市场开发眼光，在打造高端笔记本产品线、夺取苹果市场份额上已经做好充分准备，实际工作已经开始，应该会取得预期的结果。

2013 年以来全球 PC 市场不断缩水，但是苹果却逆势而上，MacBook 的销量持续增长。惠普正是看到这一特点，决定采取仿效苹果的公司策略。

按近几年的销售量来看，惠普是仅次于中国竞争对手联想（Lenovo）的全球第二大 PC 制造商。惠普公司面临激烈的市场竞争，计划今年裁减其 5 万员工的 6%。

惠普公司在人们的眼里一直是一家以生产 PC 产品为主的公司，其三分之二的营业收入来自 PC 的销售。韦斯勒推测，PC 市场的下滑趋势将随着时间的推移而逐渐趋缓，但是不知道何时才能止跌回升。也正是基于这样的考虑，惠普才决定将目光转向高端笔记本市场。

惠普面临的另一个挑战是美元走强、日元疲软，这使得日本竞争者拥有了较大的成本优势。韦斯勒说，惠普已经接受了这个新常态，所以惠普的对策是削减成本，具体的措施包括加速裁员步伐。

惠普 CEO 韦斯勒给出的惠普转变市场发展方向的勃勃计划和有关人士为惠普实施这一市场发展计划指出将会遇到的困难，其实还没有真正说到点上，惠普想要在高端笔记本市场上占有一席之地的真正问题是：没有具体的区域市场目标——为谁提供高端笔记本？

案例分析

1. 以惠普为例，它是因为什么想要从个人电脑市场进入高端笔记本电脑市场？
2. 在选择进入新市场时，惠普并没有放弃原有的 PC 市场，这又是为什么？
3. 作为惠普公司的竞争对手，苹果与联想公司会有什么对策？

本章复习思考题

1. 整体产品概念的构成内容包括哪些？

2. 消费性产品由哪些类型组成?
3. 产品组合的概念以及产品组合在市场营销中的作用有哪些?
4. 产品组合策略有哪几种类型可供选择?
5. 产品市场生命周期的含义。
6. 各产品生命周期阶段有哪些特征?
7. 产品生命周期阶段可以选择的营销策略有哪些?
8. 新产品有哪几种类型?
9. 企业新产品开发的程序由哪些环节组成?
10. 服务产品有哪些具体的特点?
11. 服务产品营销策略有哪些?与实体产品营销策略相比有哪些差异?
12. 在线上购物成为流行趋势的当下,电商应该在服务上做好哪些工作?

本章问题与应用

1. 请仔细阅读下面这个案例,思考文后问题。

华为推出新款高端手机 P9 有成功机会吗?

当今社会科技对生产和市场需求的推动作用毋庸多言。而这一特点在电子消费品方面表现得尤为突出,例如,电脑、智能手机等产品。开发新产品是必需的,但是开发什么,怎样开发却不是一桩简单的事。新产品开发失败导致企业破产的前车之鉴比比皆是。

华为(Huawei)前不久发布了自己的新款手机 P9。这款配备先进的徕卡(Leica)摄像头的手机,将使得华为与三星(Samsung)和苹果(Apple)也是在近期发布的新款手机一较高下。

同时华为正在筹备一场公司史上最大规模的以全球市场为范围的营销活动,以支持这款手机的推出。按照华为消费者业务部门执行副总裁赵科林的说法——此举旨在争取获得更多西方消费者的支持,将有助于在欧洲推广华为品牌。

华为公司已建立了全球第三大智能手机销售系统,产品销售定价合理,所经营的手机系列产品在功能与性能上都有明显的优越特征。公司之前的旗舰手机 P8 销售量约为 500 万部。

虽然,P9 与其他高端 Android 手机十分类似,不过,华为在智能手机市场的中低端市场定位,使得这款手机在性价比上具有明显的竞争优势。

在过去的一段时间,华为受到主要来自美国政界的称华为与中国政府有不符合市场竞争公平开展的官商关系等负面指控的影响,很难在欧美手机市场赢得与对手一样的市场认知度。

华为公司消费者业务部门提供的相关数据表明：2015年在国际市场取得的营业收入达到199亿美元，增长幅度达73%。这一成就主要归功于产品品质的提高与完善和成功营销传播模式的使用，导致华为品牌已经在一定程度赢得欧美手机市场购买者的认可。无论怎样评价华为的一举一动，华为已成为中国最大智能手机制造商，并且是10个欧洲国家的前三大手机制造商，已是一个不争的事实。

请谈谈你的想法：

(1) 华为P9到底在什么方面能与市场其他高手一搏？

(2) 从华为推出P9一例，新产品市场推广要做好哪些事情？

(3) 就高端手机而言，华为消费者业务部执行副总裁赵科林的定义准确吗？为什么？

2. 现在新产品或新服务项目的开发早已是司空见惯，但是，在开发新产品的同时，有没有想过推出一些新服务？你能举一个实例吗？

3. 由于互联网技术的迅猛发展，所谓"互联网+"从概念到具体形式也是日新月异地出现。现在当人们产生对某种服务产品的需求时，不会像过去那样"满世界地寻找合适的服务企业"，此时会产生哪些新的担忧？

4. 在走下坡路的苹果如何逆转颓势，转向提升服务产品，想法很美好，现实很严峻。读读下面的报道，你会对什么是"服务""服务业务"乃至"服务产品"有新的看法。

苹果的服务业务开拓设想

在科学技术飞速发展的今天，由于沟通方式与渠道的多样化，导致企业新产品或新技术的领先时间越来越短，即新产品很快被他人仿效。而对于一些服务，追随者试图复制又不走样所需要的时间就要长得多，因而，服务创新往往成为领导者最为关注的战略发展方向，这点在苹果公司(Apple)表现得同样突出。

苹果公司在16年前推出一款新产品iPod惊艳整个国际市场，在彻底改变了音像市场走向的同时，也让苹果摆脱在计算机市场上的困境。然而"三十年河东，三十年河西"根据苹果公司公布的2016财年报告显示，公司的销售额下降了8%。这一切促使苹果寻求用再开展一场数字媒体革命来提振公司的精神，这项新业务就是服务业务。这方面业务不仅仅指为iPod提供支持的iTunes商店。第四季度来自苹果应用商店(App Store)、iCloud和Apple Music等在线服务的收入增长了24%，达到创纪录的63亿美元，使在线服务成为该公司仅次于iPhone的第二大收入来源。

苹果的财务高管这样断言：如果苹果的服务业务部门是一家独立公司，其规模将足以使其在明年就跻身美国企业"财富100强"排行榜。

然而，无论是苹果的合资方还是用户，对苹果是一家著名硬件制造商而不是一家有稳定的经常性收入的软件公司这一看法难以转变，其主要原因是，即使到2016年，iPhone依然占苹果收入的三分之二，而且这个比例变化得非常缓慢。要促使合资方和用户乃至整个社会转变对苹果的看法，苹果唯有努力确保自己在服务业务方面可持续地稳定增加的趋势，并做到让社会感到这种趋势的存在。

可见想做与能做不是一回事，能做与能做成更不是一字之差，而不少企业的决策者往往将三者混为一谈。

第七章
品牌、商标和包装策略

□ 学习目标

- 理解品牌与商标的概念，理解品牌与商标的差异及两者的作用
- 掌握各种品牌与商标策略的制订与实施
- 了解包装的作用，掌握常见包装策略的制订与实施

□ 开章案例

本土著名品牌如何走好发展之路

“百雀羚”等老品牌入列国礼名单的消息一经传出，立即触发了国人的记忆，引发了一股国货热。本土著名品牌在发展过程中曾经出现许多问题，想要走好今后的发展之路，总结经验教训是必不可少的工作。

上海（英雄）集团有限公司的“英雄”钢笔在20世纪80年代末占据着中国钢笔市场70%以上的市场份额。1992年和1993年，“英雄”先后在AB股市场上市，成为中国最早一批上市的企业之一。然而好景不长，“英雄”总资产开始大幅缩水，从1996年上半年的7.03亿元减至2012年7月底的2 498万元，净资产则由3.72亿元减为208万元。16年间分别萎缩了96.45%和99.94%，说公司资产“清零”一点都不为过。2012年11月19日至12月17日，上海（英雄）集团有限公司在上海联合产权交易所挂牌，欲以250万元的低价转让其国有独资企业上海英雄金笔厂有限公司49%的股权（不包括土地和品牌商标）最终未果。

“英雄”末路的最大原因众说纷纭。从外部客观条件看，从20世纪末开始，书写方式与书写习惯的改变是钢笔不再热销的重要原因。电脑编辑、打印彻底改变以往人们手书的习惯，在绝大多数需要人们签字或填写自己意见的场合，最常见的也是一次性圆珠水笔。此时，原来的钢笔、金笔，至多也是在签署重大国际协议时偶尔一见，或者是被极少数人作为礼物收藏。钢笔市场急剧萎缩，“英雄”也不能幸免。

从内部选择发展战略方向的错误看，“英雄”开拓与其企业品牌无关的塑钢门窗、厨卫用具、装修装潢等与房地产相关的项目，导致自己的多元化发展战略步步皆错。

但是，有着相似"身价"的"上海"手表，也是在各种计时器如手机普及于世时，却在合适的时机，推出自己符合市场需求趋势的新款"上海"手表，引发市场的手表热。

另一方面，"英雄"企业内人才大量流失，没有足够的能力应对新形势的挑战。经营管理方式始终停留在二十世纪八九十年代，无法适应21世纪的市场竞争，新的发展思路、市场营销、品牌运营更无从谈起。

另一种导致本土著名品牌走上末路途径的是被外资收购。诞生于20世纪80年代的护肤品品牌"大宝"，已经伴随我们走过了三十多年。1998年，"大宝"产品首次位列国内同类产品销量第一。1999年，"大宝"商标被国家工商行政管理局评为"中国驰名商标"。2008年强生(中国)投资有限公司以23亿元收购"大宝"，此后强生虽一再对外声称自己对"大宝"进行了一系列优化处理，但时至今日，"大宝"的市场情况一目了然。其他本土著名品牌，例如"汇源""双汇""苏泊尔""南孚""丁家宜"等在被外资收购后的结果也都是如此。

外资收购中国著名品牌的目的很多，一则是为了消灭竞争对手。比如中国电池生产业巨头"南孚"电池，被摩根士丹利收购后转卖给"南孚"曾经的竞争对手美国"吉列"。"吉列"收购"南孚"，第一是消除了最大的竞争对手，第二是得到了一家年利润8 000万美元、拥有三百多万个销售点的电池生产企业，第三是获得了大半个中国电池市场。

还有一种导致本土著名品牌淡出市场的原因是中外合资。例如，湖北沙市日化的"活力28"。1996年，活力28集团公司与德国美洁时公司合资成立湖北活力美洁时洗涤用品有限公司。"活力28"以品牌和设备作价出资9 000万元占合资公司40%的股份，合资公司享有"活力28"品牌50年的无偿使用权。自1996年底，合资公司正式运营投产，德方投资者将公司"活力28"商标"冷藏"起来，生产、销售并大规模投入广告宣传主推"巧手"品牌系列洗涤用品。最终，"活力28"基本淡出中国市场。

近日，一则"活力28，整装出发"的广告语又现荧屏，"活力28"重被赎回。这个老品牌重出江湖正努力地从原地爬起，甩掉包袱，给自己的品牌赋予更新、更深刻的内涵，努力复现往日的辉煌。

本土著名品牌也有佼佼者，例如"回力"。2000年，华谊集团组建了上海回力鞋业有限公司。销售收入连年快速增长：2010年2亿元、2011年3亿元、2012年5亿元。回力自此开始转型，由原来的生产企业转变为品牌营销企业，上海负责研发和营销，生产外包给外地企业。转型并不容易，起初效果不好。但是，"回力"一直坚持，在品牌定位上不断调整，由曾经的中低档品牌转变为健康、时尚、专业的运动品牌。目前，"回力"产品有200多个系列，品种达5 000多个。

□ 案例引导

品牌不仅是公司的形象，更是公司的生命。没有一家著名公司会是一个没有著名品牌的公司，而一家公司的经营业绩与其品牌之间存在必然的联系。但是，如何创建、发展品牌又是一件难事。上述案例告诉我们中国著名品牌的曲折发展道路。其实，案例中的一些品牌现在又走在“下坡路”上了。

品牌、商标和包装都是整体产品概念下“形式产品”的重要组成部分。因此，品牌、商标和包装策略就成为企业产品策略的重要组成部分。对于生产经营者（营销者）和消费者来说，无论是在销售还是购买决策中，品牌、商标和包装都是不可或缺的要素。了解品牌、商标和包装的含义及其在营销中的作用，掌握制订和实施产品品牌（商标）与包装策略的原理与方法，有利于优化产品组合和营销组合，进而提高营销效果。

第一节 品牌与商标的基本概念

一、品牌与商标的概念

品牌（Brand）与商标（Trademark）都是用以识别不同生产经营者的不同种类、不同品质产品的商业名称及其标志。在企业的营销实践中，品牌和商标并不完全等同。

（一）品牌的概念

在为个别产品制订营销战略时，营销者必须面对品牌问题。产品品牌化可以给产品增加价值，由此，品牌管理就成为产品战略管理的一项重要内容。

品牌是由文字、标记、符号、图案和颜色等要素构成的组合，用以标识企业经营的某个产品或服务，并使之与竞争对手的产品或服务区别开来的商业名称及标志。品牌是一个综合概念，它包括三个部分：

1. 品牌名称。品牌名称是指品牌中可以用语言称呼的部分，以便在一定人群中更快地传播。如可口可乐（Coca-Cola）、奔驰（Benz）、奥迪（Audi）等。

2. 品牌标志。品牌标志是指品牌中可以被识别但不能用言语称呼的部分，通常由图案、符号或特殊颜色等构成，以便能够被人们清晰记忆。图 7－1 就是中国银行的品牌标志。

3. 商标。商标是指经过注册登记而受法律保护的品牌或品牌中的某一部分。

在购买者眼里，品牌代表其所有者企业，例如，CCTV 就是中央电视台。有时更具体地说在购买者眼里品牌是某种商品的代名词，例如，“全聚德”就是烤鸭的别名。所以对于购买者来说，品牌的著名与否直接决定他们某项购买决策的取向。例如，在大年三十，是收看 CCTV 的“春晚”还是收看当地电视台的文娱表演节目。有时在购买者心中坍塌的不是某个产品或者是某个企业，却是某个品牌。例如引发中国婴儿乳粉名誉扫地的是“三鹿”奶粉，而对生产企业没有多少人关注。所以，品牌是一个更为复杂的符号，蕴含有丰富意义和信

中国银行
BANK OF CHINA

图 7－1 中国银行的品牌标志

息的识别系统。一个品牌的含义可以从以下六个层次来透视。

1. 属性。品牌代表着特定的商品属性,这是品牌最基本的含义。例如,奔驰轿车意味着工艺精湛、制造优良、昂贵、耐用、信誉好、声誉高等。这些属性是奔驰生产经营者广为宣传的重要内容。由此可见,属性是顾客判断品牌乃至品牌所代表的商品其接受性的首要因素。因此,在为品牌定位时,必须赋予品牌恰当的属性。

2. 利益。品牌不能仅限于一系列属性,而且还体现着某种特定的利益,顾客购买商品实质就是获得某种利益,这就需要将属性转化为功能性或情感性的利益。或者说,品牌利益相当程度地受制于品牌属性。就奔驰而言,“工艺精湛,制造优良”的属性可转化为“安全、舒适”这种功能性和情感性利益;“昂贵”的属性可转化为“时尚、受人尊重”的情感性利益;耐用”属性可转化为“几年不需换新车”的功能性利益。因此,品牌利益的确定,需要营销者从某种属性是否能够提供给顾客需要的利益角度去思考。

3. 价值。品牌体现了制造者的某些价值感。例如 IBM 代表高科技、前卫,奔驰代表着安全、声望等。品牌营销者必须分辨出对这些价值感兴趣并正在寻找这些价值的购买者群体。

4. 文化。品牌还附加和象征着特定的文化。品牌是企业文化长期积淀的结果,尤其是某些品牌甚至是一个国家文化的象征和代表。如中国银行的品牌设计思想就包含中国文化与古钱币的标志,这些都直指中国的专门从事“与钱”有关的各项业务的机构——银行。

5. 个性。品牌须反映一定的个性。这要求产品品牌在设计时与产品的某些特征相联系,同时购买者在购买这种产品时会对哪些特征非常重视,而这些购买者在个性上有哪些特征,品牌设计者必须了解,以确保设计的品牌名称或标志能够被购买者理解并产生对品牌产品更丰富的联想。例如,中国青年旅行社的品牌标志(图 7 - 2),由于其目标顾客是个性张扬的青年,企业的服务与品牌必须符合这一特征,如果只有 CYTS 中青旅就难以被目标顾客接受。展翅的凤凰就更加突出企业和企业产品的特征,也符合目标顾客的个性特征。

CYTS 中青旅

图 7 - 2　中国青年旅行社的品牌标志

6. 用户。品牌暗示了购买或使用产品的消费者应该具备的某些特征,如性别、收入、地理环境等。如果中国农业银行的品牌中的麦穗,如图 7 - 3 所示,象征主要为农村、农民和农业生产企业服务。

中国农业银行
AGRICULTURAL BANK OF CHINA

图 7 - 3　中国农业银行的品牌标志

认识了六个层次的品牌含义之后,企业必须认真对待品牌运作中常见的问题:

(1) 要建立深意品牌。即企业的品牌必须全面体现以上六个层次的含义。

(2) 重视品牌含义的动态运作。品牌属性、利益、价值、个性、使用者和文化定位都会随着社会文化、科技进步、经济和竞争的变化而有不同程度的变化。企业只有慎重地评价品牌所面临的变化，动态地管理品牌，才能塑造出持久成功的品牌。如历年央视中国“标王”——“孔府家酒”“秦池酒”“步步高”“娃哈哈”等品牌现今已没有几人知晓。

（二）品牌资产

1. 品牌资产的观念。企业必须确立品牌是企业的一项重要资产的观念。所谓品牌资产，是指与某一特定的品牌紧密联系，超过商品或服务本身利益以外，通过为消费者和企业提供附加利益来体现的价值。若某种品牌给消费者提供的超过商品或服务本身以外的附加利益越多，对消费者的吸引力就越大。因此，品牌给企业带来的附加利益，最终源于对消费者的吸引力和感召力。也可以说，品牌资产是企业与顾客维持长期动态关系的反映。

2. 品牌资产的组成要素。构筑品牌资产的五大要素：品牌忠诚、品牌知名度、感知品质、品牌联想和其他独有资产。

3. 品牌资产的特征。品牌资产作为企业财产的重要组成部分，主要有以下几个基本特征。

（1）无形性。品牌资产与有形资产的最大不同，就在于它不能使人眼看手摸而直接感受到它的存在。由此可见，品牌资产是一种特殊的资产——无形资产。无形性的属性，不仅增加了人们对品牌资产予以直观把握的难度，而且决定了品牌资产的所有权获得和转移也与有形资产存在着巨大的差异。通常，有形资产可以是通过市场交换的方式取得其所有权，但品牌资产通常是经由品牌或商标使用者申请注册，由注册机关依照法定程序确立其所有权。

（2）在使用中增值。品牌资产只有在使用中才能够增值。与有形资产的投资与使用相比，品牌资产存在着明显的界限，有形资产因投资会增加资产存量，因使用则会减少资产存量。但是，品牌资产与之相反。由于品牌资产作为一种无形资产，其投资与使用常常是交织在一起而难以分开的。如果管理使用科学合理，品牌资产非但不会因利用而减少，反而会在利用中增值。

（3）难以准确计量。尽管品牌的重要价值已广泛为人们所认知，如何计量品牌资产是企业非常关心的问题。品牌资产的计量难于一般有形资产，其主要原因有：

第一，品牌资产的特殊构成决定了的品牌资产难以准确计量。构成品牌资产的主体有品牌知名度、品牌联想、品牌忠诚和品牌品质形象等，上述品牌资产构成部分相互联系、相互影响、彼此交错而难以截然分开且孰重孰轻，因而难以衡量。

第二，反映品牌资产的未来获利能力受许多因素影响，不易计量，如品牌在顾客购买时的影响力、品牌投资强度、品牌策略正确与否、产品市场容量大小、产品所处行业及其结构、市场竞争的激烈程度等。这也增添了准确计量品牌资产的难度。

（4）波动性。从品牌资产构成的分析可以看出，无论是品牌知名度的提高，还是品牌忠诚度的增强，抑或品牌品质形象的改善，都不可能是一蹴而就的事。品牌从无到有，从购买者由陌生到熟知并产生好感，是品牌拥有者长期不懈努力的结果。尽管品牌资产是企业以往投入的沉淀与结晶，但这并不表明品牌资产只增不减。事实上，企业品牌决策的失误、竞争者品牌运营的成功，都有可能使企业品牌资产发生波动，甚至是大幅度增值或下降。这个特点从开章案例中提到的几个中国著名品牌的起伏就可以认识。

4. 品牌资产是营销绩效的主要衡量指标。由于品牌资产的实质是品牌所有者在其开展的营销活动中交付给买者的产品特征、利益和服务等方面的一贯性承诺，所以，为了维系和发展企业与购买者之间互惠互利的长期交换关系，需要积极开展营销活动，履行各种承诺。可以说，品牌资产存量的增加是企业不断进行营销投入或营销活动的结果。品牌资产的提升能推动企业营销活动向更有利的方向发展。

（三）商标的概念

商标是品牌的“升级版”，企业创立了一个品牌，经过一段时间的运作，品牌从“默默无闻”逐渐变成“家喻户晓”，此时就可能使他人产生觊觎之心，为了以防不测，企业就会到商标注册机构为自己的著名品牌确立“名分”——注册商标。企业将自己的品牌或品牌的一部分经向政府有关部门注册登记后，获得了专有权，品牌就成了商标。显然，商标是一种产权，受国家法律保护。

（四）品牌与商标的区别

品牌与商标都是用以区别不同生产经营者的不同产品或服务的商业名称及其标志。尽管如此，品牌和商标的侧重点并不相同：

(1) 品牌是市场概念。从企业角度来看，品牌是企业对顾客在特定产品的利益、质量、服务等方面的承诺。企业若违背了这种承诺，顾客就会重新定义该品牌在自己心目中的位置，并以此为依据决定“买”还是“不买”，“多买”还是“少买”。从购买者角度看，品牌是其为获得某种承诺所付出的品牌溢价，具体说拥有著名品牌的产品，顾客愿意接受更高的价格。

(2) 商标则是法律概念。它是已获得专用权并受法律保护的品牌，是品牌的一部分或全部。它是企业与顾客、企业与竞争者之间法律意义上的契约。企业若违背商标所蕴含的契约，顾客和竞争者则可以运用法律的武器来寻求心理和经济上的平衡。

由此，称呼品牌为“著名品牌”，称呼商标为“驰名商标”，作为区别两者的不同。

二、品牌和商标的作用

品牌和商标的作用可从多个方面来描述。品牌的作用最终表现为一定量品牌资产的积累，而品牌资产是企业与购买者互动的结果。商标重在保护这种资产及其附加利益，它既有利于企业维护自身的正当利益，可以对产品起促销作用，同时还有助于顾客挑选、识别产品和监督产品质量。

品牌和商标的作用应该从买卖双方两种角度来看。

（一）品牌对企业——营销者的作用

对从事营销活动的企业来说，品牌的作用就是品牌能够给企业带来的哪些好处。

1. 品牌有助于企业促进产品销售，树立企业形象。顾客将使用某产品的感受与品牌联系起来，使品牌成为自己记忆产品质量、产品特征的标志，从而使得品牌达到促销的目的。随着这种良好的感受和联系的积累与叠加，顾客对品牌产生某种情感，并把这种情感与品牌有关的一切事物联系起来，使得企业形象得到提升。对企业来说，品牌就具有了独特的持久的竞争力。

2. 注册的品牌可以保护企业合法权益。品牌经注册后获得商标专用权，其他任何未经许可的企业和个人都不得使用和仿制，从而为保护品牌所有者的合法权益奠定了客观基础。

3. 品牌有利于约束企业的不良行为。品牌是企业与顾客的一种"心理契约"。企业遵守契约或违背契约，购买者必然会做出相应反应。所以，从长远观点出发，企业只有自觉约束自己的行为，尊重购买者的利益，才有可能塑造真正成功的品牌。

4. 品牌有助于扩大产品组合。市场竞争需要企业不断地开发新产品以适应市场需求，成功的品牌就是企业在市场上的竞争利器，由于购买者对成功的品牌有高度的认同感，因此企业利用成功的品牌扩大产品组合，进行品牌延伸，新产品就容易被购买者所接受。

5. 品牌可以增加企业的资产总量。一般而言，品牌资产作为企业财产的重要组成部分，不仅可以提升企业形象，还可以品牌溢价获得更大的利润。

（二）品牌对顾客——购买者的作用

1. 品牌便于购买者辨认、识别、选购商品。随着科学技术的发展，商品的科技含量日益提高，对购买者尤其是消费者来说，同种类商品之间在功能、性能、款式等方面的差别越来越小也就越难以辨别。由于不同的品牌代表着不同的商品品质、不同的利益，所以，有了品牌，购买者即可借助品牌来辨别、选择所需的商品或服务。

2. 品牌有利于维护购买者利益。企业为了维护自己品牌的形象和信誉，都十分注意恪守给予购买者的种种承诺，并注重打击假冒自己品牌的不法竞争者。因此，购买者可以在厂商维护自身品牌形象的同时获得可靠且稳定的利益。

3. 品牌有利于促进产品改良，更好地满足购买者的需要。由于品牌实质上代表着企业对顾客其产品价值和利益的承诺，所以，企业为了适应顾客需求变化，适应市场竞争的客观要求，必然会不断改良、提升产品的品质，并及时推出新产品，以保持品牌的吸引力。

4. 获得品牌产品凸显购买者身份。品牌代表产品价值，购买和使用著名品牌产品是在社会群体中凸显自己身份的有效工具。在消费者群体中，同一类产品，不同品牌代表不同价值，从而导致消费者群体中存在通过使用哪种品牌产品明确其身份与地位的简易认知方法。

三、品牌的设计

品牌设计是品牌管理的一个重要环节。在品牌设计过程中，一般应坚持以下几个基本原则：

(一) 简洁醒目，易读易记

品牌设计的首要原则就是简洁醒目、易读易记。与之相适应，企业或组织不宜把过长的和难以诵读的字符串作为品牌名称，也不宜将呆板、缺乏特色的符号或图案用作品牌标志。例如，海尔集团“海尔”的品牌名称就简单醒目，朗朗上口，见图 7－4；麦当劳(McDonald's)使用棱角圆润、色调柔和的金黄色拱门“M”为品牌标志，给人自然亲切之感，见图 7－5。

图7－4　海尔的品牌设计

图7－5　麦当劳的品牌设计

图7－6　方正集团的品牌设计

(二) 构思巧妙，突出特色

一个与众不同、充满感召力的品牌，在设计上还应该充分体现品牌标示产品的优点和特性，暗示产品的特殊魅力。例如“方正”作为我国优质软件的品牌，其品牌设计也是别具匠心的，如图 7－6 所示。“方正”整体品牌由中文、企业誓言和图形三部分组成。首先，“方正”两字的内涵丰富：“方正”即“一方之正”，指方正为全球中文版软件的正宗。“方正”又彰显方正集团依法经营、诚实经商的经营之道，也反映了公司员工朴实、严谨、求实的科学精神。其次，公司誓言“世界在变，创新不变”向社会传递企业一贯坚持创新发展的理念。最后，再从“方正”品牌的图标上看，其立体形状表现为中间的白色方框为正方形，分别与右上角和左下角的黑色部分构成正方体，与文字“方正”相一致；其平面形状表现为右上角和左下角的黑色部分像两个箭头，右上角向上的箭头表示科技顶天，左下角向下的箭头表示市场立地，意味着方正集团的高科技产业是顶天立地的事业。

(三) 注意内涵，情深义重

品牌大多都有其独特的含义、解释或释义。它可以是一种产品的功能，是一种象征，甚至是一个故事。富蕴内涵、情意浓重的品牌，因其能唤起顾客和社会公众美好的联想，而使其倍受青睐。例如，红豆服装以“红豆”作为产品的品牌和企业名称，见图 7－7，正是借“红豆”这一富蕴中国传统文化内涵、情意浓重的品牌“红”起来的。此外，“红豆”作为品牌，也表达了企业对消费者的关爱。借助“红豆”传情，年轻的情侣通过互赠“红豆”服装表示爱慕之意，离家的游子以红豆服装寄托其思乡之情。TCL 在中国是一个家喻户晓的品牌，TCL 的寓意就是 The Creative Live(创意感动生活)如图 7－8 所示，它向人们传达以 TCL 集团的所有家电产品都旨在通过不断创新提升人们生活品质的公司理念。

图 7 - 7 红豆集团的品牌设计

图8 TCL 集团的品牌设计

（四）避免雷同，超越时空

品牌设计的雷同，是实施品牌策略的大忌。因为品牌策略的最终目标是通过不断提高品牌的知名度、美誉度达到提高品牌竞争力，而做到这一点必须首先做到自己的品牌与竞争者品牌在购买者心中的印象差别。现在不少目光短浅的企业一味走模仿著名品牌的绝路，在品牌名称或品牌标志上采用读音、书写相似或在图形上相近的不正当方式设计自己的品牌。

除了注意避免雷同以外，为了延长品牌使用时间、扩大品牌的使用区域，在品牌的设计上还应注意尽可能超越时空限制。就时间限制来讲，具有时代特征的名称有强烈的应时性，可能在当时或延续一段时日会有效，但随着时间的推移，品牌的感召力也会越来越小。超越空间的限制主要是指品牌超越地理文化边界的限制。由于世界各国的历史文化传统、语言文字、风俗习惯、价值观念和审美情趣不同，对于同一个品牌的认知、联想必然会有很大的差异。试想，若将“Sprite”直译成“妖精”，又有多少中国人会乐于认购呢？译成符合中国文化特征的“雪碧”，就比较准确地揭示了品牌标定产品的“凉”“爽”等属性。

第二节　品牌和商标策略

企业不但要重视品牌的设计和保护，也要注意品牌和商标的市场运作策略，以充分发挥品牌与商标的积极作用。

一、品牌策略

企业从事品牌管理，科学而合理地制订品牌策略是其核心内容。所谓品牌策略就是企业如何科学合理地进行品牌决策，以达到一定的营销目的。根据品牌管理的重要环节，品牌策略主要包括品牌有无（也称品牌化）、品牌归属、品牌名称、品牌战略和品牌再定位等内容，如图 7 - 9 所示。

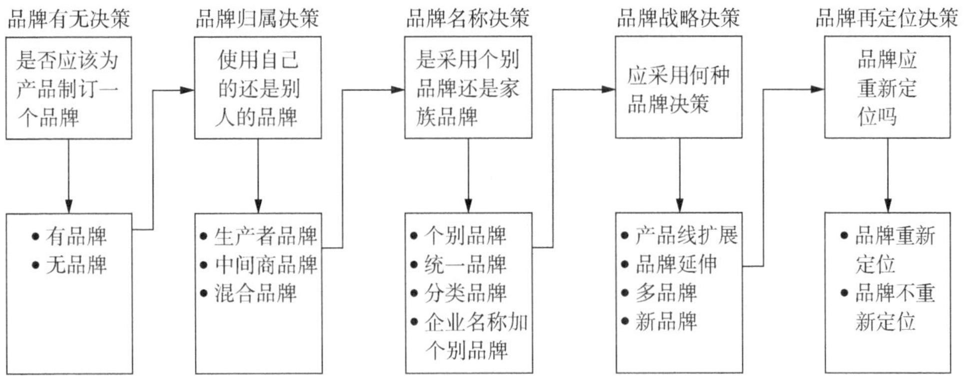

图 7－9　品牌化决策图

(一) 品牌有无决策

品牌有无决策即品牌化决策。品牌有无决策的第一个环节就是企业决定是否给自己经营的产品标上品牌。有无品牌对企业选择来说没有绝对的标准。使用品牌,特别是运作较为成功的品牌给企业带来的利益是不可低估的。对于品牌可以给品牌拥有者——企业带来的好处,早已是人尽皆知。那么这是否就意味所有的企业都应为自己向市场提供的产品或服务给以相应的品牌？回答是否定的。这从现在有不少产品没有品牌可见一斑。原因是在是否需要实施品牌化策略时,营销管理者都清晰地知晓其存在利弊两面,品牌化策略给企业带来的“弊”主要表现在以下几个方面：

1. 品牌创建过程的费用。包括品牌设计费用以及由此导致增加的相关费用。一个优秀的品牌包括简洁但却符合顾客文化特征、企业形象与产品功效的品牌名称与品牌标志,不是一般人在短时间内就能设计出来的,这样品牌设计费用就会增加。有些企业在推出新品牌产品的同时在包装上做出一定的调整,从而使包装成本增加。如果新品牌是专为高端产品设计的,为了适合这一变化,企业在结合这一变化的需要而做出分销方式的调整,分销成本也会增加。

2. 品牌维护过程的费用。新产品在市场上推出后,购买者在熟悉、接受产品的过程中也在熟悉和接受该品牌。此时,企业就会增加广告投入。随着该产品和该品牌在市场逐渐趋好,而引来竞争对手,恶意竞争如假冒伪劣产品就会出现,为此企业就要开展相应的维权行动,相关费用也会增加。

3. 品牌化决策不一定会给任何企业都带来相应的利益。主要是有不少企业,它们在生产链或供应链上属于上游企业,它们为最终产品提供原材料、零配件。在形成组配件过程中原来的物质形态早已无迹可寻,这些产品生产企业就无需为自己的产品,开展品牌化决策。因为,最终顾客购买整件时只会对整件产品的品牌感兴趣,例如购车者只会关注这辆车是大众桑塔纳还是斯柯达？最多会问发动机的品牌,至于发动机的数百个零配件是什么品牌不会关注。因而那些以提供原材料、半成品、零配件的生产企业不需要对是否选择品牌化策略而多费心思。还有一些像各种矿产业、发电、自来水厂都不会进行品牌化决策。一些为整装流水线生产企业提供配套产品的企业也不会进行品牌化决策。

企业根据自己的营销战略的需要，想在目标市场有所建树，在顾客心中创建与同行业的其他企业有不同的形象，若没有企业自己的品牌，并设法将其打造成著名品牌，一切都是虚无缥缈的幻想。在结合对品牌有无决策的利弊分析后，企业就能够做出正确的选择。

（二）品牌归属决策

企业若确定选择有品牌决策后，就进入使用谁的品牌，即品牌归属的决策环节。其实因为有品牌对企业来说利一定大于弊。接下来企业就必须考虑：使用谁的品牌能够对企业营销达到最大“增利降弊”的目的。对此，企业有三种策略可以选择，即生产者品牌策略、中间商品牌策略和混合品牌策略。

1. 生产者品牌策略。一种生产企业选择使用自己品牌的品牌归属策略。由于这种品牌选择是指生产企业为自己经营生产的产品使用自己创立的品牌的一类决策，因此叫作生产者品牌策略。生产企业在品牌归属决策时，最后决定选择生产者品牌策略的原因是：

（1）在品牌有无决策时，品牌给生产者带来的利益远大于付出的代价。

（2）在市场上，购买者对自己想获得的产品“是谁生产的”的关注远远超过这一产品“是从谁那里买到的”。例如，到国美(Gomei)家电商城购买彩电、冰箱、洗衣机、空调机的顾客，不会关注到国美买的家电一定比苏宁或永乐的要好，而是关注上海夏普电视机是否比三星电视机质量更好。所以，在所有家电、家具商店都不会销售自己品牌的任何家电或家具，因为使用生产商品牌销售比使用自己品牌销售的效果更好。

2. 中间商品牌，即企业将其产品售给中间商，由中间商使用他们自己的品牌将产品转卖出去。中间商能够从生产商那里夺得品牌归属权的主要原因是：

（1）在品牌有无决策时，品牌给中间商带来的利益远大于付出的代价。

（2）在市场上，购买者对自己想获得的产品“是从谁那里买到的”的关注远远超过这一产品“是谁生产的”。例如，在中药和中成药、熟食品等市场上，顾客会更重视自己应该到哪家商店去买，而不太会去追究这些产品是谁生产的。顾客不会深究这根野山参是哪位山民采集到的，这根杜仲是谁种植的就是这个道理。中间商品牌即哪家商店售卖对此类商品顾客更重要。生产者也认识到，借助信誉良好的中间商品牌销售，将自己生产的产品推广到目标市场的效果更好。

3. 混合品牌策略。生产企业对部分产品使用自己的品牌，而对另一部分产品使用中间商品牌。这其实是生产商与中间商在实现各自经营战略目标的过程中彼此都无法离开对方，在经过反复协商后，在品牌归属决策上彼此妥协的结果。促使企业与中间商最终选择此种策略结果的主要原因：

(1) 采用混合品牌策略的产品，多属价格不高的日常生活用品，如洗涤用品、面粉、大米等。因为大多数顾客在选择购买时对产品由谁生产、由谁销售的关注度不如对价格水平的关注度高，即最终做出的购买决定往往是“哪儿便宜到哪儿买”。

(2) 中间商想进一步控制市场。中间商想对市场有更多的“话语权”，光做经销商无法达到这个目标，必须有自己的市场份额，从而就要有自己的品牌产品。

(3) 中间商可以利用供应商必须依托自己拥有的分销系统实现自己营销战略的思考，提出自己必须拥有部分产品品牌和定价权等条件，从而可以将供应商提供的允许中间商使用自己品牌的那部分产品，以较低价格出售，增加自己品牌产品的市场份额。

从上述对混合品牌策略的选择原因分析，可以看到这样的迹象：在中间商选择生产者品牌策略，生产企业选择中间商品牌策略后，通过一段时期的营销活动，各自企业或经营的产品在市场上有了一定知名度和美誉度后，都会产生“应该打造自己的品牌”想法。通过协商而达成的结果就是混合品牌策略，互相给对方一定比例的品牌所有权。

(三) 品牌名称决策

只要是选择有品牌策略，无论是选择哪种品牌归属策略都会遇到品牌名称决策的问题。品牌名称决策就是决定一种产品使用一个品牌还是全部产品都使用一个品牌。企业必须对此慎重决策。可供选择的相关品牌策略有：统一品牌策略、个别品牌策略、分类品牌策略和企业名称加个别品牌策略。

1. 统一品牌策略，即企业所有的产品(包括不同产品线的产品)都统一使用一个品牌。例如，飞利浦公司的所有产品都以“PHILIPS”为品牌(图 7 - 10)，小米公司的所有产品都用“小米”为品牌(图 7 - 11)。

图 7 - 10　飞利浦电器品牌

图 7 - 11　小米品牌

采用统一品牌策略会给企业带来的好处：

(1) 降低品牌的宣传费用。在企业制作的许多广告中不少以提高品牌的知名度为目的，采用统一品牌策略，就可以减少为达到此目的而制作广告的数量，这方面的广告费用就能大大减少。

(2) 可以进行品牌延伸。这里主要是指“多品一牌”，即将自己已经家喻户晓的品牌，使用到某个新产品之上，使新产品更快地被市场接受。例如，小米科技在成功打造“小米”品牌智能手机后，将“小米”品牌拓展到自己的电视机、充电器等产品上。

(3) 有助于让消费者形成整齐划一的品牌形象。例如，索尼的“SONY”品牌使用到公司所有的家电产品之上，给市场造成一种对“SONY”的美好印象，只要是音像产品，最好的叫“SONY”。

但是采用统一品牌策略也会给企业造成一些不利的后果：

(4) 若某一种产品因某种原因出现问题，它就成了“害群之马”，其他种类的产品就可能受牵连而影响整个企业和产品的信誉。此种现象在一些著名的以连锁经营为特征的大型商业集团公司中因一家或少数几家加盟店的行为不当，导致损害该商业集团整体品牌的后果为最多。

(5) 一种品牌树立之后，容易在消费者当中形成固定的印象，从而产生顾客的心理定式。例如，在“米粉”心目中，“小米”是优秀智能手机的代名词。当小米科技想在新推出的电视机和平板电脑等产品上也使用“小米”品牌时，这就需要小米科技设法掌握在“米粉”心目中“平板电脑是否也是智能手机的新样式”的准确信息，否则这一品牌延伸策略就有风险。

2. 个别品牌策略，即指企业对各种不同的产品(包括同一产品线中所有产品项目)分别使用不同的品牌。企业选择个别品牌策略的主要原因，除了克服由于选择统一品牌可能给自己带来的种种不利之处外，还有：

(1) 企业产品组合宽且长。例如宝洁公司的经营范围包括清洁用品、食品、纸制品、药品等多种产品大类，而且就是清洁用品中的洗衣粉也有与满足不同需求的几个品种。为了做到“以示区别”往往会考虑采用个别品牌策略：在中国市场上，宝洁公司香皂用的是“舒肤佳”；牙膏用的是“佳洁士”；卫生贴用的是“护舒宝”；洗发精就有“飘柔”“潘婷”“海飞丝”等几种品牌。

(2) 追求同类产品(产品线)中不同产品项目在功能、性能、款式等方面存在的不同，而决定采用个别品牌，其目的就是希望利用不同品牌之间的差异，再加上包装、宣传等诸方面的推动，从而形成每个产品项目及其品牌的鲜明个性，以达到占领更多市场空间的战略目标。例如，宝洁公司就推出汰渍(TIDE)、奇尔(CHEAR)、格尼(GAIN)、达诗(DASH)、波德(BOLD)、卓夫特(DREFT)、象牙雪(IVORYSNOW)、奥克多(OXYDOL)和时代(ERA)等众多品牌洗衣粉。

(3) 可以占据卖场更多的货架、货柜，增加展示和被顾客选购的机会。在卖场尤其是大超市，企业将面对众多竞争对手品牌的“同场对决”，出于公平对待原则，卖场通常采用每一品牌相同数量产品上柜陈列的方式，这对拥有较多同类产品不同品牌的企业就有了有利的机会。

同样，企业采用个别品牌也会给自己带来不利的结果：

(1) 个别品牌必须为达到不同品牌所代表的不同产品的差异性，开展相应的宣传，每个品牌都需要单独制订相应的广告宣传方案，从而使得广告费用的增加。

(2) 企业欲使每个品牌都能显示产品本身的特殊性，包括在功能、性能等方面的差异性，就需要企业掌握自己每一个产品在目标顾客心目中的特殊印象或特殊用途，这对设计每个产品的品牌具有非常重要的意义。但是在品牌设计、品牌宣传广告语设计时可能存在一些误差，这会使得企业选择个别品牌策略的意图落空，至少不能全部实现。

(3) 此时若缺少个别品牌源于同一企业的认知，往往容易导致市场竞争是“同室操戈”，使得企业原来试图通过更多品牌占据更多市场的目标成为空想。

3. 分类品牌策略。企业考虑到选择统一品牌策略或个别品牌策略，可能获得的好处与不利恰好相反，于是，就在两者之间选择“中间道路”的一种品牌策略，即指企业对所有产品在分类的基础上各类产品使用不同的品牌。较为常见的是不同产品线拥有各自品牌的策略。选择这类品牌策略的主要原因：

(1) 企业生产经营范围大。例如，宝洁公司经营洗涤用品、纸质用品、药品、食品等。不同大类产品在满足顾客需要或用途上完全不同。如果使用统一品牌，势必会造成品牌形象混乱。

(2) 各大类产品中的产品项目在规格、含量上略有差别而外在功能、性能上没有明显差别，如果使用个别品牌策略，就达不到策略的使用效果。

所以，随着市场需求的变化，原本因各产品项目由于功能、性能或价格等方面存在明显差异，企业选择个别品牌策略，而当这些差别不断缩小时，企业就应该及时改变为统一品牌策略或分类品牌策略。

4. 企业名称加个别品牌策略。其做法是在个别品牌前冠以企业名称，例如，“海尔小王子”“海尔小神童”。企业选择企业名称加个别品牌策略的主要原因有：

(1) 企业有一个家喻户晓的企业名称。企业名称也是企业的一种重要无形资产，更何况著名企业名称更是值得企业呵护和利用的资源。有些企业拥有“百年老店”的称号，当然也是企业的品牌资产，例如，“老凤祥”“童涵春堂”“一汽”等。

(2) 企业虽然产品组合较宽，但是较浅。即企业虽然拥有几个产品线，但每个产品线所拥有的产品项目很少。例如，海尔公司拥有的家电有电视机、空调器、冰箱和洗衣机，每个产品线上的产品项目不多，于是，就选择企业名称加个别品牌，例如，冰箱的品牌“海尔小王子”，洗衣机的品牌“海尔小神童”等。

(四) 品牌战略决策

品牌战略经过科学而有效的运作才有可能获得较好的品牌知名度和美誉度，因此品牌的运作常被提升到战略的更高层面，即与企业产品发展战略相结合，起到相互策应的效果。

与品牌战略决策相关的品牌策略一般有五种选择：产品线延伸策略、品牌延伸策略、多品牌策略、新品牌策略和合作品牌策略。

1. 产品线延伸策略。企业在创建完整的产品线过程中会采用向上、向下和双向延伸以及产品线填补四种方式。

(1) 如果是向上延伸策略，即在某一产品线中增加高端新产品项目，或者是向下延伸策略即在同一产品线中开发低端新产品项目时，为了与自己的原有产品项目以示区别，是否要用一个新品牌？如果是，新品牌与原品牌之间的差异能否凸显高端或低端新产品项目与原有产品项目之间在满足顾客需求上存在的差异？

（2）如果采用产品线填补策略，即在某产品线中增加新的产品项目，新增产品项目仅是在口味、款式、颜色、规格等方面与原产品项目有所不同，是否可以继续使用原来的品牌？这就需要根据原来品牌的知名度与美誉度，以及新增产品项目是否需要刻意在顾客心目中创建新的形象。

2. 品牌延伸策略。即利用企业的某一著名品牌来推出一款新产品或是新的产品线。前者就是产品线延伸策略中所提到的品牌策略，而后者应该是市场或业务发展战略，只是企业想利用其著名品牌达到可以更快地被顾客认知并接受自己的新产品或新业务，同时达到推出新产品又可以节约营销传播成本的目的。

3. 多品牌策略。就是“一品多牌”，即企业在相同产品项目中推出新的品牌。具体的品牌策略有：

（1）根据不同目标市场确定多品牌策略。对于跨国公司，自己的某一产品可能在西欧、北美、东亚、南非等地区销售。考虑到不同地区的文化差异，对公司母国的友好度不同等要素，公司会选择同一产品采用不同品牌在不同地区推广的策略。

（2）根据不同目标市场的经济发达程度不同。在不同地区销售同类产品但功能、质量有明显的差别，企业会选择不同品牌推出产品的策略。

与个别品牌策略不同，多品牌策略更多着眼于在多个处于不同地区的目标市场开展某个产品项目或是产品线的营销活动时获取利益最大化。这样“一品多牌”就不会出现诸如个别品牌实施中存在的“自相残杀”的问题。

4. 新品牌策略。当企业需要推出新产品，但现有的品牌名称不适合这种新产品时，企业就需要创建新品牌。

5. 合作品牌策略，即品牌之间的联盟和合作。这一策略通常有两种方式：

（1）产品互补。例如，两家企业在向市场提供的产品上具有某些互补性，从而合并为一家企业，推出共有品牌。例如，上海梅林和正广和公司，彼此利用在罐头食品与饮料的品牌优势，推出“梅林—正广和”品牌。

（2）技术或资产合作。两家企业合资后的新品牌。例如德国大众汽车与第一汽车合资推出的“一汽-大众”品牌，见图 7－12。

一汽-大众
FAW-VOLKSWAGEN

图 7－12　一汽-大众品牌

(五)品牌再定位决策

也许一种品牌在市场上最初的定位是正确的,但因市场竞争加剧而导致市场份额下降、消费者偏好变化、企业经营方向调整,促使企业不得不对原来的品牌进行再定位。品牌重新定位策略也称再定位策略,就是指全部或部分调整或改变品牌原有市场定位的做法。

企业在进行品牌重新定位时,要综合考虑两方面影响因素:

1. 要考虑再定位的成本,即把自己的品牌从一个市场定位点转移到另一个市场定位点所支付的成本费用,包括改变产品品质费用、包装费用和广告费用等。一般认为,重新定位的距离越远,其再定位成本就越高。

2. 要考虑再定位的收入,即把企业品牌定在新位置上所增加的收入。它取决于新的定位所能吸引的顾客数量、目标顾客群的购买力及竞争者的数量和实力等因素。

二、商标策略

商标是一个法律概念,因此商标策略也是利用法律获得收益、保护自己利益不受侵犯的策略。这里介绍防御商标策略和互联网域名策略。

(一) 防御商标策略

防御商标策略是指申请人在一种产品上注册两个以上的近似商标,以防他人仿冒自己商标的策略。如"娃哈哈"商标所有人在注册"娃哈哈"的同时,还申请注册了"哈哈娃""哈娃哈""娃哈娃"等近似商标;"百年乐"商标所有人也注册了"年百乐""乐百年"等近似商标。防御商标也不一定都要被使用,其主要目的是防止别人注册近似商标后,给购买者在选购中造成混乱。如有的企业注册了"荣士达"商标,由于购买者缺乏足够的意识和辨别能力,"荣士达"对全国名牌"荣事达"的销售造成冲击。防御商标还要注意在不同的地域抢先注册,如我国的"阿诗玛"在菲律宾被抢注、"同仁堂"在日本被抢注等案例都显示了我们品牌保护意识薄弱和经验的不足。

(二) 互联网域名商标策略

由于域名系统(DNS)是国际共有资源,可较好地实现信息传播,而域名作为互联网的单位名称和在 Internet 网络上使用的网页所有者的身份标识,它包含着所有者希望传达的重要信息,所以域名具有巨大的商业价值。域名具有商标属性,因为域名的所有权属于注册者。若企业认为的最佳域名被他人抢先注册,那么就可能永远失去了注册与该理想域名的机会,但这一域名对注册者具有十分重要的意义,企业想要获得这一域名,可能要花费巨大的财力和精力。正因如此,许多企业都积极地把知名商标注册成域名,如麦当劳的"巨无霸"商标就被注册成了域名。近年来,随着互联网的广泛普及和大量应用,注册域名的企业越来越多。需要说明的是,办理域名注册获得域名使用权的规则与一般商品商标注册相同,仍然采用注册在先的原则,谁先注册,谁就拥有了域名的使用权。

第三节　包装与包装策略

包装最初是指赋予产品实体一种外在保护层，使产品在运输、储存和销售过程中避免损失或损坏。在现代社会里，“包装”一词运用广泛，含义丰富。在营销学中，包装是商品生产的继续，并同时增加商品的价值，有助于实现其全部价值。产品包装作为重要的营销组合要素，在营销中已成为市场竞争的一种重要手段，但包装对不同商品在其营销活动中所起的作用不同，如包装对五金制品和化妆品的意义与作用是完全不同的。

一、包装的含义和种类

(一) 包装的含义

包装是指设计、制作容器或包扎物，并运用容器或包扎物将商品盛装的一系列活动。据此，包装可以从两方面来理解：其一，包装是指对商品包扎物进行形状、颜色、图案和材料等方面的设计、制作过程，并在包装材料上进行品牌和商标的装潢和标记；其二，包装即是指用设计成型的包扎物将商品进行包扎，使之方便运输和销售。

(二) 包装的种类

包装的分类标准很多，各种分类方法对不同的学科意义不同，下面是包装分类的几种方法。

1. 运输包装和销售包装。产品包装按其在流通过程中作用的不同，可以分为两种：

(1)运输包装。运输包装又称外包装或大包装，主要用于保护产品品质安全和数量完整。运输包装可细分为单件运输包装和集合运输包装。单件运输包装是指商品在运输过程中以箱、包、筐等单件容器对商品进行的包装；集合运输包装是指将一定数量的单件包装组合在一件大包装容器内而合成的大包装。目前常用的集合运输包装有集装包(或集装袋)、托盘和集装箱等，这些包装方法适应了运输、装卸现代化的要求，可以实现货物整批包装，有利于降低成本，提高工作效率。

(2) 销售包装。销售包装又称内包装或小包装，它随同产品实体进入零售环节，与消费者直接接触。因此，销售包装的主要作用是方便促销、携带、选购和使用。

2. 内包装、中包装和外包装。按包装所处的层次不同，包装可以分为三种：

(1) 内包装。它指用以盛装产品的直接容器或包装物，如香烟盒。内包装的主要作用是便于销售(或展示)，使用(或消费)。

(2) 外包装。外包装指为了方便存储与搬运产品而进行的包装，如香烟的件装纸箱。

(3) 中包装，即处于外包装和内包装之间的包装，兼顾它们的作用，如香烟的条装纸盒。

3. 其他分类方法。按其使用的包装材料，又可分为纸、木、金属、塑料、化学纤维、棉麻织物等制成的容器和绳索；按其包装造型又可细分为箱、袋、包、瓶等；按耐压程度不同，包装可以分为硬包装和软包装。

二、包装的作用

作为整体产品的重要组成部分，包装的意义已完全超越了作为商品容器的作用。包装的作用贯穿着整个商品生产、流通和消费过程。从营销的角度出发，其作用主要表现在以下几方面：

(一) 保护商品和环境

包装保护商品的作用主要表现在两个方面；一是保护商品本身。良好的包装可使产品在存储、运输、销售和使用的过程中不发生破损、震动、挤压、雨淋、虫蛀等。二是环境保护。有些商品属于易燃、易爆、放射、污染或有毒物品，对它们必须进行包装，以防泄漏、挥发造成危害。尽管包装方便了企业和消费者，但必须看到，有些包装物的生产要耗费大量资源，丢弃后又不易降解，易造成环境污染。因此，研制和使用有利于环境保护的包装材料同样是包装策略的重要任务。

(二) 提高效率

有的商品外形不固定，或者是液态、气态、粉状，若不对此类产品进行包装，则无法运输、储存、销售乃至消费与使用，即使进行包装但包装策略选择不当，还是会导致运输、储存、销售效率和使用效果因此而降低。所以，选择正确的包装策略可以提高运输、储存与销售以及相关活动的效率和效果。

(三) 促进销售

包装是“无声的推销员”。商品给顾客的第一印象，不是来自产品的内在质量，而是它的外观包装。美观大方、漂亮得体、新颖别致的产品包装，不仅能够吸引顾客，能使消费者产生深刻的印象，而且还能使消费者产生情感触发，激发顾客购买的欲望。“买椟还珠”就是一个关于产品与产品包装故事，现在这个故事还在不断延续。同时，包装是一种广告媒介，它传递产品的信息，可以向消费者介绍产品的特性、使用方法和注意事项等信息，对消费者的购买起引导作用，从而促进销售。

(四) 增加盈利

由于装潢精美、使用方便的包装能够满足消费者的某种心理要求，将包装和质量联系起来，可以在一定程度上降低消费者的价格敏感性，愿意以更高的价格购买符合自己心意的被“豪华”包装的产品，从而使得企业获得更多的利润。

三、包装设计

产品要包装这点已经十分明确，包装设计就愈显得十分重要。在包装设计时既要与该产品的特征有联系，所谓什么产品要有什么包装。从营销管理角度考虑，包装设计应该与该产品的市场定位有直接联系，能够通过包装向目标顾客传递与产品有关的各种信息。包装设计还应该凸显产品和品牌的差异性。从审美角度考虑包装设计还应该符合该产品目标顾客的文化品位,使之和谐、美观。

(一)包装设计的内容

包装设计的内容包括包装材料的选择、包装标签和包装标志三部分。

1. 包装材料的选择。材料是包装的物质载体,是包装标签的基础。因此,包装材料的选择恰当与否,关系到包装整体功能的发挥。选择包装材料必须注意到以下五个方面:

(1) 要能有效地保护产品;

(2) 容易加工操作,方便用户使用;

(3) 外观装饰符合人们的审美情趣;

(4) 节省包装费用;

(5) 有益于环境保护。

2. 包装标签。包装标签是指附着或系挂在商品销售包装上的文字、图形、雕刻及印制说明。标签中载有许多信息,可以用来识别、检验内装商品,同时也可以起到促销作用。

3. 包装标志。包装标志是在运输包装外部印制的图形、文字和数字以及它们的组合。包装标志主要有运输标志、指示性标志、警告性标志三种:

(1) 运输标志是指在商品外包装上印制的反映收货人和发货人、目的地或中转地、件号、批号、产地等内容;

(2) 指示性标志是根据商品的特性,对一些容易破碎、残损、变质的商品,用醒目的图形和简单的文字作出的标志;

(3) 警告性标志是指在易燃品、易爆品、腐蚀性物品和放射性物品等危险品的运输包装上印制特殊的文字,以示警告。

(二)包装的设计原则

一般而言,商标或品牌是包装中最主要的构成要素,应在包装整体上占据突出的位置。包装的整体设计应本着体现功能性、安全性、经济性、生产性、流通性、方便性和观赏性等一般要求,就销售包装而言,其设计应遵循以下几个基本原则:

1. 安全。安全是产品包装(包括运输包装和销售包装)最核心的作用之一,也是最基本的设计原则之一。

2. 适用,即适于运输、保管、陈列、携带和使用。在保证产品安全的前提下,应尽可能缩小包装体积,以利节省包装材料和运输、储存费用。

3. 美观大方,突出特色。包装具有促销作用,主要是因为销售包装具有美感。美观大方的包装给人以美的感受,有艺术感染力,进而使其成为激发顾客购买欲望的主要诱因。

4. 造型别致、图案生动、色彩协调。包装形状除了追求利于储运、陈列和产品销售外，还要新颖别致，具有吸引力。

5. 包装与商品价值和质量水平相匹配。若包装在商品价值中所占的比重过高，就易产生名不符实之感而使消费者难以接受。相反，价高质优的商品自然也需要高档包装来烘托商品的高雅贵重。

6. 尊重消费者的宗教信仰和风俗习惯。由于社会文化环境直接影响着消费者对包装的认可程度，在包装设计中，必须尊重不同国家和地区的宗教信仰和风俗习惯，切忌出现有损消费者宗教情感，容易引起消费者忌讳的颜色、图案和文字。

7. 符合法律规定，兼顾社会利益。法律是市场营销活动的边界。包装设计作为企业市场营销活动的重要环节，在实践中必须严格依法行事。包装设计还应兼顾社会利益，努力减轻消费者负担，节约社会资源，禁止使用有害包装材料，实施绿色包装战略。此外，包装还应注意满足不同运输商、分销商的特殊要求。

四、包装策略

包装是形式产品的组成部分，因此，与品牌策略一样，包装策略必须以最大程度地实现产品策略乃至产品战略的目标为决策的基本依据。从这点出发，可供企业选择的包装策略主要有以下几种：

(一) 无包装策略

即对产品不进行包装，对一些日常生活用品、农产品、水产品、鲜果等采用这种包装策略。选择这类包装策略的原因主要是：

(1) 对于购买者而言，此类产品都是“即买即食”和“即买即用”的产品，无包装将更有利于消费或使用。

(2) 这类产品属于价格低廉的易耗产品，企业以低价引导顾客购买。采用无包装策略可以降低成本，降低售价，扩大产品销量。

但是，随着社会发展和有关法律法规的调整，无包装策略呈逐渐消退趋势。由无包装向简易包装方向发展的趋势非常明显。例如，对于即买即食类产品，国家有关部门制定明确规定必须有相应的包装，并注明生产厂家及地址、生产日期和生产许可证，否则以“三无”产品查处。

(二) 类似包装策略

类似包装策略是指企业生产经营的各种产品，在材料选择和包装外形上都采取相同或相近的图案、色彩等共同的特征，使消费者通过类似的包装联想起这些商品是同一企业的产品，具有同样的质量水平。这种包装策略在各种家用电器产品上较为常见。

类似包装策略的好处有：

(1) 可以节省包装设计成本，树立企业整体形象，扩大企业影响。

(2) 可以充分利用企业已拥有的良好声誉，有助于消除消费者对新产品的不信任感，进而有利于带动新产品销售。它适用于质量水平相近的产品。

类似包装策略可能造成的不良后果有：

(1) 无法凸显优质产品特殊形象，对于质量相差悬殊的产品不适用；

(2) 无法在企业推出高端新产品时通过包装的调整及时、准确加以显示，从而滞缓新产品推广的速度而丧失机会。

(三) 等级包装策略

即对于同一产品，按其价值不同分为若干质量等级，对不同质量等级的产品分别设计和使用不同的包装。显然，这种将质量档次和包装等级相匹配的策略，对高档产品采用精致包装，对低档产品采用简略包装，可以适应和满足不同需求层次购买者的购买力和购买心理，便于购买者识别、选购商品，从而有利于全面扩大销售。当然，该策略的实施成本较高。

(四) 习惯使用量包装策略

根据消费者的使用习惯来设计不同分量的包装。如茶叶和咖啡等产品，为适应家庭消费的习惯，采用大号包装；为了适应出差、旅游、户外野餐的需要，采用各种各样的小包装等。这样的包装既能给消费者带来方便，又可以起到促销的作用。

(五)配套包装策略

配套包装又称系列包装策略，是指企业将几种有关联性的产品整合在同一包装物内的做法。如女士化妆品、家用工具箱、电工用具等，这种策略能够便于消费者购买、携带与使用，有利于扩大产品销量，还能够在将新旧产品组合在一起时，使新产品顺利进入市场。但在实践中，还须注意市场需求的具体特点、消费者的购买能力和产品本身的关联程度，切忌任意配套搭配。

(六) 再使用包装策略

也称双重用途包装或重复使用包装策略。这种包装策略是指包装物在被包装的产品消费完毕后还可以循环使用或用作其他用途。如啤酒瓶可以循环使用，而麻袋、金属桶(盒)、木箱等包装物，坚固耐用，可多次使用，有利于节约资源，降低包装费用。再使用包装策略可以刺激消费者的购买欲望，有利于扩大产品销售，同时也使标有商标的包装物在再使用过程中起到延伸宣传的作用。

(七) 附赠品包装策略

附赠品包装策略是指在包装物内附有赠品以吸引消费者购买的做法。包装物中的附赠品可以是玩具、图片，也可以是奖券。该包装策略对青少年儿童和低收入者比较有效。如果赠品采用累积获奖的方式，则效果更明显。

与配套包装策略的明显不同之处是：

(1) 附赠品包装的附赠品是免费提供，购买产品可以无偿获得其他产品；

(2) 附赠品可以与有价出售的产品在用途、销售等方面有密切关联性，也可以没有任何关联性。

(八) 更新包装策略

更新包装就是采用新的包装技术、包装材料和包装设计来改变原来的包装。更新包装策略是指企业包装策略随着市场需求的变化而改变的做法。一种包装策略无效，依消费者的要求更换包装，实施新的包装策略，可以改变商品在消费者心目中的地位，进而收到迅速恢复企业声誉的效果。

(九) 性别包装策略

性别包装策略就是根据消费者性别的不同而设计不同的包装。女性用品包装体现温馨、秀丽、柔弱、典雅、新颖等风格；男性用品包装体现刚正、质朴、潇洒等特征。这一包装策略的目的在于满足不同性别的消费者，如汇源集团推出的“她”“他”水就采用了不同包装。

本章小结

产品策略必须与价格、分销方式和营销传播方式相结合。可价格、分销方式和营销传播都必须有一定的“附着物”，例如是什么“东西”价格这么贵？在这里卖什么“东西”？广告的主要内容等都必须有实实在在的“标志物”，其实这个“标志物”就是品牌、商标以及包装。所以，企业不仅要努力开发新产品，还要精心设计品牌、商标和包装，只有这样才能真正提高产品的市场竞争力。可是，品牌、商标和包装又不是一项“随便怎么设计都成”的事，一招失误，全盘皆输，所以要十分讲求“计谋得当”，也就是“策略”两字。

- 品牌是由文字、标记、符号、图案和颜色等要素或这些要素构成的组合，用以识别某个销售者或某群销售者的产品或服务，并使之与竞争对手的产品或服务区别开来的商业名称及其标志。
- 品牌策略主要包括品牌有无、品牌归属、品牌名称、品牌战略和品牌重新定位等。
- 商标就是产品制造者或销售者加在商品上的、拥有法律意义上的专有权的标志，或者说商标就是法律版的品牌。
- 商标策略有防御商标策略和互联网域名策略等。
- 包装是指设计、制作容器或包扎物，并运用容器或包扎物将商品盛装的一系列活动。
- 包装策略主要有：无包装策略、类似包装策略、等级包装策略、习惯使用量包装策略、配套包装策略、再使用包装策略、附赠品包装策略、更新包装策略、性别包装策略等。

章末案例

自主车企多品牌战略得失谈

两家著名的中国自主品牌汽车企业：在市场上尝到了多品牌经营甜头的长城汽车和尝到了多品牌经营失败苦果的奇瑞汽车，在品牌建设上发出了不同的声音。中外车企正反两方面的经验与教训均证明，多品牌运作也好，单品牌经营也罢，做强做响品牌才是硬道理。

2013年3月29日，长城汽车在京举行累计生产100万辆庆典的同时，揭开哈弗全新品牌的神秘面纱，长城汽车宣告"哈弗品牌独立"战略启动。哈弗品牌独立后，将从现有的经销网络中脱离出来，实现终端店面独立、运营独立和管理独立的体系架构，给消费者提供更多样化的SUV产品和更专业化的服务。

3月30日，奇瑞董事长尹同跃在北京召开的"第五届中国汽车蓝皮书"论坛上表示，奇瑞要修正此前执行的多品牌战略，重回一个奇瑞的单品牌战略发展道路。奇瑞在四年前的上海国际车展上，推出瑞麒、威麟和开瑞三个子品牌，向多品牌经营战略转型。四年来，奇瑞的多品牌战略之路走得并不顺利，多品牌运营投入巨大代价，瑞麒与威麟品牌销量均低于预期，拖累了企业发展，虽经多次调整仍然看不到有逆转迹象，只能放弃多品牌发展的计划，回归一个奇瑞。

对于汽车制造业，发展至今几乎没有一家跨国车企是单品牌的。产品系列的多元化是基本趋势，而汽车多元化发展又需要有多品牌的支持。多品牌战略要获得成功，车企要有足以支撑发展的规模，要有强势品牌做基础，要有厚重的历史积淀，要有务实的心态，各品牌要有精准的市场定位。在这方面，长城和奇瑞的多品牌发展之路无疑是中国自主品牌汽车企业的两种典型。

实施多品牌战略，要有经济规模做支撑。奇瑞推出瑞麒和威麟等品牌，只是因为奇瑞当时推出了两个新车型，而这两款新车型还未在市场上正式推出，对于市场是否会接受这两个新品牌，没有把握。而哈弗SUV在2012年的销量已经突破28万辆，在全国SUV市场份额已超过14%，月销量总是名列SUV市场榜首，其中哈弗H6销量达22万辆，市场份额达11%。这些数据明确显示，哈弗SUV完全可以从长城的其他汽车品牌中独立出来，形成一个新的品牌市场。

实施多品牌战略，要有强势品牌做基础。奇瑞推多品牌运作之前，已经有"东方之子"品牌在中级车市场与同类汽车竞争，可是市场认可度不高。奇瑞公司原本想借威麟和瑞麒，在中、高端轿车市场上建立自己的市场，但是市场对于这两个新品牌的认知度几乎为零。长城哈弗和风骏已经成为中国相应目标市场的领导者，哈弗在SUV市场称雄，风骏在皮卡市场称霸，哈弗品牌的口碑和知名度，在国内外都已经小有名气。

实施多品牌战略，要有厚重的历史积淀。长城汽车虽历史不长，但它聚焦三大品类，哈弗连续十年保持SUV全国销量和出口量第一，风骏连续15年保持皮卡全国销量、出口数量、市场保有量第一。长城以十多年来的历史积淀，锁定未来目标，2020年全球经济型SUV第一、全球经济型皮卡第一。而奇瑞的品牌优势仍在QQ，威麟和瑞麒在中高级车市场上毫无建树，已经被边缘化。

实施多品牌战略，要有谨慎务实的心态。不盲目地走所谓高端路线，长城汽车一路走来，哈弗从H3到H8，一步一个脚印，脚踏实地。长城的高端，是比自己原有的产品高端，不追逐市场上的高端。

实施多品牌战略，要有清晰的市场定位。长城汽车三大品类，客户目标、市场方向，整个定位非常清晰，树立“哈弗”的SUV、“风骏”的皮卡和“长城”的轿车三大品牌形象。奇瑞产品，除了QQ和旗云两个品牌的市场定位较为清楚，而奇瑞称威麟为中高级全能商务车，瑞麒为“成功的驾驭者”量身定制，威麟主攻政府采购、瑞麒以个人用户为主，生产方自己清楚，可在消费者眼里，威麟和瑞麒两款车型之间差异化很小。从而导致这两款汽车相互竞争的尴尬。

吉利汽车前几年实施多品牌战略，启动过帝豪、全球鹰和英伦三个品牌的营销规划，在组织上成立了三个品牌事业部，并新推各自的品牌标识。帝豪是吉利产品的高端品牌，自由舰、远景和金刚等划归全球鹰品牌旗下，原上海华普和新车型英国锰铜TX4进入英伦品牌。这次多品牌运作期间遇到了市场低迷，吉利决策层迅速做出调整，为与多品牌营销收缩相匹配，取消帝豪、全球鹰和英伦三个子品牌事业部，整合成南、中、北三个大区，由三个子品牌管理的纵队转变为三个区域管理的横队。同时，在形象宣传上向技术吉利、品质吉利的方向转变，逐渐摆脱低端和低价形象。目前在吉利公司销量最高、增速最快的帝豪，是上述吉利公司调整或转变取得成功的典型。

其实，奇瑞在走好自己重回一个奇瑞品牌发展战略中还有许多风险存在：与路虎捷豹合资的自主豪华车品牌；与以色列集团共同出资打造的观致汽车品牌，这些业务已经够大，要保证同时做好做大做强，绝非易事，重回一个奇瑞思想指导也要做实，即不再偏离乘用车这个主业，去开拓重卡、造船、港口、工业机器人、房地产等行业。

案例分析

1. 案例中提到的中国汽车制造企业的“自主品牌”是怎么回事？属于品牌策略的哪方面策略的运用？

2. 汽车制造业在品牌策略的选择上有哪些方面可以借鉴国际先进企业的做法？

3. 为汽车制造业提供配件，例如发动机、轮胎等企业是否也应该选择有品牌策略？

本章复习思考题

1. 品牌与商标的含义以及两者的关系是什么？它们在营销活动的作用主要有哪些？

2. 有哪些品牌策略可供企业选择？各种品牌策略的含义是什么？

3. 商标策略的类型以及各自的含义是什么？

4. 可供企业选择的包装策略主要有哪些？

本章问题与应用

1. 吉利是中国汽车的著名自主品牌,收购沃尔沃更是让吉利家喻户晓,那么收购后的沃尔沃怎么样了?

吉利将在欧洲推出新品牌汽车

旗下拥有沃尔沃汽车(Volvo Cars)和伦敦出租车公司(London Taxi Company)的吉利(Geely)集团准备在欧洲推出一款 Lynk & Co 品牌汽车,与欧洲市场领导者大众(Volkswagen)展开直接竞争,并吸引年轻消费者。如果此举成功,吉利将成为首家凭借自身力量进军欧洲的中国汽车制造商。

吉利将在2018年年底之前在欧洲推出 Lynk 品牌的 SUV,随后还将推出轿车、掀背车等更小型的汽车。预计此举将刺激其他中国企业进军欧洲,以弥补国内汽车销量增长的放缓。

在最近的20多年来,中国政府通过"以市场换技术"的政策,要求想在中国经营的外国跨国汽车制造商必须与当地企业成立合资公司,此举使得中国汽车制造商得以更快更全面地获得先进的设计和制造技术,使得中国品牌汽车在品质上完全可以与国际著名品牌相媲美。

吉利的目标是将低成本制造业的优势与欧洲先进的设计理念和品质结合起来,使得吉利的品牌汽车有足够空间与经营成本高昂的欧洲品牌汽车进行较量。该款新品牌汽车由吉利在瑞典的欧洲汽车技术中心设计,售价虽高于吉利汽车,但低于沃尔沃。其目标是与大众汽车在欧洲竞争。

当人们对于吉利为什么要在欧洲这个竞争已经非常激烈的汽车市场上再开创一个新品牌存有疑问时,吉利集团总裁安聪慧回答道:"为什么这个世界需要一个新的汽车品牌?这就像在问,当你手里有摩托罗拉(Motorola)时为什么还需要苹果(Apple)一样。"打造一个品牌需要时间,但不会像过去那么久。而且只要有特色一样会开创出属于自己的市场。为此,吉利将不会利用传统经销商网络或广告来推销该车。准备选择一种面对欧洲年轻人并会被他们接受的全新销售模式来实现吉利在欧洲推广 Lynk 品牌汽车的战略目标。

(1) 中国品牌常被外国企业收购,这回轮到中国企业收购世界名牌沃尔沃,接下来发生了什么?

(2) 吉利在推出新款品牌汽车上做了什么具体的工作?

2. 当前包装设计更向考虑物流便利的方向靠近,即包装设计更多地为降低物流成本考虑。产品从生产商完成最后的质量检测后就进入生产包装环节,随后就进入运输、仓储和配送,最后到卖场完成零售包装。这种不断地更换包装,不仅增加包装成本,还对环境造成破坏。你认为有什么好办法解决这些问题?

3. 消费品的包装趋势是生产企业必须关注的重大问题。下面的案例虽然是外国学者的观点,其实国内何尝不是如此?说说消费品小包装趋势的理论依据。

消费品流行小包装

消费者杂志《Which?》调查发现,一些大品牌纷纷缩小产品分量,缩减幅度甚至高达四分之一,但价格却没有降低。在询问了这些产品的生产商为什么要缩减分量,得到的答案基本都是,在成本上涨的情况下,他们选择缩减产品分量而不是涨价。有些生产商向来都会在低收入国家采用小分量的包装,此刻他们的目的则是为了让更多的消费者买得起。世界最大食品制造商——雀巢(Nestlé)在印度销售单价一卢比的手指饼干,这样低收入家庭就可以给孩子购买这种饼干。雀巢在新兴市场销售的小包装商品,比如小袋洗发水、单块的口香糖和论根卖的香烟,同样也颇受欢迎,如今雀巢已经将这些包装模式带到了经济下滑的南欧国家。雀巢在这些地区以更小的包装或者是更加经济的可周转使用的容器来销售他们的很多知名产品,比如雀巢咖啡。

更加关注健康或者是从小更符合新的审美情趣的变化,也是推动这一趋势的重要原因素。例如从杯装札幌(Sapporo)啤酒,到小瓶可口可乐,这些小型包装设计的产品既是考虑满足购买者便携的礼物,也减少了糖分和卡路里的摄入。

不过据《Which?》的调查发现,缩小分量主要还是为了维持利润水平。例如,Birds Eye 牛肉汉堡的包装从 16 个减少到 12 个;Pledge Clean & Dust 整装家具上光蜡分量减少 17%;雀巢 525 克装 Superfruity Blue & Black 麦片减量了 10%,各种品牌的薯片、意大利面酱、巧克力等,都在减少产品包装分量,生产商减少包装规格的根本目的是因为原材料涨价,企业不想随之提高自己产品的售价却又想维持自己产品利润不减。

一些生产商的产品容器与其不断增加的成本之间有更加独特的关系。包装物、包装材料等不变,若是缩小包装容器的规格,同样可以实现降低成本的目的。例如,联合利华(Unilever)的除臭喷雾器变小了,但是在做了浓缩处理后使得里面的除臭剂的量没有减少,零售价还是 2 英镑。同样,各种洗涤液也做了浓缩处理,同样含量的各类洗涤液,包装规格小了,价格没变。小包装还给生产商、物流和经销商创造更大的如运输、仓储成本下降的空间。生产、销售与经营小包装商品成为越来越多企业的一种经营模式。

当然,这种经营模式之所以成功的更重要原因是消费者各种理念的改变,变化虽小,但更美、更合适、更环保。

第八章
价格策略

学习目标

- 了解定价过程包括哪些具体环节
- 熟知如何选择定价目标,了解影响定价的因素
- 掌握与理解各种定价方法,实现定价目标
- 正确运用定价策略
- 理解价格变动策略的特殊意义

开章案例

价格战:联盟解体的导火线

在京东商城十周年大促销时,知名PC厂商华硕因为不满京东促销价格过低,扰乱了华硕产品定价体系,宣布暂时停止对京东的供货计划。

当年格力、美的与家电大卖场国美闹分手的一幕,在电商时代这种产品生产商与经销商之间的内斗再次上演!只是这次是供应商与电商平台的矛盾公开化。这就引起各类生产商、经销商和消费者的高度关注。

6月18日是电商巨头京东商城十周年店庆大促销的日子,以京东商城为首的电商平台,再次掀起了规模巨大的促销热潮。然而,就在京东方面热热闹闹搞店庆的时候,市场突然传出华硕暂停向京东供货的消息。来自京东方面的说法:华硕暂时停止供货,是因为京东在出售华硕笔记本时将价格降得太低,引发华硕不满。京东方面还说京东与华硕过去一直关系不错,双方正在为拿出更好的具体办法而进行协商。

登录京东商城平台经过查询对比发现,华硕部分产品在京东店庆中的售价确实有较大幅度的降低,一款原先5 000元左右的笔记本,京东店庆价位在3 800元左右。不过,大多数商品的报价,并不比太平洋电脑网、苏宁易购等报价低多少,甚至有些型号京东价格还要高于其他地方。以华硕S400E3317CA 14英寸触控超极本为例,该款产品在京东上的报价为5 299元,但在太平洋电脑网上的报价只有4 799元。对于这一价格差异,业内人士说很可能是两款产品型号相同,但配置不一样。

尽管华硕方面称已经暂停向京东供货，但京东商城仍然在大卖华硕产品，大部分产品的销售处于基本正常状态。

其实，类似的情况，近十年来，不论是在传统卖场，还是在现在不断趋热的电商平台，都不是新鲜事。几年前，因为不满国美不断要求供应商交场地费以及国美方不断压低售价，格力感到这有损自己产品在市场上的形象而宣布退出国美卖场；美的也因认为国美擅自抬高费用，结款时间滞后等，停止向国美供货。

有媒体报道称，华硕、京东双方早在今年4月份就已经出现了矛盾。当时京东调整网站上华硕商品的价格，华硕称此举令其在不同销售模式下的价格体系出现混乱，市场形象受到影响，而与京东出现矛盾。

业内人士指出，电商平台进行价格大战，但却要让供应商来承担由此产生的利益损失，这是导致电商平台与供应商关系日趋紧张的主要原因。供应商当然不愿失去电商平台这个重要渠道，但如果电商平台不能够给供应商带来利润，双方的矛盾就会凸显出来。

虽然京东与华硕的矛盾只是一个个案，且双方还有共同的利益，因此双方矛盾虽然还存在，但是没有出现扩大迹象。然而，通过华硕与京东之间的矛盾，可以管窥电商平台与供应商关系紧张的现状。

从当前电商迅速发展的趋势看，将会有越来越多的供应商参与各种各样的平台的竞争，其结果就会给消费者越来越多的比较和选择，产品的销售价格水平也会越来越优惠。但类似供应商与电商平台运营商之间看似是价格上的矛盾而实质上是利益的冲突就难以避免且经常发生，这势必会导致消费者产生更多的担忧。例如，如果华硕停止对京东供货，那么从京东销售出去的华硕产品，其售后服务问题华硕方面会不会负责到底？

□ 案例引导

价格看来只是与企业的收入和利润相关，其实我们看轻了它：价格与企业的供应商、促销策略、营销组合等因素都有直接的关系，只是有些营销管理者在制订或实施价格策略时没有看到、感受到罢了。

许多时候企业管理人员都会发现：为了赢得市场竞争，为了实现既定的营销战略目标，企业千辛万苦地研发成功一款新产品，也引起了目标市场的普遍关注，可没想到的是，就败在一直以为很简单的价格策略的制订上。开章案例就是一个典型。

在营销组合中，价格是唯一能产生收入的因素，其他因素都表现为成本。价格也是最容易调节的营销组合因素，而产品特征、渠道甚至促销的调节都要花费更多的时间。虽然购买者选择行为中，非价格因素已经相对地变得更重要了，然而价格仍是企业进行竞争、吸引顾客的重要手段和方式，是决定企业市场份额和盈利率的最重要因素之一，更何况企业的某产品的定价还会对相关企业与自己关系的改变产生重大影响。

第一节 企业制定价格的过程

产品价格的制定是一个科学且有序的过程，需要全面考虑。企业定价一般可以分为六个步骤，即选择定价目标、分析影响价格变动的因素、估计各类成本水平、分析竞争对手的价格策略、选择定价方法和确定产品价格水平。

在定价的过程中，营销管理者必须随时注意搜集、分析各种市场信息，为确保价格能够在整个营销管理的过程中发挥其应有的作用。这一系列活动被称为价格策略的选择与运用。从这点看价格策略主要包括两大内容：

1. 价格水平选择策略。新产品的价格水平和产品进入新市场时的价格水平选择策略。从一般意义上说有高、中、低三种选择。怎么选择需要决策。

2. 价格调整策略。价格水平一旦确定不应该就固定不变。为什么调整，怎么调整等也需要决策。

一、选择定价目标

价格水平的高低以及价格水平的调整都是为达到一定的目标。与价格水平相关又与营销战略目标有联系的因素有：利润目标、市场占有率目标和竞争目标。

(一) 以利润为定价目标

利润是企业从事经营活动的主要目标，也是企业生存和发展的动力源泉。在营销战略中利润是一个重要的目标，而在营销策略“4P”组合中与利润直接相关的只有价格。不同企业对利润的界定不完全一样。利润主要有以下三种：

1. 以获取投资收益为定价目标。企业之所以投资于某项经营活动，是期望在一定时期内收回投资并获得一定数量的利润。所谓投资收益定价目标，是指企业以获取投资收益为定价基点，在全部投资总成本的基础上加上合理的利润作为产品销售价格的一种定价目标。

2. 以获取最大利润为定价目标。获取最大利润是企业开展营销活动的最高期望。但获取最大利润不一定就是给产品制定一个最高的销售单价，有时企业为产品选择一个较低的销售价格，可以更大程度地吸引顾客购买，从而达到扩大市场占有率的目的。有道是“薄利多销”，但是“多销肯定利不薄”。规模经济效益，也会使企业在一定时期内实现获得总利润的最大目标。为获取最大利润的定价目标，企业必须综合分析市场竞争、消费需求量、各种费用开支等，以总收入减去总成本的差额最大化为定价基点，确定单位产品价格，争取最大利润。

3. 以获取合理利润为定价目标。它是指企业在激烈的市场竞争压力下，为了保全自己，减少风险，以及限于力量不足，只能在补偿正常情况下的社会平均成本的基础上，加上适度利润作为产品价格，称为合理利润定价目标。因为这一定价目标能稳定市场价格，避免不必要的竞争，又能获得长期利润；价格适中，消费者愿意接受，又符合政府的价格指导方针。这是一种兼顾企业利益和社会利益的定价目标。

（二）以取得一定市场占有率为定价目标

以取得一定的市场占有率为定价目标，也被称为销售量定价目标，是指企业以巩固和提高自己产品的市场占有率为目的，通过维持或扩大自己产品在目标市场的销售量比重为制定产品价格的目标。提高和维持一定的市场占有率，是企业得以生存的基础。

（三）以对付竞争者为定价目标

当企业具有较强的实力，在该行业中居于领导者地位时，其定价目标主要是对付竞争者或遏制竞争对手，而率先变动价格。若企业具有一定竞争力量，居于挑战者位置时，定价目标是攻击竞争对手，侵蚀竞争对手的市场占有率，也会采用低价策略。而市场竞争力较弱的中小企业，在竞争中为了防止竞争对手的报复一般不首先变动价格，在制定价格时主要跟随领导者的价格水平。

价格在市场营销组合中与产品、渠道和促销相比，是企业促进销售、获取效益的关键因素。价格是否合理直接影响产品或服务的销售，是竞争的主要手段，关系到企业营销目标的实现。因此，企业定价既要考虑其营销活动的目的和结果，又要考虑购买者对价格的接受程度，毕竟，产品的价格水平只有在被目标顾客认为合理并接受后才会购买，最后对提供产品的企业形成收益、利润。所以，定价具有买卖双方双向决策的特征。

二、分析影响价格变动的因素

（一）内部因素

影响企业定价的内部因素是指那些企业能够有效调整和控制并对价格变动有一定影响作用的各种因素，主要包括定价目标、产品成本、产品差异性和企业的销售能力。

1. 定价目标。企业的定价目标规定了其定价的目的和水平。某一个产品的定价目标最终取决于企业的经营目标。一般说来，企业定价目标越清晰，价格越容易确定。而价格的设定，又影响到利润、市场占有率以及竞争目标的实现，因此，确定定价目标，是制定价格的前提。

在定价之前，如果企业已经审慎地选择好目标市场和完成市场定位，那么确定营销组合，包括价格，便是一件相当容易的事了。例如，通用汽车公司决定生产一款新型跑车，以便和欧洲跑车在高收入细分市场中竞争，这就意味着通用汽车公司应该制定一个较高的价格。汽车旅馆6（Motel 6）的市场定位是：为喜欢节约的旅客提供经济房间。这一定位则要求制定较低的价格。因此，定价在很大程度上取决于市场定位决策。

如果市场对企业的各个方面提出高要求，竞争很激烈，购买者的需求又在不断地变化，此时企业往往把生存作为自己的主要目标。企业可以制定比较低的价格，以便刺激需求增加。在这种情况下，生存比利润更重要，只要价格能够补偿企业的各类成本支出，确保企业能继续留在行业中。但是生存只是一个短期目标，就长期来说，企业必须学会怎样增加自己的发展空间。

许多企业把短期利润最大化作为他们的定价目标。在估计不同价格所对应的产品预期销售量、销售额以及相应的成本相关数据后，选择能够产生最大短期利润、现金流动和投资回报的价格。总之，企业要的是短期财务成果，而不是长期的业绩。

同类产品市场上总存在一定数量追求高质量、高端产品的需求者，而企业决定成为产品质量领导者时，就通过制定较高的价格来显示自己的产品与众不同，同时也希望能够补偿由于研发较高质量与性能的产品所产生的成本。

2. 营销组合。价格只是企业用来实现营销目标的营销组合工具中的一种。价格策略必须和产品策略、促销策略、渠道策略相配合，才能形成一个完整有效的营销方案。对企业而言，营销组合是其营销管理目标实现与否的重要影响因素，同时又是可以加以有效控制的因素。对其他营销组合因素所做的决策会影响定价决策。例如，高端产品应该选择与之相匹配的经销商或分销方式，这样可能会使得分销成本增加，导致产品销售价格不菲的结果。当然，价格策略也会影响其他营销组合因素的决策结果。较高价格的产品必须是符合市场购买者对优质产品的预期，而作为优质产品的分销渠道也必须与普通产品不同，在广告宣传方面更应该突出该产品"高、新、优、异"的特点。

3. 产品成本。产品成本是包括生产、销售和营销活动所产生的费用总和。产品成本从企业管理角度看，是企业可以通过提高管理水平达到有效控制的因素。成本核算是定价工作的基础。企业要保证生产经营活动的延续，就必须通过市场销售收回成本，并在此基础上形成盈利。产品成本是企业制定价格时的最低界限，即所谓保本价格。低于成本价格出售产品，企业不可避免地要产生亏损，时间一长，企业的生产经营活动就难以为继，同时，也违反不正当竞争的相关法律规定。在市场竞争中，产品成本低的企业就拥有制定价格和调整价格的主动权和较好的经济效益；反之，就会在市场竞争中处于不利地位。

成本是企业能够为其产品设定的底价。企业想设定一种价格，既能够补偿所有生产、分销产品的成本，又能够带来可观的收益。企业努力奋斗的目标之一，就是成为本行业中的低成本生产商。

4. 产品差异性。所谓产品差异性是指产品具有独特的个性，拥有竞争者不具备的特殊优点，从而与竞争产品形成差异。产品差异性不仅指实体本身，而且包括产品设计、商标品牌、款式和服务方式的特点。所以，产品差异性也是一种能够为产品提供者有效控制确保能够达到某些期望的因素。对于企业而言，拥有差异性的产品，其定价灵活性较大，可以使企业在行业中获得较高的利润。这是因为：一方面，产品差异性容易培养忠诚的顾客，使顾客产生对品牌的偏爱，而接受企业定价；另一方面，产品差异性可抗衡竞争者产品的冲击，使价格敏感性相对减弱。

5. 企业的销售能力。生产企业从理论上说对其生产的产品在市场销售方面不具有某种"核心竞争力"，这从某种意义上决定了企业将其资源配置在产品研发和制造方向。

但是对一些技术含量较高的产品生产者来说,此类产品由自己负责销售可以为购买者提供更完善的技术指导与相关服务,这也是吸引顾客购买自己产品的重要手段。是自行销售还是委托经销商销售,是企业可以决定的。而对企业来说需要决定的事是,那些可由自己销售也可委托他人销售的产品的比例,这个比例也反映企业管理者对自己销售能力的认可。销售能力的判定将直接决定企业在某产品销售中对经销商的依赖程度。这种依赖程度与企业的销售能力成反比,而销售能力与企业对自己生产产品的最终价格的控制却成正比。所以生产企业若想较为长久地维持高价销售自己的产品的目的,就必须提高自己对该产品的销售能力。这也是人们常见的那种现象,即高端产品或高价产品多采用专卖、直销的经营模式的主要原因之一。

(二)外部因素

所谓外部因素通常就是指那些影响企业定价水平而企业却无法对其调整和控制的因素。企业定价的外部因素主要包括:市场和需求的性质、政府力量和竞争者的力量。

1. 市场性质。与成本决定价格的下限相反,市场需求决定价格的上限。购买者通常都会在产品或服务的价格与自己如果拥有产品和服务后将获得的利益之间,做一番权衡比较。因此,在设定价格之前,营销人员必须了解产品价格与产品需求之间的关系。销售者定价的自由程度随不同的市场类型发生变化。

(1)在完全竞争的情况下,市场由众多进行同质产品交易活动所构成,没有哪个购买者或销售者有能力来影响现行市场价格。销售者无法将价格定得高于现行价格,因为购买者能以现行价格买到产品,而且要多少就有多少。销售者的定价也不能低于市场价格,否则销售者的利益受到损害。所以,这种市场条件下,任何销售者和购买者都没有产品价格决定权。

(2)在垄断竞争情况下,市场由众多基本用途相同但档次、款式等不同的产品交易活动所构成。购买者和销售者都按照各类别价格而非相对单一市场价格完成每一次交易活动。各类别价格产生的原因是购买者看到不同销售者提供的产品在满足自己特定需求的程度上存在差异,并愿意以不同的价格购买这些具有差异的产品,所以对于各类别产品,销售者对自己所提供的产品拥有一定的定价权。

(3)在寡头市场情况下,市场销售者只有少数几家企业,它们提供的产品对于购买者来说没有明显的差异,而购买者有许多都属于“对价格变化敏感”者所组成。由于市场信息非常透明,某个销售者一旦降价会立即导致购买者转向自己,所以,销售者会努力保持销售价格的稳定而组成价格同盟。可见,销售者在产品价格方面的决定权虽有但不大。

(4)在完全垄断的情况下,市场只存在一个销售者,市场价格在很大程度上取决于该销售者定价策略或市场营销战略的具体目标。此刻在市场上这家企业成了市场价格的唯一制定者。也正是这样,政府会制定相应的反垄断法来达到制约和杜绝完全垄断市场现象发生。

2. 购买者需求。购买者需求对企业产品定价的影响可以从以下三方面反映出来:

(1)购买者的实际支付能力。企业的产品定价应充分考虑购买者愿意并且能够支付的水平，它决定企业产品在市场中的价格上限，超过这个上限也就“有价无市”。

(2) 需求强度。需求强度指购买者想获得某种产品的迫切性。购买者对某一产品的需求强度大，则其价格的敏感性差。例如，离春节还有不到一个月，“抢票”情景在各车票、机票窗口显现。于是航空公司、铁路与公路客运公司就推出“全额机(车)票价”。而正月十五刚过，这些售票窗口就出现“机(车)票折扣优惠”的告示。

(3) 需求层次。不同需求层次的消费(购买)者对产品价格变化的敏感性不同。一般来讲，高需求层次的购买者对价格的敏感性较低。例如，希望通过 MBA 的学习实现自身价值提升需求的人，对学费增加缺少敏感性，至少没有像他在早晨要了一杯咖啡，发现价格涨了一元钱时的那种惊讶感。因而对于将自己产品的市场定位于“满足高需求层次”的企业来说，则应采取高价水平，或者提高价格的策略。

企业的各种产品的每一种价格，都会对应于一个不同的需求水平，从而对其营销目标都会有不同的影响。因此，企业制定价格时，应首先了解市场需求的结构，了解不同价格水平上人们的购买数量。其次是分析、测定需求的价格弹性。

(4) 需求价格弹性。需求价格弹性是指需求量随价格变动反应的灵敏程度。假如某种产品价格发生变动时，需求量几乎不变，就说明这种产品需求无弹性；相反，需求量变化很大时，就说明需求有弹性。需求的价格弹性是需求量变化百分比与价格变化百分比的比值。不同产品具有不同的需求价格弹性，需求弹性的强弱可影响企业的价格决策。需求弹性(E)的类型主要有三种：

第一种，E=1。反映需求量与价格等比例变化。如价格提高 4%，需求下降 4%，则弹性为 −1(负号说明价格与需求量之间成反比关系)。在这种情况下，卖方销售量虽然减少，但价格的提高使总收入变动很小。企业定价时，可选择实现预期盈利率为价格或选择通行的市场价格。

第二种，E>1。反映需求量变动的百分比大于价格变动的百分比。比如，卖方将价格提高 4%时，需求量下降 8%，需求价格弹性为 −2。此类商品，价格的升降会引起需求量较大幅度地下降或上升。企业定价时，应通过降低价格、薄利多销达到增加盈利的目的。

第三种，E<1。反映需求量变化的百分比小于价格变化的百分比。比如，卖方价格提高 1%，需求量下降 2%，需求价格弹性为 −0.5，此类商品，价格的升降会引起需求量较小程度的变化。企业定价时，高价往往会增加盈利。

在下列情况下，需求可能比较缺乏弹性：

(1) 替代品很少或没有，或没有竞争对手；

(2) 买方不会很快知道价格的上升；

(3) 买方在改变购买习惯和寻找低价格方面的动作迟缓，或者需付出很高的转换成本；

(4) 买方认为产品质量的提高或正常的通货膨胀造成价格合理上升。

3. 政府力量。在当今市场经济舞台上，政府扮演着越来越重要的角色。作为国家与消费者利益的维护者，政府力量渗透到企业市场行为的每一个角落。政府通过制定或调整一系列的经济法规和政策,在不同方面和不同程度影响企业的定价行为。当前政府对一些具有垄断特性的行业,采取调价的价格听证会制度,这也是政府对企业定价影响的一种表现。

4. 竞争者力量。竞争者的成本、价格以及竞争者对企业定价可能做出的反应等也是企业定价时必须考虑的因素。一个正在考虑购买“苹果”手机的消费者会把“苹果”的价格和质量与“小米”“华为”等品牌手机的价格和质量进行比较。此外,企业的定价策略会影响企业面对的竞争的性质。如果“苹果”采取高价格、高利润的策略,它就会引来竞争。而低价格、低利润的策略可以阻止竞争者进入市场或者把他们赶出市场。

企业的定价无疑要考虑竞争者的定价水平。在市场经济中,企业间的竞争日趋激烈,竞争方式多种多样,其中最原始、最残酷的就是价格竞争。竞争的结果可能是整个行业平均利润的降低。尽管如此,处于竞争优势的企业往往拥有较大的定价自由,而处于竞争劣势的企业则更多地采用追随性价格策略。所以,企业产品的定价无时不受到其竞争者的影响和制约。

三、估计各类成本水平

成本是企业制定产品销售价格的最低界限,长期低于生产经营成本,企业就无法维持再生产和继续经营。因而在制定价格时,在确定了企业的市场销售目标后,要对自己的产品成本进行估计。在市场经济社会,生产企业在生产成本控制上的空间会越来越小,这主要是指原材料、零配件、辅助工具等物资采购价格的涨跌变化莫测。生产设备、设施的购置价格同样也是,虽然企业可以通过规模经济、提高劳动生产率、降低废品率等措施达到控制成本的目标,但是效果依然有限。

成本管理理论根据成本与产量之间的不同关系,将成本分为固定成本和变动成本。在定价时管理者考虑的价格水平与这样三种成本相联系:完全成本、固定成本和变动成本。根据与不同的成本相联系制定的价格水平,企业营销管理想达到的目的不同。所以应该对这三种成本的变化作出估计,以便选择较好的成本定价方法或策略。

四、分析竞争对手的价格策略

企业需要搜集有关竞争对手在制定和调整自己价格策略时的各种信息,主要包括这样两个方面:

(一) 了解竞争对手会做什么

1. 收集竞争对手在确定产品价格水平和选择价格策略方面的信息。

2. 对竞争对手将会对哪些产品的价格做出怎样的调整,或者会选用什么样的价格策略开展分析。

3. 推断竞争对手调整产品价格或选用价格策略欲达到的竞争目的,以便企业可以提前做出应对预案。

（二）确定自己怎么做

1. 获取竞争对手可能会做出的各种反应的信息。在企业决定调整自己某些产品的价格水平或者是准备采用某种价格策略之前，通过各种途径收集、获取主要竞争对手对企业的价格策略可能会做出的各种反应的信息。

2. 企业掌握上述信息后的对应措施。在准确掌握对手可能或实际反应的相关信息后，做好各种应对预案，让对手落入自己的掌控之中。总之，利用价格开展竞争，同样也需遵循“知己知彼，百战不殆”的准则。

五、选择定价方法

定价方法，是指企业在特定的定价目标指导下，依据对影响价格形成各因素的具体研究，运用价格决策理论确定产品价格基本水平的具体方法。定价方法的选择和确定是否合理，关系到企业定价目标能否实现和定价决策的最终成效。

制定价格应综合考虑成本、需求和竞争三个基本因素。但在实际定价时，往往又侧重于某一因素，于是便形成了成本导向定价法、需求导向定价法和竞争导向定价法三种类型的基本定价方法。

（一）成本导向定价法

成本导向定价法，是以企业的生产或经营成本作为制定价格依据的一种定价方法。按照定价时所依据的成本不同，这类定价方法可分为以下几种：

1. 完全成本定价法。这种定价方法依据的是完全成本，即以产品的完全成本为基础，加上一定数额或比率的利润所制定的价格。生产企业的完全成本是单位产品生产成本与销售费用之和；经营企业的完全成本则是进货价格与流通费用之和。价格中的利润一般以利润率计算。根据企业对利润率计算依据的不同：有销售收入中的利润比例，在完全成本基础上增加的收益。所以，常用的完全成本定价法有以下两种成本加成法：

(1) 销售收入中利润比例的完全成本加成法：产品单价＝单位产品完全成本/(1－利润率)

(2) 完全成本基础上利润比例加成法：产品单价＝单位产品进货价格×(1＋经销商利润率)

例如：生产企业：变动成本 10 元/个；固定成本 300 000 元；预计销售量 50 000 个；希望在销售额中获得利润率 20%。零售企业希望在进货价格上再增加利润率 10%。

生产企业的单位产品固定成本＝300 000/50 000＝6 元/个。

生产企业单位产品完全成本＝10＋6＝16 元/个。

生产企业单位产品销售价格＝16/(1－20%)＝20 元。在 20 元中有 20%即 4 元的利润。

零售企业单位产品销售价格＝20×(1＋10%)＝22 元。也就是 20 元，再加 10%即 2 元的利润。

完全成本定价法具有的优点：

(1) 计算简便，能保证企业生产经营的产品成本得到补偿，并取得合理利润；

(2) 适用于正常生产、合理经营的企业，适合供求大体平衡、成本相对稳定的产品；

(3) 市场竞争相对缓和，没有或很少有低价竞争者。

完全成本定价方法的缺点：

(1) 对市场竞争和需求变化的适应能力差，因为它只考虑企业按照这种价格销售产品取得的收入，能够确保收回成本，进一步获取自己希望的利润。但是若是缺乏购买者的响应，又受到低价对手的挑战，企业对利润的希望可能落空。

(2) 成本和利润重复计算，这主要是在计算完全成本过程中，有些成本或税金此前已经被计算过了。

(3) 定价的主观性较大。因为，这个价格是在产品销售前制定的，所以销售利润率是一个估计值。

2. 目标成本定价法。目标成本定价法，是指以期望达到的目标成本为依据，加上一定的目标利润和应纳税金来制定价格的方法。

目标成本是企业在充分考虑到未来生产经营主客观条件变化的基础上，为实现企业定价目标，谋求长远和总体利益而拟定的一种“预期成本”，一般都低于定价时的实际成本。目标成本定价法适用于经济实力雄厚、生产和经营有发展前途的企业，尤其适用于新产品的定价。其计算公式为：

产品价格＝目标成本(1＋目标利润率)/(1－税率)

目标成本＝(固定总成本/目标产量)＋单位产品变动成本

目标利润率＝目标利润总额/(目标成本×目标产量)

目标成本作为一种“预期成本”，虽然不是定价时的实际成本但也不是人们主观臆想出来的，它是建立在对“量、本、利”关系科学测算的基础上，利用盈亏平衡分析的原理加以确定的。企业通过市场预测，在确定一种产品的可销价格以后，根据固定成本总额和单位产品平均变动成本，可以先测定保本量，即在销售量动态曲线上，价格减去单位产品变动成本和税金后的销售收入与产量的乘积余额正好补偿固定成本总额时的某一点。这个点称为盈亏平衡点，如图 8－1 所示。

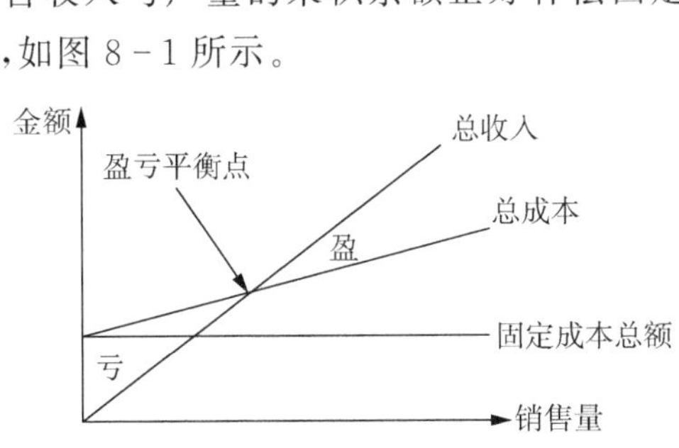

图 8－1　盈亏平衡原理示意图

盈亏平衡点上的产量可以通过下列公式求得：

$$Q(P-AVC-At)=TFC$$

$$Q=\frac{TFC}{P-AVC-At}$$

式中 Q：盈亏平衡点上的月生产能力(销售量)；P：单位产品价格；AVC：单位产品平均变动成本；At：单位产品税金；TFC：固定成本总额。

据此，目标成本所依据的目标产量其取值区域就是：

盈亏平衡点上的产量＜目标产量≤产量极限

采用目标定价法，能保证企业按期收回投资，并能获得预期利润，计算也比较方便。但产品价格根据预计产量推算，并非一定能保证销量也同步达到预期目标，因此，企业必须结合自身实力、产品特点和市场供求等方面的因素加以调整。

3. 变动成本定价法。变动成本定价法是指在变动成本的基础上，加上预期的贡献计算价格的定价方法。其计算公式为：

价格＝单位变动成本＋边际贡献

所谓边际贡献，就是销售收入减去变动成本后的余额。单位产品的销售收入在补偿其变动成本之后，首先用于补偿固定成本费用。在盈亏平衡点之前，所有产品的累计贡献均体现为对固定成本费用的补偿，企业无盈利可言。在到达盈亏平衡点之后，产品销售收入中的累计贡献才是现实的盈利。所有产品销售收入中扣除其变动成本后的余额，不论能否成为企业盈利，都可视为是对企业的贡献，它既可以反映为企业盈利的增加，也可以反映为企业亏损的减少。从短期决策来看，企业增加生产只要能获得边际贡献，就是有经济效益的，即所增加的那部分边际产量对提高企业经济效益是有贡献的，产量可一直增加到边际贡献等于零为止。

变动成本定价法通常使用于以下几种情况：

(1) 随着产品市场销售的进行，固定资产通过折旧，净值逐渐趋近于零，完全成本就是变动成本。

(2) 当市场上产品供过于求，企业产品滞销积压时，如坚持以总成本为基础定价出售，就难以为市场所接受，其结果不仅不能补偿固定成本，连变动成本都无法收回，此时，用变动成本为基础定价，可大大降低售价，对付短期价格竞争。

(3) 当订货不足，企业生产能力过剩时，与其让厂房和机器设备闲置，不如利用低于总成本但高于变动成本的低价来扩大销售，使得固定成本能得以一定的补偿。

(二) 需求导向定价法

需求导向定价法，是以购买者对产品价格的接受能力和需求程度为依据制定价格的方法。它不以企业的生产成本为定价的依据，而是在预计市场能够容纳目标产销量的需求价格限度内，确定购买者价格、经营者价格和生产价格。具体可以分为以下几种方法。

1. 可销价格倒推法，又称反向定价法，是指企业根据产品的市场需求状况，通过价格预测和试销、评估，先确定购买者（主要是消费者）可以接受和理解的零售价格，然后倒推批发价格和出厂价格的定价方法。其计算公式为：

出厂价格＝市场可销零售价格×（1－批零差价率）×（1－销进差率）

采用可销价格倒推法的关键在于如何正确测定市场可销零售价格水平。测定的标准主要有：

（1）产品的市场供求情况及其变动趋势；

（2）产品的需求函数和需求价格弹性；

（3）消费者愿意接受的价格水平；

（4）与同类产品的比价关系。

测定的方法有：

（1）主观评估法。由企业内部有关人员参考市场上的同类产品，比质比价，结合考虑市场供求趋势，对产品的市场销售价格进行评估确定。

（2）客观评估法。由企业的中间商和消费者代表，对产品的性能、效用、寿命等方面进行评议、鉴定，最后估价。

（3）实效评估法。以一种或几种不同价格在不同消费对象或区域进行实地销售，并采用上门征询、问卷调查、举行座谈会等形式，全面征求消费者的意见，然后判明试销价格的可行性。

按可销价格倒推法定价，具有强化市场导向意识，提高竞争能力等优点，符合按社会需要组织生产的客观要求。

2. 理解价值定价法。所谓理解价值，即消费者对某种产品价值的主观评判，它与产品的实际价值往往会发生一定的偏离。理解价值定价法，是指企业以消费者对产品价值的理解为定价依据，运用各种营销策略和手段，影响消费者对产品价值的认知，再根据产品在消费者心目中的认知水平来制定价格的一种方法。消费者对产品认知水平的不同，会形成不同的价格限度。如果价格刚好定在这一限度内，就会促进消费者购买。例如，某市场有 A、B、C 三家企业提供同类产品。抽取 100 个客户对企业提供的产品理解价值即认知水平开展调查，即请 100 位客户就四项属性在三家公司的变现做一个"最佳者是谁"的评判。结果如下表 8－1 所示：

表 8－1　100 位购买者对 A、B、C 三家企业产品理解价值调查表

重要性权重	评价属性	企业名称		
		A	B	C
25	产品耐用性	40	40	20
30	产品可靠性	33	33	33
30	交货准确性	50	25	25
15	服务全面性	45	35	20
100	理解价值	41.65	32.65	24.9
公司价格		2.50 元	1.96 元	1.49 元

在“产品耐用性”方面有40位认为A公司最佳，同样也有40位认为B公司最佳。

A企业的产品理解价值＝40×0.25＋33×0.30＋50×0.30＋45×0.15＝41.65。其他两家企业的产品理解价值也是用这个方法计算得出。假设，该类产品市场平均价为2.00元。则A企业产品价格＝2.00×41.65/33.33＝2.50元。其他两家企业的产品价格也是按照同样方法计算得出。假设，A企业采用2.40元来销售自己的产品，市场购买者就以“性价比”更高，而倾向更多购买A企业的产品，这就会促使B、C两家企业也竞相降价。

3. 需求差异定价法。需求差异定价法，是指根据不同消费者有不同的购买力水平、不同的需求欲望、不同的审美偏好等，对同种产品或服务的不同需求强度，制定不同的价格和收费的水平。价格之间的差异以消费者需求差异为基础，与成本差异无关。其主要形式有：顾客差别定价法、产品样式差别定价法、地域位置差别定价法、时间差别定价法等。

按需求差异定价法制定的价格，其实是企业将相同的产品（主要是成本相同）以不同价格销售给不同的顾客。采用需求差异定价策略获得成功应具有以下条件：

（1）市场能够根据需求强度的不同加以细分，而且需求差异较为明显；

（2）细分后的市场之间无法相互流动，即低价市场的消费者不可能向高价市场的消费者转手倒卖产品或服务；

（3）在高价市场中采用低价竞争的可能性不大；

（4）市场细分后所增加的管理费用应小于实行需求差异定价所得到的额外收入；

（5）不会因价格差异而引起消费者的反感。

（三）竞争导向定价法

竞争导向定价法，是以市场上竞争对手的价格作为制定企业同类产品价格主要依据的方法。这种方法适宜市场竞争激烈而供求变化不大的产品。它具有在价格上排斥对手，扩大市场占有率，迫使企业在竞争中努力推广新技术的优点。一般可以分为以下几种具体方法。

1. 随行就市定价法，即与本行业同类产品价格水平保持一致的定价方法。这种“随大流”的定价方法，主要适用于需求弹性较小或供求基本平衡的产品。在这种情况下，单个企业提高价格，就会失去顾客；而降低价格，因需求不会增加将导致利润减少。所以，随行就市成为一种较为稳妥的定价方法。它既可避免挑起价格竞争，与其他企业和平共处，减少市场风险，又可补偿平均成本，从而获得适度利润。同时也较容易为消费者所接受，如果企业能降低成本，还可以获得更多的利润。因此，这是一种较为流行的定价方法，尤其为中小企业所普遍采用。

2. 竞争价格定价法，即根据本企业产品的实际情况及与竞争对手产品的差异状况来确定价格。这是一种主动竞争的定价方法，一般为实力雄厚或产品独具特色的企业所采用。定价时，首先将市场上竞争产品价格与企业估算价格进行比较，分为高于、等于、低于三种价格层次；其次，将本企业产品的性能、质量、成本、产量等与竞争企业进行比较，分析造成价格差异的原因；再次，根据以上综合指标确定本企业产品的特色、优势及市场地位，在此基础上，按定价所要达到的目标，确定产品价格；最后，跟踪竞争产品的价格变化，及时分析原因，相应调整本企业的产品价格。

3. 投标竞争法，即在投标交易中，投标方根据招标方的规定和要求进行报价的方法。常见的投标方式有密封投标和公开投标两种。主要使用于提供成套设备、承包建筑工程、设计项目、开发矿产资源或大宗商品订货等活动中。

企业的投标价格必须是招标单位所愿意接受的价格水平。在竞争投标的条件下，投标价格的确定，首先要企业正确地估算完成招标任务所需要的成本；其次要对竞争对手可能的报价水平进行分析预测，判断本企业中标的机会，即中标概率。企业中标的概率大小取决于参与投标竞争企业的报价状况。报价高，中标率小；报价低，则中标率大；报价过低，虽然中标的概率极大，但利润可能很少甚至亏损，对企业并非有利。因此，如何使报价容易中标且有利可图，企业就要以投标最高期望利润为标准确定报价水平。所谓投标期望利润，就是企业投标报价预期可获得利润与该报价水平中标概率的乘积。

六、确定价格水平

对于一个思维缜密的营销管理者，或者产品价格的制定者，面对已经出现在自己面前的一个“关于某产品市场销售价格实施方案”的文件，仍然有这样一种不稳妥的彷徨：

(一) 选择的定价方法真的是“最佳”方法?

1. 任何欲达到特定目标的方法，可能不会只有一种。每种方法都有优缺点。而现在所选择的定价方法是否为“优点更多，缺点更少”的那个？这往往无法精准确定。

2. 几种基本定价方法的侧重点不同，只侧重于成本、需求或竞争三者中的某项，而没有一种“兼容”的定价方法。这必将导致依据哪一种定价方法制定的价格都会存在一定的缺陷。应该更多关注成本？需求？或是竞争？往往犹豫不决。

(二) 各种分析是否准确?

1. 对影响价格变化的各类因素的分析是否全面、准确。有关这方面的评价，再聪明的人也不会有百分之百的把握。这就有了隐患。

2. 对竞争对手在价格策略的制定与实施等方面的分析是否准确。同样，百分之百的准确是没有的。这也是一种隐患。

通常营销管理者采用的解决办法是：做好预案和多做几套产品价格水平启动方案。这样可以使企业在面临“未料情况”出现时有更加有效的应对之策。

第二节 企业定价策略

定价策略是指制定或调整价格的技巧。它主要研究在不同的约束条件下达到某种定价目标的策略。定价策略与定价方法密切相关。从两者概念界定的不同上看，定价方法是为确定价格水平提供可以操作的具体方法，它更多地侧重考虑确定这样一种价格水平是要达到什么目标，是为实现利润目标（也就是成本控制目标）？满足需求？还是达到某种竞争地位？而定价策略会在定价方法确定了一种价格水平（也就价格标准）后，怎样根据具体的环境变化的现实状况，选择达到预期目标的手段和途径。定价策略有很多种，归纳起来主要有以下几种：

一、产品组合定价策略

产品组合是指一个企业所生产经营的全部产品大类和产品项目的组合。对于大多数企业来说，它们不仅仅只生产一种产品，如何从企业总体利益出发，为每一种产品定价，让所有产品都能为实现企业营销目标做出贡献，是企业定价中经常遇到的问题。企业需制定一系列产品的价格，从而使整个产品组合取得整体的最大利润。企业可分别采用以下产品组合定价策略：

（一）产品线产品项目差别定价策略

当企业生产的系列产品存在需求和成本的内在关联性时，为了充分发挥这种内在关联性的积极效应，采用产品线差别定价策略。

首先，在定价时，要研究某种产品的最低价格，它在产品线中充当标志价格，吸引消费者购买产品线中的其他产品。其次，确定产品线中某种产品的最高价格，它在产品线中充当品牌质量和企业形象的角色。再者，对产品线中的其他产品，也分别依据其在产品线中的角色不同而制定不同的价格。例如，“味全每日 C 橙汁”有 300 mL、900 mL 和 1.6 L 等净含量规格，分别制定不同价格，而价格差别与净含量多少没用相同的比例，比如，900 mL 的价格不是 300 mL 的 3 倍。这种差别定价策略的意图显然是鼓励顾客购买大包装的产品。同样也是“味全每日 C”的其他果汁，例如，葡萄汁、蓝莓汁等，虽然净含量与橙汁相同，但价格不同。这种定价策略的使用意图是考虑到需求水平的不同而采用差别定价能够获取利润最大化。

（二）产品线产品项目单一价格定价策略

企业销售品种较多而成本差异不大的产品时，为了方便顾客挑选和内部管理的需要，企业将该产品线的全部产品项目确定相同的价格，即单一价格策略。比如市场上出现的“10 元店”，即商店内所销售的商品一律定价为 10 元。又如自助餐饭店，凡进店内消费的顾客，不管吃多吃少，只有一个价格。当然，更多的是在服装、鞋帽商店将某一款式、品牌的商品中颜色、规格、尺码等不同的产品项目采用同一价格销售。

选择差别定价策略还是单一价格定价策略，企业主要考虑的因素是：差别定价必须要做好差别管理，就可能会增加各种管理成本，若是这些管理成本的增长速度超过差别定价能够给企业带来的收益增长速度，企业就会更多偏向选择单一价格定价策略。

（三）产品组合定价策略

在企业的产品组合中，各产品线在销售业绩上总表现出“参差不齐”，企业希望达到

"以好带差"将各种能够满足不同用途的产品"成套"销售。例如,西服、衬衫与领带配套,床、橱、柜、桌、椅组合出售等,经营者往往采用整套售价低于单件销售总价的策略,达到上述目的。

一些餐馆免费提供饮料,此刻饮料就成了主打菜肴的"诱饵"。可是,另一些餐馆饮料是高价提供,此刻,饮料就成了菜肴之外的"新利润源"。此类价格策略在大型设备制造企业的定价策略上也经常看到。整套设备价格与各单项设备价格,整套设备价格与售后服务价格,设备价格与零配件价格等价格策略的制定背后,都隐藏着生产企业所追求的利润最大化的影子。

二、生命周期阶段定价策略

企业根据产品市场生命周期的不同阶段,市场需求以及企业产销成本变化的特征,结合产品本身的性能和特点所采取的定价策略。产品市场生命周期分为四个阶段:介绍期、成长期、成熟期和衰退期。据此,企业可以采取不同的定价策略。

(一) 介绍期的定价策略

新产品首次进入目标市场,即为介绍期。由于介绍期的各种特征,如市场购买者对该新产品处于不知晓、不了解状态,而采用观望的行为。企业可以采用的方法只有两种:一是开展全面的营销传播,向顾客介绍产品在性能、功能等方面的优点;二是利用价格手段刺激顾客购买。对这类产品有三种定价策略可供选择:

1. 高价策略。采用高价推出新产品,即撇脂定价策略。使用这一策略虽然有悖常理,但绝非没有成功机会。高价策略的成功应该具有这样几个先决条件:

(1) 企业或企业的某个品牌有良好的市场形象,新产品符合顾客对优秀产品的预期;

(2) 该产品的需求价格弹性较小;

(3) 该产品市场生命周期较为短暂,新产品会很快受到顾客关注,对企业来说该产品市场生命周期有限,导致获利空间有限,企业必须把握时机高价收回成本获取利润;

(4) 该产品在市场上没有低价竞争者,等到竞争对手出现,企业可以把价格降下来,以保持价格的竞争力。

2. 低价策略。为了刺激顾客需求,降低顾客试用企业新产品而需要付出的代价,更多的企业会在自己产品市场生命周期的介绍期阶段选择低价策略,即"渗透定价策略"。低价定价策略成功的先决条件有以下几个方面:

(1) 该类产品需求价格弹性较大,有许多顾客对产品价格较为关注,确保低价能够实现扩大市场占有率的预期;

(2) 企业有能力进一步降低自己产品的各类成本,确保即使低价销售依然可以获利;

(3) 低价策略不会导致顾客对企业产品质量低劣、服务不到位的误解。

3. 中价策略。对一般日用生活必需品和重要的生产资料,因为它们都是生产和生活的重要物资,需求弹性比较小,采取高价策略,会损害消费者利益;而采取低价策略,也不足以刺激顾客需求，达到扩大销售量的目标。因此，对这类商品应当采取中价策略，即根据成本和销售情况，将价格定在介于高价和低价之间，使生产者、经营者和消费者都感到满意。

（二）成长期、成熟期的定价策略

新产品进入成长期以后，销售量迅速增加，成本不断下降，质量逐步提高，市场竞争者较少。这一阶段最有利于实现企业的目标利润。在成长阶段，企业在市场上处于主导地位，市场销售有良好的增长趋势，所以按目标利润来制定产品价格，可以比较顺利地实施并达到目标。

产品进入成熟期以后，大批竞争者已进入市场，竞争日趋激烈，市场需求接近饱和，需求总量不可能继续增加，因此，必须根据市场条件的变化，制定出能战胜其他竞争者的价格，才能维护市场现状，或占领更大的市场，所以企业会更多地采用竞争导向定价策略。

（三）衰退期的定价策略

商品进入衰退期以后，销售量迅速下降，但成本并没发生相应的变化。这时的定价目标，只能争取保持原有的销售阵地，维护住原有经济收益，尽量减少损失。其定价策略可采取：

1. 驱逐价格。对需求弹性较大的商品，可以按成本定价，不再要求利润，这样可以将竞争者逐出市场，延长本企业商品的市场生命。如果按成本定价仍不足以维持一定销售量，可以把价格降至成本以下，以便抽出资金投入新产品的试制和生产。

2. 维持价格。对一般生活必需品和重要的生产资料，继续保持成熟期价格，或只做小幅度的降价。因为这类商品销量相对稳定，利润变化不大，降价潜力较小，实行维护价格尚能保持一定销量。

三、地理定价策略

企业在开展异地贸易尤其是在国际贸易的活动中，选择定价策略也是其实现贸易目标的重要组成部分。在制定价格水平以及价格调整时，需要针对不同地区的经济发展水平和需求以及市场竞争的现状，采用不同的价格策略，在价格上灵活反映和处理运输、装卸、仓储、保险等多种费用。主要有下列几种：

（一）产地价格策略

产地价格又称装运港船上交货价格（FOB），是指顾客在产地按出厂（交货港）价购买产品，卖主负责将产品运至顾客指定的运输工具上，交货前的有关费用由卖方负担，交货后的有关运费、保险费等由买方负担。产地价格策略，看似对所有买方一视同仁，而实际对越距产地遥远的买方需要付出的运输、保险费用越大。采用这种价格策略时，供货方一定要了解有无距买方相近的同类产品竞争对手的存在，以及他们的价格策略。

（二）买主所在地价格策略

买主所在地价格又称成本加运费加保险价格（CIF）。这种策略与前者相反，企业的产品不管卖向何方,也不管买方路途的远近,一律实行统一运送价格,即把商品运到买方指定的目的地。到达目的地前的一切运费、保险等费用均由卖方承担。

这种策略,对卖方的风险大,但利润也大。企业选择这种价格策略的主要原因是自己拥有一定规模的运输、仓储能力,同时对各国贸易法规、相关政策十分熟悉。对于买方而言,无论与产地远近,只要购买的货物一样,最后支付的价格与相关费用水平也一样。看似公平而实际对远近不同的客户因为要承担相同的价格与费用而事实上存在不公平。

(三) 成本加运费价格策略

成本加运费价格又称 CFR 价格。与上述两种价格策略的最大不同是,它属于"差别定价"策略,而前两种有些像"统一定价"策略。不同顾客最后承担的是不同的运输、保险费用,越远费用水平越大。对于远处的顾客而言,就必须考虑是否存在较近的同类产品供应商。

(四) 分区运送价格策略

分区运送价格是买方所在地价格的一种变化形式,是指把整个市场划分为几个大的价格区域,在每个区域内实行统一价格,一般是原材料和农产品实行此种价格策略。

(五)运费补贴价格策略

运费补贴价格是指卖方对距离远的买方给予适当的价格补贴,以补偿买方较大的运输费用。这实际上是一种运费折让。

四、新产品定价策略

(一) 撇脂定价策略

所谓撇脂定价,是指在产品生命周期的最初阶段,把产品的价格定得很高,以攫取最大利润。从市场营销实践看,在以下条件下企业可以采取撇脂定价策略:

1. 市场有足够的购买者,需求缺乏弹性,即使把价格定得很高,市场需求也不会大量减少;

2. 高价使需求减少一些,因而产销量减少一些,单位成本增加一些,但这不会抵消高价所带来的净收益;

3. 在高价情况下,仍然独家经营,别无竞争者,有专利保护的产品即是如此;

4. 某种产品的价格定得很高,暗合着人们的"便宜没好货"心理,产生这种产品是高档产品的印象。

(二) 渗透定价策略

所谓渗透定价,是指企业把其创新产品的价格定得相对较低,以吸引大量顾客,提高市场占有率。从市场营销实践看,企业采取渗透定价策略需具备以下条件:

1. 市场需求对价格极为敏感,因此,低价会刺激市场需求迅速增长;

2. 企业的生产成本和经营费用会随着生产经营经验的增加而下降;

3. 低价不会引起实际和潜在的竞争。

(三) 满意定价策略

满意定价,又称"均匀"定价。这是一种中价策略,即在新产品刚进入市场的阶段,将价格定在高价和低价之间,力求使买卖双方均感满意。

满意定价策略适用于需求价格弹性较小的日用生活必需品和主要的生产资料。这种策略既可以避免撇脂定价策略因高价而带来的抑制顾客购买增加,又可消除渗透定价策略因低价而引起的企业获利水平低迷,因而既能使企业获取适当的平均利润,又能兼顾消费者利益。

许多企业在向市场推介自己的新产品时,可以提请顾客注意有一个"试用期"。在这阶段执行的是"试销价"。此刻产品销售方式、包装等方面都不十分"正式",所以价格较低。因为顾客会容易满意,所以也属于满意定价策略。

五、心理定价策略

心理定价策略是充分了解、分析和利用消费者不同的消费心理,在采用科学方法定价的基础上,对价格进行一些灵活的甚至是艺术的调整。这并不是制定商品价格的主要因素,却有着明显的促销作用。

1. 尾数或整数定价策略。尾数定价策略是企业或者零售商为产品制定一个与整数有一定差额的价格。大多数消费者看来,带零头的价格是经过合理、精确的方法确定的,给人以货真价实的感觉,适应了消费者求廉、求信、求准的心理。这种定价策略在那些日用百货、食品、农副产品中较为多见,此类产品虽然价格相对低廉,但是,顾客还是想买更接近于实际价值的产品。而整数定价策略一般是考虑便于支付、结算。此类定价策略在计程车计费、公用电话计费等方面常见,也是考虑便于支付、结算的目的。而实际上采用整数定价也更加符合供应方利益,因为它们的计费都是一旦超过低一级的服务计量标准,就以高一级的计费标准收取服务费。

2. 声望定价策略。一些消费者热衷于追求时尚、高档、名牌的商品,以价格的高昂来炫耀自己的富有和社会地位的尊贵,他们以拥有这类商品而获得心理上的满足。定价时可利用这种心理,将名牌商品或准备在著名商店出售的商品,制定出比市场同类商品高出很多的价格,即为声望定价策略。此种价格策略的目的有:

(1) 提高产品的形象,以价格说明其名、贵、优;

(2) 满足购买者的某种欲望,适应购买者的消费心理;

(3) 获取更大的溢价收益。

3. 习惯性定价策略。消费者在长期的、大量的购买活动中,对某种商品需要支付多少金额会产生牢固的印象,渐渐在购买时形成了一种价格定势。这种心理对消费者的购买行为有着重要的影响,他们往往从习惯价格中去联想和对比价格的高低涨落,以及商品质量的优劣差异。企业对这类商品定价时,要充分考虑消费者的这种心理定式,不可随意变动价格,应比照市场同类商品价格定价。否则,一旦破坏消费者长期形成的消费习惯，就会使之产生不满情绪，导致购买意愿的转移。

4. 梯子价格策略。美国一名叫爱德华·华宁的商人，在波士顿市中心开了一家商店，广为宣传采用"梯子价格"降价销售商品的信息，而具体商品只标出价格、上架时间和"售完为止"这样的文字。其做法是：前12天按全价销售，从第13天到第24天降价25%；第25天到第30天降价75%；第31天到第36天，如仍未售出，则送慈善机构。事实上，许多商品往往未经降价就被顾客买走了。之所以敢采用此法，原因是他掌握了消费者的心理："我今天不买，明天就会被他人买走，还是先下手为强。"

5. 对比定价策略。法国一家专营玩具的商店购进了两种造型一样颜色不同的"小鹿"，商店采用相同价格出售，上柜后很少有人问津。店老板想出个主意：制造差价。他把其中一种小鹿的售价提高，另一种标价维持不变。把这两种价差鲜明的玩具置于同一柜台上，结果提了价的小鹿很快销售一空。

6. 最小单位定价策略。它是指企业对同种产品按不同的数量包装，以最小包装单位制定基数价格。销售时，参考最小包装单位的基数价格与所购数量收取款项。通常包装越小，实际单位数量产品价格越高；包装越大，实际单位数量产品价格愈低。这一策略的优点是：

(1) 能满足消费者在不同场合下的需求，许多消费品对于顾客都有一定的消费量或使用量，尤其是那些一次性消费和使用品；

(2) 利用了消费者心理错觉，因为小包装的价格使人误以为廉。实际生活中，消费者不愿意烦心去换算实际重量单位或数量单位商品的价格。

7. 招徕定价策略。企业可利用节假日、开业庆典或开业纪念日等时机，降低某些产品的价格，以吸引顾客购买。如一些商店利用寒暑假开学前的时机，降低学习用品的价格，吸引学生购买。另外一类招徕定价常见于在商店门口布置几个临时柜组，标明"打折销售"这样醒目的文字，吸引路人的注意，让他们步入店堂，引发对非打折产品的购买欲望，达到增加销售额的目的。

采取招徕定价策略时，要注意两个方面：

(1) 特、廉价商品的确定。这种商品既要对顾客有一定的吸引力，又不能大量低价销售，否则会给企业造成较大的损失。

(2) 数量要充足，保证供应，否则没有购买到特价产品的顾客会有一种被愚弄的感觉，会严重损害企业形象。招徕定价法的目的是吸引顾客，利用的是注意力的扩散，引起顾客注意是增加销售额的前提。

六、差别定价策略

差别定价是指企业以两种或两种以上不反映成本比例差异的价格来销售某种产品或服务。差别定价主要有如下一些形式：

1. 顾客差别定价策略。即企业将同一种产品或服务以不同价格出售或提供给不同的顾客。如电力部门对工商企业和居民用电分别制定了不同的价格。旅游景点将门票按不同价格甚至免费、优惠提供给不同年龄的游客。自行车有男式与女式两种类型，价格也有明显不同。所以企业要为自己提供的产品选择一个最佳顾客，即愿意支付最高价格的购买者。同时还要对“享受价格优惠”的顾客人数有一个准确的把握，否则顾客差别定价策略的实施效果就不理想。

2. 产品样式差别定价策略。产品样式不同，价格也不同，但是价格的差异与它们之间的成本差异不成比例。有些产品因款式新颖价格就明显高于其他同类产品。在剧院，虽然观赏的是同一场表演，但是，不同座位的票价不同。同样在同一航班有商务舱、经济舱等不同价格的机票。

3. 地点差别定价策略。企业为不同销售区域的产品或服务分别制定不同的价格，即使它们的成本费用没有明显差异。在产地销售与在异地销售的同样产品价格上就不一样，而且这种差异并不是考虑运费不同，而是更多地考虑消费需求与购买力水平等方面的差别。企业必须为自己的产品选择若干个最佳销售地，即同样的产品可以给企业创造最多收益的地方，使得地点差别定价策略的施行效果更加理想。

4. 时间差别定价策略。企业为不同季节、不同日期甚至同一天内不同时间上销售的同一产品或服务制定不同的价格。如自来水、电、餐馆等在不同的时间段产品价格或收费水平存在明显不同，旅游业在淡季和旺季所提供相同质量的服务其收取的费用不同。航空公司有一些价格特别优惠的航班由于通常被安排在夜晚，所以被称为“红眼航班”等。时间差异定价策略常在服务型企业中运用，这主要是服务产品的不可储存性特征导致服务企业在提供服务的过程中，因缺乏顾客响应而导致服务资源不能被充分利用之故。

5. 线上或线下差别定价策略。在互联网技术飞速发展的今天，电子商务日趋成熟。供应商可以选择在网店或实体店销售同一产品，但是顾客买到的虽是同样的东西，价格则明显不同。

6. 支付方式差别定价策略。顾客购买同一种产品可以选择全额付清货款和分期支付货款等方式，但实际支付的货款不同。现在，顾客可以使用第三方支付的方式完成货款结算，采用这种方式支付的货款也不同于在商店购买产品时所支付的货款。

企业实行差别定价应该具备一定的条件：

(1) 市场必须是能够细分的，并且各个细分市场要具备不同的需求水平；

(2) 以低价购买产品的顾客不可能将产品用高价转卖出去；

(3) 竞争者不可能在企业以较高价格销售产品的市场上以低价倾销产品；

(4) 细分市场和控制市场的费用不超过因实行差别定价所获得的额外收入；

(5) 实行的差别定价不会引起顾客产生“顾客歧视”的心理而导致反感；

(6) 差别定价的形式不会有违法律和法规。

七、价格折扣策略

即使企业确定了产品的基本价格水平，也需要根据市场变化与营销策略的调整而对价格水平做出相应的改变。价格折扣策略有以下几种方式：

1. 数量折扣策略。企业在出售某种商品时，给购买量不同的顾客以不同的价格优惠，以此促进更多的顾客以更大的数量购买自己生产或经营的商品。折扣率多少需根据销售量增加使企业可能增加多少利润来确定。数量折扣的理论依据是：由于顾客更多地购买企业的产品，使商品周转加速，导致资金周转加快。由此企业完成相同工作占用的资金被节省，即增加了利润，企业应该将由此获得的部分利润，作为对购买量大的顾客的奖励。

2. 现金折扣策略。对于那些在购买企业产品后能够及时支付货款的顾客以一定的价格优惠。这种策略将促使更多的顾客及时付清货款，从而加快企业的流动资金周转速度，提高资金利用效益。

3. 季节折扣策略。企业针对在非消费季节购买自己产品的顾客而在价格上给予的优惠。在消费季节将过去时，若再不能出售，企业将承担由此产生的库存成本与经营风险。而要降低这些成本和风险，企业采用季节折扣策略不失为良策。

4. 功能折扣策略。制造商往往需借助中间商销售自己生产的各种产品，而为促进中间商的合作意愿，制造商可以针对自己的目标市场营销策略，确定希望与哪些中间商更加努力地合作，而给予相对的优惠价格。

无论企业选择哪种价格折扣策略都是为了达到促使顾客的购买行为更加有利于向企业的利益方向发展的目的。但是只要是价格折扣都是降低价格，就会使企业的利润会为此而减少，所以，在制定价格折扣的“折扣率”和实施价格折扣策略之前，都要认真分析：价格折扣策略实施所欲达到的销售目标会给企业带来的利润增加与降低价格给企业带来的利润减少相比孰轻孰重。

第三节　各种价格变动策略

产品在定价以后，由于处在一个不断变化的环境中，为了生存和发展，经常需要对价格进行调整。调整的原因有两种：一是市场供求状况发生了明显变化，企业认为有必要对自己产品价格进行调整，此类价格调整被称为主动调整；二是竞争者的价格发生了变动，企业不得不作出相应的反应，以求自己的市场不会被侵蚀，此类价格调整被称为被动调整。

一、主动调整

主动调整包括提价和降价两种策略：

(一) 企业提价的原因与方式

提价是指在市场营销活动中，企业为了适应市场环境和自身内部条件的变化，而把原有价格调高。

1. 企业提价的原因

(1) 应付成本上涨。这是产品涨价的最主要原因。如果企业的原材料、工资等费用上升,企业成本增大,产品继续维持原价,势必妨碍取得合理的收益,甚至影响到再生产的进行。这时企业只有通过提价来转嫁部分负担,减轻成本上涨的压力。

(2) 产品供不应求。企业产品供不应求,顾客会因为该产品短缺而抱怨,甚至哄抬市场价格。这时,可以用提价的方式抑制超前需求,缓解市场压力。

(3) 通货膨胀。由于通货膨胀,货币贬值,使企业产品的市场价格低于商品价值,迫使企业不得不通过涨价来减少因货币贬值而造成的损失。

(4) 改进产品。由于企业通过技术革新提高了产品质量,改进了产品性能,增加了产品的功能,因而使产品在市场上的竞争能力增强,企业提价既可以增加收入,又不会失去顾客。

(5) 策略的需要。有的企业产品涨价,并非前面几个原因,而是由于策略的需要。它将产品价格提高到同类产品价格之上,使消费者感到该产品的质量在提高,在市场上显示出高端产品的形象。这种提价策略是形象良好并拥有著名品牌的大企业经常使用的一种价格策略。

2. 企业提价的方式

(1) 公开真实成本。它是指企业通过公共关系、广告宣传等方式,在消费者认识的范围内,把产品的各项成本上涨情况真实地告诉消费者,以获得消费者的理解,使涨价在没有或较少抵触的情况下进行。

(2) 提高产品质量。为了减少顾客因涨价感受到的压力,企业在产品质量上多下功夫,如在产品性能、规格、样式等方面加以改进,使消费者认识到:企业在提供更好的产品,索取高价是应该的。

(3) 增加产品含量。企业在涨价的同时,增加产品供应分量,使顾客感到:产品分量增多了,价格自然要上涨。

(4) 提供更多的免费服务。企业在提高产品价格的同时推出更多的优质免费的服务,以求平衡顾客的因产品涨价而对企业产生的各种抱怨。例如,一些旅游景点的宾馆房价上涨了,但是客房的一些设施或服务水平得以提高或增加,增加了免费早餐、停车和娱乐活动等。

以上企业选择的提价方式都属于“明涨”,还有一些属于“暗涨”,例如:

(1) 减少某些不为顾客关注的免费服务。例如,取消免费送货、免费订座和免收停车费等服务。

(2) 增设一些条件或限制。例如,在宾馆住宿 4 日以上的旅客可以享受 8.5 折优惠,取消或者延长到至少连续住宿 7 天。购买商品总额必须达到一定标准才能享受原来无此项条件设置的一些优惠等。

但是，这些暗涨的形式，应该是多数顾客不会关注或需要的，因为只有这样才会不影响企业的形象。

(二) 企业降价的原因与方式

企业为了适应市场环境和内部条件的变化或者抬高市场竞争力，把原有产品的价格调低所采用的各种手段。

1. 企业降低价格的原因。企业降低价格的原因比较复杂，有市场方面的因素，也有厂商企业内部的因素，以及社会其他方面的因素。归纳起来有如下几个因素：

(1) 企业的生产能力过剩，因而企业需要扩大销售规模，但是企业又不能通过产品的改进和加强销售工作等来扩大销售规模。在这种情况下，企业就会更多考虑降价。

(2) 在强大的竞争者压力之下企业的市场占有率下降，迫使企业通过降低价格来维持和扩大市场份额。

(3) 企业的成本费用比竞争者低，企图通过降价来控制市场，或者提高市场占有率，从而扩大生产和销售量。

(4) 经济形势。在通货紧缩的经济形势下，由于货币币值上升，价格总水平下降，企业的产品价格也应降低，因为与之竞争的产品的价格同时也在降低。

(5) 需求水平下降。因为新产品的出现，导致顾客需求转移，为抓住顾客尤其是购买力水平低下的顾客，运用降价策略是常见的有效方式。对于具有明显消费需求季节性特征的产品，在消费需求季节即将过去前，采用“换季降价”方式也不失为有效的手段。

2. 企业调低价格的方式。即使企业产品具备了必须降价的条件，但因不同企业产品所处的地位、环境以及引起降价的原因不同，企业选择降价的方式也会不相同，具体来说有以下几种：

(1) 增加免费服务。在价格不变的情况下，厂商增加免费运输、安装、调试、维修等服务。这些费用成本应包含在价格中，现在改为免费提供，实际上降低了产品价格。

(2) 馈赠物品。某种商品牌价不变，但购买此商品时，馈赠购货券，或赠送其他物品，如玩具、器皿、工艺品等礼品。

(3) 改进产品的性能，提高产品的质量，增加产品功能。在价格不变的情况下，企业产品质量提高、性能改进、功能增加，实际上也就降低了产品本身的价格。

(4) 增大各种折扣的比例。在企业价格策略中往往采用各种折扣或回扣策略，如现金折扣、商业折扣、数量折扣。

同样，以上各种降价都可以称为“明降”。由于企业产品的价格变动是顾客最关心的事件，也是竞争对手最关注的事件，当企业选择这样降价，也就意味挑起新一轮价格竞争。为了做到更加隐蔽，企业应该考虑“暗降”方式。例如，以旧换新，即顾客用自己手上的旧的、过时的企业品牌产品来换购企业新的品牌产品。当然企业要按价收购顾客的旧产品，这个价格可以定得高一点。

二、被动调整

将问题反过来，当竞争对手对产品价格进行变动时，企业如何作出反应？企业在作出反应之前，要考虑以下问题：

(1) 竞争对手对某些产品的价格进行调整的原因？是为了扩大自己产品的市场份额？是生产能力过剩？是成本发生变动？还是领导全行业价格变动？

(2) 竞争对手是临时变价还是有计划地变价？

(3) 如果企业对竞争对手变价处置不当，将对企业的市场份额和利润有何影响？其他企业是否会作出反应？

(4) 竞争对手和其他企业对于本公司的每一可能的反应又会有什么反应？

一般而言，当竞争对手在同质市场上提价时，其他企业不一定会作出反应。如果提价会给整个行业带来利益时，它们会同时提价，导致全行业该产品全面提价。但如果其中几家企业不认为提价对自己有利而不予回应，则可能在一定程度影响这种全面提价的实施效果。而在异质市场上，企业对竞争对手价格变动的反应有更多的自由。这时购买者选择购买什么产品和购买谁的产品时要考虑很多因素：供应方提供的相关服务、提供产品和服务的质量、提供产品和服务的可靠性以及其他因素。这些因素会降低购买者对相对较小价格变化的敏感性。在存在激烈竞争的市场中，市场领导者并不总是对一些弱小竞争对手主动发起各种攻击，相反它们经常会遭到小企业的攻击，这些小企业采用主动降价来维持或争夺市场份额。在此情况下，市场领导者有以下几种选择：

(一) 维持原价

市场领导者可能会维持原价的主要原因有：

(1) 如果降价会使利润减少更多，维持原价可能会使销售量减少，导致销售利润减少，但是降低价格会使利润减少更多；

(2) 市场份额不会失去太多，市场领导者相信自己能挽留住收入较高的顾客，从而使得自己市场份额减少的比例不会很大；

(3) 认为自己还有其他手段维持既有的市场份额。例如在顾客心目中的形象，使得他们坚信"好货不便宜，便宜无好货"的理念。

(二) 提高认知质量

市场领导者可以维持原价，同时提高产品的价值。它可以改进产品、服务，并运用科学的宣传沟通方法，强调与竞争对手的低价产品相比，自己的产品具有更高的"性价比优势"。

(三) 降低价格

市场领导者可将价格降到比竞争对手更低的价格水平。可以这样做的原因是：

(1) 市场领导者市场份额原来就最大，随着销售量的增加，成本下降，为降价创造更大的空间；

(2) 市场对价格十分敏感，降价将更大地刺激需求，导致购买量增加，这样因购买量增加而使利润也相应增加，抵消了因价格下降而减少的利润；

(3) 若不及时降价会导致市场份额一旦下降，以后将难以恢复，尤其是处于成熟期生命周期阶段，降价是企业唯一的应对策略。

(四) 提高价格并改进质量

作为市场领导者的企业还担负研发、推广新产品的重责。面对降价压力领导者可以不屑与那些实力弱小的企业在“低价、低质”市场一拼高下，而是选择开发高端新产品，即继续坚持“你有我优、你优我特、你特我转”的差异化发展理念。在推出新产品时往往会选择“快速撇脂策略”，即选择加大促销投入与高价推出新产品的策略。

(五)推出低价进攻性产品

作为市场领导者一定具有其他企业不具有的资源优势。他们有时会对那些敢于向自己发起挑战的对手采用“杀一儆百”的策略，以对那些比他们更低的价格实施有效打击。通常的做法是增加低价产品供应或另创立一种低价品牌。采用这种策略的原因是：

(1) 低价不会对企业原来的“优质、高档”产品提供者的形象造成伤害；

(2) 可以使产品线更加完整，满足经销商提出的“给终端顾客有更多的选择机会”的要求。

在竞争者价格变动时，企业要视具体情况才能做出最恰当的反应，企业要考虑与分析的具体情况包括：

(1) 产品在其市场生命周期中所处的阶段。在不同生命周期阶段，应对竞争对手不同的价格变动措施，做出的反应也应该有所不同。例如在成熟期阶段，发现对手降价，企业最合适的反应是“比它降得更低”。

(2) 在产品投资组合中的重要性。在同时推出几种产品时，应该及时调整在投资组合中处于最重要的或者是投资比重最大的产品的价格。

(3) 竞争者的资源优势和定价意图。知己知彼，百战不殆。要求企业掌握更为详尽的对手调整价格的目的和预期目的达到所依据的资源等相关信息。因为只有这样企业做出的反应才会达到“一招制胜”的效果。

(4) 市场对价格的敏感性。主要是通过需求价格弹性的测试，确定是否应该维持原价、降低价格和提高价格的合理反应。

(5) 成本费用随销售量和产量变化。任何企业都是以营利为目的，价格是实现利润的重要工具。所以企业不仅必须掌握自己产品生产、经营的成本及变化趋势，还要更加准确地掌握竞争对手的成本水平及变化趋势，为确定自己的价格变化应对方式提供依据。

更加复杂的是，上述诸项因素在每次企业做价格调整反应策略选择时其重要性往往不尽相同，使得价格变动反应策略永远没有最好，只有更好，即更适合现实情况，确保效果最好。

三、分析顾客和竞争对手对企业调整价格而可能作出的反应

(一)消费者对价格变动的反应

任何价格变动都会对消费者、竞争对手、分销商等产生影响，还会引起政府的注意。消费者对价格调整的反应是检验调价是否成功的主要标准，因此必须进行认真分析和研究。分析消费者对调价的反应主要从两方面入手：一是看消费者的购买量是否增加；二是要了解和研究消费者的心理变化，了解消费者如何理解这次调价，以便采取有效措施。

1. 消费者对企业调低产品价格的理解。消费者可能会产生下述理解：

(1) 产品可能要被新型号所代替；

(2) 该产品有缺陷，销售不畅，产品的质量有所下降；

(3) 企业财务困难，难以在行业中继续经营下去；

(4) 该产品整体市场销售价格步入降价通道，价格会进一步下跌。

根据对上述消费者对企业降价措施的理解，企业可以做出降价是否合适？降价幅度是否合适等方面的判断。

2. 消费者对企业提高产品价格的理解。消费者可能会产生这样一些想法：

(1) 产品很畅销，为了抑制需求过度膨胀，企业采用提价的方式，所以再不赶紧买就没有机会了；

(2) 产品提供企业是高端生产或经营者，或者产品的品牌是著名品牌，利用顾客“好货不便宜”的心理，质量好的就是价格高的产品。

不同价格的产品在价格调整时，给消费者的感觉是不同的。消费者对成本很高又是经常购买的产品的价格变动非常敏感，经营者在价格上略作调整立即会影响顾客的购买决策迅速产生变化。而对低成本又不经常购买的产品，则不太注意其价格是否发生变化，也就势必导致顾客购买决策的变化很小。另外，有些消费者虽然关心产品价格，但更关心产品购买、使用和维修的总费用。如果企业能使人们相信获取其产品所需的总成本较低，则即使它制定的价格高于竞争对手，仍然可扩大自己产品的市场销售份额。

(二) 竞争者对价格变动的反应

企业在考虑改变价格时，不仅要考虑消费者的反应，而且还必须考虑竞争对手对企业产品价格的反应。竞争者的反应，是企业调整价格时要考虑的重要因素。特别是当某一行业企业较少，提供同质产品，而购买者又了解市场情况时，分析竞争者的反应就显得特别重要。

1. 如何分析竞争对手可能做出何种反应。分析竞争者可能会做出何种反应，需要企业建立市场及竞争对手的信息收集与分析系统。在调价前，企业应掌握竞争者的心理，必须了解竞争者目前的财务状况，近年来的生产、销售、顾客的忠诚度和营销目标等情况。比如，竞争者的营销目标是提高市场占有率，它就可能追随本企业的价格变动而调整价格。如果竞争者的营销目标是取得最大利润，它就可能通过改进产品质量、调整销售模式开发新市场。

2. 竞争者对企业调价会有什么反应。由于竞争者对企业每一次价格调整，都会有不同理解，所以问题比较复杂。以企业降价为例，竞争者可能认为：你想夺取我的市场份额；你想引起全行业降价，以刺激需求；想改善销售状况；可能有替代产品上市，等等。不同的认识会导致竞争者产生不同的应对行为。

3. 竞争者对企业主动调价可能采取的对策。预先对竞争者的反应进行估计，关系到企业调价后竞争格局的变动，因此显得更为重要。企业进行主动调价，离不开对企业在行业中所处地位的判断。如果企业在行业中处于领导者地位，则企业的主动调价就是整个行业价格变动的倡导。特别是降价，势必引发同行业竞争者之间的降价大战，最终获胜的仍是实力超群的市场领导者。如果企业在行业中处于劣势地位，则企业主动调价要非常谨慎，因为很可能导致行业中的领导者对其进行报复，企业在竞争中就面临着彻底失败的危险。

本章小结

对于企业来说，价格是营销组合中唯一能给企业创造收益的策略。所以，无论是从自身发展角度或是由竞争对手欲限制企业发展的角度看，都是最重要的策略。对于企业如何为自己产品确定一个相对合理的价位？如何结合市场环境的变化调整自己的价格策略？其实企业知道，可供自己选择的定价方法、价格策略以及价格改变策略都有许多，问题是选择多了，“犯晕”的可能性也在增加。怎样才能确保自己少犯错，这是所有营销人员都想弄明白的事。为了真正弄清这些事，就必须先知道：

(1) 企业定价目标总体上有：利润目标、以销售量为定价目标和以对付竞争者为目标。

(2) 影响定价的因素有外部因素，也有内部因素。内部因素主要有定价目标、营销组合战略、产品成本、产品差异性和企业的销售能力。外部因素主要有市场性质、消费者需求、政府力量和竞争者力量。

(3) 企业制定价格的过程一般可分为六个步骤：选定定价目标、测定需求价格弹性、估计成本、分析竞争对手、选择定价方法和确定最终价格。

(4) 定价策略是指制定或调整价格的技巧。它主要研究在不同的约束条件下达到定价目标的策略。定价策略归纳起来主要有以下几种：产品组合定价策略、产品生命周期阶段定价策略、地理定价策略、新产品定价策略、心理定价策略和差别定价策略。

(5) 产品在确定价格水平以后，由于企业处在一个不断变化的环境中，为了生存和发展，经常需要对价格进行调整。调价可分为企业主动调整和被动调整。企业主动调整包括提价和降价两种策略。企业调价时既要考虑到消费者的反应也要考虑竞争者的反应。

章末案例

小蚁运动相机的价廉物美追求

2006年,GoPro发布了其首款运动型数码相机——防水抗摔、32MB记忆容量,售价80美元的相机。2015年GoPro的销售额超过16亿美元,该公司相机最高售价达到500美元。但是竞争正在日益迫近。2006年,GoPro的运动型相机还是独一无二的,而现在它面临以售价100美元的小蚁运动相机(Yi Action)为首的同类产品的竞争。

小蚁运动相机的制造商小蚁(Xiaoyi)专门生产家庭安保摄像头,是中国智能手机制造商小米(Xiaomi)旗下的子公司。小蚁推出了"改变你的拍摄方式"的标语,但它的相机看起来相当眼熟。如果把这两家公司的运动型相机产品放在一起,很难一下子分辨出哪个是小蚁,哪个是早就推出的GoPro。两款相机的大小相同,都有一个偏离机身中心的超广角镜头和两个较大的控制按钮。

除了外观相似外,小蚁相机在降低成本方面采取了一些行之有效的办法,例如采用全塑料外壳,而不是较高端的GoPro相机所选择的金属材质外壳。但是,这款小蚁相机能够以每秒60帧的速度拍摄1080P的全高清画面,轻松获得慢动作效果,而能够取得相同效果的GoPro Hero售价为200美元。

对于摄影专业人士来说,图像质量是反映相机质量的主要标准。在山峦起伏大雪纷飞的原野,同时使用小蚁和GoPro Session完成实地拍摄两个相机都拍摄出了精美的相片和视频,只有在放大后才会发现GoPro的分辨率更高一些。

由于两款相机都没有屏幕,大多数的操作都通过与智能手机的无线连接完成。只是小蚁的APP比GoPro更好一些,后者往往很难实现与相机的连接。

如果扣除消费者在做出购买决定时对知识产权方面的顾虑,人们在买相同质量的两款相机时会更多地倾向购买比小蚁价格高出一倍的GoPro吗?而现实是GoPro销售量在不断下降,说明消费者没有这种顾虑。原因只有一个:社会更加关注的是小米产品在软件方面的创新,而忽略小米产品在外观上的模仿。

案例分析

1. 小蚁相机通过哪些途径使自己的售价与竞争对手相比存在明显的优势?在购买者眼中,小蚁智能相机是否如其所愿地做到"物美价廉"?

2. 小蚁相机生产企业(Xiaoyi)是小米公司(Xiaomi)的下属企业,在定价策略的选择上是否要延续小米的一贯风格?为什么?

3. 小蚁相机是否也可以走高端产品路线?如果可以,那么是否需要改变价格策略?

本章复习思考题

1. 企业定价目标有哪些?
2. 影响企业定价的主要因素有哪些?
3. 企业定价过程由哪些主要环节组成?
4. 企业定价方法主要有哪几种?
5. 各种价格策略的含义与作用。
6. 各种价格变动策略的含义与作用。

本章问题与应用

1. 价格策略运用从一定程度看更多是心理学上的博弈。请看下例:

咖啡店在即将实施的价格优惠活动中有两种选择:

(1) 加量33%不加价;

(2) 降价33%不减量。

这家咖啡店根据以往的经验,加上最近一段时间“猛补”的消费心理学知识发现,相比用更少的钱购买到同样多的商品,大多数顾客更愿意用同样多的钱买到更多的商品。也就是说,顾客更倾向于接受前一种优惠:加量33%不加价。其实对于咖啡店来说,后一种价格优惠,可以使得咖啡店“损失”要少些。咖啡店是这样计算得出两种优惠的效果。

假定原来咖啡价格是1美元/3夸脱(1夸脱=0.95升),折算一下,就是0.33美元/夸脱。按照前一种优惠方案计算,优惠的结果是1美元/4夸脱,即0.25美元/夸脱。按照后一种优惠方案计算,优惠的结果是0.66美元/3夸脱。即0.22美元/夸脱。显然,对顾客的优惠更大,也即咖啡店的“损失”更多。那么顾客为什么会做出对自己“不利”的选择?因为此刻大多数顾客是出于感性而非理性的购买情绪之中。看来作为价格优惠活动的发起者——咖啡店确实应该在选择价格优惠方式前要多多比较。

2. 让顾客有比较的机会,他们自然会做出合理的选择。请看下面这个案例:

索诺玛是一家专门生产各种款式面包机的公司。在过去的半年中,一款售价279美元的家庭专用面包机的销售量总不见起色,于是,营销部高管决定在公司经销商的销售场所,在这款老不见起色的面包机旁,放上一款售价429美元声称“公司最新研发的新款面包机”。当有顾客向销售人员询问这两款面包机存在的差别时,销售人员都说道,279美元的适合四口之家,429美元的适合五口以上的家庭。几天后这款“老款”面包机的销售量已经翻了几番。顾客说,新什么?现在我购买的“旧款”面包机要便宜近36%。是啊,只有更近距离地比较,差异才会更显著。企业要给购买者一个选择购买某一商品的“理由”。

3. 定价方法也叫定价导向，它们与价格策略之间存在多少差别？

4. “价格策略”与“价格变动策略”有什么不一样？许多价格策略，尤其是“价格折扣策略”与“促销策略”有什么不同？

第九章
分销渠道策略

□ 学习目标

● 掌握分销渠道的定义及其类型、职能

● 认识中间商的类型及其在分销渠道中的作用

● 了解企业在设计、管理、评价和改进其分销渠道时将面临的决策

● 当社会进入"互联网"时代，许多企业的分销模式发生了根本性的变化，这类变化是否会持久发展下去，成为未来的"常态"

● 了解分销渠道在国际营销与网络营销等方面的发展趋势

□ 开章案例

分销渠道的末端——零售模式正在改变

生产的最终目标是自己经营的产品或服务能够被市场接受，这对于消费品来说自己是否会比其他产品或者是其他生产商生产的同类产品更快、更多地被消费者买走？对于现在的营销管理者来说很大程度不再是由质量、功能等差异越来越小的产品自身所决定，而是由一直以来被大家所忽略的零售商决定的。2015 年上海发起一阵商业转型的浪潮。可是人们拿捏不准这个商业到底应该怎样转型？在哪些地方或是环节作什么转型？有一点是大家都认同的：在互联网迅速发展的背景下，商业如何满足消费需求，引导消费习惯，发展新的商业模式？在圣诞节、元旦节，人们看到绍兴路上的九又四分之三咖啡馆，陕西南路上的初芳园艺花店，打浦路上的来伊份休闲食品店都把生意做得风生水起，分析他们的成功之道都朝一个方向聚集：开店，就要开出自家的"新意"——重个性、重体验、重拓展。

星巴克咖啡是以规模产生效益，而一家开在绍兴路 94 号老房子里的九又四分之三咖啡馆能有生存的机会吗？九又四分之三咖啡馆，是借用《哈利·波特》中的那个哈利·波特穿墙而过通往神奇魔法世界的地方的车站站名。店主用这个名字的主要目的是想吸引"哈迷"们的关注。那么这个创意能够实现吗？九又四分之三咖啡店开设在绍兴路，这条全长不足一公里的小马路，却汇集了不少有趣的建筑。例如大名鼎鼎的金谷邨，还

有许多会给人带来更多联想的诸如出版社、昆剧团，也都在这条闹中取静的小马路上。这家店面不过二十多平方米的小咖啡店随处可见各种哈利·波特的宝贝——魔杖、盾牌、羽毛笔。实木的桌椅、暖色调的装潢、舒缓的爵士乐，样样都让人想坐下来喝杯咖啡。咖啡店的常客主要是出版社的编辑、附近医院的医生、小区的居民。晚上以年轻人为主，他们下了班来聊天，一聊就忘了点，使得这家咖啡店常常要过了22点才能关门。

初芳园艺花店开在陕西南路上。店主是一位经营二十多年花店的妇女。12年前她将花店从文化广场搬迁到马路对面，生意一直很不错。店主曾考虑到互联网很时髦，花店也曾尝试网络销售。但几年试下来，初芳园艺还是把精力放回到实体店上。因为，一盘花、一棵树，到底什么颜色，什么姿态，这些感觉在网上是无法获得的。花店的经营主要还不是店内的花卉销售，更主要的是花店外的延伸服务——为商务楼提供植物租摆服务，即花卉店指派园艺师先去商务楼了解诸如办公环境、面积大小、空间方位等具体情况，确定适合摆放哪些植物，然后向顾客提出建议，由顾客决定租赁品种并签订合同。然后园艺师每月定期上门去料理，保证绿意盎然。

在打浦路上开了十多年的来伊份，生意从未清淡过。最近两年，更是红火。常人总结的原因是店址选择得当，由于商店开设在居民区密集处，又与公交和地铁站点非常近，周边还有几家不大且没有餐饮服务的旅馆。所以，导致来伊份从来都不缺客流。可是来伊份附近的其他类似商店为什么就没有这种“好运”呢？第一，采用更为便利的支付方式。10年前顾客多通过刷卡或现金支付，后来推出使用支付宝来付购物款，最近多使用微信支付，大大节省了顾客的时间；第二，拓宽商店的经营范围，来伊份从只销售休闲食品，逐渐推出时鲜水果、时令蔬菜和肉类，并且向年老体弱的顾客提供送货上门服务。

时下对创新商业模式的讨论非常热闹，认为最符合创新概念的商业模式应该有这样几方面的特色：

基于差别需求的精准销售加服务。对消费群体进行更加精准的细分，提供个性化定制商品和服务。业内人士指出，消费者不仅对满足自己特定需求的商品存在差异，发展到现在对提供的服务也有自己的特殊要求。只有做到这些，商业模式才有胜出的可能。

基于提供全面顾客体验的完整平台。各种实体商店与飞速发展的电商将为消费者提供截然不同的价值体验。这两类不同商业模式在相互竞争的过程中，形成了互相取他人之长补自己之短而形成“你中有我，我中有你”的商业模式。

基于提供更为便利的综合系统，结合社区资源与基本需求，整合社区各类商品和服务资源，建立提供包括物业、外卖、出租车、家政、快递、开锁、搬家、维修、送水、洗衣、宠物医院等各类服务信息，并集成在手机App上，为社区居民的日常生活提供一站式便利服务。

2016年年底，传闻玛莎百货计划关闭在中国内地的10家门店，太平洋百货淮海店年底也将谢幕，上海商务中心店也将关门，实体零售商店转型已成趋势。但是实体零售商业如何转型呢？2016年11月10日，国务院办公厅发布《关于推动实体零售创新转型的意见》,为我国零售商业模式的转型画出了轮廓,明确了方向。

□ 案例引导

生产的最终目的是被消费者购买、消费,过去这些都是通过零售商这一环节来完成,这些零售商店用现在的流行语叫实体店。而在电商时代,谁还会到实体店买东西?谁还会把自己生产的产品送到实体店去卖呢?看了这个案例你的想法是什么?淘汰实体店,还是改造实体店?

从营销学角度来观察和考虑,当企业设计出一种既受顾客欢迎而且价格又具有吸引力的产品后,并不意味其营销活动已告成功。从某种意义上讲,这仅是营销活动有了一个良好的开端。因为企业如果不设法寻找一条将这一产品送到顾客手中的最佳通道,就无法进入既定的目标市场,产品的价值也就不可能实现,企业设计的产品策略、定价策略的预计效果,也就可能成为泡影。由此可见,分销渠道策略对营销活动具有重要意义。

第一节 分销渠道概述

分销渠道是指某种产品或服务从生产者向消费者或使用者转移的过程中,取得这种产品或服务的所有权或协助所有权转移的所有企业或个人的组合。当前,绝大多数生产者并不直接将产品销售给最终用户,生产者与最终用户之间存在多种名称各异的中介机构,例如批发商、零售商、代理商等。这就直接导致分销渠道的概念与形式及相关策略对成功开展营销活动具有重要意义。分销渠道也被称为分销系统或是销售模式。虽然它们之间在学术界的定义不尽相同,但在粗略意义上近似。

一、企业设置分销渠道的原因

(一) 缺乏相应的资源

企业缺乏直接进行市场销售的必要资源。企业想直接由自己完成向目标市场顾客传递自己生产的产品需要有资金、组织、人员和经验,缺一不可,这在企业从事国际市场营销时更为常见,在东道国建立自己的销售网络会遇到种种限制。在此情况下,企业只能选择销售合作伙伴,在目标市场寻找适合的经销商。

(二) 控制分销渠道的种种好处

企业若想在目标市场有更好的发展,与企业能否在目标市场建立完善、高效的分销网络,有必然的关系。尤其是对那些拥有著名品牌、良好声誉的优质产品的企业,在进入新市场时往往会先选择与自己企业、品牌以及产品形象匹配的经销商,通过各种形式的营销传播活动,使顾客形成购买习惯,即购买企业的产品只有到这样的商店才能如愿。对企业来说只有这样才能实现自己的营销战略目标。

随着时间的推移，企业与经销商之间的关系可能会出现裂痕，此时企业如果有能力拥有更大的分销渠道所有权，就会对产品的营销活动进行更为有效的控制。因此企业会采用各种手段夺取或兼并经销商，建立完全属于自己的分销网络。

(三) 从企业核心竞争力提高角度看

从社会分工角度出发，生产企业最擅长的是新产品研发和产品生产、制造。商业企业则擅长组织商品的市场销售以满足顾客的各种需要。随着社会的不断发展，更是分出专门从事诸如产品运输和仓储的形形色色的专业物流企业。原本属于生产企业的将自己生产的产品完成向市场运输、仓储直至销售的各项活动都逐渐转交给更加专业化的组织、机构或企业。专门从事市场销售活动的商业、物流企业一旦进入企业的分销网络，在共同利益的驱使下有可能在推进产品的销售上比企业做得更好。如果企业认为，通过自己主要业务的扩大投入取得远比扩大自己不擅长的销售业务投入所得的回报要大，委托他人销售就成必然趋势。此刻关键问题就是生产企业与销售企业如何建立起更为融洽的同盟关系，以便使各方利益最大化。

二、分销渠道的组成与效果

(一) 社会大生产活动的组成

在当前社会化大生产环境下，整个经济活动由社会生产环节、流通环节和消费环节所组成。

1. 社会生产环节。由各种物质产品生产企业组成，它们根据市场需求组织产品生产和新产品的研发。最后通过各个企业的销售部将产品销售给自己的客户。只要产品依然需要做进一步加工，此类销售活动还是属于生产环节的组成部分。若是最终产品，即消费品就需要转移到下一个环节，即流通环节。

2. 社会流通环节。由各种商业、物流企业组成。它们根据下游客户与消费者的订单或需求，负责货源筹集、商品分配即运输与仓储和商品的最终市场销售。

3. 社会消费环节。由各类消费者或消费者群体组成。在现代市场经济社会，消费者为生存与发展都需要消耗各种各样的产品即消费品，取得这些产品都需要到商店购买。

(二) 分销渠道的组成

分销渠道可由三种利益集团代表构成：生产企业（生产者）、渠道主体（营销中介）、目标顾客（市场）所组成。

1. 生产企业。作为渠道的始端，生产企业可以通过自己的销售部门来开始向外传递生产好的各种产品。

2. 渠道主体。作为渠道主体的企业也叫经销商，一般常见的是批发与零售两类商业企业，它们也可以代理商身份出面，协助企业销售各种产品。现在把协助相关企业完成诸如运输、仓储，以及为进出口提供支持的各类像商品检验等服务的机构或组织，也归入渠道主体之中。

3. 目标顾客。作为渠道的终端，目标顾客可以是各种组织或消费者，也可以按国别划分,即国内顾客与国外顾客。

(三) 分销渠道的效果

建立分销渠道的目的就在于利用分销渠道能够推动商品更快更广泛地进入目标市场。分销渠道主体的各类企业凭借自己的经验、专业知识、活动规模和与社会各界的联系,将比生产企业干得更加出色。但这绝不是建立分销渠道的根本目的。建立并完善分销渠道的根本目的是提高社会交易活动的效率,最终实现促进社会生产活动效率提高的目标。图 9-1 显示了分销渠道的建立与完善对提高交易效率的过程。(a)图显示了三个制造商,每个制造商都利用直接营销分别接触三个顾客,这个系统要求九次交易联系;(b)图显示了三个制造商通过一个分销商,和三个顾客发生联系,这个系统只要求六次交易联系。由此可见渠道主体 D(分销商)存在的意义。

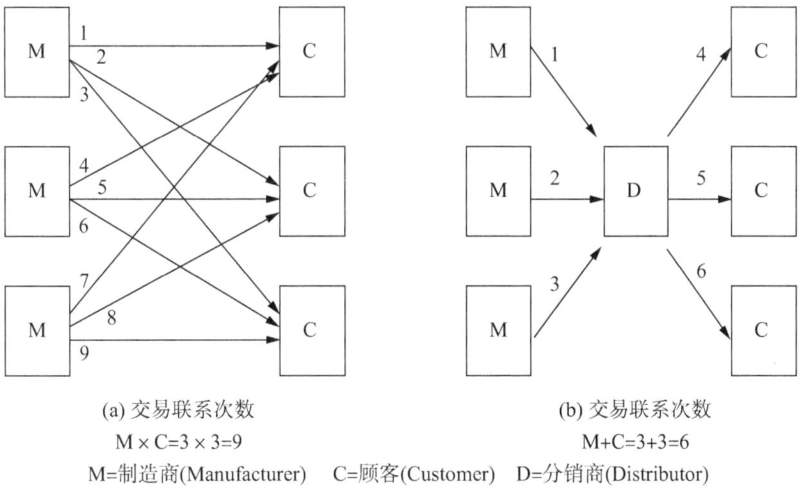

图 9-1　分销商的经济效果

三、企业分销渠道类型

企业在确定利用分销渠道来达到将产品快速进入并占领目标市场的计划时,选择分销渠道类型是一项十分重要的决策。从不同角度,分销渠道可以划分为不同类型。

(一) 从长度的角度划分

即以中间环节的多少来划分渠道的类型。只要某一中间环节在推进产品及其所有权向最终购买者转移的过程中可发挥其特殊的不可或缺的作用,就可保留渠道或设置这一环节。显然,若这类环节一多,分销渠道就会显得很长,此类分销渠道划分也可称为分销层次划分。一般有以下几种类型,见图 9-2。

1. 零级渠道(Zero-level Channel),也叫直接分销渠道(Direct-marketing Channel),即制造商直接将产品卖给消费者。直接渠道的主要方式是上门推销、邮购、电话购物、电

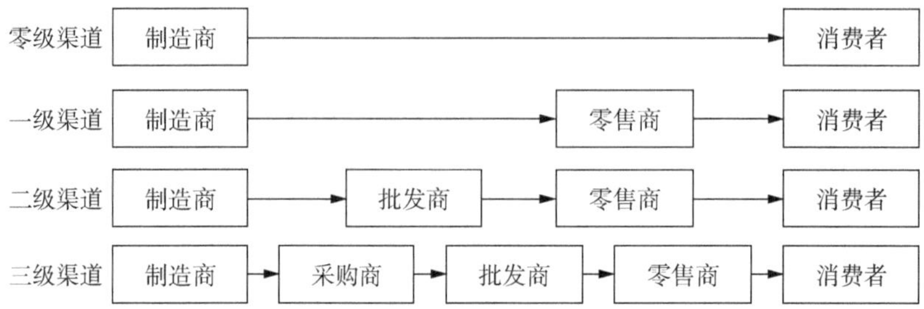

图 9-2 消费者市场分销渠道

视直销和网上销售等。

2. 一级渠道(One-level Channel),包括一层中间环节的分销渠道,例如,零售商。企业可能无暇同时与大量的消费者洽谈生意或无法针对不同的目标市场采用不同的销售策略,选择一个中间环节如零售环节来解决企业销售产品的问题。

3. 二级渠道(Two-level Channel),生产者与顾客之间设有两层中间环节。在消费者市场,一般是在一个批发商环节再设置一个零售商环节。设置这样的分销渠道可能会导致产品转移速度迟缓、产品营销成本或费用增加而导致价格上涨缺乏竞争力,或者导致制造商对自己产品的销售管理失控等不利状态。但如果这两层中间环节在转移产品上的作用截然不同,如一个是组织产地的产品采购,另一个是在销地组织产品供应,而采购与供应则要求这两个中间机构在功能上、组织形式构架上和营销目标上完全不同,就很有必要采用二级渠道。以此类推,不断增加中间环节层次就有多层渠道的概念产生。

4. 三级渠道(Three-level Channel),包括三个中间环节。一些规模较小,而商品又需要广泛推销的制造商,常常需要通过多次批发或通过代理行、经纪人及其他中间代理商,把商品销售给批发商,再通过零售商出售给消费者。从制造商的角度看,渠道级数越高,获得最终用户信息和控制也越困难。

分销渠道的长短从形式上看由于中间环节的增加,可能会导致产品在该渠道通过的速度趋缓,但是中间环节是由职责、功能、专长、资源等不同的企业和组织构成,由于它们更加专业,通过它们提供的支持,产品在这类渠道的通过速度反而会更快。问题是:各环节中间商的协作配合能否会产生更高的效率?

(二) 从宽度的角度划分

从横截面上即从同一中间环节层次看,选择一两个或少数几个同类中间商作为渠道成员,还是选择更多的同类中间商来参与市场营销,是企业选择分销渠道类型将面临的又一项决策,如图 9-3 所示。

1. 窄型分销渠道。制造商仔细分析目标市场的特征和产品自身的特点,例如顾客对企业某个产品的需求差异较小,在选择分销渠道类型时,考虑更多的是每一环节(或某一环节)上相同类型的中间商数量少些为妥。例如消费者居住较为集中,就在居住区域开设少量的零售商店就是这一道理。

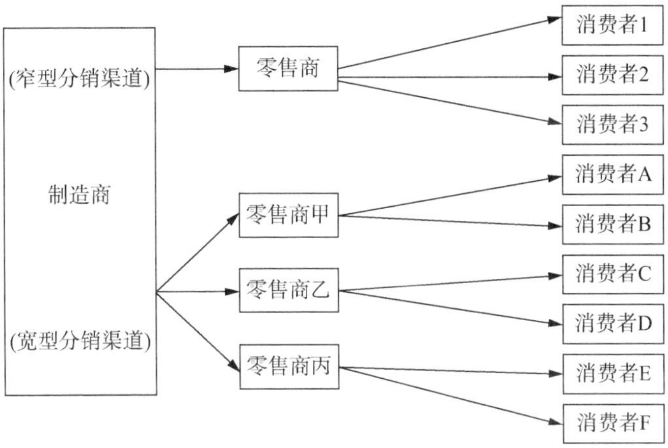

图 9－3 两种不同宽度的分销渠道

2. 宽型分销渠道。制造商认为目标市场上许多消费者存在更多的不同需要，例如消费者对某个产品在质量、品牌等的需求上存在较大差异，就会更多地考虑采用较多的同类中间商来销售产品的渠道类型，形成了宽渠道。例如消费者居住相对分散，就必须在多个居住区开设同类的零售商店。

宽渠道的最大优点是提高产品在空间上的展露效果，可以提高产品的销售速度。但是没有经济关系的同类中间商之间会成为竞争对手，这样给渠道协调和控制带来麻烦。虽然在网络社会这类问题能得到更快的解决，但是，问题依然存在。

(三) 从渠道成员的关系角度划分

无论是生产者还是经销商和顾客，都希望能有一个稳定的分销渠道系统，这样通过系统合力来应付各种挑战。系统中的许多成员都会根据自己的营销战略，选择加入哪种类型的渠道，或者选择哪种类型的合作伙伴。从系统组织的严密程度上看，企业可选择的分销渠道有以下四种类型。

1. 传统式分销渠道。渠道中的成员彼此相互独立，偶尔在某种情况下确定彼此关系，从而组成临时性分销渠道系统，每当彼此营销目标实现后，该分销渠道就会自然消失。这就意味在原渠道系统中的所有成员都必须在开展新的营销活动前，寻找新的渠道合作伙伴，也必须承担与之相应的各种成本与风险。

2. 垂直式分销渠道。渠道中的某一成员，可以是生产者或是商业企业，掌握有其他成员的股权，或者是拥有一定的专利发明权，而通过特许权(生产上和销售上的)授予与否来达到有效地控制整个渠道的目的。该成员可以充分调动其他渠道成员与其合作，渠道可以发挥最大能力实现其营销目标。选择此类分销渠道的企业，首要条件是拥有相当规模的资产，或者某种资源优势。例如拥有强大资金实力的商业企业集团、兼并加工企业和农产品种植企业，组建"农工商"集团，就是在所有权控制上的垂直式分销渠道。

3. 水平式分销渠道。渠道成员都在同样的理念下走到一起，由于受自身条件所限而无法在市场上独自应付来自各方面的挑战。例如，拥有完善的通信网络与运营组织的中国联通与一家拥有良好形象著名品牌的智能手机制造商苹果公司合作组成的分销系统，在多年前中国手机市场非常多见。现在这些智能手机制造商更多选择与国内一些家电商店合作，组成新的分销系统。组成联盟的各方原来并无任何经济关系而现在联合构成一个可以各展其长的系统，当系统可以发挥最佳效果时，相互的协作关系可长久存在，但各成员间仍是彼此独立的，无任何谁控制谁的状况存在。

4. 多元化分销渠道。若制造商认为自己的某一产品虽然满足的是同一类型的顾客，但顾客熟悉的商店可能因人而异；或者顾客接受不同的销售方式，有人喜欢批量购买，有人愿意少量而频率大地购买，更可能的是制造商想在各种渠道上建立自己的领地以迎接竞争者的进攻，从而使生产者在同一中间环节上选择不同类型的中间商，组成特殊的分销渠道模式。现在，这种选择成为常态，例如，出版社可以将自己出版的各种图书通过实体书店销售，还可以通过网络商店销售。多元化分销渠道存在的最大问题是，企业现在采用的几种分销渠道(模式)各自都有自己的长处和短处。如何在发展过程中做好"取长补短"成为研究的重要课题。

四、企业分销渠道的作用和功能

任何企业在开展营销活动时都将遇到如何出售自己产品获得最大收益的决策，此时，选择何种分销渠道成为重要的内容。理想的分销渠道一般应具备以下几个作用和功能：

(一) 分销渠道的作用

所谓分销渠道的作用应该是对渠道所有成员以及目标市场顾客而言。

1. 搜集、传递信息。通过一个良好的分销渠道，制造商可以收集和了解各种市场环境、市场需求、购买者行为等变动的重要信息。通过分销渠道以及渠道成员向各种顾客传播与企业营销相关的信息，促使目标顾客对企业的营销活动和产品有更多的了解，进而推动购买行为向更有利的方向发展。例如，供应商定期到自己经销商的经营现场收集各种信息，同时也可以在那里召开新产品发布会。

2. 促进商品销售。企业可以通过分销渠道的运(配)送和销售产品，更加便利、及时地向顾客提供其所需要的产品，满足他们的需要。同时，在中间商的配合下开展各种富有特色的产品促销活动。例如，在便利店为顾客提供免费的食品加热服务。现在，更多的中间商有向提供更富有特色的服务方向发展的趋势，例如，家电商店的销售人员会向购买者提供送货、安装、维修等服务。有些供应商还利用购买者的一些购买习惯，在中间商经营商场完成一些诸如打折、买一送一等促销活动。

3. 完成交易谈判。分销渠道是为完成各类产品实体和所有权由生产企业向最终消费者转移的各项相关企业具体活动组成，实质也就是相关企业完成各项买卖活动的通道。一个完整有效的分销渠道必须具备能够便于各类交易及与之相关的谈判的开展和完成。交易谈判的效率又与分销渠道的功能有关。有了明确、稳定的分销渠道，交易谈判的各方在对象、内容、方式、时间和地点等方面开展、完成谈判也就更容易明确、规范。例如，现在许多消费品生产企业选择与一家拥有仓库和完整配送网络的大型超市集团开展交易谈判，所有的谈判项目如销售、运输、仓储以及各种服务都可以在最短时间完成。

4. 按需定产。在“大数据时代”，生产企业、商业集团与处于最终销售环节的店铺的收银柜的电脑进行链接，使得生产、仓储、配送、销售各环节都能做到信息对接，真正做到按需生产、按需配送，为各环节降低库存创造条件。

5.资金融通。分销渠道成员之间通过提供商业信用，解决资金暂时短缺而可能失去某些市场机会的问题。同时渠道成员之间也可以互相提供资金帮助。例如，生产商定期定量完成向各类中间商供货，中间商定期与供应商进行货物销售货款结算，剩余产品由生产企业负责收回。或者为了获得新产品销售权，中间商先向生产企业支付预付款，解决生产企业可能短缺的研发资金困难。

6.分担各种风险。在执行渠道任务的过程中承担有关风险(库存风险，呆帐风险等)。分销渠道长久稳定的存在，使得原来仅仅是对某一组织的威胁，转变成对整个系统的威胁，所有成员彼此的关系交错在一起，化解风险的能力得到了极大的提高。

7. 畅通物流。这是分销渠道的基本功能，也可说是分销渠道最原始的功能，对渠道上的各种中间商而言，要有稳定的货源，并能在顾客需要时及时提供，确保获得；对制造商而言，要有稳定的市场，一旦生产出来，即可销售出去。通畅的实体产品——物流转移是渠道成员的共同心愿。

8. 协调关系。除了是垂直式分销渠道，其他类型的分销渠道系统都有一个彼此利益关系协调的问题。由于渠道的存在，使得内部各类成员在价格、供货条件与方式、货款的支付方式等原来很重大而又不易解决的问题，都会得以妥善解决。

(二) 分销渠道的基本功能

所谓分销渠道的基本功能是指在设计或改进分销渠道时必须要考虑的问题。

1. 实物流。分销渠道的主要功能就是向目标顾客传送各种产品，满足顾客需要。

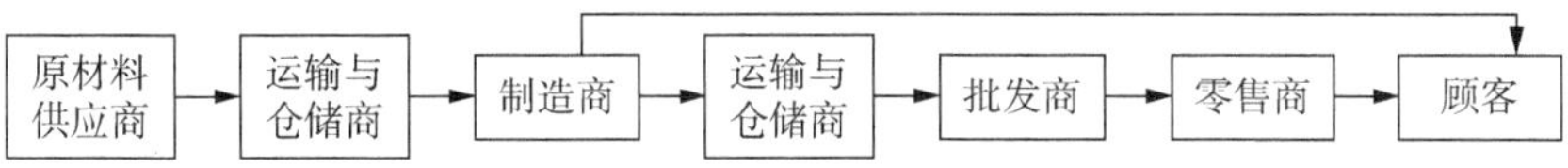

2. 所有权流。在分销渠道中需要完成产品的所有权转接，明确各阶段产品所有权归属。

3. 付款流。产品货款的支付流程与实物流、所有权流呈反方向。

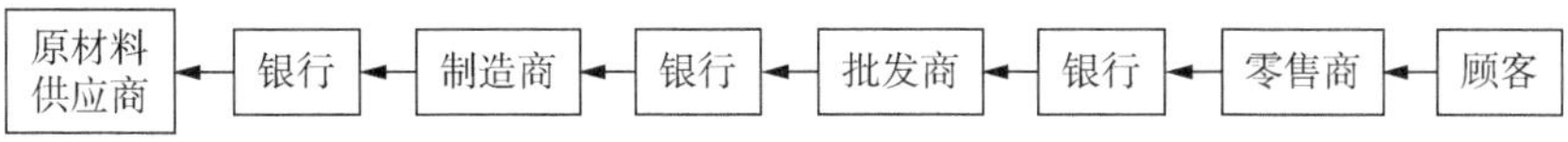

4. 信息流。分销渠道中传送和接受的各种信息。

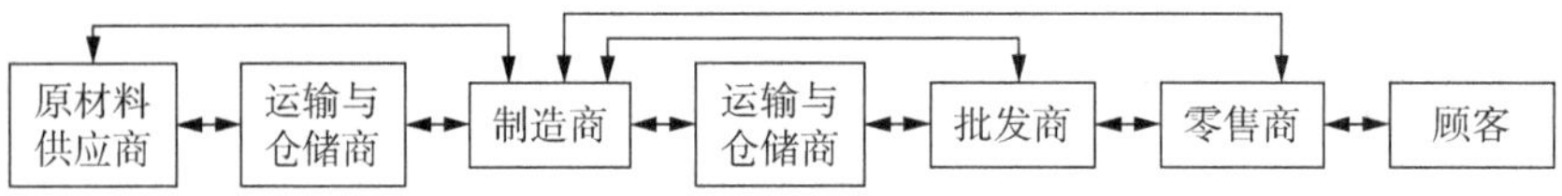

5. 促销流。各种企业向目标顾客开展的各种促销活动。

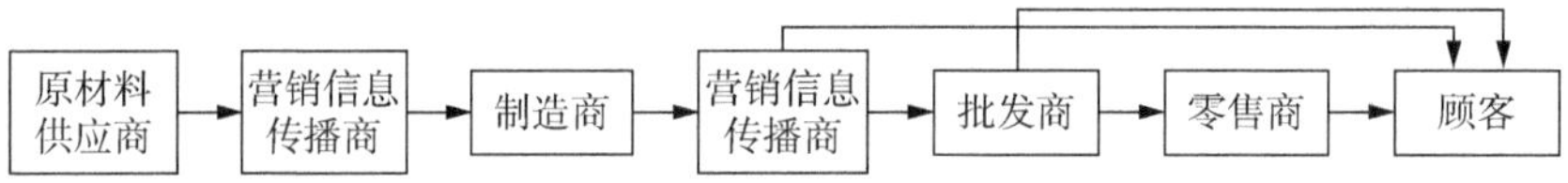

第二节　中间商

中间商是指介于生产者与消费者之间，专门从事商品流通活动的经济组织，包括零售商、批发商和代理中间商。它们是构成产品分销渠道的基础。这些中间商越来越多地运用独特的战略计划、先进的信息系统，更好地完成市场细分，改善目标市场和市场定位，通过有效地运用营销策略，实现营销管理的目的。所以制造商在选择分销渠道和实施渠道方案前，首先必须了解这些经济组织的运作特点和利益诉求。

一、零售商

零售(Retailing)是指将各种商品直接销售给最终消费者供其用于满足自己或家庭生活消费需要的一切活动。专门从事零售活动的中间商，就是零售商(Retailer)。

零售商的基本特征是直接与消费者相联系。在经济发达的国家，商业网点密布，商品种类繁多，构成了错综复杂的零售商业体系。按照经营模式划分为实体店零售模式、无店铺零售模式和加盟连锁零售模式等。

(一) 实体店零售模式

实体店零售模式是指那些设有专门从事以满足消费者各种需要的消费品为基本经营特征的零售商业实体商店。按商品经营范围的宽度和深度的不同，零售商店主要有以下几种类型：

1. 专业商店。经营的产品组合很窄却很深，商店常以经营的主要商品命名。如服装商店、食品商店、钟表店、家具店、鞋帽店等。专业商店还可以按其经营商品的项目进一步分类：如鞋店可分运动鞋店、皮鞋店；服装商店可以细分为西服商店、童装商店、旗袍商店等。这类专业商店的特点是专门经营某种用途的产品，但是花色品种多，规格齐全，品牌多样，便于消费者选购。若是消费者只为满足某种特定需要而选择购买地方，那么理想的商店就是专业商店。

2. 百货商店。经营的产品组合宽且长，最常见的是经营许多满足不同用途的产品，但是每类产品的规格、品种数目与专业商店相比要少。百货商店通常以经营服装、家庭用具、日常用品和食品等大类产品为主。每大类产品销售业务都作为一个独立的部门或柜组来开展，大型百货商店的服务设施一般较齐全，管理较先进，服务质量也较高，如果消费者希望通过一次购买就能够完成多项采购计划，去百货商店是理想的选择。

3. 超级市场。称其为超级市场，主要有四个方面超于一般商店：

(1) 价格便宜，因无人销售，成本低，商品单价比一般商品低 5%～10%；

(2) 购买方便，可自行挑选；

(3) 有停车场，可以完成一次性大批量购买行为；

(4) 工作时间长。

这些都为购买者带来方便和实惠，因此很受消费者欢迎。

4. 便利商店。这是一种小型商店，多位于居民住宅附近，出售日常用品，如香烟、软饮料、小百货等。便利商店的特点是营业时间长，24 小时通宵营业，且没有星期天，可满足顾客的不时之需。尽管商品的价格相比其他零售商店高一些而且种类有限，但人们更多考虑的是方便，所以这类商店发展很快。

5. 折扣商店。折扣商店也是一种百货公司，但它以低于一般商店的价格，出售标准商品，以求薄利多销。折扣商店具有五个特征：

(1) 出售商品的价格一贯低于其他零售商店的现行价格；

(2) 有著名的商号品牌，保证质量；

(3) 商店以自我服务为基础；

(4) 店址选在租金较低的地段；

(5) 设备简单，以实用为主。

6. 仓储大卖场。仓储大卖场是一种不作过多装饰、商品价格低廉而服务有限的销货形式，它追求薄利多销。采用集中采购，大货架销售和库存与销售同处一地，这一切都在最大程度地降低经营费用，从而可以低价出售商品。

7. 大型购物中心(Shopping Mall)是集购物、休闲、餐饮、文化娱乐于一体的零售方式。例如在上海有“龙之梦”“港汇广场”“新世界广场”和“环球港”等，集时尚、名贵于一体。在中国逐渐被青年消费者群体所接受而有快速发展的趋势。

(二) 无店铺零售

虽然大多数商品是通过商店销售的，但是，无店铺零售(Nonstore Retailing)在近年来发展迅速。无店铺零售主要有三种类型：直接推销、自动售货和网店(也称为电商)。

1. 直接推销，以“送货上门”，可节省消费者的购物时间为特点，但推销员的佣金较大，所以提高推销效率是选择这种零售形式需要考虑的核心问题。

2. 自动售货，即将硬币投入售货机自动售货。自动售货的特点是 24 小时销售，自我服务，尤其是食品，不经人手触摸更卫生。但自动售货又是一条销售费用昂贵的渠道，机器需经常保养和维修，所以价格通常要比一般商店高出 15%～20%。

3. 网店。作为电商的一种形式,网店是一种能够让人们在浏览的同时进行购买,并且通过各种在线支付方式完成交易的网站。网店大多数都是使用淘宝、易趣、京东、购铺商城等大型网络贸易平台完成交易。网店无需开设实体店铺,所以租金、装修等费用都可以节省,同时可以不受空间范围的限制,在更大范围完成交易活动。但是,因为网店属于虚拟的商店,会给顾客造成不放心的感觉。无论如何每年的"双11"都成了在线购物的"狂欢节"。

(三) 加盟连锁零售模式

尽管许多零售商店拥有独立的所有权,但是,越来越多的商店正在采用某种合作零售(Corporate Retailing)的方式。合作零售组织有规模经济效应,更大的采购能力,更广泛的品牌认知和更多训练有素的员工。其主要形式有以下几种:正规连锁、加盟连锁和自由连锁三种形式。各种形式的连锁商店一般都以联合购买、统一进货、分散销售同样的商品为特点。大量采购可以享受价格折扣,并能降低运输成本。连锁商店在市场预测、定价和促销等方面,都有较完善的管理方法。

1. 正规连锁,也叫做公司连锁,即两个或两个以上的商店同属一个所有者所有或管理,集中购买和销售,经销同类产品。它们的规模能够使得它们以低价大量采购。连锁组织能够聘用优秀管理人员,在定价、商品宣传、推销、存货控制和销售预测等方面实现科学管理。

2. 加盟连锁,也被称为特许连锁、合同连锁,是特许人(Franchiser,制造商、批发商或服务组织)和特许经销人(Franchisee,在特许经营系统中购买拥有或经营其中一个或几个单元的独立生意人)之间的一种契约性联合。这往往是由于特许人拥有每个著名品牌而导致相关产品具有极高的市场吸引力的原因。例如"可口可乐"在全世界都有生产特许或销售特许人,在"可口可乐"公司的严格监管下,为在全世界范围内拓展自己的品牌而努力。

3. 自由连锁,也被称为自愿连锁,是由某个批发商发起、若干零售商参与的组织,从事大规模购买和统一买卖。这是中小零售企业和大零售商相抗衡的一种行之有效的手段。

二、批发商

批发(Wholesaling)是指将商品或服务售予那些为了转售或生产加工而购买的组织或个人时所发生的一切活动。专门从事购进商品,再转售给其他商业企业或工业用户用作转售或生产加工的中间商就是批发商,

(一) 批发商和零售商不同。

与零售商相比虽然都属中间商或经销商,同时,在国内两者还有不断合并或功能相交的发展趋势。即大型商贸集团都在朝批零兼营的方向发展。但是为了理论研究的需要,批发商与零售商相比还是有差别的。这种差别至少有以下三方面:

1. 批发商的交易对象是企业顾客,而不是最终消费者,这些顾客购买商品的目的不

是为满足自己或家庭生活消费的需要；

2. 批发交易通常大于零售交易，这是指从一位顾客的一次交易规模大小而言；

3. 在有关法律条令和税收方面，政府对于批发商和零售商也是区别对待的。

(二) 批发商的基本功能

一般情况下当一家中间商能更有效地完成下列一种或几种任务时，就会被当做批发商利用。

1. 推销和促销。从人力资源角度出发，一家中间商若能拥有一支专业素质完整的销售人员队伍，就能够使制造商以相对较小的代价寻找到更多的顾客并接近和获得他们的信任，完成制造商开拓和占领市场的营销目标。

2. 采购和置办多种商品。从财力上看一家中间商是否拥有更大的财力使之能够选择和置办其顾客所需要的更多的且数量更大的各种产品。往往有许多生产企业或零售商业企业需要有一些中间商能够大量采购自己生产的各种产品，或者拥有足够的产品库存确保自己有稳定的货源完成一段时间的市场销售。

3. 整买零卖。从设备方面看，一家中间商是否能够将从生产者处采购到的按生产包装的各类产品分解为符合零售商销售和消费者使用的小包装产品。例如，一些生活消费品如各种酒、卷烟等，消费者不可能一次购买生产企业采用“箱”为单位的相应产品。所以在购进的大包装产品后，将其分解成适合零售商零售的小包装产品，例如，各种酒类被分解成“瓶”而卷烟则被分解成“条”或“包”，以满足不同顾客的需要。产品的分解或称为“改装”，不仅是技术更涉及相应的设备。

4. 仓储与配送。从整个社会再生产过程看，在生产与消费两个环节之间必须有一个中间环节，以弥合生产与消费在时间与空间上存在的差距。产地与异地消费市场的差异可以用运输来弥合，而生产与消费在是时间上存在的差距则可以通过仓储来弥合。如果中间商具备运输和仓储的能力，至少从生产企业来看，应该选择这样的中间商为分销渠道所必要的批发环节的成员——批发商。

(三) 批发商的类型

批发商主要可分为以下几种基本类型：

1. 商业批发商。商业批发商是拥有经销商品所有权的独立商业企业。根据他们在“买断”产品基础上承担经销商品职责、同时为委托方提供各种服务的特点，从而还可以细分为完全服务批发商和有限服务批发商。

2. 经纪人。经纪人的主要作用是为买卖双方牵线搭桥，协助谈判，促成买卖。由委托方付给佣金。他们不存货，不拥有产品所有权故不承担与之相应的风险。

3. 代理商。代理商以代理卖方或买方销售产品或采购商品为主要业务，向委托方收取代理费。同样，它们不需要买断委托方委托其销售或采购的产品。所以，也不拥有产品所有权。常见的代理形式有四种：

(1) 制造商代理商(Manufacturers' Agents)，即厂家代理。他们通常代表几家产品线互相补充的生产企业，在一定地区，按厂方规定的销售价格和其他销售条件销售产品，制造商按销售额的一定比例付给佣金，鼓励其以最好的价格积极推销。

(2) 销售代理商(Selling Agents)，与制造商代理商不同的是销售代理商具有销售制造商全部产品的权利，厂方不得再委托其他代理商或雇员推销其产品。销售代理商实际是厂方将独家全权授予销售代理商。对产品的价格、交易条件等有很大的影响力，而且也不受地区限制。

(3) 佣金商(Commission Merchants)，或称商行，是一种临时为委托方销售产品，根据委托条件推销产品并收取佣金的代理机构。

(4) 采购代理商(Purchasing Agents)，是与买主建有较长期的关系，为买主采购商品，并提供收货、验货、储存、送货等服务的机构。

各种代理商的作用主要有两点：一是弥补了生产企业和批发商业销售网点和销售能力的不足，有助于扩大产品销路，对新产品或滞销商品的推销更为适用；二是委托他人代理销售，可以减少许多与经销商在利益分配上的矛盾和争执。现代经营活动中，代理商是一种比较理想的销售渠道。

在现实经济生活中，还存在若干生产企业自愿组合的批发企业、生产企业和商业联合的经营批发企业。在互联网与电子商务技术的推动下，网上(线上)销售平台在零售环节有了快速发展的趋势，现在也有向批发环节发展的势头。这里更明显的是利用“互联网+”许多网店开始从传统批发业中，分离出更多属于“服务”的业务，诸如为供求各方提供信息等。批发商的存在，使整个营销关系大大简化，使营销成本有所降低。

第三节　分销渠道的设计

设计一个渠道系统，包括四个步骤：分析顾客需要的渠道服务水平；确定渠道类型限制因素；制订渠道选择方案；评价渠道。

一、分析顾客需要的渠道服务水平

设计分销渠道的第一步，是了解购买者在其所选择的目标市场中购买什么商品、在什么地方购买、为何购买、何时买和如何买，营销人员必须了解目标顾客在购买一个产品时所期望获得的服务的类型和水平。

分销渠道可提供五种服务：

1. 批量大小(Lot Size)，是指在顾客购买过程中分销渠道能够提供的某种产品的基本单位数量多少。

2. 等候时间(Waiting Time)，分销渠道提供顾客从订货到收到所订货物的全部时间。顾客多愿接受的是快速交货渠道，即顾客更愿意选择物流效率更高的分销渠道。

3. 空间便利(Spatial Convenience)，是分销渠道为顾客购买产品所提供的方便程度。对于加工生产企业与零售商业，空间便利是其选择分销渠道的重要标准。

4. 产品齐全(Product Variety)，这主要是指分销渠道提供的产品组合的宽度与长度。顾客喜欢选择分销渠道的主要成员提供的产品组合较宽且长。因为这会让企业从少数渠道成员手中获得自己所需要的更多产品来满足顾客需求，同时还可以减少寻找与商谈的时间而把握更多机会。

5. 服务支持(Service Backup)，是分销渠道提供的附加服务，例如信贷、交货、安装、修理、信息等服务支持。企业在选择分销渠道时，分销渠道的服务支持越强，渠道提供的服务工作越多，就越能被企业选中。

当然，分销渠道的设计者必须清楚：提高分销的服务水平意味着分销渠道建设和维护成本也将不断增加，这又将使得企业向顾客转让产品的费用水平也将不断提高。

二、影响企业选择分销渠道类型的因素

影响企业选择分销渠道类型的因素很多，企业通常从目标市场特征、自己生产或经营产品的特点、企业自身的特点及环境特点等方面进行综合分析与判断，做出适当的选择。

(一) 目标市场特征

1. 市场需求量与市场分布状况。市场需求量大、分布范围较分散，宜采用长而宽的分销渠道，这样可以通过各种不同类型的中间商，将更多的不同商品分销到各地，以求获取更大的经济效益。而需求量较小且分布较密集的市场，宜采用短而窄的分销渠道，以求降低分销渠道的建设和控制成本。

2. 购买特点。目标市场顾客每次购买量小而购买次数多的产品，企业应更多考虑选择长而宽的分销渠道，因为要满足购买频繁且购买量少的顾客，需要将销售网点开设到最靠近顾客的地方。目标市场顾客购买产品相对单一且购买次数少而一次购买量较大的市场，采用短而窄的分销渠道，即指定一家中间商向其供货，通过专业化达到提高分销渠道效率的目标。当然，可以考虑生产企业直接供货的方式。

3. 竞争特点。在目标市场上存在各种竞争者，实力大小不一，企业在制订渠道策略时必须结合竞争者所采用的渠道方式，选择“针锋相对完全类同”或“避其锋芒完全相异”的分销渠道类型。

(二) 产品特征

1. 价格、体积和重量。产品价格较昂贵，中间商往往考虑经营风险较大而不愿经销和代销。企业宜采用短而窄的渠道形式，例如，首饰与高档手表的分销渠道类型。产品体积小，重量轻，价格便宜，企业宜采用长而宽的分销渠道类型，例如“可口可乐”的各类饮料要做到“随处想要即可买到”。

2. 易损性和时尚性。产品易损易腐或者为适应一时的流行趋势而设计的时尚服饰，应尽快将它送到用户手中，企业宜采用最短的分销渠道类型。分销渠道设置的中间环节越少，同一批产品的装卸、搬运次数就越少，各种差错和损失发生的概率就越小。

3. 技术性程度和附加服务的条件。一些产品在使用时需要掌握一定的技术，此时生产企业在提供产品的同时，必须附加一定的服务如安装、调试、检验、维修乃至人员培训等，企业宜采用零层渠道类型，由最了解自己产品各项性能与使用技术的推销人员做好售后服务，保持企业信誉。

4. 市场生命周期所处的阶段。在产品处于新产品导入期时，尚未被多数顾客认识，企业大多采用短又窄的分销渠道类型，而在处于成长期和成熟期的产品则宜采用长而宽的渠道类型。当处于衰退期时，应调整或减少中间商采用减缩渠道，即由宽又长向窄而短方向调整，减少分销渠道维护的各种费用。

5. 产品的独特性。产品越具有独特性，就越应采用窄的分销渠道，例如艺术品，在国际市场上大多采用独家经销的渠道类型。

(三) 企业特征

1. 企业的声誉、规模、资源条件。企业的市场声誉将会直接影响有多少中间商愿意与自己合作，以及合作的积极性。规模大、财力雄厚的企业能够通过各种兼并中间商的活动，建立自己的销售网络，即以较短的分销渠道类型，实现自己控制销售渠道，最后达到控制目标市场的目的。而那些财力弱小的中小企业，往往就不得不依靠中间商完成向目标顾客提供产品的目的。

2. 企业产品组合。产品组合的宽度决定生产企业必须与多少用户打交道。产品组合愈宽，则应选择较宽的分销渠道，因为企业生产的不同产品需要通过专业经营不同产品的中间商来销售。当然，生产企业可以选择一家或少数几家经营多种产品的大型中间商来实现自己的营销目标。但是这两种分销渠道类型最后达到的战略效果不同。如果企业产品组合较窄但产品组合深度较大，则应考虑选择较窄的分销渠道形式，即选择几家专营商店向顾客出售规格、花色、品种等多样性的同用途产品。产品组合的关联性与分销渠道的中间商经营特征有较高的关联关系。鞋帽，服饰、家具与家电等产品，可以寻找那些同时经营两大类产品的中间商来协助企业开展市场销售活动。这种处理方式的意图是尽量窄化分销渠道，使得企业在渠道规划和控制的各种成本得以最大幅度的降低。

3. 企业销售、出口业务的经验或提供服务的能力。企业的销售经验十分丰富并且具有提供各种服务的能力，则应选择自己直接为目标市场提供产品的分销渠道模式，即短渠道策略。反之，缺乏销售经验和技巧的企业，就要选择合适的中间商与自己合作，为目标市场提供产品和服务。

(四) 环境特征

1. 经济环境。经济繁荣时期，需求增长较快，同时愿意参与渠道合作、能力较强的中间商也较多,这为企业采用较长、较宽的分销渠道类型创造了必要的条件。在经济衰退时期,可选择的中间商在不断减少,企业为降低售价只能从减少中间环节、削减成本上找出路,从而迫使企业采用最短、最窄的渠道类型。

2. 法律环境。在国际市场上选择渠道成员,确定分销渠道形式时不仅要考虑本国有关法律、法令条例的许可和限制,更应考虑进口国的有关法律许可和限制,因为只有这样才能减少由此失误而造成的各种损失。

3. 社会环境。企业在开发国外市场,选择分销渠道和渠道合作伙伴时,应考虑当地企业、民众乃至社会对本企业的"感情"和民族主义情绪的现状和可能出现的变化。不少企业选择分销渠道时采用"国外生产"或"合资生产"的策略,以缓解对方国家日益高涨的民族主义情绪。

三、制订渠道方案

渠道方案有三个方面的内容:中间商的类型、中间商的数目和每个渠道成员的权利及相互责任。

(一) 中间商的类型

使用何种类型的中间商,取决于企业希望中间商在目标市场的服务水平和渠道交易成本大小。企业首先应该弄清楚哪些类型的中间商能够销售本企业的哪种产品。通常一种产品可由多种类型的中间商来实现向目标顾客传递的任务。无论分销渠道长短宽窄都与渠道成员中间商的类型有关。

1. 生产企业远离需求市场。企业必须为自己的产品在不同地区设置作为"蓄水池"的批发商,同时还要考虑在目标市场顾客的分散性,为方便顾客购买必须设置一定数量的零售商。这样企业就会考虑长且宽的分销渠道方案。

2. 中间商的经营特征。有多种经营中间商,这可以从两方面分析,第一,批零兼营。若是生产企业欲缩短分销渠道长度,就会选择这类中间商为自己的渠道成员。第二,品种多样。若是生产企业想减少与中间商的沟通次数,就会选择与一家或少数几家经营品种广泛的中间商作为自己的渠道成员,即选择窄渠道方案。例如,许多企业选择大型商业公司,如,麦德龙(Metro)、家乐福(Carrefour)等完成商品仓储、配送和销售服务。反之,当一家生产企业产品组合窄且深,就会更偏向考虑选择专业中间商,以便顾客在一家专业商店可以有更多的挑选机会。例如,手机生产商会考虑选择手机专业商店来向顾客提供更加多样化的企业自主品牌手机。

3. 中间商的使用成本。中间商所提供服务的多样性、中间商的知名度、中间商经营规模以及市场同类中间商之间的竞争状况等都将影响中间商的使用成本。与一家大型超市集团公司确立分销合作关系,它提出的条件和收取的费用,与企业同数家中小型商业企业确立分销合作关系,倘若实现的目标或效果一致,企业就要考虑后者提出的条件与收取的费用是否更容易接受。

（二）中间商的数目

企业必须决定每个渠道层次使用多少中间商。一般有三种模式可供选择：专营性分销、选择性分销和密集性分销。

1. 专营性分销(Exclusive Distribution)，是一种窄渠道分销类型，即企业有意识地限制中间商数目，在一个区域市场范围内只选择一家中间商组成的分销渠道，俗称“独家分销模式”。最常见的是生产企业利用自己的某个著名品牌，选择一家中间商实施产品专卖的方式，实现企业的营销目标。选择这类分销模式的主要原因是：

(1) 便于企业在价格、促销、信贷和其他服务方面对中间商加以控制；

(2) 可采取有效的措施提高中间商的销售效率和积极性。

但专营性分销在抓住一部分消费者群体的同时，也往往会使企业失去一些潜在顾客。同时，过窄的渠道适应性也较差，一旦市场发生变化，对企业来说就存在失去市场份额的隐患。

2. 选择性分销(Selective Distribution)。企业为了防范“独家分销模式”存在的隐患，就会考虑增加自己在某一区域市场分销渠道中的同一渠道环节层次上的中间商数目。由于中间商数量增加，一些矛盾和冲突也会出现。所以，企业必须从愿意经销企业产品的众多中间商中做筛选，被选出来的中间商数目不多，便于企业与中间商之间互相密切配合，建立良好的协作关系，获得较好的销售结果。选择性分销能使生产者获得足够的市场覆盖面，达到一定的市场占有率。与密集性分销相比有较大的控制力和较低的成本。

3. 密集性分销(Extensive Distribution)，也称“广泛分销”，是一种宽渠道分销策略，就是在同一渠道环节层次上，对使用的中间商数目不加限制，只要中间商愿意协助企业销售产品就允许它成为自己分销渠道相应环节的成员。

密集性分销模式的优点：

(1) 增加了品牌的展露机会，提升了品牌知名度。许多中间商同时销售企业某品牌产品可以扩大该品牌产品与顾客的接触面，使该品牌产品知名度有望获得更快提升的机会。

(2) 便于购买者购买，有利于企业提高产品的市场占有率。

密集性分销模式的缺点：

(1) 同一渠道层次许多同类中间商同时经销企业的某些产品，加剧了分销渠道同类中间商彼此之间的“内斗”。

(2) 企业对中间商的监督与控制能力会降低乃至失控。乱涨价、假冒伪劣现象层出不穷等。

（三）渠道成员的权利和责任

在设计和制订渠道方案时，企业必须确定渠道成员的权利和责任。主要包括价格政策、销售条件、地区权利和双方应提供的具体服务内容等。

1. 价格政策(Price Policy),是指生产者须制订价目表和折扣细目单,并使中间商确信这些是公平的和能够确保自己赢得预期利润。当然,生产企业必须了解那些愿意同时自己又认为合适的中间商的盈利期望水平,以便更加顺利地获得中间商的配合与支持。另外一种常见的情况是,中间商具有一定的价格决定权。取得这种权力的中间商必须拥有经营产品的所有权,即通常所说的"买断"。

2. 销售条件(Condition of Sale),是指付款条件和企业的担保。许多企业对于付款较早的中间商给予更优惠的现金折扣。企业也可以向中间商提供有关商品质量或价格变动等方面的担保。有时企业可以为中间商提供商业信用,同意先向中间商供货,然后在完成销售任务后再结算货款。

3. 分销商的地区权利(Distributors' Territorial Rights),即分销商需要知道企业打算在哪些地区给予其经销特许权。因为这样在自己销售地区实现的所有销售实绩都归于自己,从而在以后再次与特许权授予方的谈判中取得更多的话语权。

4. 相互服务和责任(Mutual Services and Responsibilities)。分销渠道若是由一系列彼此经济独立的企业组成,为了做到"齐心协力"明确相互服务与责任、规范行为非常重要。尤其是在采用特许经营和独家代理等分销渠道形式时,企业必须明确规定双方各自应承担的义务和所享有的权利。

总之,企业应从既能有效地吸引其选中的中间商,又保证企业的实际利益出发,慎重地规定渠道成员的权利和义务,以供双向选择。

四、评价并选择渠道

当企业同时制订了几种备选渠道方案,就要结合自己已经明确的营销战略对这些备选渠道方案进行评估,从备选渠道方案中选择最佳方案。通常企业会以渠道的经济性、渠道的可控制性和渠道的适应性三个标准进行评估。

(一) 渠道的经济性标准

企业选择、利用分销渠道是希望这些分销渠道能够帮助自己实现既定的营销目标,当然企业也必须为之付出相应的成本。企业希望选择的分销渠道能够为自己的产品实现最大的销售效率,以便实现提高市场占有率的目标,这可以视为一种收益。但是,能够提供高效分销服务的中间商往往也会提出较高的费用要求或其他条件,诸如供货价格更低、供货更加及时等,从而导致渠道使用成本的增加,这可以看作为一种代价。现在需要企业决策者完整列出所有渠道方案的预期销售效率与各类成本,并估计它们未来的变化趋势,这样便可确定销售效率最高而渠道成本相对较低的分销渠道。

(二) 渠道的控制性标准

依靠中间商的特长能够使企业获得"依靠自己来实现目标"更多或更大的成果。但是,越是富有经销经验、拥有完整销售系统或有效销售模式的中间商,往往也是越难以控制的。为了与中间商一起来实现共同的营销管理目标,除了要有激励手段还要有控制的办法。设计分销渠道时必须考虑渠道的控制问题，因为中间商是一个独立的经营实体，他们关心的是自己收益最大化，主要精力可能集中在从他们经营的商品品种组合角度考虑的顾客身上，而不是在某个特定制造商的产品上。此外，这些中间商往往不愿多研究某公司的产品特征，没有掌握产品在使用中的技术细节，也不会有效地利用制造商提供的宣传材料完成制造商委托的促销任务。另外，不同的中间商，可控制的程度也不同，因此，制造商必须设置既出于自身利益的保证和满足，又能够为中间商接受并遵循的控制目标。

（三）渠道的适应性标准

营销环境的变化是迟早必然会发生的，这就要求企业随时做好对自己营销战略做相应调整的准备，这也包括对既定的分销渠道做出调整。问题是企业可以做到随时调整自己的营销战略和分销渠道模式，可是作为营销战略合作伙伴的各个中间商是否也愿意做到"环境变，我也变"呢？从对那些在环境变化中依然取得优异成绩的分销渠道系统的经验分析不难发现：稳定的关系、良好的沟通、相同的企业文化等是使分销渠道中各成员能够做到"心有灵犀"的基本条件。看来，适应性不是光指分销渠道中的某个或某几个成员有很强的对环境变化的敏锐感觉能力和应变能力，而是指所有渠道成员都必须有很强的适应性、一致性，即在环境发生变化时，分销渠道系统中的所有成员是否对这些变化的原因、程度和趋势都会做出一致的判断，采取一致的反应，以求共同利益最大化目标的实现。否则，失败就发生在某个环节的某个成员的"短板"之上。

总之，企业要从以上标准出发，进行全面衡量，并采用有效的决策技术和决策方法，对各种渠道方案进行质和量两方面的综合评估，从而选择出最佳渠道方案。

第四节　渠道管理决策

在企业确定其分销渠道类型后，就要对这一分销渠道进行管理，使渠道达到最大的运行效率。分销渠道管理的主要内容包括：选择渠道成员、激励渠道成员、评价渠道成员以及渠道改进。

一、选择渠道成员

企业在确定了渠道方案之后，就必须建立相应的分销渠道，通过这样的分销渠道更好地将产品送至用户手中。分销渠道的效率与渠道中的中间商素质有很大关系，所以，企业必须认真选取。企业通常从以下几个方面对中间商进行评价，选取各方面都很优秀的中间商作为自己分销渠道的伙伴。

1. 经营的经历。一般中间商从事相关产品经营活动的年数与其经验成正比。同时，经营时间长又说明在市场或顾客心目中的形象与信誉也会很好。这些都会导致具备这些特征的中间商更容易接近目标市场。

2. 经营的特征。一般应选择经营与本企业产品有连带关系的中间商,如木材厂愿将其产品通过建筑材料商经营,以便顾客在购买其建材的同时,购买木材。生产厂商一般不愿将产品交给经营同类竞争产品的中间商经营,除非他确信自己的产品在质量、价格等方面,对消费者具有更大的吸引力。

3. 经营活动的成绩。这些成绩在一定程度上反映了中间商的经营管理水平、服务水平、促销措施的得当与否等,为能否成功地经营本企业的产品提供了衡量依据。

4. 偿付能力。偿还能力反映了中间商的财务状况,企业在选择时必须调查了解。所有的企业均期待中间商能及时结清货款,因为这样可以确保企业资金安全运转。有些经营力量薄弱的企业,还希望预收货款。

5. 合作态度。具有积极合作态度的渠道成员,在市场覆盖、产品供应、市场开发、财务安全、技术服务以及市场情报等方面,都能提供更多的服务。

6. 信誉。通过信誉较好的中间商来完成和实现自己产品的市场销售,可提高产品的形象,扩大市场占有率。如果中间商是销售代理商,企业还要评价其所销售的其他产品的数量、特征及其推销力量。如果选择百货商店独家经销,对商店的店址、未来的成长潜量和顾客类型等也要作出必要的评价。

企业在对合适的中间商进行以上各方面全面评价的基础上,选择理想的合作伙伴。

二、激励渠道成员

中间商选定后,分销渠道也随之建立,企业必须采用各种措施来激励中间商经销自己产品的积极性。在管理与中间商的关系时,生产商采取的激励方式多种多样。从使用的广泛性上而言,激励渠道成员的主要形式有以下几种:

1. 强制力量(Coercive Power),即当部分中间商采取不合作行为时,制造商就威胁停止提供某些资源或中止关系。这种方法可能是相当有效的,但实施压力会使中间商产生不满从而产生逆反心理而采取不利于企业的行为。

2. 报酬力量(Reward Power),即在中间商执行特定活动或功能时,制造商给予的附加利益,例如供货条件和价格方面的优惠。报酬力量通常比压力效果更好,但会增加渠道管理与使用成本。而且报酬力量不宜常用,因为,这会导致中间商不良习惯的形成。当制造商有特定要求时,中间商会越来越多地提出新的更高的要求。

3. 法律力量(Legitimate Power),即当制造商依据合同所载明的规定要求中间商有所行动时,法律力量就开始起作用。但是,这种法律力量的有效性往往取决于中间商对"违法行为成本"高低的判定。

4. 专家力量(Expert Power),即可被那些具备专门技术的制造商所用,而这些专门技术正是部分中间商认为有价值的,例如产品的维修技术、提供安装、检查服务等。一旦中间商掌握了这些专门技术，该力量的基础就被削弱。制造商必须不断地发展新专门技术，使中间商愿意继续与制造商合作。

5. 参考力量(Referent Power)。参考力量产生于当制造商有很高的声誉且中间商以与制造商合作为自豪时。在某一市场总有少数几家企业因为其所拥有的品牌、产品质量、在顾客心目中的形象等都会导致这些制造商与市场竞争对手相比有更大的参考力量，从而吸引更多的中间商倾向于与具有这类特征的制造商合作。

较为精明的企业会有效地运用各种激励方式，努力与中间商结成长期的伙伴关系，实现多赢的营销战略目标。

三、评价渠道成员

要使渠道中的所有中间商明确了解他们也处于一个优胜劣汰的竞争状态之中，企业应经常性地对分销渠道成员加以考查和评估。评估内容有：平均库存、运输时间、仓储质量、促销上的合作程度、分销配额的完成情况、为顾客提供服务的质量等。根据已确定的标准进行评估，目的是随时对中间商做必要的调整。企业应对达不到规定标准的中间商采取各种措施调动其积极性，或者将其从渠道中排除。

四、渠道改进

企业对分销渠道管理的任务不能仅限于选择和建立一个良好的渠道系统，并推动其运转。渠道管理还包括对渠道系统定期进行改进，以适应市场新的变化。当顾客的购买方式发生变化、整体市场规模扩大、新的竞争者和新颖有效的分销模式出现，以及产品进入产品生命周期的下一阶段等，都说明企业原先设计的分销渠道系统已经过时，必须调整或改进。修改或改变过时的分销渠道系统使之成为更符合未来环境特征的理想分销渠道系统主要包括以下方面：

(一) 收集更为全面的信息

分销渠道类型的选择、建立与完善，属于企业营销战略的重要组成部分，被称为分销渠道战略。在设计、实施分销渠道战略的过程中时时都需要做出各类决策，确保决策的准确性就需要决策者掌握更加全面、准确的信息。

1. 最终顾客的信息。分销渠道首先能够为最终顾客所接受，无论是分销渠道建立还是改进，都必须首先考虑最终顾客是否认为：由这些中间商提供的产品是最好的也是最可信的。所以，企业要收集最终顾客在需求、购买习惯以及对中间商提供产品和服务的满意度等方面的信息，并根据对上述信息的分析确定自己现有分销渠道系统应该改进的地方。

2. 竞争对手分销渠道模式改进的信息。在竞争中企业可以从竞争对手那里看到自己的不足。当然也可以以竞争对手的一些失误教训为前车之鉴，所以收集主要竞争对手分销渠道模式改进活动的信息也是企业在选择改进自己分销渠道系统的一项主要工作。

3. 中间商方面的各种信息。企业除了选择直接分销渠道类型外,都需要与一定数量的各种中间商开展合作,建立分销渠道系统。此时,中间商的利益目标是否能够实现就直接决定其与企业的渠道合作关系。所以,企业必须收集有关中间商经营战略、收益目标等方面的信息。与此同时,还要注意中间商经营模式改变方面的信息,例如,家电经销商有从实体店转向电商的趋势,那么是全部转向还是部分转向? 这些信息是制造商在选择中间商和改进分销渠道模式时非常关注的内容。

(二) 制订分销渠道系统改进计划

1. 讨论分销渠道改进方案。集思广益,既能够更加清晰地看到原有分销渠道系统存在的问题以及引发问题的真正原因,也能够获得更多更好的解决问题的方法,为企业制订分销渠道改进计划奠定扎实基础。

2. 制订分销渠道改进计划。通常是先制订一个分销渠道短期改进计划,检验此前对问题与引发原因的判断是否准确,以及认为能够解决的方法是否有效,同时,企业可以给自己一个获得经验的空间。在此基础上,企业可以着手制订分销渠道系统长期改进计划。

(三) 不断完善,向理想目标发展

1. 分销渠道系统也是"没有最好,只有更好"。与企业其他营销活动一样,分销渠道系统的改进也是在各种变化复杂的环境中亦步亦趋地发展,有成功也有失败。通过与原定标准相比如果达到或超过既定目标,也只是完成计划,可能不是理想的,当然更不是最好的。

2. 向更理想的目标发展。通过认真分析研究,企业可以发现即使现在这种已经按照改进计划实现的分销渠道系统,还有不少需要改进的地方,这才是将分销渠道改进作为战略来考虑的真正目的。

第五节　分销渠道管理的发展

一、网络分销渠道管理

(一) 网络分销渠道的功能

与传统分销渠道一样,以互联网作为支撑的网络分销渠道也应具备传统分销渠道的功能。传统分销渠道是指与提供产品或服务以供使用或消费这一过程有关的一整套相互依存的组织,主要是各种实体商店和物流组织,涉及信息沟通、资金转移和提供物转移等活动,以实现企业对满足目标顾客需求的承诺。一个完整的网上销售渠道应有三大系统:订货、结算和配送。而这一切更多依赖互联网与电商来组织、安排直至实现。

1. 订货系统。它为消费者提供产品信息,同时方便厂家获取消费者的需求信息,以求达到供求平衡。一个完整的订货系统,可以最大限度降低提供者与需求者双方沟通中可能存在的各种障碍。依托互联网技术发展起来的订货系统，具有非常明显的时间短、形式多、成本低等特征，这也是购买者尤其是年轻消费者选择在线购物的主要原因。

2. 结算系统。网络渠道使得购买者特别是消费者在购买产品后，可以有更多的方式方便地进行付款，因此厂家（商家）应有多种结算方式。目前流行的几种方式有：信用卡、电子货币、网上划款等。这种结算系统可以加快买卖各方的资金周转速度，同时也提高了资金运作信息的传递速度。

3. 配送系统。产品分为有形产品和无形产品，对于无形产品如服务、软件、音乐等可以直接通过网上进行传送即下载。对于有形产品的配送，要涉及运输和仓储问题。当前国内外已经形成了专业的配送公司，如著名的美国联邦快递公司（FedEx），它的业务覆盖全球，实现全球快速的专递服务，以至于从事网上直销的 Dell 公司就将美国货物的配送业务都交给它完成。因此，专业配送公司形成了良好的专业配送服务体系并为网络营销提供支撑。

（二）网络分销渠道的特点

在传统分销渠道中，中间商是其重要的组成部分。中间商之所以在分销渠道中占有重要地位，是因为利用中间商能够在提供产品和进入目标市场等方面发挥重要作用。中间商凭借其业务往来所建立的良好关系、成功经验、专业化服务和规模经营，提供给生产企业的利润通常高于企业自己完成产品销售所能获取的利润。但互联网和电商的发展与应用，使得传统营销活动中中间商的此类作用被削减，同时互联网高效率的信息交换，改变着过去传统分销渠道系统中存在的如多环节传送而延误货物到达时间和增加费用，同一层次各中间商之间的竞争等久待解决的现象。

利用互联网的信息交互特点，网上直销模式得到大力发展。因此，网络营销渠道可以分为两大类：

1. 网上直销。这类分销模式是通过互联网实现的从生产者到消费（使用）者的网络直接营销渠道（简称网上直销）。这时传统中间商的职能发生了改变，过去的中间商变成为网上直销提供服务的中介机构，如提供运输和配送服务的专业配送公司，提供货款网上结算服务的网上银行，以及提供产品信息发布和网站建设的 ISP 和电子商务服务商等。网上直销渠道模式的建立，使得生产者和最终消费者直接连接和沟通。

2. 网络间接分销。网络间接分销是通过融入互联网技术后的各类中间商提供网络间接分销服务的渠道模式。主要表现为传统分销渠道中的各中间商利用互联网和电子商务技术，为目标顾客提供网上销售服务。这种分销模式大大提高了中间商的交易效率、专门化程度和规模经济效益，为制造商提供了新的中间商选择机会，同时也方便各类顾客尤其是消费者购买。

（三）网络营销渠道建设

由于网上销售对象不同，因此网上销售渠道是有很大区别的。网上销售主要有两种方式：

1. 企业之间的网上销售，俗称 B2B，是企业对企业的网上销售模式。这种模式上发生的交易的主要特征是：每次交易量很大、交易次数较少，并且购买方比较集中。因此，此类网上销售渠道的建设关键是建设好订货系统。客户企业信用较好，通过网上结算实现付款比较简单。此外，由于量大次数少，因此配送时可以进行专门运送，既可以保证速度也可以保证质量，减少中间环节可能出现的各类货损、货差问题。

2. 企业对消费者网上销售，这种模式俗称 B2C。此类分销模式主要是各类企业，包括中间商与消费者之间开展的网上销售活动。此类销售模式上发生的交易活动的主要特征是：每次交易量小、交易次数多，而且购买者在空间上非常分散。因此，网上销售渠道建设的关键是结算系统和配送系统。由于国内的消费者信用机制还没有建立起来，加之缺少专业配送系统，因此开展网上购物活动时，特别是面对大众购物时必须解决好这两个环节，唯有这样才有可能获得成功。每年的“双 11”线上购物狂欢节结束后，消费者投诉的主要是收到的不是自己购买的和送货时间过长两类问题。

(四) 企业与消费者之间在网络销售模式建设中需要特别注意的事项

在具体建设企业与消费者之间的网络分销渠道时，还要考虑到以下几个方面：

1. 从消费者角度设计渠道。只有采用消费者比较放心、容易接受的方式才有可能吸引消费者在网上购物，以克服网上购物“虚”的感觉。

2. 订货系统需要消费者提供的资料力求简单。设计订货系统时，不要让消费者填写太多信息。订货系统应该提供商品搜索和分类查找功能，以便消费者在最短时间内找到需要的商品，同时还应对消费者提供其想了解的商品信息，如性能、外形、品牌等。

3. 结算方式要更加便利。在选择结算方式时，考虑到目前实际发展的状况，尽量提供多种方式方便消费者选择，同时还要考虑网上结算的安全性，对于不安全的直接结算方式，应换成间接的安全方式，避免各种风险的发生。

4. 完善配送系统。对于专门面向消费者的网上销售系统的关键是建立完善的配送系统。消费者只有看到购买的商品到家后，才真正感到踏实，因此建设快速有效的配送服务系统非常重要。现阶段，我国配送体系还不成熟，进行网上销售时要考虑到该产品是否适合于目前的配送体系。正因如此，目前网上销售的商品大多是价值不大且不易损坏的商品。

(五) 网上直销

网上直销与传统直接分销渠道一样，都是没有中间环节。网上直销渠道一样也要具有订货系统、支付系统和配送系统。网上直销与传统直接分销渠道不一样的是，生产企业可以通过为自己的产品建设销售平台和主页，让顾客可以直接登录平台进行查询、选择和订货。通过与一些电子商务服务机构，如网上银行合作，直接提供支付结算功能，简化了过去资金流转的问题。对于配送方面，网上直销渠道可以利用互联网技术来构造有效的物流系统，也可以通过互联网与一些专业物流公司进行合作，建立有效的物流体系。与传统分销渠道相比，网上直销渠道有许多特点。

1. 利用互联网的交互特性，网上直销渠道从过去的单向信息沟通变成双向直接信息沟通，增强了生产者与消费者的直接联系。

2. 网上直销渠道可以提供更加便捷的相关服务。一是生产者可以通过互联网提供诸如产品介绍等服务，顾客可以直接在网上订货和付款，然后就等着送货上门，这一切大大方便了顾客的需要。二是生产者可以通过网上直销渠道为客户提供售后服务和技术支持，特别是对于一些技术性比较强的行业，如 IT 行业，提供网上远程技术支持和培训服务，既方便顾客，同时生产者可以最小成本为顾客服务。

3. 网上直销渠道的高效性，可以大大减少过去传统分销渠道中的流通环节，有效降低成本。对于网上直销渠道，生产者可以根据顾客的订单按需生产，实现零库存管理。同时网上直销还可以减少过去依靠推销员上门推销的昂贵的销售费用，最大限度控制营销成本。

对于网上间接营销渠道，其实也就是借用传统分销渠道中生产企业借助中间商的协助以达到更快、更大、更专业，也是更有效地将自己生产的各种产品，送达目标市场并占领目标市场的目的。此时的中间商是虚拟的电商，完全是制造商专门设置的电子商务销售平台。通过信息化的网络营销中间商，它可以进一步扩大规模，实现更大的规模经济，提高专业化水平；通过与生产者的网络连接，可以提高信息透明度，最大限度控制库存，实现高效物流运转，降低物流运输成本。

（六）物流管理与控制

物流管理者的任务是协调供应商、采购代理、市场营销人员、渠道成员和顾客之间的关系。对于开展网上直销的生产企业而言，可以有两种途径管理和控制物流：一种是利用自己的力量建设自己的物流系统，设计并承担各项物流活动；另一种方式是通过选择合作伙伴，利用专业的物流公司为网上直销提供物流服务，这是大多数企业的发展趋势。

为配合网上直销的顺利实施，不管是依靠自己的物流系统，还是利用外部的专业物流服务公司，基于互联网技术的现代物流系统一般具有下面一些特点：

1. 顾客直接驱动。对于专业性公司，物流系统中的物流启动和运转都是围绕服务顾客而进行的。物流的启动源于顾客的订单，顾客的需求是货物能被及时送达。所以，现在的物流系统，都采用现代化的信息系统技术来保证物流中信息畅通，提高物流效率。

2. 全面服务性。随着产品的复杂程度越来越高，专业性越来越强，物流公司需要对物流服务的内涵进行扩展。以前货物送递只送到门口，现在要不断延展，特别是对于电子产品，很多客户需要提供安装、调试和技术指导等专业服务。这将导致物流服务企业不再是简单的“送货郎”。

3. 可跟踪性。顾客尤其是各类企业在完成订货后需要对供应方的物流过程进行有效控制，从而了解自己所购货物的各类实时信息，例如数量、送达地点、安全状态，以及货款支付状况等。因此，现在的物流系统通过互联网技术，允许顾客直接通过互联网了解产品的送货过程。如前面“网络营销服务策略”中介绍的，联邦快递公司允许顾客在互联网上输入货物编号就可以查询货物最近到达的地方，以及在什么时候收货人能收到货物。

二、国际营销渠道管理

随着经济全球化，国际贸易的发展也呈现日新月异的趋势，营销管理也从国内走向国际，国际营销渠道管理也随之被提出。国际营销渠道的类型选择与国际目标市场的进入模式有着必然的关系。

（一）国际目标市场进入模式

进入国际市场模式是企业对进入外国市场的产品、技术、技能、管理理念或模式，结合其他资源进行的系统规划，包括出口进入、契约进入和投资进入三种模式。

1. 出口进入模式是企业进入国际市场的重要方式之一，包括间接出口和直接出口。

2. 契约进入模式是企业与目标市场所属国家的法人单位之间通过转让技术或技能，维持长期的非股权联系。以下五种模式最为常见：

（1）许可证进入模式，是企业在一定时期内向东道国企业转让其专利、商标、产品配方、公司名称等各种有价值的工业产权的使用权，以此取得提成费用及其他补偿。

（2）特许经营进入模式，是许可方将商业制度及专利、商标、包装、产品配方、公司名称、技术技能、管理服务等无形资产和其他产权通过合同许可东道国特许方使用并指导其生产及管理，以此获取一定初始费用及定期按营业额一定比例支付的专利使用和管理咨询等费用。

（3）合同制造进入模式，是企业向东道国企业提供产品零部件由其组装，或企业向东道国提供详细的产品规格标准并由其仿制，由企业自身负责营销的市场进入方式。

（4）管理合同进入模式，是管理公司以合同形式承担东道国公司的一部分或全部管理任务，以提取管理费、一部分利润，以某一特定价格购买该企业的股票作为报酬的市场进入模式。

（5）工程承包进入模式，是企业通过与东道国企业签订合同进行项目设计、建造完成某一工程项目，并将该项目交付合同方后，以提供诸如管理和培训工人、为对方经营该项目做准备等服务的方式进入东道国际市场。

3. 投资进入模式又称股权式进入模式，分为合资与独资进入方式。合资进入即投资企业与目标国家的企业联合投资，共同经营、共同分享股权及管理权，共担风险；独资进入即企业独自到目标国家去投资建厂，拥有完全的管理权、控制权和90%以上的产权，进行产销活动，独享经营利润、独自承担风险。

（二）影响企业选择国际目标市场进入模式的因素

影响企业选择国际目标市场进入模式的因素有：

1. 目标国家的市场因素。这主要包括东道国市场体系的完整状况、对于市场发展的法律法规的完善程度，以及目标市场宏观与微观营销环境的具体状况等。只有对上述各项因素都做到了如指掌，企业选择的国际市场进入模式才更具有可靠性。

2. 企业产品因素。这主要是结合对东道国生产发展以及竞争状况的分析后，对自己产品在该国市场上的地位有了明确的把握，才能确保企业进入该国目标市场的模式更加准确。

3. 企业资源与投入因素的影响。相比以上两个方面，企业更应该将国际目标市场进入模式的选择、规划与实施视为自己营销战略管理的重要组成部分，即从战略管理的高度来考虑如何选择国际目标市场进入模式，以确保在此项战略管理方面的风险更小。从这样的角度出发，选择国际目标市场进入模式势必要结合企业拥有的各种资源状况以及今后各时期投放的规划。

（三）进入国际目标市场的模式选择

进入模式选择的主要目的是，企业希望在国际目标市场所设立的渠道模式，在实现既定的国际市场营销战略目标时应该具有哪些特征。企业可以从以下四个方面来做出决定：

1. 从进入深度看，企业投入到东道国市场的资源越多，则企业在该国特定目标市场进入越深。

2. 从控制程度看，与进入深度正相关的是企业在东道国经营企业所拥有的决策能力和影响力，包括经营决策（经营职能、管理职能、营销职能的发挥）和发展决策（投资战略和发展战略）两个层次，掌握控制权可有效保护企业利益并按照自己的战略部署进行经营管理，在处理与东道国政府和合作企业关系时就有了主动权和影响力。

3. 从灵活性看，企业要具有能够以更快的速度和更低的成本改变经营地点和国际市场进入方式及退出东道国市场的能力。

4. 从风险性看，与进入深度正相关的是各种不可预期的损失及损失的大小程度，包括环境风险（东道国政局动荡和对外贸易政策的调整）、经营风险（投资信息的不确定、市场不完全性、交易成本高、机会成本高）等。

（四）国际市场分销渠道策略

1. 国际市场分销渠道主要类型。国际市场分销渠道主要类型有以下几种，如图 9－4 所示。以一国的边境线为准，跨越边境线的两国贸易，就是国际贸易。提供方即为出口方，购买方就是进口方。在此基础上，对于进出口双方而言，自己的产品是通过中间商向外国购买者提供的。对于购买者而言，自己购买的虽然是进口产品，可不一定是从外国生产商或经销商那里购买的，于是就有直接出口与间接出口之分。

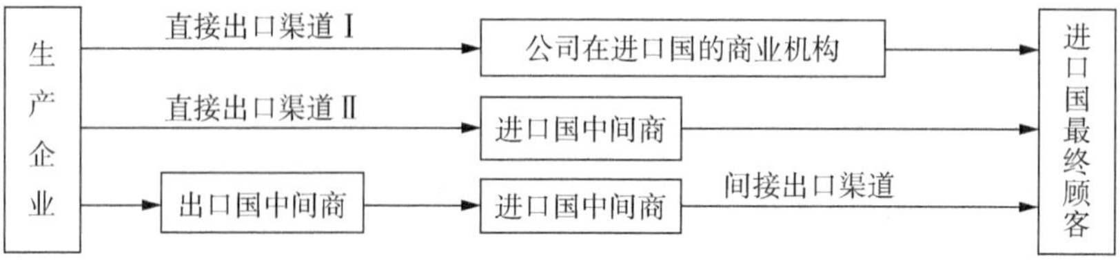

图 9－4　国际市场分销渠道的类型

（1）直接出口渠道。从上图可以看出，现在直接出口渠道企业可以有两种基本方式：

① 在进口国设置自己的分销机构。最常见的办法是，以独资的方式在东道国设立自己的全资分销组织。另一种做法是，在东道国以合资方式建立分销组织。这种模式的主要特点是：企业必须承担在东道国开展营销管理的所有工作，获取由此产生的收益并承担相应风险。这一方式能提高企业对异国市场的控制能力，但是也需要企业投入更多资金和承担更大风险。

这类直接出口渠道模式，相对于欧美发达国家或地区，在发展中国家或欠发达国家或地区比较容易获得成功。主要原因是：东道国的经济和贸易体系不甚完善，在这些国家和地区由产品出口国负责产品销售，既可以利用出口国或出口商原有的良好市场形象促进贸易的发展，还可以对当地经济与贸易体系的建立与完善也有很大的推动作用。

② 直接出售给进口国的中间商。企业选择此类渠道模式可以获得的好处是：无需为在东道国的营销活动费心思，也无需为在那里设计、建立和完善相应的分销渠道而投入资源。但是，占领国际市场和提升企业在国际市场的影响力都会大打折扣，即所谓投入少收益也少。实力雄厚、拥有著名品牌产品的企业是不甘居于这种地位的。

但是，对那些有向国际市场发展意图但却缺少相应条件的企业，采用"通过东道国中间商完成市场的营销活动并获取有益经验"，不失为一条捷径。企业可以与东道国各类中间商加深联系，熟悉东道国市场环境，取得经验，为自己最终走上独立经营舞台做好准备。

随着电商这种销售模式在国际市场的出现并被更多的顾客所接受，直接出口渠道方式势必会有更多的新创意、新发展。

（2）间接出口渠道。与选择直接出口渠道模式的企业相比，更多企业连与外国企业打交道的经验都没有，此时只能利用本国有出口贸易经验的中间商出口自己的产品。选择此类渠道模式，企业在分销渠道策略上的举措与一般分销渠道策略别无二致。

2. 国际市场分销渠道的策略选择。由于各国营销环境和分销渠道等的差异，国际分销渠道的选择有比较大的困难，企业管理者必须依据企业营销目标、产品本身的特性和目标市场的渠道特征等因素进行综合分析、对比之后再慎重选择。

企业对分销渠道的决策，在很大程度上依赖于客观环境条件，如法律法规限制、渠道控制、盈利性、渠道长度与宽度、销售条件、分销系统的所有权等，结合企业营销目标和产品市场需求状况与成本等因素综合考虑。可供企业选择的渠道策略主要包括：

（1）窄渠道策略，指国际营销企业在国际市场上给予中间商一定时期内独家销售特定商品的权力。包括独家包销和独家代理两种形式。

窄渠道策略的优点是：有利于鼓励中间商开拓国际市场，并依据市场需求订货和控制销售价格。窄渠道策略的缺点是：独家经营容易造成中间商垄断市场现象的发生。

（2）宽渠道策略，指国际营销企业在国际市场上的各个经营环节中选择较多的中间商完成产品和服务的转移，并最终实现销售企业产品的目的。

宽渠道策略的优点表现为：促进企业产品进入广阔的国际市场，有利于中间商之间展开销售竞争，提升商品销量。宽渠道策略的缺点主要体现在：中间商不愿意为产品承担广告宣传费用，可能造成中间商互相削价竞销，损害产品在国际市场的形象。

(3) 短渠道策略，指国际营销企业直接与国外零售商或产品用户完成交易。

短渠道策略的优点表现为：越过大量中间环节，可以节约经营成本，让利于消费者，有利于增强竞争能力，扩大产品销售。短渠道策略的缺点表现为：有的商品难以缩短中间环节，不利于产品进入广阔的国际市场。

(4) 长渠道策略，指国际营销企业选择两个或两个以上环节的中间商来销售企业的产品。

长渠道策略的优点为：产品易于进入国外更广阔的地理空间和不同层次的消费者群。长渠道策略的缺点为：容易形成产品在各个层次上的较大存量，增加销售成本。

3. 国际市场分销渠道的管理控制。由于环境差异的客观存在，企业对其国外分销渠道的控制具有较大难度。在确定国际分销渠道目标时，需要根据企业的营销目标，如利润、市场占有率、顾客服务水平等与企业自身的规模实力发展状况、市场竞争状况、各种环境变化状况与发展趋势来确定企业总的分销目标和具体的、长期的和短期的分销目标，审慎选择国内外中间商，保证企业高效率完成营销目标。通过适当手段评价、激励和控制国际分销渠道，在必要时对国外分销渠道进行增加、替换更新、更换、改变等调整。

本章小结

- 分销渠道是指某种产品或服务从生产者向消费者或使用者转移时，取得这种产品或服务所有权，或协助所有权转移的企业或个人。从不同角度，可以划分为不同类型。
- 设置分销渠道是因为企业缺乏直接销售的各种资源，或者通过这样做，企业可以更加顺利地实现既定的营销目标。利用中间商的目的就在于他们能够更加有效地推动产品更快、更好地进入目标市场。分销渠道的主要任务有：收集信息、促销、谈判、订货、融资、承担风险、占有实体产品、付款和所有权转移。
- 有效的渠道管理要求选好中间商并激励、管理他们。其目标是建立一个长期的伙伴关系，并使所有渠道成员盈利。分销渠道管理应该包括对所有的渠道成员按照事先建立的标准进行定期评估，并且在市场条件变化时，对渠道系统进行改进。
- 分销渠道不是一成不变的，新型的批发机构和零售机构不断涌现，全新的渠道系统正在逐渐形成。互联网技术的飞速发展，为分销渠道系统向更快、更好的方向发展提供了技术保证。

● 国际市场分销渠道也在不断发展完善。尤其是零售模式方面，原来的传统跨国分销模式被不断调整，中国消费者在购买外国消费品时有了十分明显的“创新”。

章末案例

“电商开实体店”与“实体店前途堪忧说”相悖

2015年据权威机构统计，至少有这样一些著名商店在中国内地关闭了自己的全部或部分门店：玛莎百货、万达百货、乐汇百货、乐购、沃尔玛、麦当劳、佐丹奴。2016年又传出沃尔玛计划在全球关闭269家门店的消息，引发一阵恐慌。

然而，阿里巴巴、京东、亚马逊等电商巨头都开起了实体店。2014年年底，阿里巴巴在广州开了首家淘宝体验厅，淘宝会员可以在这里休息、用餐、体验淘宝产品。2015年，阿里巴巴和苏宁联手在“双十一”与京东做了一番竞争，现在阿里巴巴还全线渠道下沉，要让淘宝在农村大地遍地开花。在2015年2月，京东全国首家综合服务中心在山西太原正式投入运营，同年5月初京东首个智能娱乐体验馆“JDSPACE”也正式营业。京东采取了“你与苏宁联手，我与永辉超市联手；你去农村开店我也去；我不仅开实体店，还开奶茶店”的策略。

除了上述电商巨鳄外，略小一些的电商，如当当网就宣布三年内要开1 000家实体书店；膜法世家创始人黄晓东也说将在现有实体店的基础上增开多家实体店；茵曼也在布局线下零售网络，并计划在五年内开10 000家实体店。

电商开实体店的原因主要有：

第一，消费者对购物体验的需求越来越高。电商经过这几年的快速发展，现在线上顾客的增长遇到瓶颈，这主要是因为线上产品同质化越来越严重，消费者在购买前后缺乏必要的体验。电商在线下开实体店，可以满足顾客的购物体验。

第二，加强资源的整合。虽然人们越来越喜欢网购，但网购并不能买到自己想要的所有东西，线下依然存在巨大的市场，电商企业不可能没有看到这一点，若是加以整合，形成线上为主、线下为辅的经营方针，是获得这一市场的途径之一。

第三，一二线城市网购成为常态，也趋于饱和，然而因诸如物流网络的落后等各种原因，使网购受到巨大制约，导致实体店是开拓市场的最好途径。

任何公司在确定自己的商业模式时必须用SWOT模型对线上线下的优势、劣势、机会、风险做评估。电商的线上优势恰好是实体店的线下劣势。同样，电商的线上劣势也就是实体店的线下优势。电商的线上优势主要表现为：第一，价格便宜。几乎所有的电商都是以价格取得绝对优势击败了实体店。第二，方便。随时随地下单，然后坐等快递上门，真的是不费吹灰之力就能买到任何想买的东西。电商的线上劣势主要表现为：第一，质量和信誉问题。消费者高高兴兴在网上下单，收到定购的商品包裹，打开一看，居然是假货或者有瑕疵，失望之极，随之而来的是退货、协商、退款，自己很长一段时间的生活被打乱。第二，快递真的很慢，从下单到收货，往往无法在对方承诺的时间内收到自己购买的物品，于是，你催促，他各种搪塞，让你绝望。第三，无法获得真实体验。而今许多消费者对选择购买什么商品有更强烈的体验需求。从手机、平板电脑到旅游景点，都希望先有一个良好的体验，再来做出自己的购买决定，而网购很难满足顾客的此种需求。

其实，理性的消费者，对上述SWOT分析仍然会心存疑虑。例如，实体店可以为顾客提供更多和更好的体验，这也仅仅是从理论上而言。许多数消费者选择到便利店或超市购买某商品时，并没有想要得到什么"体验"，而这些就是对于想开实体店的电商来说是"风险"，当然也是准备向线上发展的实体店的"机会"。

2015年随着电商的市场销售增长速度趋缓，新的分销渠道即所谓"复合渠道"线上与线下并存的分销渠道将会被更多的"纯线上分销"电商所采用。

案例分析

1. 实体商店为何会被网店侵蚀市场？它们真的已经穷途末路了吗？

2. 现在通过网店完成自己产品市场销售的大多是消费品生产商，那么诸如零配件、原材料生产商是否也可以选择网店为中间商？如果可以，与消费品网店应该有哪些不同？

3. "互联网+"成为热词对企业在规划、设计乃至调整自己的分销渠道形式（或者叫模式）时有哪些启发？

本章复习思考题

1. 分销渠道的含义与主要职能有哪些？
2. 在分销渠道中有哪几种类型的中间商？它们各自承担什么具体作用？
3. 影响企业选择渠道类型的因素有哪些？
4. 分销渠道的长度与宽度有哪些确定标准？
5. 渠道管理主要涉及哪些内容？
6. 网络营销在分销渠道策略的运用方面产生了哪些创新性发展？
7. 国际市场营销需要有国际分销渠道的支持，国际分销渠道是否是分销渠道的延伸？

本章问题及应用

1. 商业模式对大家而言可能是一个很难琢磨的问题。请仔细阅读下面的案例，然后想想：一个商业企业，选择自己认为合适的商业模式，对自己而言是否只是把握了机会或是承担了风险？对于分销渠道而言，上游生产企业必须将自己的产品交给分销渠道的下游商业企业，由它们来帮助销售给目标顾客，此刻所有处于上游的相关企业都必须认真研究这家下游商业企业的经营模式——也即商业模式是否合适，否则会毁在这家商业企业身上。

是什么导致在国外成功经营百年的奥特莱斯来中国就长不了？

一家来自美国已有百年成功经营史并被定位于"国际品牌折扣特卖场"的奥特莱斯(Outlets)商店其在上海徐家汇与中山公园的两家门店先后关闭了。据业内人士说，从2003年第一家奥特莱斯门店在中国登陆后，短短十年之内已开开关关了420家，要知道这个叫"奥特莱斯"的商业模式在美国已有百年发展史，至今才300家。在中国，奥特莱斯被戏称为"来死"，成了"短命商业模式"的代名词。在青岛开到关仅一年；在重庆虽多活了半载，商场被改成了茶卖场；在宁波由于惨淡经营，而被强制清场；在上海也仅是一年多点时间。

在美国，奥特莱斯是国际品牌折扣特卖场，专卖"过了季、下了架、断了码"的知名品牌百货，因为是"三了"，自然可以打折扣甚至不计血本贱卖，其目标顾客定位很明确，就是欲买名牌又买不起刚上市新款式的消费者群体。奥特莱斯在美国百年"未死"的经历，就是因为在经济发达的美国同样有着那样一大批既有经济条件又有品牌消费意识的人们，还有为数不少那种虽酷爱品牌但囊中羞涩的消费者，所以迄今仍有300家也并不为多。

因为奥特莱斯折扣特卖以低价取胜，所以选择场地租金相对便宜的城市郊区，为此购买者就必须有交通工具。购买者只有做出"即使开车前去购买而要多支出汽油费，但相对于买到自己酷爱又便宜的著名品牌商品，还是划得来"的购买理由，才会成为奥特莱斯的忠诚顾客。而在中国，无论在青岛、重庆、宁波还是上海，奥特莱斯都开在城市中心甚至黄金地段，奥特莱斯如何不是"来死"。

据"奥特莱斯为何OUT了"的网调显示，网民中有65.6%认为"折扣力度不足"，35%认为"品牌少且知名度低"，20%认为"款式更新速度慢"，这就说明所谓国际品牌折扣特卖场奥特莱斯在进入中国后其经营模式就决定会"OUT"且"来死"。更可悲的是，那些国际品牌供应商试图通过中国的奥特莱斯为自己迅速拓展品牌知名度的预期要落空了。

2. 在设计或开创新的分销模式时，国人常会有中国企业与西方企业相比总有"慢半拍"的感觉。其实不必这样妄自菲薄。看看下面的案例，国际著名企业宜家在中国开设网购平台，不也是"慢吞吞"的吗？

宜家决定在中国开展在线购物平台的新模式

对于宜家(Ikea)，在中国许多地方的消费者都非常熟悉——在宜家能够买到国际最新款式的家具。几乎没人会有这种想法——到网上购买宜家的家具。因为他们都知道只有到那个在其销售场所的外墙上有非常明显的蓝底黄线图案的地方才能买到自己想买的东西。可是，我们没有想到至少在七年前，英国和北欧的一些国家，宜家已经有了运营成功的在线购物平台。现在宜家决定在中国也推出类似的在线购物平台，这将是其在亚太地区的首个电子商务平台。

宜家在包括上海和北京在内的大城市开设了店铺，奉行与其他许多西方零售商类似的策略：在中国蓬勃发展的一二线城市投资建设实体门店。但是，最近几年中国实体店经营场地的租金在不断上涨，导致成本也在不断上涨。同时，中国一二线城市消费者的购买习惯也发生了显著的变化，这些都决定宜家已经到了选择新的商业模式的关头。

对西方零售商来说，中国只是它们庞大的全球业务版图的一部分，高级管理团队往往常驻其他地区，因此可能意识不到中国消费者购物行为有了多么大的变化，这些都会影响他们是否在中国也采用自己在欧美国家已经有成功经验的在线购物平台的建设决策。

有些西方零售商，例如乐购（Tesco）和百安居（B&Q）在中国投资建设门店，可是几年后就决定退出这一市场。劳动力成本上升和商业租金上涨，导致这些西方零售商的利润快速减少。一些中国零售商已经运用实施 24 小时微型店铺的商业模式较好地解决这一问题。但西方零售商复制这种商业模式未见成功的先例。沃尔玛中国（Walmart China）在 2016 年 7 月决定重组业务并向中国最大的在线零售商京东（JD. com）出售其电商网站一号店（Yhd. com）。有数据显示，一号店在隶属沃尔玛时，其在中国在线市场的份额排名从第一降至第六，这可能是沃尔玛决定处置该业务的最大原因。

风险与机会并存。宜家尝试推出在线购物平台的决定用了七年的时间，表明宜家在选择和制订新的商业模式和相应的战略方面是严肃的。如果宜家取得成功，其他西方零售商可能会效仿。

当然，计划在中国推出在线平台的西方零售商也有许多考虑。它们很可能需要与阿里巴巴或腾讯合作，因为阿里巴巴和腾讯在中国电商市场占据主导地位，并控制着中国在线支付市场。

它们还需要在靠近三四线目标城市的子区域建立当地物流中心。提供低价或免费送货服务在中国也很重要，因为许多国内零售商已经提供了这种免费送货服务，因此在中国与物流服务提供商缔结相关协议非常关键。

中国市场的商业环境日新月异，西方零售商必须选择接受利润日益下降的局面或者投资扩大在线业务。鉴于其实体店铺受到欢迎，宜家决定冒险尝试推出在线平台，以吸引迄今接触不到的客户。在这个案例中，留出时间打造强大的品牌形象，之后再采取行动可能是正确的。

第十章
营销传播与促销策略

□ 学习目标

- 认识营销传播组合的各种工具
- 了解有效营销传播方案的制订步骤
- 了解企业广告策划过程中的内容
- 了解企业营业推广策略
- 认识企业在设计销售队伍时应该做出的决策
- 掌握企业进行公共关系开发和宣传的方法

□ 开章案例

广告公司无法理解老年人

成功的广告与广告设计、创意有直接关系。广告的目的是刺激目标顾客的潜在需求，但是，要达到这一目标却不容易。例如，在自诩由经验丰富的广告设计人员组成的一些欧洲国家的广告制作机构，现在也感到自己在广告和营销设计与创意方面面临着一个难题：年轻的广告创意团队，如何能理解不断扩大的老年市场的顾客的真实情感和需要？英国公共关系问题研究专家博尔科夫斯基说：广告商在面向老年消费群体制订和设计广告创意时经常会把事情搞砸，失败根源就在于广告机构的设计人员与广告对象之间在文化上存在的巨大差异。英国不少地方的老年人听说此款是专门为满足他们需要的新产品的广告片是那帮留着胡子的年轻人“创意”时，就会很崩溃。

博尔科夫斯基还指出，广告和营销机构变得太关注年轻人。而那些勇于接受挑战、开发老年消费者市场的广告创意和设计者，却不理解老年群体的复杂性。

20Plus30是一家专门从事老年消费者营销的咨询公司。该公司创始人迪克·斯特劳德(Dick Stroud)表示，广告公司已变得越发轻视老年人。根据英国广告从业者协会(Institute of Practitioners in Advertising)2013年的一份报告显示，广告从业人员的平均年龄略低于34岁。斯特劳德指出：公司的一位资深广告设计师写出第一份广告时的年龄为39岁，接下来的25年里，他一直积极投身于写广告。而其中属于老年消费者群体的广告片脚本很少。如今，人口老龄化发展速度加快，向老年人口推销产品的广告人的年龄却在下降。

优秀的创意人员应当有能力设身处地地设想任何人心中所想。比如说，谁也不会指望8岁女孩能想出乐高女孩(Lego Friends)的营销方案。然而，为年轻人和为老年消费者创作广告的区别之处在于"可推断的体验"。当今广告业内的成功之才虽都是从年轻时走过来的，但同普通人一样很难想象老了之后会有什么需要，在面对一个看似完整的广告时，会促使其做出什么决定具有多大影响难以准确判断。通常相对老年人而言，指望会对他们的需求产生刺激效果的产品广告设计者，都是通过自己父母或祖父母的行为推断的。有人建议，广告公司应当保留年长员工或返聘他们当顾问。

还有些有识之士分析得出，广告设计或创意不准确的另外一些原因是：有些广告设计和创意者想当然地认定老年人的行为方式已经固化。较常见的一种说法是，作为老年消费者往往表现出成熟消费者的特质，其中又以不会改变购买习惯、品牌偏好等行为为主。这些误解，都直接导致在他们制作的老年消费品广告中，对广告目标顾客的"诉求代言"很少有变化。

广告从业人员熟悉各种类型的年轻人，却经常忽略对老年消费者中的不同群体进行区分：55岁以上消费者是一个极其复杂的群体，他们未必都是空巢老人。他们可能离婚了，或有年幼子女，或希望在未来几十年里继续工作而不是利用退休时光旅游和打高尔夫球。如今人们的退休生活跟以往不一样了，金融危机让许多人的养老金缩水，使一些精明的营销管理者意识到了老年人有了新的工作和生活方式。但广告业对老年人市场的看法仍往往过度简单化和笼统化，所以广告创意领袖建议，"对于老年人，你需要关注他们的心态，而不只是年龄。今天的老人们比以往更注重健康、长寿。现在的老年人骑自行车相当于过去打高尔夫球。"

有人认为上述问题不完全在于广告公司与管理者对老年群体的认识是错误的，而在于他们在其创意或设计中没有考虑老年群体的特殊需求，以及这些需求依然在发生变化。最明显的例子就是没有把针对楼梯升降机、退休规划或假牙护理液等面向特定年龄群体的广告，跟针对计算机、冰箱和汽车等所有年龄组都会购买的产品的广告区分开来。即便主要购买者很可能是50岁以上的人，广告创意的核心关注点仍然是年轻人。

从广告媒体看，针对老年群体的广告也没必要是仅以纸质形式出现的平面印刷广告。有统计数据表明：老年人正日益成为重要的数字消费者。

英国广播公司(BBC)的音乐总监鲍伯·申南(Bob Shennan)在第二频道(Radio 2)公布的市场调查结果发现，"年轻的老年人"一代已经出现，他们比以往的老年人更喜欢冒险，喜欢旅游和外国食品。这一群体认为自己比实际年龄更年轻。音乐的年龄界限正在模糊。这就要求广播、电视媒体传播的带有音乐艺术表演内容的广告，设计人员一定要认识到这一特征的存在。

一些在老年消费者市场颇有成就的广告设计者向同业人士建议：人们喜欢把自己看得比实际年龄小10岁。如果你对一个60岁的人进行促销推广，一定要使用针对50岁者的促销模式，否则营销效果会适得其反。当前社会的老年用户看过大量的广告，他们很精明。他们需要的是关于产品本身的信息。他们不想看到广告设计者制作的抽象的图像。老年人不想看到广告的画面或语言告诉他们这是专门面向老年人的，他们希望广告上所推出的产品是面向所有人。

对于为数众多的单身老年消费者来说，再也没有比广告里出现一对快乐的老年夫妇更让人心烦了。务必要避免银发夫妇手牵手在沙滩上漫步的那种老套创意。

其实，我们有些时候降低产品价格或者采用新的销售模式，向目标顾客推出所谓更多优惠好处的各种活动，都称为“促销”。而像广告、人员推销、营销推广和公共关系宣传等也被归入到促销一类的营销活动。它们更加注重(或者说应该更加注重)对目标顾客心灵上的影响。

□ 案例引导

想来广告主对于广告是什么，应该心知肚明。案例就明确地告诉我们：那些老年用品生产商就找了不靠谱的广告公司，他们的“为老年人尽尽孝心”的愿望怕是要成泡影了。一个好的创意，由一家著名企业开发成一个有广阔市场前景的产品，并且还赋予一个著名品牌，交付给一个著名的广告公司，请它帮忙设计广告方案。看来一切都将会向预期的目标发展了！可是事与愿违。毁在一帮自视很高的著名广告设计师手里了。学市场营销不学广告策略行吗？

企业的营销传播，或称促销，其实质是一个传播行为。它是指企业将产品或服务，向现实和潜在顾客进行宣传，以激发其产生购买行为，从而扩大产品销量的活动。在市场经济条件下，企业必须与各个关系方及公众沟通，每个企业都不可避免地担当起传播者和促销者的角色。

第一节　营销传播与促销概述

营销传播组合(Communications Mix)主要由五种工具组成：

1. 广告(Advertising)。广告即企业通过向媒体付费的方式进行的构思、商品和服务的各种非人员展示和推广活动。例如，企业在一些报刊、电视等大众传媒上开展的介绍自己产品或某项服务具体特征的广告。

2. 营业推广(Sales Promotion)。有时也被称为“销售促进”，是一种与广告和人员推销非常相似的营销传播活动。企业运用各种方式鼓励潜在顾客试用或购买自己产品或服务的短期刺激活动。例如，“买一送一”等活动。

3. 人员推销(Personal Selling)。企业派出推销员与可能的购买者面对面接触，争取获得更多订单的各种促销活动。例如，一些设备、工具制造商派出推销员直接面对客户具体介绍产品的功能、性能以及辅导具体的操作流程或技术。

4. 公共关系(Public Relation)和宣传(Publicity)。企业设计各种社会和公益活动方案并加以实施以实现宣传企业和产品的目的的各种活动。例如,企业赞助举办自行车环湖拉力赛,达到提高企业知名度的目的。

5. 直接营销(Direct Marketing)和在线营销(Online Marketing)。企业使用邮寄、电话、电讯、互联网和其他非人员接触工具与目标顾客进行有效的信息沟通,以获取他们产生企业期盼的相应行为的各类活动。例如,顾客可以登录公司的主页,直接点击进入相关平台,查阅自己关注产品的各种信息。

营销传播是营销学使用的概念,在现实社会被称为"促销",营销传播组合也就被称为促销组合,营销传播工具就是促销工具。

一、营销传播的过程

营销传播的实质是信息传播,也是营销者与其目标顾客之间为实现某一目标而开展的沟通活动。之所以称其为营销传播,是由于这类信息传播过程的特殊性:营销人员先将公司和商品的信息转变为某种有特定意义的信号即"信息编码",然后经过特定的传播媒体送达给目标顾客,最后由目标顾客把自己接收到的信息与自己头脑中原有的知识、认知或理念进行比较,得到自己对所接受信息的解读,即实现所谓的"信息解码"。

营销传播是否有效,关键在于发送者和接受者对于传播的信息是否有相同的理解。信息传递的效果取决于编码与解码的一致性。一致性高,说明传播或是沟通效果好。例如,雀巢公司为其推出的一款速溶咖啡设计了一个广告。广告由电视媒体传递给顾客。顾客看到的是:一群亲朋好友在家里聚会,女主人拿出一杯杯雀巢咖啡递给客人们,客人们在品尝后一致称赞道:味道好极了。如果观众看后得出的体会是:雀巢速溶咖啡味道一定不错,那就与雀巢公司的广告原意——用速溶咖啡待客同样会被客人认可存在一定的差距,雀巢公司的广告效果就打了折扣。

二、营销传播的有效运作

营销者为了实现自己的某项目标而设计、实施营销传播活动,为提高营销传播活动的效果,企业必须做好营销传播每一阶段的规划设计。企业与各类顾客之间开展的营销传播活动包括八个阶段,即营销传播有效运作的八个步骤,见图 10-1。

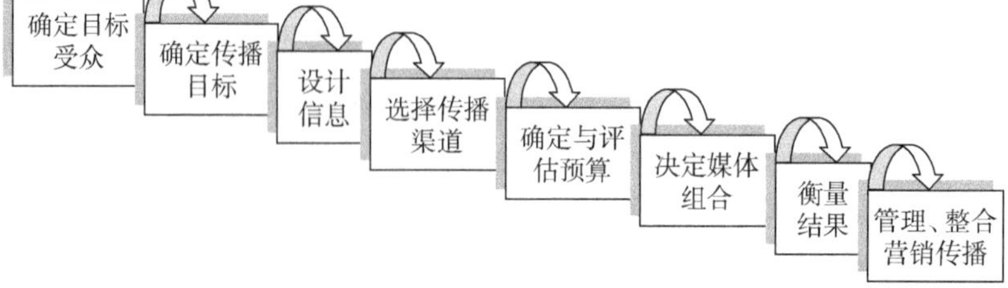

图 10-1 营销传播有效运作的步骤示意图

(一) 确定目标受众

1. 信息的目标受众。传递信息必须有明确的目标受众,他们可以是企业产品的潜在购买者或现有顾客;购买决策制订者或购买决策影响者;他们或者是个人、群体、特殊公众或是一般公众,等等。受众的性质决定了企业传递信息的方式、时间、内容及地点等。

2. 目标受众的研究和分析。目标受众研究与分析的目的是为了了解受众对企业及其产品、企业竞争对手的产品的印象和看法。印象(Image)是一个人对某一对象所具有的信念、观念和感想等的综合结果。人们对某个产品的态度和购买行为受到他们对这一产品印象的高度制约。应当指出的是,建立或转变目标受众心目中的企业印象,需要企业付出长期和艰辛的努力。因为人们一旦形成对某一事物的印象,他们对而后有关这一事物的信息,就会出现选择偏差,除非有重大负面事件出现,否则,他们只选择正面信息,以求与其心目中的印象相一致。因此,无论是正面印象还是负面印象,一经确定,就有一个较长且稳定的周期。

(二) 确定传播目标

明确了目标受众之后,企业必须研究购买者在购买过程中每一阶段的特点,确定每一阶段自己的信息传播目标,再确定采取的相应措施。就消费者而言,消费者购买行为全过程包括三个阶段,即感觉、学习和动作。但这三个阶段在不同商品上的表现形式也有所不同:

(1) 购买轿车这样的高投入、高差异商品,目标受众高度参与,同时对产品特性又存在认知上的不完整性,购买过程是“学习—感觉—动作”的过程。

(2) 购买家用电器之类的高投入、低差异商品,买方的购买过程为“行动—感觉—学习”。

(3) 购买日常用品等属于低投入、低差异产品时,购买过程是“学习—动作—感觉”。

只有了解顾客购买某种商品时的一般购买行为模式后,营销人员才能针对各阶段特点设置相应的传播目标,把传播计划做得更好。

(三) 设计信息

确定了与目标受众的信息传播目标之后,紧接的工作就是设计信息,即为了实现传播目标需要说什么即信息内容,怎样说更合乎情理(信息结构),以什么方式进行叙述(信息格式),以及使用哪些媒体传递信息(由谁说即信息源)。在理想状态下,信息应能引起注意、提起兴趣、唤起欲望、导致行动,即AIDA(Attention-Interest-Desire-Action)。

1. 信息内容。不同地区的购买者由于文化背景、收入水平、审美观念等不同,即便购买同一种产品,他们的购买着眼点也可能相差甚远。这就要求企业根据目标受众的不同购买着眼点,设计自己传播的信息内容。企业通常可以从以下三个方面吸引不同购买者的注意力。

(1) 理性诉求(Rational Appeals)。是指通过向购买者介绍产品的质量、性能、价值、经济性等客观信息来引发他们的购买欲望。

(2) 情感诉求(Emotional Appeals)。即通过激起购买者正面或负面的情感来促使其尽快做出购买决策。负面情感包括:恐惧、负疚、羞辱等。即通过宣传如不正确地使用某种商品可能引发不利的后果。正面情感诉求包括:幽默、热爱、自豪、快乐等。信息内容幽默化可以使受众感到高兴,喜欢观看有关信息,进而喜爱宣传的产品。

(3) 道义诉求(Moral Appeals)。道义诉求是直接针对人们的是非观和爱憎观,常用于规劝人们支持公益事业。

2. 信息结构。信息的有效性,不仅与内容设计是否正确相关,还取决于信息的结构设计是否正确。信息结构涉及三个方面:如何提出沟通的问题;如何解释这一沟通问题;如何设计解释过程的逻辑关系,即先陈述什么,再继续说明什么的先后次序。

不同的目标受众在心理、文化和受教育程度等方面存在明显差异,这就会导致在同一次沟通过程中,不同的受众在最先希望了解的是什么和接着为做出准确判断想了解的是什么等都可能存在差别。所以在对目标受众进行研究与分析时,对目标受众的心理、文化和受教育程度等方面要有更加深入的了解,为准确设计信息机构提供依据。

3. 信息形式。信息形式是指信息以何种形式出现在相关媒体上,包括传递信息的主体内容及信息背景环境。信息的形式必须具有吸引力。

(1) 在印刷媒体上做广告,应注重标题、文本、说明和颜色。

(2) 在广播里做广告应注意措词、声音的速度、节奏等。

(3) 在电视、电影上做广告,还应注意画面、背景和人体语言的设计与运用。

(4) 信息直接由产品或产品的外包装传播,信息传播者必须注意颜色、尺寸和外形。

4. 信息源。所谓信息源就是对于某种特定信息,目标受众多数情况下是在哪里接触到的。例如,企业试图通过电视节目插播广告向目标受众传递有关智能手机的信息,就必须掌握目标受众是通过哪家电视台的哪个节目的广告来了解与新型智能手机相关的信息,必须更具体、明确。例如,在哪家电视台的哪个节目前后请不同的明星做代言的效果差异具体有多大,只有这样,营销传播才更有效。同时企业应该清楚:信息源的知名度和可信度直接影响目标受众的购买决策和购买行为。例如,许多企业邀请影视明星或体育明星做广告,就是要借助这些人的知名度来吸引大众的关注。信息源的可信度越高越能打动购买者。

信息源的可信度主要由专长、可靠性和令人喜爱性三个因素构成。

(1) 专长(Expertise)是信息传播者所具有的、支持他们论点的专业知识。如牙膏生产企业请牙科医生出面证明该品牌牙膏具有某些特殊效果,获得购买者信任。

(2) 可靠性(Trustworthiness)是涉及的信息源被看到具有何种程度的客观性和真实性。例如,乳业公司所做的鲜奶广告,广告词说:"好奶要好牛,好牛要有好牧场"。广告画面就是"一片广袤的草场",从而使得受众深信不疑。

(3) 喜爱性(Likability)描述了信息源对大众的吸引力,即信息传播者讲话要直爽、坦率、幽默、自然等。

(四) 选择传播渠道

信息传播渠道主要分为两大类:人员传播渠道和非人员传播渠道。

1. 人员传播渠道。人员传播渠道是指在两个或两个以上个人之间进行信息传播，这种传播可以是面对面的，也可以是通过电话、信函进行的。人员传播渠道可细分为三种：

(1) 提倡者渠道(Advocate Channels)，即由企业推销人员组成的渠道。

(2) 专家渠道(Expert Channels)是由某一领域的专家组成，直接向受众提供相关信息。

(3) 社会渠道(Social Channels)由朋友、邻居、同事、家庭成员组成。

相关统计学提供的数据表明，人员传播渠道对下述两类产品的影响力最强：一种是购买频率低、价格昂贵且风险大的产品；另一种是能够显示所有者身份的商品，购买者希望在购买此类商品时从人员传播渠道获取咨询信息，以避免所购商品与身份不符所引起的窘迫。

2. 非人员传播渠道。非人员传播渠道即不需要人员的接触或相互交流便可传递信息，包括：媒体、气氛和事件。

(1) 媒体，指印刷媒体、广播媒体、电子媒体和展示媒体。

(2) 气氛，指通过有目的改变周围环境，以提高企业产品在目标顾客心目中的价值。

(3) 事件，指借助新闻发布会、赞助各项公益事业等间接地宣传本企业产品。

与人员传播渠道相比，非人员传播渠道的有效性较差，但它是信息交流的重要渠道，也是充分发挥营销传播作用的重要手段。非人员传播渠道的重要作用是：它在信息传递中能将信息传递给购买者中的活跃分子，使这些活跃分子再运用人员传播渠道，进一步将信息传送给其他潜在购买者。

(五) 确定与评估预算

与开展任何活动必须有明确的目标和付出相应的代价一样，营销传播即促销活动也一定会造成一定的费用支出。由于企业在营销传播整个过程的每一环节上都可能有不同的选择，也就意味着存在不同的费用水平。在合理分配经费上，企业也会有许多选择，既要遵循惯用的方法，又要结合本企业的具体情况。

企业确定促销预算的常用方法主要有四种。

1. 销售百分比法。即将上一年实现的销售额和实际投入的促销费用相比，得出的促销费用与销售额百分比作为今年促销预算的预计水平，把这一比率乘上今年预期完成的销售额，就得出今年的促销预算。

今年的促销预算＝(上一年促销费用/上一年销售额)×今年预期完成的销售额

此算法的优点是：

(1) 简单易行，便于实际工作人员具体操作；

(2) 在经济发展周期的低谷阶段，可以为企业降低促销费用支出提供依据；

(3) 将促销费用与销售挂钩，有利于协调企业内部各有关部门之间的关系。

此算法的缺点是：

(1) 从理论上讲，促销费用水平决定产品销售额，即促销投入越高，销售额越大，而按销售额确定促销费用则给人以本末倒置的感觉。对于有些第一次推出的新产品，销售额不理想恰恰需要增加促销预算，如果按照此法确定这些产品的促销预算会误事。

（2）按销售额计算促销费用，没有考虑各种促销手段有累计效应的效果，有时一次成功的广告给消费者留下了极其深刻的印象，使他们成为企业产品的忠诚购买者。

（3）没有考虑到竞争因素，竞争对手的促销费用水平将可能影响本企业促销活动的效果。

2. 量力而行法。即根据企业的财力，特别是流动资金的状况，决定促销费用的多寡。这是一种较为务实的促销预算确定方法。此算法的缺点是：

（1）促销预算的多少与企业流动资金状况挂钩，会导致企业在某一促销效果非常好的时候，只是因为自己的流动资金较为短缺，而无法通过扩大促销就可能获得更好销售效果的机会。

（2）促销预算与企业长期的促销战略有直接关系。而如果将促销预算与企业的流动资金挂钩，势必会引起某些时候流动资金的变动而导致促销预算无法保证，使促销战略的稳定性受到影响。

3. 竞争对等法。这种方式是根据主要竞争对手促销支出占其销售额的百分比，来计算本企业完成预期的销售额目标需要的促销费用，从竞争角度考虑促销支出。此种方法也有一些缺陷：

（1）各企业的促销预算属于商业秘密，所以企业很难真正了解竞争对手促销费用支出的实际水平；

（2）竞争对手之间的营销战略目标不尽相同，导致促销费用的投入水平各有差异，而失去参照效果；

（3）竞争对手的促销投入水平的计算方法，不一定比自己的更科学。

4. 目标任务法。要求营销人员先明确自己的营销的目标，再确定达到这一目标必须完成的促销工作与任务，最后估算完成这些任务所需要的促销费用，这些费用的总数就是促销预算。该方法的优点：引导营销管理者科学分析促销活动的作用及其在实现既定营销目标中所能贡献的力量；有利于管理层加强对促销活动的控制和管理。

（六）决定媒体组合

企业必须将促销预算分摊给各类营销传播工具——广告、人员推销、营业推广、公共关系和直接营销，即确定每类促销方式的费用。企业在制订促销方案时，要熟悉各种促销工具本身的特点和功能，为最大限度地发挥其应有的作用，还要将各种促销工具加以组合运用，形成整体效益，创造出最佳的促销效果。

（七）衡量结果

企业不仅要认真制订和实施营销传播规划，还应了解营销传播规划的实际效果。衡量结果的主要标准有，在营销传播活动的刺激下：

1. 目标受众对企业产品或品牌的认知度提高；

2. 目标受众对企业产品形成的态度或态度的变化；

3. 目标受众购买量增加。

虽然,营销传播的目的都是为了刺激目标受众的需要或动机的产生,最后形成购买行为。导致购买行为的产生,营销传播的作用不可否认,除此之外,还有其他因素影响的作用。所以衡量营销传播结果,更应该从前两点开展。

(八) 管理、整合营销传播

由于各种营销传播工具都有自己的特长和缺陷,企业应该将几种营销传播工具加以整合以达到取长补短的效果,此类规划被称为整合营销传播(Integrated Marketing Communications, IMC)。为提高整合的效果,企业必须抓好整合营销传播的管理,即评估各种传播工具所产生的效果,并且组合这些工具,通过对分散零星的信息进行无缝结合,以提供明确的、连续一致的和最大的传播影响力。

整合营销传播将会产生更多的信息一致性和巨大的促销效果,这会使企业管理层更加注重分析企业与各类顾客接触和沟通的每一种工具的效果,以及各种工具结合后将给企业带来的效果。企业会更加注重通过营销传播实现自己的市场定位设想,经过多次企业的促销活动,把企业、品牌形象和信息统一起来。整合营销传播将会增进企业的能力,把恰当的信息在恰当时间和地点带给恰当的顾客。

第二节　营销传播与促销组合

一、整合营销传播的作用

企业通过整合营销传播向目标受众传递各种有关企业理念、行为以及商品或服务方面的信息,帮助他们了解或认识本企业产品或服务所能带来的实际利益,从而引起目标受众的兴趣、激发期望、促进目标受众采取购买行动。整合营销传播一般说来有以下作用:

(一) 传递信息

营销管理是一个过程,期间贯穿着复杂信息的传播过程。整个营销过程是商流、物流和信息流有机结合的过程。而信息流是商流和物流的前导,促销的实质就是通过信息传递,一方面将企业商品的性能、特点与效用及可以提供的服务等信息传递给目标受众,引起其注意,促使其购买;另一方面及时了解消费者和协作者对商品的看法和意见,帮助企业迅速解决经营中的问题。

(二) 促进需求

企业向潜在顾客传播自己产品的各种效用,以激发他们的潜在需求。企业还可以向实际购买者传播正确使用产品的方法或使用量,以达到顾客转移购买对象从而购买本企业的产品,或者增加购买量的目的。

(三) 突出特点

在同类商品竞争比较激烈的情况下,许多产品之间的差别不大,不易为顾客所觉察,企业可以通过营销传播活动,着重宣传本企业产品和竞争产品不同的特点,使顾客了解到本企业产品会给他们带来的特殊利益,以激发顾客购买本企业产品的欲望。

(四) 提高声誉

企业的形象和声誉是企业的无形资产,直接影响其产品销售。企业声誉不佳,会使企业销售量下降,导致企业市场地位的不稳定。通过营销传播,可以提高企业声誉,美化企业形象,巩固其产品的市场地位。

从整合营销传播的作用我们知道,整合营销传播被称为促销组合的原因是通过营销传播向目标受众传递信息,促使其购买行为的发生,从而推进企业销售的完成,即促进销售。

二、影响促销组合的因素

企业在市场上进行促销活动,受到许多因素的影响和制约。影响企业促销组合的因素主要有以下几个方面:

(一) 产品因素

各种促销工具对消费品和工业品的促销效果并不一致。一般情况下:

1. 广告对消费品的促销作用更加明显。对于消费品尤其是选择范围较大的消费品,像时装、家具、鞋帽等,使用广告的促销效果较好。广告可以为这类商品树立品牌优势,使其在同类产品中独树一帜。

2. 人员推销对工业品的促销效果更为显著。工业用品特别是高技术含量产品,例如精密设备,其购买者对售后服务的要求较高,推销人员可向买方提供各种咨询、技术指导与培训等服务。

营业推广、公共关系宣传、直接营销对消费品或工业用品方面所产生的影响效果则不如广告与人员推销两种方式那么显著。所以,企业在设计整合营销传播方案时,会将营业推广、公共关系宣传与直接营销放在广告或人员推销之后,作为辅助、配合的工具。

(二) 产品生命周期的阶段

产品在其生命周期的不同阶段,对各种促销手段有着不同的要求。

1. 在介绍期,新产品最大的问题是缺乏知名度。企业需要靠大量的广告宣传来最快地提高产品和品牌的知名度。因为与其他营销传播手段相比,广告具有范围更广、传递速度更快、目标受众更精准的显著特征。

2. 在成长期,由于市场容量迅速扩大,企业之间的竞争日益激烈,企业应该继续将广告宣传作为自己主要的促销工具。此阶段广告宣传的目标是树立企业和品牌形象。此时,企业广告设计者应该知道,广告目标不再是"您知道了吗?"而是"您深入了解了吗?"。

3. 在成熟期,竞争的激化与市场需求逐渐趋于饱和并存。企业必须选择更加合适的促销工具，如营业推广和人员推销，实现其不仅能稳定自己原来的市场，还要设法争取从竞争对手那里吸引购买者达到扩大企业产品市场份额的目的。

4. 在衰退期，企业应该调整促销组合，选择促销成本相对较低的促销工具，加之逐步地削减各项促销支出，最后根据实际情况，决定何时停止产品的所有促销活动。

（三）市场因素

1. 从市场占有率角度出发，市场占有率高的产品，说明此前的营销传播活动取得了一定成效，继续维持即可。而对于市场占有率低的产品，则根据其自身特点，选择和使用某种效果更加明显的促销工具。通常市场占有率高的企业，未来的促销预算可以减少；相反，市场占有率低则为提高占有率会准备投入更大的促销预算。

2. 从产品的市场前景出发，市场潜力大的产品应更多考虑增加促销预算。对于市场前景不佳的产品，不能简单地缩小自己的促销预算，因为这完全可能是企业在促销工具的选择上存在问题，或者是促销预算在各种促销工具中分配比例上存在不合理的问题。

3. 从产品的市场竞争水平出发，对于处于激烈市场竞争中的产品，要综合运用各种促销工具，使顾客不仅知道和熟悉本企业产品，还对该产品产生较强的兴趣和购买意愿。例如，企业可以考虑在营业推广和人员推销等促销工具运用上提高顾客关注度，这也意味企业应该考虑增加自己在促销预算上的投入力度。

4. 从产品所处的行业结构分析，如果是由包括本企业在内的少数企业所控制，就应大力加强广告宣传。这主要是为了建立行业进入障碍，使有些潜在进入者因承受不了大量广告支出，同时解除潜在消费者对本企业产品的性能、质量等方面的忧虑和担心，使他们在强大的广告宣传影响下，对本企业产品产生较强的信任感。

（四）营销组合因素

除产品因素外，影响企业营销组合的其他因素，如定价和渠道因素等，对促销组合的构成都有一定的影响和制约作用。较高价格的产品，要大量使用广告促销工具，以期在消费者心目中树立独特形象。产品的分销方式对促销活动也有较大的影响。采用直接渠道，推销人员的宣传、解释和技术指导工作处于主导地位。而采用间接渠道，特别是较长的渠道，就要依靠广告与营业推广、人员推销等多种工具相结合来加速产品的销售。

三、促销基本策略

企业在运用促销组合的五种工具时，还可以依据其目的，采用两种基本策略。

（一）推动策略(Push Strategy)

推动策略是指企业以中间商为主要促销对象，把产品先推向分销渠道，最终再由中间商配合推向终端顾客的策略。一般是以人员推销工具为主的整合营销传播策略。

（二）拉引策略(Pull Strategy)

拉引策略是以最终顾客为主要促销对象，首先设法引起潜在购买者对产品的需求和兴趣，如果促销奏效，顾客便会向中间商询问选购。如果交易成功，中间商就会向制造商或上游中间商进货。一般是以广告、营业推广工具为主的整合营销传播策略。

第三节 广告策划

广告是一种经济有效的营销传播方式，也是使用最为广泛的营销传播工具。企业的广告策划，一般包括确定广告目标、制定广告预算、广告信息决策、选择广告媒体等内容。

一、广告的特点

广告是指由明确的主办人即广告主发起，通过支付相应的费用即广告费，由各种媒体采用非人员传播方式为其传播有关企业经营理念、商品或服务的各种信息于目标受众的行为。这个概念包含了以下含义：

（一）广告应有特定的广告主并由其支付相应的费用

1. 广告主，广告宣传活动最主要的受益方。为了实现自己的广告宣传目的，广告主必须支付相应的费用即广告费。

2. 广告效应分析。就是广告主在开展广告决策时必须对如何才能完成一定的广告宣传活动目标而广告费最少的分析。

作为广告主的企业一定清楚：同样一项诉求，委托或通过不同的广告媒体来向目标受众传递，效果可能存在明显差异。虽然，经验告诉我们，效果更好的广告媒体其要价也更高，可是企业还是会有“广告效益最大化”的要求。

（二）广告是以非人员方式进行

1. 广告的特性。广告活动必须通过一定的媒体向已经明确的受众传播各种信息。

2. 广告媒体。广告信息传递的相关中介。企业在确定广告作为自己的营销传播工具后就会遇到使用哪种广告媒体才能实现广告宣传效果最大化的目标。

与其他营销传播方式相比，企业的营销人员不会直接面对自己的目标受众传递自己的各种与产品、服务以及企业营销理念相关的信息。与目标受众相隔着无形的“墙”——广告媒体。企业想要告诉受众的“话”广告媒体准确传达了没有？通过广告媒体传递给受众的“话”受众是否接触到了即听到或看到？受众准确理解了没有？其实常常会有即使当面“说出”对方也不一定“全都听懂”，更何况现在还是一个“传声筒”。

（三）广告标的

广告标的主要包括商品与服务两大部分。商品与服务构成市场经济活动的物质基础，通过广告宣传能唤起市场对相应商品与服务的需求，刺激和促进购买动机的产生。最终形成营销传播所希望的购买行为。

1. 不同的产品有不同的广告与之相应。例如,日用消费品与奢侈品的广告就不同:日用消费品在广告媒体选择上的限制要远小于奢侈品;奢侈品如果采用平面印刷广告如杂志广告,就要选择特殊的而且照片或画面更精美的杂志作为广告媒体。

2. 不同服务有不同的广告与之相应。旅行社与医疗卫生服务机构在选择合适的广告媒体时也有一定的差别。虽然两者都可以选择电视与杂志做广告媒体,但是同样以选择电视媒体,旅行社广告播出的节目频道选择比医疗卫生服务要多,效果也更好。

二、确定广告目标

企业在设计广告方案时,第一步要确定广告目标。广告目标必须与企业的营销战略目标相吻合。在实现整体营销战略目标时需分为若干阶段,每一阶段有着不同的营销目标,就需要有不同的广告宣传予以支持。广告的目标可分为以下三类:

(一) 通知广告

通知广告(Informative Advertising)是多用于一种新产品刚进入市场时,广告的目标主要是将此信息告诉目标顾客,使之知晓并产生兴趣,促成需求形成。

(二) 说服广告

说服广告(Persuasive Advertising)主要用于产品的成长期,这个时期市场的特点是选择与比较,即顾客对某一种产品有需求,但还没有形成品牌偏好,可在不同的品牌中进行选择,企业广告的主要目标是引导顾客购买自己的产品。此时,广告主要在突出自己的产品特色、介绍企业的产品优越于其他产品且能被顾客感受到的方面,促使顾客形成品牌偏好。

(三) 提醒广告

提醒广告(Reminder Advertising)适用于产品成熟期,广告目标是提醒顾客注意企业新的营销策略的推出而及时购买特定的产品。

三、制订广告预算

在制订广告预算时要考虑五个特定的因素:

(一) 产品生命周期阶段

在介绍期,作为新产品一般需要投入大量广告以便建立知晓度和取得购买者的试用。而在进入成长期后,企业在广告投入上还需保持一定的规模,但是广告宣传的内容要做一些调整,广告的目标应该突出自己产品的特点,形成稳定的顾客群。

(二) 市场份额

市场份额高的品牌,只求维持其市场份额,因此其广告预算相比此前可以有所减少。而需要提高市场份额的产品与品牌,则需要加大广告预算。

(三) 竞争与干扰

在市场竞争日趋激烈时,企业必须加大广告宣传力度,增加广告预算,因为广告宣传也是一种有效的竞争手段。反之，随着市场竞争逐渐趋于缓和，企业在广告预算方面的投入也可以逐渐减少。

(四) 广告频率

广告在特定时间内重复播放的次数就是广告频率。通常情况下，广告频率与顾客接触信息和认知信息的内容或程度成正比，这也是企业测定广告传播效果的重要标准。在某一时期企业选择某一媒体增加广告频率会付出更多的广告费，所以广告预算与广告频率有正相关关系。

(五) 广告媒体

广告传播必须依赖相应的媒体。企业可以选择多种广告媒体来实现自己广告宣传效果最大化的目标。但是不同产品其广告宣传效果与广告媒体之间的关系存在不确定性。通常就某产品而言，广告宣传效果的大小与广告媒体使用成本的高低成正比。例如，某化妆品电视媒体的广告费用多于报纸、杂志和广播。所以，企业确定采用电视媒体就意味选择广告预算的最大化。

四、广告信息决策

如何将广告信息有创意并准确地表达出来，是广告策划的中心内容。围绕信息决策，企业应在广告创意、诉求、表现形式等方面进行策划。

一则广告是否具有吸引力、感染力和巨大的促销作用，首先决定于广告创意，即广告需要表达什么？应如何表达？表达什么一般由广告的主题来体现。

广告创意是一项创造性活动，必须做到出其不意，这样才能具有生命力，才能吸引大量的顾客。

广告信息设计一定不能忽略这样一个基本前提：被目标受众理解、接受、记忆，简单地说就是认知，要做到这点就取决于企业、广告代理乃至广告设计人员是否真正了解目标受众的文化特征。

五、选择广告媒体

广告信息是由广告媒体传送给广告受众的，所以正确选择媒体事关广告宣传目标是否能够实现的重大问题。可供选择的广告媒体主要有以下几种：

(一) 电视

电视媒体能将视觉和听觉效果综合在一起，充分运用各种艺术手法，具有丰富的表现力和感染力，最直观最形象地传递产品各种特征的信息。电视媒体的优点有：播放及时、覆盖面广、选择性强、收视率高、能反复播出加深目标受众印象。电视媒体的缺点是：成本高、展露时间短、同一媒体众多竞争广告并存可能会削减广告效果。例如，中央电视台在“新闻联播”与“气象预报”之间插播的广告，存在每段广告播放时间很短，同类产品广告前后出现的现象，这可能影响受众对广告主体即产品的认知。

(二) 广播

广播是一种听觉媒介,它的主要优点是:成本低、传播速度快、传播范围广、不受时空限制、目标顾客选择性强。它的缺点是:信息停留时间短不易形成印象、仅有音响效果而表现产品的能力差。例如,广播媒体传播“通知广告”比“说服广告”的效果要好,其主要原因与广播信息“看不到摸不到”不无关系。

(三) 报纸

报纸是一种印刷、平面媒体,这类媒体的优点是:发行量大,覆盖面宽;编排灵活,信息传递迅速;有一定的专业性与针对性;无阅读时间限制;权威性高使读者产生信任感;广告制作简便,成本较低等。这种媒体的缺点是:时效性较短,受版面编排制约和印刷不够精制而可能影响广告效果。同样是为上海迪士尼开业做广告宣传,杂志照片质量无疑远好于报纸。此时报纸最好专门出一个“副刊”或“号外”来克服上述缺陷。

(四) 杂志

杂志也是一种印刷、平面媒体,与报纸相比,杂志媒体易被读者保存而使其信息传播有效时间大大延长;发行量大;印刷精制、图文并茂而易引发受众注意和仔细阅读;有一定的专业性与选择性,可以提高广告信息的针对性。杂志媒体的缺点是:出版周期长而影响广告时机的把握,成本比报纸高。例如,出版周期最短的杂志是“周刊”,当广告主想要不断调整其广告宣传内容,至少要等一周后才能见效,而此时原来的创意实现的环境可能早就失去。

(五) 售点设施

利用商品销售商店现场的招牌、橱窗、霓虹灯、商品陈列等开展广告宣传。其目标是引起消费者的购买冲动。此类广告在商业中心最为常见,不会出现同一媒体不同企业或不同品牌广告信息相互竞争的状况。其缺点是信息传播范围相对狭小。

(六) 户外媒体

这是在建筑物外表或街道、广场等室外公共场所设立的霓虹灯、广告牌、海报等。户外媒体进行广告宣传的对象是公众,所以比较难以选择具体目标受众,但是户外广告可以在固定的地点长时期地展示企业的形象及品牌,因而能够有效提高企业和品牌的知名度。

(七) 交通工具

采用公共交通工具为广告媒介主要的形式有:利用交通工具内的广告牌、广告宣传画、公共汽车的车身等从事的广告宣传,这种广告在人口比较集中的大城市非常有效。

每种媒体都有某些优点和局限性,选择具体的广告媒体时,必须考虑四个因素。

(1) 目标受众的媒体习惯:如电视是接触青少年最有效的媒体。

(2) 产品特点:服装广告最好刊登在彩色杂志上,高技术产品最好在电视上示范。各种媒体在示范、形象化、说明、可信性和色彩等方面的潜力各有不同。

(3) 信息特点:需要迅速传播的信息必须采用广播、电视或报纸等媒体,而复杂信息的传递往往需借助专业杂志。

（4）成本：电视广告极为昂贵，而报纸广告则较便宜。不同媒体的成本不同，不同企业的支付能力也不同，企业不仅要分析广告成本与效果之间的关系，还要分析广告预算和促销总预算。

第四节　营业推广策划

营业推广是不同于广告的一种促销手段，使用此类促销方式的主要目的是希望受众在各种不同的刺激下产生冲动而迅速购买企业的商品。营业推广活动的策划由以下内容组成：

一、选择营业推广的具体方式

营业推广活动的对象有：消费者、经销商和销售人员三种。不同营业推广活动的对象应该有不同的营业推广方式。

（一）针对消费者的营业推广方式

常用的针对消费者的营业推广方式有以下几种。

1. 样品，指免费提供给消费者的货样或试用品。一般通过送货上门、邮寄发送、店内提供、附在其他产品上赠送等形式来实施这种策略。

2. 优惠券，又称礼券、代价券，持有者在购买某特定产品时可凭此优惠券按规定减少一定的货款。优惠券可以邮寄、附在其他产品内，也可以刊登在杂志或报纸广告上向消费者提供。

3. 现金折扣，指消费者在购买商品后，可凭一定的票据向指定的商品经营者索取相应的价格折扣。

4. 特价品（小额折价交易），指向消费者提供低于常规价格商品的方法。

5. 赠品，指以较低的成本或免费的方式向消费者提供某一物品，以刺激其购买另一特定产品，如“买一送一”。

6. 奖品，包括兑奖和游戏等形式。目的是让消费者更多地购买商品或参与自己发起的某项活动，强化企业在消费者心目中的形象。

应该注意的是：样品、赠品和奖品非常容易被消费者搞混淆，因为消费者认为它们都属于“免费”获得的。其实只需再仔细比较即可发现三者的差别：有的必须先“购买”再获得，如赠品或奖品；而有的无需购买就可获得，如样品。

（二）针对经销商的营业推广方式

针对经销商的营业推广活动往往是在双方贸易过程中进行的。主要方式有：

1. 推广津贴。企业为了鼓励经销商积极推介自己的产品而给予的各种津贴，常有广告津贴、展销津贴、陈列津贴等。推广津贴的实质是一种特别报酬。

2. 交易折扣。企业规定经销商只要在一定时期内大量购买自己的某种产品，就可得到一定的价格优惠，购买量越多，折扣越多。

3. 促销协作。这是在经销商开展促销活动时，企业提供一定的协作和帮助，是一种共同参与的方式。促销协作可以是提供现金的方式，也可以是提供实物或服务的方式。现在有不少生产企业提供资金、技术和相关人员，帮助经销商设计和改进销售场所的环境，如柜组、橱窗，乃至卖场布局设计，给顾客创建特殊的购物环境。

4. 联合展销会。邀请经销商参加展销会，也可以参与经销商举办的销售企业产品的展销会，在会上一方面介绍商品的知识，一方面现场演示操作。由于企业最清楚自己生产的产品具有哪些特殊功能，应该如何使用等，这些都是消费者在购买时希望商家提供的，但是商家不一定能够做好，所以生产企业开展这些活动，可以促使经销商乐意进货。

（三）针对销售人员的营业推广方式

为了鼓励销售人员积极推销产品、建立良好的顾客关系和做好市场调研等工作，企业可以采用以下的几种方式：

1. 销售红利，即事先规定销售人员的销售指标，对超指标的销售人员提成一定比例的红利，以鼓励销售人员多销售产品。这种奖励更偏重于物质方面激励。

2. 销售竞赛，即在销售人员之间发动销售竞赛，对销售额领先的销售人员给予奖励，以此调动销售人员的积极性。此类奖励可以有更多的选择，有时偏重于物质，有时则偏重于精神方面，视激励对象的需要而定。

3. 推销回扣。回扣是从销售额中提取出来的作为销售人员推销产品的奖励或酬劳。利用回扣方式把推销成效与推销报酬结合起来，有利于销售人员积极工作，努力推销。

二、营业推广的控制

营业推广是一种有效的促销方法，但倘若使用不当，不仅达不到促销目的，反而会影响商品和服务的销售，损害企业的形象。同时，无论使用哪种营业推广方式，与其他促销工具或手段相比，其更具有时间性特征，即营业推广的实施应该有特定时间的规定，只有在这一特定时间范围内，某项营业推广活动才能达到更加理想的效果。因此，企业在开展营业推广活动时，必须注意以下问题：

（一）激励的大小

营业推广活动要成功，必须要有相应的激励。较大的激励程度虽然可以增加更多的销售，但激励水平的增加幅度与其所达到的激励效果的增加幅度不一定保持正相关关系。所以，企业需根据过去经验，权衡激励水平的大小和预期实现的销售结果之间的关系，确定新的也是更加合适的激励水平。例如，“买一送一”，营业推广活动的策划者试图通过“送”达到刺激消费者多“买”某一指定的商品。这个“送”的东西的价值大小，对于消费者是激励水平的大小，同样也是营业推广活动策划者的活动成本大小，所以太大会导致“得不偿失”，而太小也会导致“空忙一场”的结果。同样，在针对经销商营业推广方式的选择上也存在推广津贴或交易折扣的大小问题。这可能也是不少制造商会偏向于采用促销协作或联合展销会的方式的原因，因为这种活动往往对制造商和经销商的共同目标顾客的刺激效果更加明显。

(二) 参与的条件

激励的对象可以是所有消费者，也可以是特定的目标群。赠品、奖品只针对特定的顾客。这样做的目的也与控制激励成本即营业推广费用有关。同样，从经销商的营业推广方式的选择来看，推广津贴与交易折扣，企业可以针对整个分销渠道中哪一环节或者哪家经销商更加“至关重要”而加大激励水平。

(三) 具体的传递方式

在确定营业推广方式后，企业还必须选择相应的传递方式。例如，样品通过何种渠道送达消费者手中？是直接派送？还是作为其他产品的附赠品？这类工作看似简单，其实很复杂，因为对于不同消费者或顾客，其最期望获得的即使是相同的激励物，而对其是以何种方式获得激励物可能存在明显的偏好，营业推广的效果也会因此而不同。

从某种意义上看，针对推销人员的营业推广方式在具体实施即传递方式上更需要策划者多费心思。像销售竞赛，必须在更大的范围“告示天下”才可能达到最大的激励效果。相比之下，销售红利或推销回扣则应该更多选择“隐秘、低调”的方式。

(四) 活动期限的长短

如果活动时间过短，活动的影响面有限，则达不到促销的目的；若活动的时间过长，则又丧失了营业推广原本具有的短期促销意义。利用节假日举办相关“文化氛围”的营业推广活动，相对活动的时间可以长一点，例如国庆长假。而五一、端午、清明等是小长假，时间就可以短些。

(五) 推广活动的日程安排

营业推广是一种对活动时机具有很高依赖性的促销方式，即在特定时间开展某项营业推广活动将可能获得最佳效果。营业推广活动又与该项活动的实施时间有关。与粽子有关的营业推广活动应该在端午节，与月饼有关的营业推广活动则应该放在中秋节。设计粽子或月饼为主题的营业推广活动的相关人员，还必须考虑：当年的端午节与五一国际劳动节，中秋节与国庆节相隔的时间距离。因为，两个节日的距离相隔越短，营业推广的效果越不易确定。

(六) 推广活动的预算

营业推广活动的预算方法可以是：管理费用(如印刷费、邮费和促销活动费)＋产品的激励费用(赠品与奖品的价值、奖励金、减价导致收益减少等)。更多采用的是经验推算法，即以往完成一定促销目标的实际营业推广费用，加上现在各种价格与服务费用变动的幅度，再进行调整得出。

（七）多做准备

确定好营业推广活动的方案后，企业必须首先在一定范围内进行预试，以检验方案的可行性和预期效果。

营业推广作为一类特殊的促销方式，企业确定采用营业推广完成预期的促销目标，需要开展上述七个方面的控制，对企业或是协作单位都存在许多困难。所以企业最常见的措施就是与广告相结合，即在营业推广实施前，采用广告宣传的方法，将与本次营业推广相关的诸如激励的具体东西、参与的具体条件、活动的具体时间等尽可能地“广而告之”，确保营业推广活动能够取得预期效果。

第五节　人员推销策划

人员推销是一种最古老的促销方式，由于这种方式使推销人员能与顾客进行面对面的交谈，因此其沟通效果好，促销效果也较佳。企业的营销实践表明，工业品和价格贵重、使用时需要掌握更多技术的产品其各种促销工具中人员推销被使用得最多，人员推销效率也最高。

一、人员推销的特点及目标

（一）人员推销的特点

1. 推销的针对性强。通过推销人员直接向顾客推销商品，能够充分利用推销人员对商品了解与熟悉的特点，在消费者市场推销过程中，可以及时掌握并根据消费者对商品的不同欲望、要求、动机和行为，采取不同的解说和介绍商品的使用方法，促成消费者购买。在组织市场即工业品推销过程中，企业更可以安排掌握特定产品、设备使用和安装技术的推销员向各类组织购买者介绍产品的特点，更容易被购买者接受。

2. 有利于传递相关的服务。人员推销，可以让推销员在推销商品的同时做好一系列相关服务工作，从而增进消费者理解、接受产品，创造更多的销售机会。对于使用需要更多技术的工业品，例如设备，推销员可以提供诸如操作技术指导、产品功能介绍等服务，所以人员推销是最佳促销方式。

3. 推销的成功率高。由于人员推销事先确定了顾客，拟订了推销方案，研究了商品的市场动态，加上与目标顾客面对面地进行沟通与交流，使得推销人员有机会了解顾客具体的喜好偏向，随时调整自己的推销内容、技巧，使失误降到最低限度，从而提高推销的成功率。

4. 有利于信息反馈。人员推销的双向沟通方式，使得企业在向购买者介绍商品、提供信息的同时，能够及时得到购买者的各种信息反馈，例如购买者的需求信息，购买者对企业提供的产品和相关服务的满意度，以及竞争对手的相关信息，使企业及时掌握市场的实际变化状况，修正营销计划，加速商品更新换代。

（二）人员推销的目标与任务

与其他促销工具一样，人员推销策略制订之前，必须首先确定其目标。推销人员一般要承担这样几项特定的任务：

1. 寻找顾客，即必须在市场上发现和培养新客户或原有客户可能产生的新需求。

2. 设定目标，即决定怎样在潜在顾客和现有顾客之间分配有限的沟通与交流时间，确定沟通预期达到的目标，以及沟通的主要内容。

3. 信息传播，推销人员应熟练地将企业产品、服务等信息传递给顾客或潜在顾客。

4. 推销产品，推销人员应能运用各种推销技巧，与顾客接洽，演示产品，回答顾客的疑问并达成交易。

5. 提供服务，指推销人员要根据企业和顾客的要求，提供咨询、技术帮助、资金融通和迅速交货等服务。

6. 收集信息，推销人员还要进行市场调研工作，访问顾客，收集信息。

7. 分配产品，了解顾客的需求水平，对所有顾客需求做评价，以便在产品短缺时将产品更合理地分配给顾客。

可见上述七项任务环环相扣，前一环节的任务若是不能及时完整地完成，会导致下一环节拖延乃至整个推销计划落空。推销产品虽然是人员推销的重要环节，但绝非全部。若寻找顾客、设定目标和信息传播等各环节任务没有完成，推销产品就是空想。作为一名推销员，可能在一段时间没有达成一份订购合同即推销出一件产品，但是，他已经完成了此前各项任务，实现企业交给他的推销任务与目标只是时间而已，所以企业不应只根据“推销产品不力”而解聘他。

二、人员推销组织的结构及规模

企业里人员推销与采购这两种活动有某些相似之处，例如，实现推销和采购的目标和任务需要依靠一个完整的组织和每一位成员的共同努力。人员推销的效率在很大程度上取决于推销队伍的组织效率。为此，企业必须依据市场、产品、顾客的特点，选择更为合适的推销队伍配置方式。

（一）人员推销组织结构的类型

1. 地区式结构。这是最简单的一种配置方式。一般企业将市场划分为几大区域，每一个区域配以相应数量的推销人员，负责该地区的产品销售工作。这种方式的优点是：推销人员职责与任务明确，能激励推销人员积极开拓业务，建立稳定良好的人际关系，减少推销人员的旅途时间与差旅费等。例如，企业设立的上海区销售部、江苏区销售部等。

2. 产品式结构。这种方式是按照产品种类配置相应的推销人员，因而比较适应于产品种类虽然不多，即产品组合宽度不大但是每类产品在使用时需要掌握的技术复杂，各产品的关联程度很低，要求销售人员必须充分了解产品的各方面特点和具体的使用或操作技术。例如家电企业设置的空调销售部、洗衣机销售部、冰箱销售部等。

3．市场式结构。即按照顾客的类型划分为个人市场与组织市场，或再进一步细分，如老年、中年与青年市场，生产加工、转卖者和政府市场等，以此来配置推销队伍。这种方式的优点是能使推销员深入了解各类顾客的需求特征，推销人员与顾客十分熟悉，便于建立与顾客的良好关系。

4．复合式结构。将上述几种结构混合起来使用，按照地区与顾客、产品与地区、产品与顾客等形式对推销队伍进行二维的矩阵式配置，例如上海区青年市场销售部、上海区空调产品销售部等。

（二）人员推销组织的规模

在确定了销售战略、人员推销组织结构与销售目标后，企业便可考虑推销队伍的规模。企业必须注意到这样的一个规律：推销人员人数的增加会使销售量和成本同时增加。企业常用以下五个步骤来确定推销队伍的规模。

1．将顾客按年购买量分成大、中、小等各个类别。有时将顾客分为新顾客与老顾客两类。

2．确定每类客户所需的访问频率（对顾客的年访问次数）。通常新顾客要取得他们信任和关注，进而达成购买或订货合同，需要花比老顾客更多的访问次数与沟通时间。

3．每一类客户数乘上各自所需的访问数，再加总便是整个地区的访问工作量，即每年的推销访问总次数，或者是年访问总时间。

4．确定一个推销人员每年可进行的平均访问次数，或访问总时间。需要注意：新老推销员的经验差别明显。就通常情况而言，同样的客户访问成功的时间会有很大差别。

5．将总的年访问次数除以每个推销人员的平均年访问数即得所需销售人员数目。

三、推销人员的选择、培训和绩效管理

推销队伍的目标、结构、规模确定以后，企业就将着手开展推销人员的招聘、培训与绩效管理等具体工作。

（一）推销人员的招聘与选拔

推销人员必须具备这样两种基本的素质：一是善于并能自觉地从顾客角度考虑问题；二是具备高度的责任感和强烈的自我成就感。而其他方面则可以在培训和推销实践中得以培养与提高。在挑选、聘用推销人员时，一般在经过本人申请、推荐信介绍、双方面谈、体格检查等必要的先期招聘流程后，还要做好以下两种测试：

1．能力测验，包括语言运用能力、归纳能力、观察能力、理解能力、控制能力、应变能力和解决困难的能力等。

2．个性测验，包括态度测验、兴趣测验和性格测验。

（二）推销人员的培训

按照必须具备的素质挑选出推销人员后，还应当在其开始推销工作前，进行认真的

培训。通常培训的内容包括：

1. 了解企业并认同企业的经营理念。了解企业的历史与现状、经营战略与经营目标、组织机构设置状况、主要负责人员、主要产品的生产与销售状况等，特别要求明了企业的经营理念、企业文化，因为这是确保员工行为一致的基本条件。

2. 了解企业产品情况，包括产品的技术特点、生产制造过程、产品的用途等，因为这些是确保推销活动有效的基本技能、知识。

3. 了解企业的顾客及竞争者的特点，特别要了解顾客的基本类型、购买习惯和购买心理，竞争者的基本策略等。在许多时候推销员处于竞争第一线，与对手争夺顾客。

4. 掌握表达方式。一般介绍与顾客交谈的基本诀窍，通过案例说明推销过程的基本要点等。

5. 了解自己的工作程序和职责，学习如何分配工作时间，如何申请费用津贴，如何撰写工作报告等，并阐明推销员的职业道德。

(三) 推销人员的报酬、激励

为吸引高素质的推销人员，企业应当提供一个有吸引力的报酬水平与激励体系。企业通常的方式有纯薪金制、纯佣金制和薪金佣金混合制。

1. 纯薪金制。指推销人员在完成规定任务的前提下，能得到固定的薪金和各种津贴。这种方法的好处是便于管理，能稳定推销队伍；主要缺点是缺乏激励作用，不利于鼓励有潜质的推销人员去做更多的工作。对新任推销人员，为稳定队伍选择这种方式较为合适。

2. 纯佣金制。这是完全按照完成的销售额或利润额的多少给予推销人员规定比率的报酬。这种方法的优点是：能鼓励推销人员尽最大努力工作；使销售费用与企业效益挂钩，企业可以通过佣金比率来管理、安排推销人员的工作。但这种方法很难让推销人员对一些与销售额、利润额无直接关系，但又十分必要的工作产生兴趣，例如，完成相应的市场调研。纯佣金制对于经验丰富的推销人员较为合适。

3. 薪金佣金混合制。绝大多数的企业采用这种方法，目的是保留上述两种方法各自优点，而避免其缺点。采用这种计算报酬的方式的关键所在，是确定薪金与佣金的合理比例确保产生更好的激励效果。

(四) 推销人员的绩效评估

对推销人员的绩效进行认真的、公正的评价，并以此为基础制订奖励或惩罚条例。评估的信息主要来源是推销人员的工作报告、顾客调查结果等。一般从三个方面进行评估：

1. 横向比较，即对所有推销人员的工作绩效进行比较和排列。这种方法结果明确，但往往有失公允。因为每个推销人员面临的市场状况、产品状况不尽相同。

2. 纵向比较，即将每个推销人员现在的工作绩效与过去进行比较，这种方法可以看到推销人员的工作努力程度，但有时因市场的波动，会使比较的结果没有意义。

3. 定性评估，即对推销人员关于企业、顾客、竞争者的了解程度进行评估，还可对推销人员的个人性格、风度、仪表、言谈举止和气质等进行评估。

可见，对推销人员的绩效评估非常重要，企业必须确定公正、合理的绩效评估标准和绩效评估体系，完善企业对推销人员的绩效评估活动。

第六节　公共关系策划

公共关系和宣传活动是一种不可或缺的也是与其他促销工具不同的重要促销方式。公共关系策划包括：明确公共关系活动的目标与任务、选择公共关系活动的具体方式、完成公共关系活动所必需的决策等主要内容。

一、公共关系的构成要素及其特点

公共关系是一个公司为了与它的各类公众包括顾客、政府、社会团体、新闻媒介、企业内部员工以及其他企业建立良好的互信关系或者在社会公众心目中树立良好形象，而采取的有计划、有组织的活动。由于上述活动多以双向的交流方式开展和完成，在他人眼里非常类似于企业在开展的“宣传”活动，故也被称为“公共关系宣传”。

（一）公共关系的构成要素

企业公共关系由三个要素构成：企业、公众和传播媒体。这三个要素共存于同一个社会环境中，并构成了企业公共关系，见图 10－2。

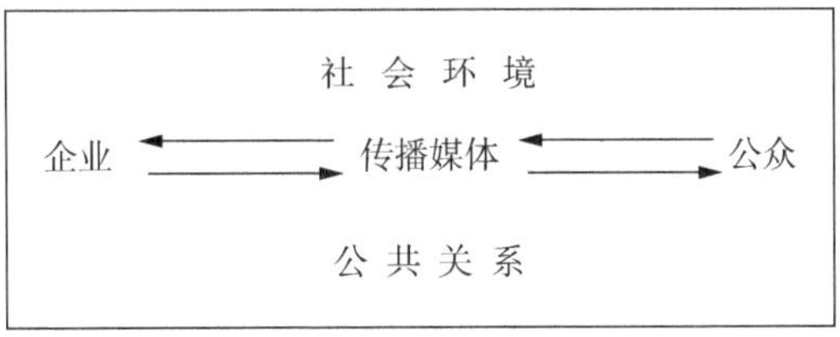

图 10－2　企业公共关系结构

1. 企业。企业处于一个复杂多变的环境之中，它们必须不断地与环境相互作用。这里所指的环境，就是企业与各类社会公众所建立的关系。社会公众与企业的各种关系导致它们对企业的态度、评价会影响企业的每一个营销目标能否顺利实现，而企业公共关系的目标就是创造一个消除障碍、适应企业生存与发展的良好环境。

2. 公众。企业公共关系所指的公众是指对一个企业的战略目标和经营发展具有实际或潜在利害关系或影响力的个人、群体和其他组织。拥有良好的公众关系和在公众心目中确立良好形象，是任何一个企业最宝贵的财富。也正是由于这种原因，在所有的公众中每一个“单位”都会意识到与其他单位建立良好关系的重要意义。所以企业与公众开展各种形式的公共关系活动时也是这些公众与企业开展公共关系活动。

3. 传播媒体。企业利用各种传播手段，加强与公众的信息、思想和观念的沟通。通过各种传播活动，促进与公众的相互了解，建立情感，来获得真诚的合作。有些时候，企业与一家或几家已经具有一定经济关系的组织，进行无需媒体的直接沟通交流，完成一些营销活动。但是此类公共关系活动的影响有限。所以企业会借助各种传播媒体，扩大自己公共关系活动的影响范围，实现公共关系效果最大化的目的。

(二) 公共关系的特点

公共关系作为整合营销传播的一个重要组成部分，具有自己的特点：

1. 长期效果。公共关系要达到的目标是树立企业良好的社会形象，创造良好的社会关系环境。实现这一目标并不强调即刻见效，而是一个长期的过程。企业通过各种公共关系宣传手段的运用，才能最终实现自己在社会公众心目中的良好印象的目标。

2. 双向沟通。企业通过各种方式听取公众意见，接受监督，有利于企业全面考虑问题，追求更高的社会形象目标。同时也向公众表明自己的目标，获得公众的了解与支持。作为一种特殊的营销传播工具，公共关系活动最主要的特点是与社会公众之间的双向信息沟通交流。

3. 间接促销。公共关系传播信息，并不是直接介绍和推销商品，而是通过积极参与各种社会活动，宣传企业的经营理念，联络感情、扩大知名度，从而加深社会各界对企业的关注，达到增进理解和信任、产生间接促进销售的效果。

上述公共关系的特征，导致企业很难像测试自己开展的广告、营业推广、人员推销活动的效果那样，准确有效地测试某项公共关系活动的效果。

二、公共关系的任务

营销管理所提出的公共关系的内容远远超过了单纯的公众宣传。一般来说，公共关系活动的特殊性和既定的目标决定各项公共关系活动的任务。这些任务主要有：

(一) 建立并完善企业与公众的良好关系

在企业实施营销管理的过程中，根据自己的营销目标和利益，采用广告、营业推广或人员推销等营销传播工具与社会公众形成各种不同的关系，有些是朋友，有些是竞争对手。只有运用公共关系才能实现巩固伙伴关系，化敌为友，与各类公众和谐相处的目标，才能在良好的环境中快速发展。

(二) 树立企业、品牌形象

虽然广告可以在一定程度上推动企业、品牌形象的建立，但是在某些条件与环境下，公共关系活动可以实现广告不可能取得的效果，或者弥补广告的不足之处。例如，在某一地区，消费者因各种原因对企业或企业的品牌持有对立、排斥心理，企业围绕树立企业或品牌形象的所有广告宣传活动很难产生预期效果，此时通过某项公共关系活动，让社会或消费者知晓企业的宗旨、理念从而达到对企业的正确认知而转变对企业的态度。

与人员推销、营业推广和广告等营销传播工具相比，公共关系不具有“功利性”而不会在受众心目中产生逆反心理。例如，广告在传播信息的过程中，或多或少地凸显其长或掩饰其短，即“王婆卖瓜自卖自夸”的诟病。而公共关系则是通过“宣传”“参与”“体验”等让公众感受到企业的真诚和善意，形成好感，而这些都会对公众今后的决策和行为产生影响。

三、公共关系的形式

公共关系活动的形式有以下几种：

（一）宣传报道

公共关系的一个主要任务是发现或创造对企业和产品有利的新闻，以吸引新闻界和公众的注意，增加新闻报道的频率，扩大影响，提高知名度。报纸、杂志等平面媒体都会有“广告版”与“新闻版”的差别，企业可以利用新闻报道这种形式，正面报道企业的某项行为，从而更容易被目标受众接受。

（二）赞助社会活动

赞助公益和社会活动，以提高企业声誉与形象。如赞助奥运会，捐助抗洪救灾、希望工程、保护大熊猫等活动，冠名各种社会活动等。

（三）组织宣传展览

企业可组织编印宣传性的文字、图像材料，拍摄宣传录像以及组织展览等方式开展公共关系活动。通过一系列形式多样、活泼生动的宣传，让社会各界认识企业、理解企业，从而达到树立企业形象的目的。当社会流传某种对公司不利的谎言时，企业可以公开组织各种公众参观团，参观、考察公司的生产线、仓库，用事实击破谎言，相比刊登“辟谣声明”、召开“答记者会”等往往更加有效。

（四）开展主题活动

主题活动是企业与公众直接面对面接触的沟通形式，是公共关系活动传播信息的有效媒介。主题活动包括各种场合的开幕式、庆典、仪式、比赛、论证会、招待会、研讨会等。主题活动是使社会各界和公众了解企业、树立企业形象的绝好机会。由于公众能够亲身感受到企业的真实形象，所以对其影响很大。

当前在国内公共关系活动开展较多并且成功的大都由政府举办作为企业应该注意学习、借鉴。最简单的办法是联合举办某项活动。例如，开展“绿色城市”为主题的公共关系活动就可以由政府机构、新能源汽车生产商、城市公共交通公司和市民共同参与完成。

四、公共关系的决策过程

在考虑何时与如何运用公共关系作为企业营销传播方式时，企业必须在做好完整、及时的市场调研的基础上，完成以下各项与之相关的决策：公共关系活动的目标和具体实施计划决策、公共关系传播方式决策、公共关系效果等。

(一) 调查研究

调查研究也叫企业公共关系现状调研，目的是为了解公众的认知、观点、态度和行为；寻找企业在公共关活动中存在的各种有利和不利的条件因素，为制订公共关系活动计划提供依据。

调查搜集的相关信息主要有：各种社会舆论、传媒的影响作用与效果和目标受众对企业开展的公共关系活动结果的反映，并及时进行整理和分析。尤其是要收集能够准确反映企业期望的形象和企业的实际社会形象两者差异分析所必需的信息。因为这些信息将作为企业对前期自己开展的公共关系活动是否达到预期效果的重要衡量标准。

(二) 制订公共关系活动计划

包括确定公共关系活动目标和确定公共关系活动计划两项决策。

1. 确定目标。进行调查后，查明了问题的前因后果，就可为公共关系计划确定目标，即通过建立良好的社会公众关系，提高企业的知名度与美誉度，加强社会公众对企业正在开展或将要开展的经营活动的协助与配合。

2. 制订公共关系计划。制订公共关系计划是确定实现目标的步骤。但计划分长期与短期两种。一般计划有以下几项内容：

(1) 完整、客观地描述市场以及相关组织之间关系的背景、现状；

(2) 明确将要开展的各种公共关系活动的目标与基本内容；

(3) 制订各类公共关系活动具体项目与企业的相关行为；

(4) 选择公共关系活动的最佳媒体；

(5) 编制各种公共关系活动的预算。

(三) 传播行动

任何一项公共关系活动都必须有参与者，参与者就是各类公众。任何一项公共关系活动的组织者——营销者都希望参与者越多越佳。而许多公共关系活动的参与者会有一个由少渐多的过程。那些失败的公共关系活动与参与者寡而不增有直接关系。导致出现这一现象的根本原因是组织者没有做好传播行动，所以，没有传播行动，公共关系活动计划就是一张废纸。传播行动就是指公共关系活动组织者通过各种途径快速有效地将自己此项公共关系活动的信息告诉目标公众，并希望在更加广泛的社会公众中有效传播的过程。由企业策划的一项传播行动，如有公众的不断加入，最后这项活动成为公众为主体的大众行动，行动波及面一定是企业所始料未及的，最大受益者还是发起者——企业。有企业赞助每年定期举办的“马拉松”比赛，此项赞助就有一个不断扩大的过程，其影响也随之扩大，最后赞助方成为家喻户晓的“著名”企业。

(四) 效果评估

公共关系活动计划是否有效，是否需要做一些调整等都要求企业及时对该项计划的实施效果进行评估。评估方法一般有以下几种：

1. 自我评价法。由计划制订人与参与计划实施者凭借自己的感觉,对公共关系活动效果进行评估。此法受主观意志影响大,但因快捷、独特,而更受企业管理层的青睐。

2. 公众评价法。通过民意调查和公众态度测量等方法来得出对特定范围的公众认知、态度与行为进行调查,再经过对调查所取得的信息开展综合分析后获得公共关系活动的效果评估结果。这种评价法有一定的标准和科学方法,从而使结果更为准确和可信。

3. 媒体评价法。通过各种媒体对企业的某项公共关系活动开展诸如参与者人数、参与者评价等方面的信息收集并做出的新闻报道。此时还需要再结合各种媒体在公众中的形象和该媒体的受众数量等情况,得出该项公共关系活动效果的最后结论。

4. 专家评价法。聘请各方面的专家对企业公关活动前后的各方面情况做专门的调查研究后,再做出客观的评价。

第七节　营销传播的新发展

一、网络促销概述

随着互联网技术的迅猛发展,各类电商蜂拥而至。电商为了实现既定的营销战略,提升自己的营销管理效率,提升市场占有率等,都必须开展相应的营销传播活动。而此时电商发现传统企业那些富有成效的营销传播手段自己不能全盘照搬,如果不加以调整和创新将无法实现自己的营销传播目的。于是,网络促销随之出现。

(一) 网络促销的内涵

1. 网络促销的特点。网络促销是指各类电商利用现代化的网络技术向市场传递有关产品和服务的信息,借以刺激需求的形成,继而引起顾客的购买欲望和购买行为的各种活动。它突出地表现为以下三个明显的特点:

(1) 网络促销是通过网络技术传递产品和服务的存在、性能、功效及特征等信息的。它是由电商建立在现代计算机与网络技术基础之上的,并且随着计算机和网络技术的不断改进而发展与完善。过去,电商通过建立自己的网络平台利用互联网向客户计算机系统传递有关信息,现在由智能手机通过更为便捷的“微信营销”传递信息。

(2) 网络促销是在虚拟市场上进行的。这个虚拟市场就是互联网。互联网是一个平台,是一个连接世界各国的大网络,它在虚拟的网络社会中聚集了规模难以描述的人群,融合了多种文化。与传统的营销传播网络相比,利用互联网完成的各种信息传播所受到的时空限制更少。

(3) 互联网虚拟市场的出现,将所有的企业,不论是大企业还是中小企业,都推向了一个统一的全球市场。传统的区域性市场的小圈子正在被一步步打破。营销传播从原理上讲信息发送者希望自己的信息在更短时间能被更多的受众所接受，具有这种特征的媒体才是最好的媒体，互联网无疑已经具备这一特征。

2. 网络促销与传统促销的区别。虽然传统促销和网络促销都是让购买者认识产品，引起购买者的注意和兴趣，激发他们的购买欲望，并最终实现购买行为。但由于互联网强大的通信能力和覆盖面积，网络促销在时间和空间上，在信息传播模式上和顾客参与程度上，都与传统促销活动有着巨大的不同之处。

(1) 时空方面的不同。以产品流通为例，传统的产品销售和购买者群体都有一个地理半径的限制，网络营销大大地突破了这个原有的半径，使之成为全球范围的竞争；传统的产品订货都有一个时间的限制，而在网络上，订货和购买可以在任何时间进行。这就是最新的电子时空观。时间和空间方面的变化要求网络营销者随之调整自己的促销策略和具体实施方案。

(2) 信息沟通方式的不同。多媒体信息处理技术提供了近似于现实交易过程中的产品表现形式：双向的、快捷的、互不见面的信息传播模式，将买卖双方的意愿表达得淋漓尽致，也留给参与交易的各方充分思考的时间。在这种环境下，传统的促销方法显得软弱无力。

(3) 消费群体和消费行为的不同。在网络环境下，消费观念和消费行为都发生了很大的变化。上网购物成为更多人的消费行为，并且随着这种购买行为的发展，使得其中一部分消费者更多地直接参与生产和商业流通过程的一些重要活动，同时他们可以在更大范围内选择和理性地购买。这些变化对传统的促销模式产生了重大的影响。

(4) 对网络促销的新理解。网络促销虽然与传统促销在促销观念和手段上有着巨大的差别，但由于它们推销产品的目的是相同的，因此，整个促销过程的设计具有很多相似之处。所以，对于网络促销的理解，一方面应当站在全新的角度去认识这一新型的促销方式，理解这种依赖现代网络技术、与顾客不见面、完全通过视频和电子邮件交流思想和意愿的产品推销形式；另一方面则应当通过与传统促销方式的比较去体会两者之间的差别，吸收传统促销方式的整体设计思想和行之有效的促销技巧，打开网络促销的新局面。

(二) 网络营销促销形式

传统营销的促销形式主要有四种：广告、营业推广、公共关系宣传和人员推销。网络营销是在网上市场开展的促销活动，相应形式也有四种，分别是网络广告、站点推广、营业推广和关系营销。其中网络广告和站点推广是网络营销促销的主要形式。

1. 网络广告。网络广告类型很多，根据形式不同可以分为电子邮件广告、电子杂志广告、公告栏广告等。

2. 站点推广。网络营销网站、网页推广就是利用网络营销策略扩大自己网站、主页的知名度，吸引网上流量访问网站，起到宣传和推广企业以及企业产品的效果。网站与网页推广主要有两类方法：一类是通过改进网站内容和服务，吸引用户访问，起到推广效果;另一类通过网络广告宣传推广站点。前一类方法,费用较低,顾客访问量稳定,但推广速度比较慢;后一类方法,可以在短时间内扩大站点知名度,但费用不菲。

3. 营业推广。营业推广就是企业利用网店或网页,采用一些如价格折扣、有奖销售、拍卖销售等方式,宣传和推广产品。如同实体商店通过改善商店购物环境、调整柜台商品陈列等营造良好、温馨的氛围,拉近与顾客距离的营业推广手段一样,电商完善自己的网页设计,给访问者提供具有更高亲和力的布局设计,也是电商在网上可以采用的营业推广方式。

4. 关系营销。关系营销是企业借助互联网的交互功能吸引用户与其保持密切关系,培养顾客忠诚度,提高顾客的收益率。电商在互联网环境下借助各种网络与顾客建立和保持有效的沟通,确保企业能够更快捷地获取顾客在购买产品后的满意度,以及产生什么新的需要的信息。

(三) 网络营销促销的实施

对于任何企业来说,如何实施网络促销都是一个新课题,每一个营销人员都必须摆正自己的位置,深入了解产品信息在网络上传播的特点,分析网络信息的接收对象,设定合理的网络促销目标,通过科学的实施程序,打开网络促销的新局面。

根据国内外网络促销的大量实践,网络促销的实施程序可以由六个方面组成。

1. 确定网络促销对象。网络促销对象是一切可能在网络虚拟市场上产生购买行为或推动购买行为形成的群体。随着网络的迅速普及,这一群体也在不断扩大。这一群体主要包括:产品消费者或使用者、产品购买者和购买决策影响者。

2. 设计网络促销内容。网络促销的最终目标是希望引起购买。这个最终目标是要通过设计具体的信息内容来实现的。购买者的购买决策是一个复杂的、多阶段的过程,促销内容应当根据购买者目前所处的购买决策过程的不同阶段和产品所处的生命周期的不同阶段来决定。

3. 决定网络促销组合方式。网络促销活动主要通过网络广告促销和网络站点推广两种促销方法展开。但由于企业的产品种类不同,销售对象不同,促销方法与产品种类和销售对象之间将会产生多种网络促销的组合方式。企业应当根据网络广告促销和网络站点推广两种方法各自的特点和优势,根据自己产品的市场情况和顾客情况,扬长避短,合理组合,以达到最佳的促销效果。

网络广告促销主要实施"推动策略",其主要功能是将企业的产品推向市场,获得广大购买者的认可。网络站点推广主要实施"拉引策略",其主要功能是将顾客牢牢地吸引过来,保持稳定的市场份额。

现在更多的实体商店或电商都看到网络促销与传统促销两大类促销方式都存在一定的局限,于是,企业会更倾向于将网络促销方式与传统促销方式相结合。

4. 制订网络促销预算方案。在网络促销实施过程中,使企业感到最困难的是预算方案的制订。在互联网上促销,对于任何人来说都是一个新问题。所有的费用、条件都需要在实践中不断学习、比较和体会，不断地总结经验。只有这样，才可能用有限的精力和资金收到尽可能好的效果，做到事半功倍。

第一，必须明确网上促销的方法及促销组合的方式。

第二，需要确定网络促销的目标。

第三，需要明确希望影响的是哪个群体，哪个阶层，是国外的还是国内的？

5. 衡量网络促销效果。网络促销的实施过程到了这一阶段，必须对已经执行的促销活动进行评价，衡量一项促销活动的实际效果是否达到了预期的促销目标。

6. 加强网络促销过程的综合管理。电商的销售与促销活动往往更加紧密地结合在一起。有些企业会雇佣一些人在网上虚假“刷单”给目标受众一种再不购买就会失去机会的错误信息。所以，社会强烈要求电商必须对自己开展的各种网络促销活动加强自律，更要求有关机构加强监控管理。

二、国际市场营销传播

由于国际市场环境的多样性和复杂性，国际促销策略的选择和使用更多地需要针对目标市场的环境状况来确定。

（一）国际广告策略

在东道国，影响广告测量实施效果的主要因素有语言、文化，还应该考虑东道国政府对广告的法规限制，包括对广告商品种类、对广告内容、对广告媒体时间以及对广告税率的限制。

（二）国际市场人员推销策略

由于东道国与企业母国环境的巨大差异，企业在目标市场组建推销机构选聘推销人员时，尽管可以选择其母国或第三国的公民，但一般企业仍采用以当地人为主的策略，借此以适应当地的文化观念包括价值观、宗教信仰、风俗习惯、商业习惯等，有利于企业取得预期的营销目标。

（三）国际营业推广

在国际营销中，具体的营业推广活动一般由目标市场国的代理商、经销商负责，企业也可能联合或独立举办国际商品展览会或展销会这类具有特色的营业推广活动，但在具体操作过程中也要注意目标市场国各种影响企业进行营业推广的因素，如当地政府的政策法规限制、经销商的合作态度和市场的竞争程度与状况。

（四）国际公共关系

经济全球化势必会迫使企业将自己的视野延伸到国外。在利益获得增长的同时问题也在增加。例如，在东道国自己的产品出现了质量问题，在启动召回程序的同时，企业还要召开各种各样的“道歉会”以平息支持者的失望情绪和反对者的愤怒情绪。这些应该属于企业公共关系活动的一种形式。看似简单实则不然。道歉会的主持人，使用什么语言、措辞等都直接关系到道歉的效果。利用国外媒体开展各种有利于树立企业正面形象的新闻报道也属于企业公共关系活动的重要方式。

（五）国际市场营销传播的困难

1. 文化差异。语言、文化、价值观念等方面的巨大差异，导致企业不能将国内非常成功的营销传播经验或案例直接移植到国外市场，从而导致企业会更多依赖东道国的营销中介。

2. 法律差异。各国的法律、法规存在许多在概念、行为等方面的解释和规范上的差异，导致企业许多时候在国外开展营销传播时，不是关注效果的最大化，而是更关注是否会有违东道国的相关法律或法规。这点可以从企业在国外设置的营销管理机构中，营销管理顾问的地位不如法律顾问的地位高看出来。

本章小结

- 营销传播组合主要由五种工具组成：广告、营业推广、人员推销、公共关系和宣传、直接营销和在线营销。
- 有效传播包括八个步骤：确定目标受众、确定传播目标、设计信息、选择传播渠道、评估预算、决定媒体组合、衡量结果、管理整合营销传播。
- 广告是一种经济有效的营销传播工具。企业的广告策划，包括确定广告目标，制定广告预算，广告信息决策，选择广告媒体等内容。
- 营业推广可以针对消费者，针对经销商，也可以针对销售人员。针对消费者的促销工具主要有样品、优惠券、现金折扣、特价品、赠品、奖品。
- 推销人员一般要承担以下任务：寻找顾客、设定目标、信息传播、推销产品、提供服务、收集信息和分配产品。
- 企业公共关系由三个要素构成：企业、公众和传播媒体。这三个要素共存于同一个社会环境中，并构成了企业公共关系活动整体。
- 公共关系的决策过程包括调查研究、制订计划、传播行动、效果评估。
- 在互联网环境下电商如何开展营销传播活动，并使其有效。
- 在全球化发展背景下，企业如何开展国际市场促销，并确保其有效开展。

章末案例

大数据与成功的促销活动

大数据现在有越来越多的神奇功能。美国沃尔玛连锁超市通过分析各类商品销售数据，发现有些原本风马牛不相及的商品的销售数据竟然有神奇的关联关系！例如，沃尔玛的尿布与啤酒这两种没有任何相关联的商品，它们的销售数据曲线竟然出奇的相似。在经过深入细致的调研后发现：美国的妇女通常在家照顾孩子，她们经常会嘱咐丈夫在下班回家的路上为孩子买尿布，而丈夫在买尿布的同时又会顺手购买自己爱喝的啤酒。于是，沃尔玛超市就将尿布与啤酒摆在一起，使尿布和啤酒的销量都得到大幅增加。

其实这种被营销管理专家称之为“营业推广”策略的举措在我们身边也经常出现。在端午节时，商家将粽子与时令水果摆放在一起，在中秋节时，商家就将月饼摆放在原本没有关系的其他日用品柜台附近。商家的意图很明确——带动更多商品的销量增长。可是往往很少有成功的报道。看来此种策略的实施更多是管理者“拍脑袋”随意想出来的。若是成功，纯属巧合！现在有了大数据系统这个“神器”，商家就能够获得更广泛的有关于自己的目标购买者群体其购买行为的信息。同时加上数据处理技术、心理学与社会学的相关理论，建立起更有效的“消费者行为模型”，使得由此而制订的各种促销方案具有更好的效果。

对于像京东、淘宝、亚马逊这样的电商企业，利用自己的销售平台和网络掌握的大量信息，辅之以运用高效的大数据分析手段，最快地得到数据处理结果，从而使得电商可以给客户“提供无法拒绝的产品推荐”，大大提高目标顾客购物的针对性。亚马逊的统计数据显示，网站销售利润的35%以上是得益于他们的产品推荐引擎。

案例分析

1. 大数据对营销传播的有效性提高有什么作用？

2. 嘱托丈夫在回家路上购买宝宝的尿布，而“奶爸”在购买尿布后为自己购买了啤酒。这些关键信息是通过哪种途径获取的？是否还能发现些什么新的信息？

3. 本案例中与“营销传播”相关的内容有哪些？请一一列举出来。

本章复习思考题

1. 营销传播组合的主要工具有哪些？
2. 有效的营销传播设计应该包括哪些环节？
3. 影响促销组合的具体因素有哪些？
4. 广告的含义与特点有哪些？
5. 营业推广的含义与主要的营业推广工具有哪些？
6. 人员推销的特点有哪些？
7. 公共关系的目标有哪些？
8. 电商可以选择的网络促销工具有哪些？

9. 实体商店与电商在选择传统促销工具与网络促销工具时，有可以相互借鉴的可能吗？

10. 在国际市场营销中，企业如何有效开展在“异国他乡”的促销活动？

本章问题与应用

1. 营销传播也被称为“促销组合”，怎样理解促销组合这一概念？若一项营销方案的失败被判定为“促销组合方案设计错误”，你会怎样“进一步深入调查失败缘由”？思考引导：

(1) 如果公司只选择一种促销工具，如广告，而且只选择一种广告方式，例如，电视广告。那就要了解企业应该选择哪家电视频道的哪档电视节目？这种选择与广告受众媒体接触习惯是否相符？企业的广告费用投入是否恰当？而如果选择几种广告方式，例如电视、广播、杂志，以及交通广告、店铺广告等，就需要了解企业在各种广告方式上的投入比例是否合理？以及各种广告方式所选择的媒体是否与广告对象——商品，和广告受众的媒体接触习惯相符？

(2) 如果企业选择多种促销工具组合，例如广告、人员推销、公共关系宣传等有效组合，试图达到最大促销效果，那么，需要了解的范围与内容就比上述要复杂多了。

2. 与其他营销传播工具不同，人员推销更加注重销售人员的作用。看看下面的案例，你对此是否有更清晰的理解？

完美销售员

马吉德(Majid)在摩洛哥丹吉尔市的卡斯巴经营着一家向世界各地的客户销售地毯、灯具、银器和刺绣的精品店。此前马吉德也与同处一条街上的邻居一样售卖一些小饰品和地毯，但是与那些邻居最大的不同是马吉德的经营理念——成功不在于更能与顾客之间的讨价还价，而是能围绕产品为顾客提供更多的价值。于是，对每一位上门的顾客，马吉德都要十分认真地给他们“讲故事”，销售他能发现的顾客一定会感到最好的商品。

商人经常谈到谦逊、为顾客服务以及承认市场多变的重要性。对于销售人员而言，谦逊是应有的素质，销售人员具备这种素质就会更加注重去观察所有的人。顾客通常对销售人员不愿多看一眼，但是销售人员如果在顾客身边多站立一会儿，观察并倾听其一言一行，可以了解很多关于顾客的信息。让顾客自己去看商品，别打断顾客并指手画脚地让顾客看这看那。马吉德是对潜在顾客(走过他店门口的人)进行分类的高手，他会根据不同的顾客采取不同的策略。有时必须有耐心，必须待顾客为国王，让他们感觉自己强大并愿意通过购买行使这一权力。有时需要教育和引导顾客，在那些认为你只不过是个小商贩的顾客面前建立自己的权威。对于匆匆而来的顾客,通过短暂的判断认为他们没有明确的购买意愿,马吉德会让他们去别的店比较一下价格和商品。他不会妥协或主动降价。长期的经验导致马吉德得出这样的结论:10 个人有 5 个会回来,当他们回来时,你就可以驾驭他们了。

在旧金山,有家叫赛里斯佛(Salesforce.com)的电商。它用各种方式销售基于云技术的管理软件和客户管理服务。许多客户可以从网上用信用卡购买他们的产品。但该公司也有大量销售人员主动给客户打电话和登门拜访,还有高级销售人员负责大客户。事实证明,尽管科技能让公司做各种事情,但它无法消除销售中人的因素所产生的作用。

Salesforce 代表着一种新型销售模式。说其新是因为它依赖于透明的信息和合作,具有很强的灵活性。20 世纪 90 年代末,在公司成立时,创始人、首席执行官马克·班尼奥夫(Marc Benioff)会想方设法来销售产品。他每晚都会参加几个宴会,收集名片。第二天早晨,他会将名片转交给他的销售团队。班尼奥夫现在还经常采用被多数同类公司嗤之以鼻的电话销售和其他老式的销售方法。

Salesforce 的现任首席客户官吉姆·斯蒂利(Jim Steele)在担任 IBM 销售人员时积累了丰富的经验。他曾说过,销售没有任何魔法,不管你身在何处,有两个绝对的要求:努力工作;成为一个优秀的倾听者。激励销售人员的是激情、干劲、冒险以及将要做成一笔大生意的英雄心理。

说到传统与现代销售手法的结合,没有一家企业能媲美苹果(Apple)。2000 年至 2001 年,当苹果计划开设第一家门店时,该公司强调将门店设在城区以吸引路人,让顾客能够更加方便地使用产品。苹果的计划是增加"转换者"的数量,这些人愿意放弃他们的个人电脑,成为苹果用户。这需要宽敞的空间、现代化的店面——就像苹果在第五大道(Fifth Avenue)上的立方体玻璃建筑一样——以及类似于传道工作的销售手法。这些门店把新产品摆放在前面,这样从没买过苹果产品的顾客就可以试用。其次是 Red Zone,这片区域气氛热烈,在员工的详细解说下,顾客可能当场买下产品,从而完成"转换"。接下来是 Family Room,这里的员工会称呼顾客的名字,在服务、支持和使用经验上给他们提供帮助。当竞争对手们在他们没有生气的大盒子式的店面里想方设法拼命向顾客推销每台 2 000 美元的电脑时,苹果的策略却恰恰相反。其他公司聘用经验丰富的老手销售 PC,而苹果寻找的不是销售老手,而是聘用诸如教师、摄影师和影片制作者,通过短暂的培训,把他们变成出于热情而销售的人,而不是为了提成。

科技迅速发展,让购买与销售的各方在理论上可以获得更多彼此需要的信息,从而在谈判中采取更加开诚布公的态度。但是,最终决定交易成功的关键因素——人际互动的理想状态还没有呈现在大家面前。从这种意义上看,销售人员的作用依然将有很长一段时间存在于营销管理者的脑海之中。

3. 利用特殊时节,提升产品的市场销售空间,对于许多企业来说,可以有许多"创意”。下面这个案例是2016年8月9日“七夕情人节”时，水果销售商的一个成功创意。

微信营销的兴起

“微信营销”成为一种新的概念被人们提及，有人又将这种微信营销叫做“微信广告”。它其实是一个很简单的概念：只要你有好的创意搭配上好的产品，就很可能瞬间引爆微信朋友圈！

“穿内裤的水蜜桃”一夜成名。在今年“七夕情人节”来临时，南京一家水果店老板发明了“穿内裤的水蜜桃”。这家开在微信的店铺就为穿裤子的桃子申请了外观专利，并取名“蜜桃成熟时”。这款水果不仅在微信朋友圈疯传，还获得了不少微博大V的转发，以一张“史上最性感水蜜桃”的图片赚足了眼球。成千上万的网友大呼无节操之余，纷纷都忍不住各种转发。这款微信产品发展到后来，产生了令人咂舌的效果：一盒9只桃子，穿上一条小内裤，卖到了298元，平均30多块钱一个。而市场上一斤水蜜桃也就4块多钱，其中的利润可想而知。

从这次成功的微创新营销事件，可以归纳出微信营销成功的三条经验：

第一，有一个好的创意。对于营销管理者来说，一个好产品与一个好创意相比，如果从营销成功这个标准看，后者的作用远大于前者。好产品只能得逞一时。其给市场带来的喜悦很快会被更好的产品冲散。但是好的创意则可以使被人淡忘、忽略的产品一下子重现辉煌。

第二，吸引关注的热点。微信必须有“看点”才可能有被“疯传”的机会。但是设计者必须清楚：有法律与道德的约束。在运用微信营销，设计活动方案前，不能没有新的奇特的看点，但是一定不能太过，“穿内裤的水蜜桃”很好地运用了这个原则。

第三，把握好时机。“穿内裤的水蜜桃”最早是发在一个论坛里，发帖时间是2011年9月23日。为什么到了近五年后才被“疯传”？“七夕情人节”是关键，在情人节，送给男女朋友什么礼物是一件比较头痛的事情。“穿内裤的水蜜桃”的出现很好地帮助大家解决了难题。

参考文献

[1] 陈祝平. 品牌营销[M]. 北京:中国发展出版社,2005.

[2] [美]菲利普·科特勒. 营销管理 [M]. 上海:上海人民出版社,2010.

[3] [美]菲利普·科特勒. 市场运行原理(亚洲版)[M]. 北京:机械工业出版社 ,2006.

[4] [美]菲利普·R. 凯特奥拉. 国际市场营销学[M]. 北京:机械工业出版社,2012.

[5] 侯丽敏等. 营销学原理 [M]. 上海:华东理工大学出版社,2006.

[6] [美]卡尔·麦克丹尼尔. 市场营销学[M]. 上海:上海人民出版社,2013.

[7] 卢泰宏. 营销在中国(2002—2003)[M] . 北京:企业管理出版社,2003.

[8] 卢泰宏. 消费者行为学——中国消费者透视 [M]. 北京:高等教育出版社,2005.

[9] 吕一林,岳俊芳. 市场营销学[M] . 北京:科学出版社,2005.

[10] 梅清豪. 市场营销学原理[M]. 北京:电子工业出版社,2014.

[11] [美]小威廉·D. 佩罗特,麦卡锡. 营销学基础 [M]. 北京:中国财经出版社,2004.

[12] 余明阳. 市场营销战略[M]. 北京:清华大学出版社,北京交通大学出版社,2009.

[13] 张艳,王野. 整合营销传播:从观念到方法的嬗变[J]. 当代传播,2006(6):62-63.

[14] FT 中文网. http:/www. ftchinese. com.

[15] 商业评论网. http://www. ebusinessreview. cn.

内容提要

本教材结合当前市场营销管理的发展现状，与国内外市场营销管理研究的成果，针对教学对象大多属于非全日制业余学习的学员的具体情况，努力向已经有丰富实际工作经验，希望获得更多基本理论的方向发展。也正是从这点出发，各章不仅在设置“开章案例”与“章末案例”之外，还在许多章后设置“本章问题与应用”，以帮助学员能够在学习的同时，进入与所学的具体章节述说的内容的实际环境，提高学习效果。本书的编著思路是先从基本理论介绍开始，然后用营销管理的 4Ps 营销组合策略的制订与实施的方法。希望学员能够在使用本教材完成“营销管理”课程的学习后，感到自己不仅理解了营销管理的基本理论，还掌握了一定的营销管理方法。